U0578747

中国社会科学院　学者文选

贺　麟　集

中国社会科学院科研局组织编选

中国社会科学出版社

图书在版编目（CIP）数据

贺麟集／中国社会科学院科研局组织编选. —北京：中国社会
科学出版社，2006.11（2018.8 重印）

（中国社会科学院学者文选）

ISBN 978 - 7 - 5004 - 5863 - 0

Ⅰ. ①贺… Ⅱ. ①中… Ⅲ. ①贺麟—文集②黑格尔，G. W. F.
（1770～1831）—哲学思想—文集 Ⅳ. ①B516. 35 - 53

中国版本图书馆 CIP 数据核字（2006）第 123961 号

出 版 人	赵剑英	
责任编辑	周兴泉	
责任校对	尹 力	
责任印制	王 超	

出 版	中国社会科学出版社
社 址	北京鼓楼西大街甲 158 号
邮 编	100720
网 址	http：//www.csspw.cn
发 行 部	010 - 84083685
门 市 部	010 - 84029450
经 销	新华书店及其他书店

印刷装订	北京市十月印刷有限公司
版 次	2006 年 11 月第 1 版
印 次	2018 年 8 月第 2 次印刷

开 本	880×1230 1/32
印 张	16.25
字 数	399 千字
定 价	99.00 元

凡购买中国社会科学出版社图书，如有质量问题请与本社营销中心联系调换
电话：010 - 84083683

版权所有 侵权必究

出 版 说 明

　　一、《中国社会科学院学者文选》是根据李铁映院长的倡议和院务会议的决定，由科研局组织编选的大型学术性丛书。它的出版，旨在积累本院学者的重要学术成果，展示他们具有代表性的学术成就。

　　二、《文选》的作者都是中国社会科学院具有正高级专业技术职称的资深专家、学者。他们在长期的学术生涯中，对于人文社会科学的发展做出了贡献。

　　三、《文选》中所收学术论文，以作者在社科院工作期间的作品为主，同时也兼顾了作者在院外工作期间的代表作；对少数在建国前成名的学者，文章选收的时间范围更宽。

中国社会科学院

科研局

1999 年 11 月 14 日

目　录

前　　言

　　贺麟(1902—1992)字自昭,四川金堂县人,是我国著名哲学家、教育家、翻译家。他在我国老一辈哲学家中是较早接受系统的现代哲学教育的学者,早年考入清华学堂(清华大学的前身),曾师从梁启超学习中国传统哲学,向吴宓教授学习翻译。1926年赴美国留学,在奥柏林大学哲学系以优异成绩毕业后进入哈佛大学研究生院学习,获硕士学位后又去德国柏林大学继续深造。1931年日本发动侵华战争,他激于爱国热情中止学业回国工作。他在国外求学期间,广泛涉猎西方哲学各学派,并在怀德海、哈特曼等著名哲学家指导下进行研究工作。回国后他一直活跃在我国学术界,在哲学园地上辛勤地耕耘,先后在北京大学、西南联大等校任教,从事哲学教学和研究,发表了大量文章和一些有重要影响的著作,如《德国三大哲人处国难时的态度》、《近代唯心论简释》、《文化与人生》、《黑格尔理则学简述》、《当代中国哲学》等。他还曾主持"西洋哲学名著编译委员会"的工作,组织出版了一批高质量的译作。1947年,他就任北京大学训导长直至解放。上世纪50年代院系调整后,贺麟任中国科学院(后为中国社会科学院)哲学研究所一级研究员,主持西方哲学史研究工作，并在北京大学、中国人民大学等校讲授黑格尔哲学，对我国的西方哲学研究、特别是黑格尔哲学研究工作做出了重大贡献。他生前结集出版的著作有：《现代西方哲学讲演集》、《黑格尔哲学讲演集》、《哲学与哲学史论文集》等。在解放前的中国哲学界，贺先生是以真诚地信奉唯心论闻名的，曾被誉为"中国的费希特"。新中国成立后，他通过亲身的社会实践和学术研究，认识到马克思主义是我们时代的真理，经过痛苦的思索和自我批评，终于毅然放弃了长期信奉的唯心论，而皈依马克思主义，以八十高龄光荣地加入中国共产党。他的那种对真理的无私追求，不断进行探索和思考，与时俱进的精神，正是体现了我国老一辈学者身上最可贵的品德。

　　关于这一文集的编选要作如下说明，贺麟先生学贯中西，对西方哲学和中国传统哲学都有精深的研究和很高的造诣。解放前他在许多著作中对中西哲学进行比较研究，对中外许多哲学家的思想作过深入的探讨，他力求以西方哲学为借鉴，吸取其精华，用以充实和改造中国哲学，力求达到二者的融会贯通，探寻一条发展中国哲学的新路，以弘扬我国的民族文化。解放后他主要精力用于研究西方哲学，特别是把黑格尔哲学作为研究的重点。他从早年起就对黑格尔哲学感兴趣，后来又为深入研究黑格尔倾注了毕生的精力，黑格尔哲学在我国的广泛传播和发生影响是和他孜孜不倦的努力耕耘分不开的。可以说，贺麟先生的黑格尔研究是他的学术生涯中最值得称道的哲学业绩，他也是我国哲学界公认的黑格尔研究权威。我们编选的这本文集属于《中国社会科学院学者文选》系列，根据该《文选》的编选要求，应以选收作者在中国社科院工作期间的代表作为主，因此这本文集除了收入贺麟先生解放前发表的少数几篇最有代表性的文章外，主要选收了他在 20 世纪 50 年代后论述黑格尔哲学的文章。那么，他在黑格尔研究方面有哪些建树呢？

　　第一，贺麟先生是国内第一位真正全面系统地深入研究过黑格尔哲学的学者，对黑格尔学说他确实做到了他自己所提倡的"得其体用之全"、"得其整体"，他的许多精辟的见解正是以他对黑格尔哲学整体的深刻彻底的理解为基础的。一般人根据黑格尔《哲学全书》将其体系分为逻辑学、自然哲学和精神哲学三部分来阐述，贺先生则在研究方法上进行创新，把精神现象学作为整个黑格尔体系的第一部或导言，以逻辑学为体系的主干，而以应用逻辑学（包括自然哲学、精神哲学、法哲学、历史哲学、美学、宗教哲学、哲学史等等）为枝叶。这种划分法突出了精神现象学的地位和作用，充分体现了马克思所说"精神现象学是黑格尔哲学的真正诞生地和秘密"的重要意义，使人能更好地理解和把握黑格尔哲学的精神实质。

　　第二，贺先生对黑格尔哲学的研究和讲解始终紧紧抓住辩证法这一核心。他认为，黑格尔哲学的最大特点就是贯彻于整个体系之中的谨严精到的哲学方法，即辩证法。他多次强调，黑格尔哲学的真正价值不在于体系，而在于方法，辩证法是其精髓所在。特别是他力图从马克思主义观点去阐发黑格尔辩证法的重大历史意义，充分说明黑格尔辩证法是马克思主义理论来源之一以及它和唯物辩证法的区别，因此他的研究成果也对广大读者学习和理解马克思主义哲学做出了贡献。

　　第三，在黑格尔哲学诸领域中，贺先生素以对精神现象学、逻辑学的精湛的研究闻名，他晚年又在我国率先进行黑格尔早期思想的研究。正是由于他的大力倡导和身体力行，推动了我国学术界对黑格尔早期著作的研究和重视，弥补了我国黑格尔研究中的一个重要空白。青年时代的黑格尔深受启蒙运动和法国大革命的思想影响，对基督教权威持批判态度，主张社会政治改革，对资本主义制度的内在矛盾进行深刻反思。贺麟先生通过对青年黑格尔思想的剖析，说明了黑格尔辩证法的形成过程，同时揭示了它所富有的批判精神。他还批判和纠正了一些西方著名学者如狄尔泰、克朗纳和卢卡奇等人对青年黑格尔思想的不正确解释，恢复事物的本来面目。

第四，还应该特别指出贺麟先生对黑格尔著作的翻译和出版所做的巨大贡献。黑格尔著作向以艰涩难懂著称，翻译之艰难不亚于专门的研究。翻译黑格尔的《早期神学著作》、《精神现象学》、《小逻辑》、《哲学史讲演录》等名著，花费了贺先生的大量精力和时间，正是通过他的忠实流畅的高质量的译文，使我国广大读者得以享有阅读黑格尔原著的机会。他一直热心地推动黑格尔著作和其他西方哲学名著的翻译和出版工作，亲自撰写序言或评论，对读者正确地理解这些著作起了很大帮助作用。

最后，还要说明一点，《贺麟集》所选收的文章是他在不同时期内写的，由于历史的原因，某些文章中的提法不可避免地带有时代的印记。为了保持文章的原貌，我们未作任何更改，请大家理解。

汝　信

2006 年 2 月

儒家思想的新开展

在思想和文化的范围里，现代绝不可与古代脱节。任何一个现代的新思想，如果与过去的文化完全没有关系，便有如无源之水、无本之木，绝不能源远流长、根深蒂固。文化或历史虽然不免经外族的入侵和内部的分崩瓦解，但也总必有或应有其连续性。

儒家思想，就其为中国过去的传统思想而言，乃是自尧舜禹汤文武成康周公孔子以来最古最旧的思想；就其在现代及今后的新发展而言，就其在变迁中、发展中、改造中以适应新的精神需要与文化环境的有机体而言，也可以说是最新的新思想。在儒家思想的新开展里，我们可以得到现代与古代的交融，最新与最旧的统一。

根据对于中国现代的文化动向和思想趋势的观察，我敢断言，广义的新儒家思想的发展或儒家思想的新开展，就是中国现代思潮的主潮。我确切看到，无论政治、社会、学术、文化各方面的努力，大家都在那里争取建设新儒家思想，争取发挥新儒家思想。在生活方面，为人处世的态度，立身行己的准则，大家也莫不在那里争取完成一个新儒者的人格。大多数的人，具有儒家思想而不自知，不能自觉地发挥出来。有许多人，表面上好像在反对儒家思想，而骨子正代表了儒家思想，实际上反促进了儒家思想。自觉地、正式地发挥新儒家思想，蔚成新儒学运动，只是时间早迟、学力充分不充分的问题。

中国当前的时代，是一个民族复兴的时代。民族复兴不仅是争抗战的胜利，不仅是争中华民族在国际政治中的自由、独立和平等，民族复兴本质上应该是民族文化的复兴。民族文化的复兴，其主要的潮流、根本的成分就是儒家思想的复兴，儒家文化的复兴。假如儒家思想没有新的前途、新的开展，则中华民族以及民族文化也就不会有新的前途、新的开展。换言之，儒家思想的命运，是与民族的前途命运盛衰消长同一而不可分的。

中国近百年来的危机，根本上是一个文化的危机。文化上有失调整，就不能应付新的文化局势。中国近代政治军事上的国耻，也许可以说是起于鸦片战争，中国学术文化上的国耻，却早在鸦片战争之前。儒家思想之正式被中国青年们猛烈地反对，虽说是起于新文化运动，但儒家思想的消沉、僵化、无生气，失掉孔孟的真精神和应付新文化需要的无能，却早腐蚀在五四运动以前。儒家思想在中国文化生活上失掉了自主权，丧失了新生命，才是中华民族的最大危机。

五四时代的新文化运动，可以说是促进儒家思想新发展的一个大转机。表面上，新文化运动是一个打倒孔家店、推翻儒家思想的一个大运动。但实际上，其促进儒家思想新发展的功绩与重要性，乃远远超过前一时期曾国藩、张之洞等人对儒家思想的提倡。曾国藩等人对儒学的倡导与实行，只是旧儒家思想的回光返照，是其最后的表现与挣扎，对于新儒家思想的开展，却殊少直接的贡献，反而是五四运动所要批判打倒的对象。

新文化运动的最大贡献在于破坏和扫除儒家的僵化部分的躯

壳的形式末节，及束缚个性的传统腐化部分。它并没有打倒孔孟的真精神、真意思、真学术，反而因其洗刷扫除的工夫，使得孔孟程朱的真面目更是显露出来。新文化运动的领袖人物，以打倒孔家店相号召的胡适先生，他打倒孔家店的战略，据他英文本《先秦名学史》的宣言，约有两要点：第一，解除传统道德的束缚；第二，提倡一切非儒家的思想，亦即提倡诸子之学。但推翻传统的旧道德，实为建设新儒家的新道德做预备工夫。提倡诸子哲学，正是改造儒家哲学的先驱。用诸子来发挥孔孟，发挥孔孟以吸取诸子的长处，因而形成新的儒家思想。假如儒家思想经不起诸子百家的攻击、竞争、比赛，那也就不成其为儒家思想了。愈反对儒家思想，儒家思想愈是大放光明。

西洋文化学术大规模的无选择的输入，又是使儒家思想得到新发展的一大动力。表面上，西洋文化的输入，好像是代替儒家，推翻儒家，使之趋于没落消沉的运动。但一如印度文化的输入，在历史上曾展开了一个新儒家运动一样，西洋文化的输入，无疑亦将大大地促进儒家思想大考验、大关头。假如儒家思想能够把握、吸收、融会、转化西洋文化，以充实自身、发展自身，儒家思想则生存、复活而有新的发展。如不能经过此考验，度过此关头，它就会消亡、沉沦而永不能翻身。

所以儒家思想是否能够有新开展的问题，就成为儒家思想是否能够翻身、能够复兴的问题，也就是中国文化能否翻身、能否复兴的问题。儒家思想是否复兴的问题，亦即儒化西洋文化是否可能，以儒家思想为体、以西洋文化为用是否可能的问题。中国文化能否复兴的问题，亦即华化、中国化西洋文化是否可能，以民族精神为体、以西洋文化为用是否可能的问题。

就个人言，如一个人能自由自主，有理性、有精神，他便能以自己的人格为主体，以中外古今的文化为用具，以发挥其本性，扩展其人格。就民族言，如中华民族是自由自主、有理性有精神的民族，是能够继承先人遗产，应付文化危机的民族，则儒化西洋文化，华化西洋文化也是可能的。如果中华民族不能以儒家思想或民族精神为主体去儒化或华化西洋文化，则中国将失掉文化上的自主权，而陷于文化上的殖民地。让五花八门的思想，不同国别、不同民族的文化，漫无标准地输入到中国，各自寻找其倾销场，各自施展其征服力，而我们却不归本于儒家思想而对各种外来思想加以陶熔统贯，我们又如何能对治这些纷歧庞杂的思想，而达到殊途同归，共同合作以担负建设新国家新文化的责任呢？

这个问题的关键，在于中国人是否能够真正彻底、原原本本地了解并把握西洋文化。因为认识就是超越，理解就是征服。真正认识了西洋文化便能超越西洋文化。能够理解西洋文化，自能吸收、转化、利用、陶熔西洋文化以形成新的儒家思想、新的民族文化。儒家思想的新开展，不是建立在排斥西洋文化上面，而是建立在彻底把握西洋文化上面。儒家思想的新开展，是在西洋文化大规模的输入后，要求一自主的文化，文化的自主，也就是要求收复文化上的失地，争取文化上的独立与自主。

根据上面所说，道德传统的解放，非儒家思想的提倡，西洋文化的输入与把握，皆足以促进儒家思想的新开展。兹请进而研讨儒家思想新开展所须取的途径。

不用说，欲求儒家思想的新开展，在于融会吸收西洋文化的精华与长处。西洋文化的特殊贡献是科学，但我们既不必求儒化的科学，也无须科学化儒家思想。因科学以研究自然界的法则为目的，有其独立的领域。没有基督教的科学，更不会有佛化或儒化的科学。一个科学家在精神生活方面，也许信仰基督教，也许皈依佛法，也许尊崇孔孟，但他所发明的科学，乃属于独立的公共的科学范围，无所谓基督教化的科学，或儒化、佛化的科学。反之，儒家思想也有其指导人生、提高精神生活、发扬道德价值的特殊效准和独立领域，亦无须求其科学化。换言之，即无须附会科学原则以发挥儒家思想。一个崇奉孔孟的人，尽可精通自然科学，他所了解的孔孟精神与科学精神，尽可毫不冲突，但他用不着附会科学原则以曲解孔孟的学说，把孔孟解释成一个自然科学家。譬如，有人根据优生学的道理，认为儒家所主张的早婚是合乎科学的。或又根据心理学的事实，以证明纳妾制度也有心理学根据。甚或根据经济学以辩护大家庭制符合经济学原理。亦复有应用物理学、化学的概念，以解释《易经》的太极阴阳之说的。诸如此类假借自然科学以为儒家辩护的办法，结果会陷于非科学、非儒学。这都是与新儒家思想的真正发展无关的。我们要能看出儒家思想与科学的息息相关处，但又要能看到两者的分界处。我们要能从哲学、宗教、艺术各方面以发挥儒家思想，使儒家精神中包含有科学精神，使儒家思想足以培植、孕育科学思想，而不致与科学思想混淆不清。

简言之，我们不必采取时髦的办法去科学化儒家思想。欲充实并发挥儒家思想，似须另辟途径。因儒家思想本来包含有三方面：有理学以格物穷理，寻求智慧。有礼教以磨炼意志，规范行为。有诗教以陶养性灵，美化生活。故求儒家思想的新开展，第一，必须以西洋的哲学发挥儒家的理学。儒家的理学为中国的正宗哲学，亦应以西洋的正宗哲学发挥中国的正宗哲学。因东圣西圣，心同理同。苏格拉底、柏拉图、亚里士多德、康德、黑格尔的哲学与中国孔孟、老庄、程朱、陆王的哲学会合融贯，而能产生发扬民族精神的新哲学，解除民族文化的新危机，是即新儒家思想发展所必循的途径。使儒家的哲学内容更为丰富，体系更为严谨，条理更为清楚，不仅可作道德可能的理论基础，且可奠定科学可能的理论基础。

第二，须吸收基督教的精华以充实儒家的礼教。儒家的礼教本富于宗教的仪式与精神，而究竟以人伦道德为中心。宗教则为道德之注以热情、鼓以勇气者。宗教有精诚信仰、坚贞不二的精神；宗教有博爱慈悲、服务人类的精神；宗教有襟怀广大、超脱尘世的精神。基督教文明实为西方文明的骨干。其支配西洋人的精神生活，实深刻而周至，但每为浅见者所忽视。若非宗教的知"天"与科学的知"物"合力并进，若非宗教精神为体，物质文明为用，绝不会产生如此伟大灿烂的近代西洋文化。我敢断言，如中国人不能接受基督教的精华而去其糟粕，则绝不会有强有力的新儒家思想产生出来。

第三，须领略西洋的艺术以发扬儒家的诗教。诗歌与音乐为艺术的最高者。儒家特别注重诗教、乐教，确具深识远见。惟凡各种艺术者皆所以表示本体界的意蕴，皆精神生活洋溢的具体表现，不过微有等差而已。建筑、雕刻、绘画、小说、戏剧，皆所以发扬无尽藏的美的价值，与诗歌、音乐亦皆系同一民族精神及时代精神的表现，似无须轩轾于其间。过去儒家因乐经佚失，乐教中衰，诗教亦式微。对其他艺术，亦殊少注重与发扬，几为道家所独占。故今后新儒家的兴起，与新诗教、新乐教、新艺术的兴起，应该是联合并进而不分离的。

儒学是合诗教、礼教、理学三者为一体的学养，也即艺术、宗教、哲学三者的谐合体。因此，新儒家思想的开展，大约将循艺术化、宗教化、哲学化的途径迈进。有许多人，拾起"文人无行"、"玩物丧志"等语，误认为儒家轻蔑艺术。或只从表面去解释孔子"敬鬼神而远之"，"未知生，焉知死"，"未能事人，焉能事鬼"等语的意义，而否认孔子有宗教思想和宗教精神。或误解"性与天道不可得而闻"一语，而谓孔子不探究哲学。

凡此种种说法，皆所以企图将儒家褊狭化、浅薄化、孤隘化，不惟有失儒家的真精神，使儒家内容贫乏狭隘，且将使儒家思想无法吸收西洋的艺术、宗教、哲学以充实其自身，因而亦将不能应付现代的新文化局势。

譬如，仁仍儒家思想的中心概念。固不仅是"相人偶为仁"的文字学名词，如从诗教或艺术方面看来，仁即温柔敦厚的诗教，仁亦诗三百篇之宗旨，所谓"思无邪"是也。"思无邪"或"无邪思"，即纯爱真情，乃诗教的泉源，亦即是仁。仁即天真纯朴之情，自然流露之情，一往情深、人我合一之情。矫揉虚伪之情，邪僻淫亵之思，均非诗之旨，亦非仁之德也（复性书院之主讲马一浮先生近著《四书大义》，即以仁言诗教，可参考）。纯爱真情，天真无邪之思，如受桎梏不得自由发抒，则诗教扫地，而艺术亦丧失其精髓。从宗教观点来看，则仁即是救世济物、民胞物与的宗教热诚。《约翰福音》有"上帝即是爱"之语，质言之，上帝即是仁。"求仁"不仅是待人接物的道德修养，抑亦知天事天的宗教工夫。儒家以仁为"天德"，耶教以至仁或无上的爱为上帝的本性。足见仁之富于宗教意义，是可以从宗教方面大加发挥的。从哲学看来，仁乃仁体。仁为天地之心，仁为天地生生不已之生机，仁为自然万物的本性。仁为万物一体、生意一般的有机关系和神契境界。简言之，哲学上可以说是有仁的宇宙观，仁的本体论。离仁而言本体，离仁而言宇宙，非陷于死气沉沉的机械论，即流于漆黑一团的虚无论。

以上仅简略提示儒家所谓仁，可以从艺术化、宗教化、哲学化三方面加以发挥，而得新的开展。今试再以"诚"字为例。儒家所谓仁，道德意味比较多，而所谓诚，则哲学意味比较多。《论语》多言仁，而《中庸》则多言诚。所谓诚，亦不仅是诚恳、诚实、诚信的道德意义。在儒家思想中，诚的主要意思是指真实无妄之理或道而言。所谓诚，即是指实理、实体、实在或本体而言。中庸所谓"不诚无物"，孟子所谓"万物皆备于我矣，反身而诚"，皆寓有极深的哲学意蕴。诚不仅是说话不欺，复包含有真实无妄、行健不息之意。"逝者如斯夫，不舍昼夜"，就是孔子借川流之不息以指出宇宙之行健不息的诚，也就是指出道体的流行。其次，诚亦是儒家思想中最富于宗教意味的字眼。诚即是宗教上的信仰。所谓至诚可以动天地泣鬼神。精诚所至，金石亦开。至诚可以通神，至诚可以前知。诚不仅可以感动人，而且可以感动物，可以祀神，乃是贯通天人物的宗教精神。就艺术方面言，思无邪或无邪思的诗教即是诚。诚亦即是诚挚纯真的感情。艺术天才无他长，即能保持其诚、发挥其诚而已。艺术家之忠于艺术而不外骛亦是诚。总之，诚亦是儒家诗教、礼教、理学中的基本概念，亦可从艺术、宗教、哲学三方面加以发挥之。今后儒家思想的新开展，大抵必向此方向努力，可以断言也。儒家思想循艺术化、宗教化、哲学化的方向开展，则狭义的人伦道德方面的思想，均可扩充提高而深刻化。从艺术的陶养中去求具体美化的道德，所谓兴于诗，游于艺，成于乐是也。从宗教的精诚信仰中去充实道德实践的勇气与力量，由知人进而知天，由希贤、希圣进而希天，亦即是由道德进而为宗教，由宗教以充实道德。在哲学的探讨中，以为道德行为奠定理论基础，即所谓由学问思辨而笃行，由格物致知而诚正、修齐是也。而且经过艺术化、宗教化、哲学化的新儒家思想不惟可以减少狭义道德意义的束缚，且反可以提高科学兴趣，而奠定新科学思想的精神基础。

以上是就文化学术方面，指出新儒家思想所须取的途径。就生活修养而言，则新儒家思想目的在于使每个中国人都具有典型的中国人气味，都能代表一点纯粹的中国文化，也就是希望每个人都有一点儒者气象，不仅军人皆有"儒将"的风度，医生皆有"儒医"的风度，亦不仅须有儒者的政治家（昔时叫做"儒臣"），亦须有儒者的农人（昔时所谓耕读传家之"儒农"）。在此趋向于工业化的社会中，所最需要者尤为具有儒者气象的"儒工"、"儒商"和有儒者风度的技术人员。若无多数重忠孝仁爱信义和平的道德修养的儒商、儒工出，以树立工商的新人格模范，商者凭借其经济地位以剥削人，工者凭借其优越技能以欺凌人、傲慢人，则社会秩序将无法安定，而中国亦殊难走上健康的工业化的途径。

何谓"儒者"？何谓"儒者气象"？须识者自己去体会，殊难确切下一定义，其实也不必呆板说定。最概括简单地说，凡有学问技能而又具有道德修养的人，即是儒者。儒者就是品学兼优的人。我们说，在工业化的社会中，须有多数的儒商、儒工以作柱石，就是希望今后新社会中的工人、商人，皆成为品学兼优之士。亦希望品学兼优之士，参加工商业的建设，使商人和工人的道德水准和知识水平皆大加提高，庶可进而造成现代化、工业化的新文明社会。儒者固需品学兼优，但因限于资质，无才能知识而卓有品德的人亦可谓为儒者，所谓"虽曰未学，我必谓之学矣"。惟有有学无品，有才无品，只有知识技能而无道德，甚或假借其知识技能以作恶者，方不得称为儒者，且为儒家所深恶痛绝之人。

又就意味或气象来讲，则凡具有诗礼风度者，皆可谓之有儒者气象。凡趣味低下，志在名利肉欲，不知美的欣赏，即是缺乏诗意。凡粗暴鲁莽，扰乱秩序，内无和悦的心情，外无整齐的品节，即是缺乏礼意。无诗意是丑俗，无礼意是暴乱。三四十年前，辜鸿铭站在儒家立场，以攻击西洋近代文明，其所持标准，即是诗礼二字。彼认为西洋近代文明的各种现象，如工商业的发展，君主的推翻，民主政治的建立，均是日趋于丑俗暴乱，无诗之美，无礼之和。故彼指斥不遗余力，颇引起西方学者的注意。又印度诗人泰戈尔，来游中国时，一到上海，即痛斥上海为"丑俗之大魔"。因上海为工商业化的东方大都市，充斥了流氓、市侩、买办以及一切殖民地城市的罪恶，不惟无东方静穆纯朴之诗味，亦绝无儒家诗教礼教之遗风。泰戈尔痛斥上海，实不为无因。但辜鸿铭指斥西洋近代工商业文明的民主政治，却陷于偏见与成见。彼只知道中古贵族式的诗礼，而不知道近代民主化的诗礼。试观近代英美民主政治的实施，竞争选举，国会辩论，政治家的出入进退，举莫不有礼。数百万居民聚处于大都市中，交通集会亦莫不有序。其工人、商人大都有音乐、戏剧可观赏，有公园可资休息，有展览会、博物馆可游览。每逢星期，或入礼拜堂听讲，或游山林以接近自然。工余之暇，唱歌跳舞，自得其乐。其生活亦未尝不可谓为相当美化而富于诗意。总之，以诗礼表达儒者气象是甚为切当的。如谓工商化、民主化的近代社会缺乏诗礼意味，无有儒者气象，则未免把儒家的诗教礼教看得太呆板、太狭隘了。

就做事的态度言，每做一事，皆须求其合理性、合时代、合人情，即可谓为儒家的态度。合人情即求其"反诸吾心而安"，合理性即所谓"揆诸天理而顺"，合时代就是审时度势、因应得宜。孔子为圣之时，礼以时为大。合时代不是漫无主宰，随波逐流。只求合时代而不合理性，是为时髦。合时代包含有"时中"之意，有"权变"之意，亦有合理之意。只重抽象的理性而不近人情，合时代即陷于"以理杀人"，以主义杀人，或近人所谓以自由平等的口号杀人。只求合人性而不合理性及时代，即流为"妇人之仁"、"感情用事"或主观的直觉。合人情不仅求己心之独安，亦所以设身处地，求人心之共安。凡事皆能精研详究，以求合理、合时、合情，便可谓为"曲践乎仁义"，"从容乎中道"，足以代表儒家的态度了。

儒家思想的新开展，基于学者对于每一时代问题，无论政治、社会、文化、学术等各方面的问题，皆能本典型的中国人的态度，站在儒家的立场，予以合理、合情、合时的新解答，而得其中道。哲学上的问题，无论宇宙观、人生观、历史观与夫本体论、认识论等，皆须于研究中外各家学说之后，而求得一契合中国人精神与态度的新解答。哲学问题本文暂置勿论，试就现在正烦扰着国人的政治问题为例，而指出如何从儒家的立场给予解答的途径。

譬如，就中国现在须厉行法治而言，便须知有所谓法家的法治，亦有所谓儒家的法治。前者即申韩式的法治，主张由政府或统治者颁布苛虐的法令，厉行严刑峻法，以满足霸王武力征服的野心。它是刻薄寡恩、急功好利、无情无义的。现代法西斯主义的独裁，即是基于申韩式的法治。这只能满足霸王一时的武力征服，绝不足以谋国家的长治久安和人民的真正幸福。而儒家的法治，亦即我所谓诸葛亮式的法治，则与之不同。它是法治与礼治、法律与道德、法律与人情相辅而行、兼顾共包的。法律是实现道德的工具，是人的自由本性的发挥，绝不是违反道德、桎梏自由的。西洋古代如柏拉图，近代如黑格尔所提倡的法治，以及现代民主政治中的法治，都可以说是与儒家精神相近，而与申韩式法家精神相远的。以为儒家反法治，以为提倡法治即须反对儒家，皆是不知儒家的真精神、真意义的说法。故今后欲整饬纪纲，走上新法治国家的大道，不在于片面地提倡申韩之术，而在于得到西洋正宗哲学家法治思想的真意，而发挥出儒家思想的法治。

试再就民主主义为例，亦有所谓儒家的民主主义与非儒家的民主主义。如有所谓放任政治，政府对人民取不干涉态度，认为政府管事愈少愈好，政府权力愈小愈好。一切事业，政府让人民自由竞争，听其自然淘汰，强者吞并弱者，几乎有无政府的趋势。这是欧洲 17 至 18 世纪盛行的消极的民主政治，在某种意义上，颇有中国道家的自然主义色彩。这种民主政治的起源，是基于启蒙运动之反对君主专制，争人民的自由平等和天赋人权。其末流便是个人主义的抬头和资本主义的兴起。这当然不是契合儒家精神的民主主义。假如只认儒家思想是为专制帝王作辩护谋利益的工具，则是根本违反民主主义的。这不但失掉了儒家"天视民视、天听民听"和"民贵君轻"等说的真精神，而且也忽略了西洋另有一派足以代表儒家精神的民主思想。这一派注重比较有积极性、建设性的民主，其代表人物为理性主义的政治思想家。他们认国家为一有机体，人民在此有机体中各有其特殊的位分与职责。国家不是建筑在武力上或任何物质条件上，而是建筑在人民公意或道德意志上。人民忠爱国家，正所以实现其真我，发挥其道德意志，确认主权在民的原则。尊重民意，实现民意（但民意不一定指林林总总的群众投票举手所表现的偶然意见，或许是出于大政治家的真知灼见，对于国家需要、人们真意之深识远见），满足人民的真正需要，为人民兴利除弊，甚或根据全体的福利，以干涉违反全体人福利的少数人的活动。政府有积极地教育人民、训练人民、组织人民、亦可谓为"强迫人民自由"的职责，以达到一种道德理想。这种政治思想就多少代表我所谓儒家式的民主主义。例如美国罗斯福总统的许多言论，就代表我所谓儒家式的民主政治。试看他逐渐教育民众，改变舆论，感化孤立派，容纳异党，集中权力等种种措施，均与普通的民主政治，特别与 17、18 世纪的消极民主政治不同。然而他的措施的确仍是一种民主政治，他反对因利图便、玩弄权术的现实政治，而提高人类共同生活的道德理想。但他的政策，并不是不切实际。他站在人民之前，领导人民，集中权力，但并不是独裁。所以我们可以称罗斯福为有儒者气象的大政治家（外国人可以有儒者气象，一如中国人可以有耶稣式的品格。其实美国的大政治家中如华盛顿、富兰克林、林肯皆有儒者气象，美国政治特别注重道德理想，比较最契合儒家所谓王道）。

至于在中国，孙中山先生则无疑是有儒者气象而又具耶稣式品格的先行者。今后新儒家思想的发挥，自必尊仰之为理想人格，一如孔子之推崇周公。他的民权主义，即可以说是最能代表儒家精神的民主政治思想。三民主义中的民生主义最根本，于将来最关重要。以民族主义于抗战建国，推翻异族，打倒帝国主义，影响最大。以民权主义体系最完整，思想最精颖，表现其生平学问经验与见解最多。他对于权与能的分别，对于自由平等的真意义的注释，皆一扫西洋消极的民主主义和道家的自由放任的自然主义的弊病，而建立了符合儒家精神，足以为开国建国大法的民权主义。而且，他在创立主义、实行革命原则中，亦以合理性、合人情、合时代为标准，处处皆代表典型中国人的精神，符合儒家的规范。在《孙文学说》"有志竟成"一章，他说："夫事有顺乎天理，应乎人情，适乎世界之潮流，合乎人群之需要，而先知先觉者所决志行之，则断无不成者也。此古今之革命维新、兴邦建国之事业是也。""顺乎天理"即是合理性，"应乎人情"即是合人情，"适乎世界之潮流，合乎人群之需要"即是合时代。足见他革命建国的事业，是符合儒家合理、合情、合时的态度的，而他所创立的主义亦是能站在儒家的立场而做出的能应付民族需要和世界局势的新解答。

以上就政治上的法治与民主问题，而指出以能符合儒家精神的解答为最适当。兹试再就男女问题为例而讨论之。男女问题可以说是中国现代许多解放运动的发端。许多反家庭、反礼教、反儒家思想的运动均肇端于男女关系。许多新思想家皆以不能解决新时代的男女问题为儒家思想发展的一大礁石。但我们认为，男女问题不求得一合理、合情、合时、符合真正儒家精神的答案，是绝不能得到圆满解决的。须知"父母之命、媒妁之言"的旧式婚姻，男女授受不亲的社交隔阂，三从四德的旧箴言，纳妾出妻的旧制度，已是残遗的旧躯壳，不能代表真正儒家合情、合理、合时的新态度。反之，酒食征逐、肉欲放纵，追求个人享乐的婚姻，发疯、自杀、决斗的热情恋爱乃是青年男女的堕落，社会、国家的病态，更是识者所引为痛心的。假如男女问题能循有诗意、合礼仪、负社会国家的道德责任的途径以求解答，便可算得契合儒家的规范了。所谓有诗意，即男女关系基于爱慕与相思，而无淫猥亵渎之邪思，如关关雎鸠式的爱慕，辗转反侧式的相思，便有诗意了。所谓合礼仪，即男女交际，有内心之裁制，有社交之礼仪。其结合亦须得家庭、社会、法律之承认。所谓须负社会、国家的道德责任，即男女结合非纯为个人享受，亦非仅解决个人性欲问题，乃有极深的道德意义，于家庭、社会、民族皆有其责任。男女之正当结合，于社会、国家皆有裨益，且亦是社会、国家所赞许嘉勉的。男女关系须受新诗教、新礼教的陶冶，且须对社会、国家负道德责任，这就是儒家思想新开展中所指示的途径。现在中国许多美满的新家庭生活已于无意间遵循着、实现着、代表着此种新儒家的理想了。

所以，在我们看来，只要能对儒家思想加以善意同情的理解，得其真精神与真意义所在，许多现代生活上、政治上、文化上的重要问题，均不难得到合理、合情、合时的解答。此所谓"言孔孟所未言，而默契孔孟所欲言之意；行孔孟所未行，而吻合孔孟必为之事"（明吕新吾《呻吟语》）。须将儒家思想认做不断生长发展的有机体，而非呆板机械的死信条。如是我们可以相信，中国许多问题，必达到契合儒家精神的解决，方算得达到至中至正、最合理而无流弊的解决。如果无论政治、社会、文化、学术上各项问题的解决，都能契合儒家精神，都能代表中国人的真意思、真态度，同时又能善于吸收西洋文化的精华，从哲学、科学、宗教、道德、艺术、技术各方面加以发扬和改进，我们相信，儒家思想的前途是光明的，中国文化的前途也是光明的。

（1941 年 8 月刊登于《思想与时代》第 1 期）

中国哲学的调整与发扬

近五十年来，中国的哲学界即或没有别的可说，但至少有一点可以称道的好现象，就是人人都表现出一种热烈的"求知欲"，这种求知欲也就是哲学所要求的"爱智之忱"。我们打开了文化的大门，让西洋的文化思想的各方面汹涌进来。对于我们自己旧的文化，即使不根本加以怀疑破坏的话，至少也得用新方法新观点去加以批评的反省和解释，因而会觉得有无限丰富的宝藏，有待于我们的发掘。尤其足以逼迫着我们，使我们不得不努力探求新知的地方，就是我们处在一崭新的过渡时代，社会、政治、文化、思想、信仰均起了空前急剧的变化。其剧变的程度，使许多激烈趋新的人，转瞬便变成迂腐守旧的人；使许多今日之我，不断与昨日之我作战的人，但犹嫌赶不上时代的潮流。我们既不能墨守传统的成法，也不能一味抄袭西洋的方式，迫得我们不得不自求新知，自用思想，日新不已，调整身心，以解答我们的问题，应付我们的危机。因此，这五十年来特别使得国人求知欲强烈的主因，是由于大家认为哲学的知识或思想，不是空疏虚幻的玄想，不是太平盛世的点缀，不是博取科第的工具，不是个人智巧的卖弄，而是应付并调整个人以及民族生活上、文化上、精神上的危机和矛盾的利器。哲学的知识和思想因此便被认为是一种实际力量——一种改革生活、思想和文化上的实际力量。

所以，欲了解我们近几十年来的哲学思想，我们必须特别注意：（一）推翻传统权威和重新解释哲学思想之处；（二）接受并融会西方哲学思想之处；（三）应用哲学思想以改革社会政治之处。因此本书也分下列四章：（一）中国哲学的调整与发扬；（二）西方哲学的绍述与融会；（三）时代思潮的演变与剖析；（四）知行问题的讨论与发挥。兹先述第一章。

有许多纯粹研究中国哲学的学者，他们没有直接受过西方哲学的训练，然而他们却感受到了西方文化思想的震荡，而思调整并发扬中国哲学以应新时代的需要。他们的心理，分析起来大约有几种不同：有的人对于中国的文教有了宗教的信仰，而认为西方的文化有了危机，想发扬中国文化以拯救西方人的苦恼；有的人，看见西方思想澎湃于中国，中国文化有被推翻被抛弃的危险，抱孤臣孽子保持祖宗产业的苦心，亟思发扬中国哲学，以免为新潮流所冲洗，荡然无存；有的人，表面上攻击西方思想，而不知不觉中却反受西方思想的影响；还有一些人，表面上虚怀接受西方思想，然而因不明西方思想的根底，他所接受的乃非真正的西方思想，而仍然回复到旧的窠臼。总之，当东方学者与西方哲学初次接触的过渡时代，免不了有种种不彻底的表现。前两种人，思想中本来有新的成分，甚或从守旧眼光看来有些离经叛道的思想，然而他仍说他是直接孔、孟。后两种人，喜欢用他自己也不全懂得的新名词新口号，喜欢做翻案文章，抬出些他们尚未消化的西方某派学说或主义来攻击古人，然而细考其思想言论，他并未能将中国哲学向前推进一步。

大体上讲来，中国哲学在近五十年来是有了进步。这进步的来源，可以说是由于西学的刺激，清末革新运动的勃兴，从佛学的新研究里得到方法的训练，和思想识度的提高与加深。我们试简单地结算一下，至少有了下列几点，可以值得我们大书特书：（一）在这几十年中，陆、王之学得了盛大的发扬；（二）儒、佛的对立，得了新的调整；（三）理学中程、朱与陆、王两派的对立，也得了新的调解；（四）对于中国哲学史有了新的整理。

要叙述最近五十年来从旧传统里发展出来的哲学思想，似乎不能不从康有为（1858—1927）开始。康氏于五十年前（1891），开始讲学于广州长兴里之万木草堂。以一派宗师、思想政治礼教之大改革家自命。综他生平的思想，虽经过激变，由极激烈之改革家，变为极顽固之守旧派。然他生平用力较多，气味较合，前后比较一贯服膺的学派仍是陆、王之学。他在万木草堂时，对于梁任公、陈千秋做学问的方针，仍"教以陆、王心学"（见梁任公《三十自述》）。平时著书立说，大都本"六经注我"的精神，摭拾经文以发挥他自己主观的意见，他的《新学伪经考》一书，论者称其为"考证学中之陆、王"（钱穆：《中国近三百年学术史》），洵属切当。他《大同书》中许多胆大激越的理想，如毁灭家族，公妻共产，破除国界、种界、形界、类界、级界等等主张，也颇与王学末流猖狂的一派相接近，他晚年提出"不忍"为他所独办的刊物之名称，所谓不忍亦与孟子恻隐之心、阳明良知之说较接近。

至于康氏的两个大弟子，谭嗣同（1865—1898）和梁任公思想亦倾向陆、王。嗣同著《仁学》一书，他所谓仁，乃佛之慈悲，耶之博爱，阳明之良知的糅合体。他主张"冲决网罗"，特别注重打破名教礼教世俗的束缚，以恢复仁。象山所谓本心，阳明所谓良知。"仁为天地万物之源，故唯心，故唯识"。他大声疾呼地反对荀子，尊崇孟子，扬陆、王而抑程、朱。他说"二千年来之政，秦政也，皆大盗也；二千年来之学，荀学也，皆乡愿也。惟大盗利用乡愿，惟乡愿工媚大盗"。他认为惟黄梨洲及王船山二家比较能代表儒家的真面目，因为"黄山于陆、王，陆、王将缵庄之仿佛，王出于周、张，周、张亦缀孟之坠遗"。至于谭氏的性情行径之近似王学中泰州、龙溪一派，更属显然。所以我认为康、谭二人皆以陆、王之学为其中心思想，不过两人皆以气盛，近于粗疏狂放，比较缺乏陆、王之反本心性的精微穷理工夫罢了。

梁任公（1873—1929）做学问的方面多，思想言论变迁甚速，影响亦甚大，然而他全部思想的主要骨干，仍为陆、王。他最初受学于康有为，所传授者，据他三十自述，系以陆、王之学为主。他也是当时"排荀运动"中一员大将。深感"各派经师二千年内，壹皆盘旋荀学肘下，孟学绝而孔学亦衰，于是专以绌荀申孟为标帜"（《清代学术概论》，页138—139）。他在湖南时务学堂时，亦以讲陆、王修养论及公羊、孟子民权论为主。他曾选有节本明儒学案，其重心当然在揭示王学的精要。据作者的印象，任公先生谈义理之学的文字，以"五四"运动前后，在《时事新报》发表的几篇谈孟子要旨的文章最为亲切感人。对于"先立乎其大则小者不能夺"之旨，发挥得最透彻。他晚年专注于史学，但在他去世前三两年，我们尚曾读到他一篇斥朱子支离，发挥阳明良知之学的文章。他终身精神发皇，元气淋漓，抱极健康乐观的态度，无论环境如何，均能不忧不惧，不为失望恐怖所侵入。年老而好学弥笃，似亦得力在此。

章太炎（1869—1936）为一代国学大师，门弟子遍天下。然而他的哲学思想却没有什么传人，也很少有人注意到。据我看来，他的思想深刻缜密，均超出康、梁，在哲学方面亦达到相当高的境界，其新颖独到的思想不惟其种族革命的思想，是当时革命党主要的哲学代言人，而且可以认作"五四"运动时期新思想的先驱。所以我在这里对他的思想不得不多为表彰几句。他对哲学的贡献，第一，在于提倡诸子之学的研究，表扬诸子，特别表扬老、庄，以与儒家抗衡，使学者勿墨守儒家。这是他承孙诒让、俞曲园之绪而加以发扬的地方。其对革新思想，和纯学术研究的贡献，其深度远超出当时的今文学派，而开新文化运动时，打孔家店的潮流之先河。不可否认地胡适先生曾受其影响。第二，在于发挥道家的自然主义，用佛学解释老、庄。他所著《齐物论释》一书，尤多奥义，且能运用西方无政府主义、个人放任主义等说，以发挥老、庄自然放任之旨。在他《国故论衡》中有"明见"一篇，最富哲学识度，又有"原道"三篇，最能道出道家的长处，而根据许多史实，指出道家较儒家在中国政治史上有较大较好的贡献，尤值得注意。他的检论中，有"四惑论"、"五无论"等篇，否定了许多流行的观念，和世俗的执迷。（可惜章氏丛书不在身边，一时无法详述其内容。）其勇于怀疑，与康有为之破除九界，谭嗣同之冲决网罗，有同等甚或较大的解放思想、超出束缚的效力。他不单是反对传统的中国思想，他同样反对西方的新思想。记得他反对宋儒的天理，但一样地反对西人所谓公理，他说"宋世言天理，其极至于锢情灭性，天理之束缚人甚于法律，而公理之束缚人，又甚于天理"。他提倡的是自由放任的自然生活，反对社会国家以公理为名来干预个人，侵略他国。最有趣的是，他能看出唯物论与唯心论之对立统一的地方。他说："唯物论者唯心论之一部也；唯心论者唯物论之一部也。"因此他认两派学说皆一丘之貉，他一并加以反对。他复提出他有名的"俱分进化论"以修正当时流行的片面的乐观的进化论。他认为："以道德言，善亦进化，恶亦进化。以生计言，乐亦进化，苦亦进化。双方并进，如影之随形。……知识愈高，虽欲举一废一而不可得，曩时之善恶为小，而今之善恶为大，曩时之苦乐为小，而今之苦乐为大。然则以求善求乐为目的者，果以进化为最幸耶，其抑以进化为最不幸耶？进化之实不可非，而进化之用无所取。自标吾论曰，俱分进化论。"（见《别录》二）他这种说法，不惟合乎素为退化观及循环观的中国人的脾胃，且与他的道家的自然主义相贯通。盖从"为善毋近名，为恶毋近刑"，"疾圣弃智"的道家看来，净纯之善或乐的进步既不可能，我们又何必以更大之恶去换取更大之善，以更大之苦去换取更大之乐呢？小国寡民的原始生活，岂不最善最乐吗？这样一来，则新知识新文明的进步，皆是痛苦及罪恶将随之进步的预兆。因此对于西方整个文明社会的各种进步皆抱悲观。而对于整个日新月异的西方科学文明皆抱轻视隐忧的态度。章氏此说相当有力，且代表当时许多中国学人对西方新文明的共同看法。据我看来，王静安先生"人生过处惟存悔，知识增时只益疑"的悲观态度，和梁漱溟先生在他初期名著《究玄决疑论》中所表现的出世悲观的思想，似皆与此说相关联。而梁著中论苦乐一段，更显得部分地采取了章氏之说。

章氏这些否定一切、打破束缚的思想，正是使他精神上得以解放超脱的不二法门。不是这样，他便无法"转俗成真"。至于他在哲学上所深造自得的境界，可引《菿汉微言》中自道甘苦的几句话来表明："及囚系上海，专修慈氏世亲之书，此一术也，以分析名相始，以排遣名相终，从入之途与平生朴学相似，易于契机。""为诸生说庄子，旦夕比度，遂有所得。端居深观而释齐物，乃与瑜伽华严相会。""自揣平生学术，始则转俗成真，终乃回真向俗。"现代西方哲学，大部分陷于支离繁琐之分析名相。能由分析名相而进于排遣名相的哲学家，除怀特海教授外，余不多觏。至转俗成真，回真向俗，俨然柏拉图"洞喻"中所描述的哲学家胸襟。足见章氏实达到相当圆融超迈的境界。

　　由"回真向俗"一点，我们可以知道他晚年比较留心政局，回复到儒家。他晚年创办一个刊物，叫做《华国》，一方面意识到他有昌明国学的重任，一方面鉴于社会风纪的破坏，国势的衰弱，他每以气节鼓励青年，并特别表扬孔门中有勇知方的"子路"，而反对空疏的性理之辨。即谓其思想渐趋于接近陆、王，亦无不可。他并且指出阳明之学的长处在"内断疑悔，外绝牵制"（此语不审出自何处，引自稽文甫著《晚明思想史论》页57），确甚精要。

　　如果说国学大师章太炎先生的贡献在于融会佛、老，则佛学大师欧阳竟无（1871—1943）先生的贡献，便在于融会儒、佛。欧阳先生为人为学笃实光辉，允为一代大师。其所述作，均切于身心，激于悲愤，故皆弘毅瓌伟，精力弥满，感人甚深。他是石棣杨仁山居士门下四大弟子之一（余三人为桂柏华，黎端甫，李证刚），承继杨氏事业，一生尽瘁弘法，刻书教学，创立支那内学院。他的佛学方面的贡献，不在本篇范围。本文拟只就他发扬陆、王之学的地方，略加叙述，以见时代趋势。据说他早年因中、日之战，感慨杂学无济，乃专治陆、王，期以补救时弊。当时对阳明之学，见之至深，执之至坚，友人劝他学佛学，皆被严拒。后因得见杨仁山居士，并遭母丧后，方摒绝一切，归心佛法，潜研法相唯识，深探般若涅槃，阐幽发微，精到有识。自"九一八"事变以后，忠义愤发，复转而以般若融贯孔学，表彰陆、王。他与人论孔学书，有"陆量宏而程量隘"的话。（陆指象山，程指伊川。）又他所刻的《中庸读》叙中，引象山大人诗而叹曰："嗟乎象山，天下大乱，孔孟将亡，吾乌得其人而旦暮之！"他对于象山这样推尊景仰想来不仅由于象山与他皆是江西人，有同乡关系吧。《论语读》叙云："东海有圣人焉，此心同此理同也。西海有圣人焉，此心同此理同也。……般若直下明心，孔亦直下明心。盖墨子短丧薄葬，一切由事起，孔子食甘不甘，闻乐不乐，一切由心起。直下明心，不愿乎外，是之谓一，无入而不自得焉，是之谓贯也。"是他对于儒学的中心认识，也是以当下一念，心安理得，释孔子一贯之道，也是他融贯儒、佛，宗仰象山的所在。心同理同之心，亦即是性。所以他又提出"尽性为学，学以尽性"的宗旨。他又指出明心尽性之工夫为诚，故有"人不务诚，失其本心"的话。但体用不二，诚虽是工夫，但亦即本体。在《中庸读》叙中他说："中庸，以一言之曰诚，以二言之曰中庸，曰中和，曰忠恕。以三言之曰费而隐，自微之显。无所谓天地万物，中外古今，只是一诚，无所谓天下国家礼乐刑政，止是一诚。无所谓智愚贤不肖知能大小曲直险夷，止是一诚。诚至则生天生地，生物不测。诚不至则一切俱无。心非其心，境非其境，事非其事。"又他与人论孔学书云："诚包六义，天然也，有继也，不二也，深固也，慊足也，能生也。"（见《欧阳竟无大师纪念刊》）近读得他的遗文中，有"诚至无生死，狂狷是也。媚世求生，汩真性情，乡愿是也。国以乡愿亡，以狂狷存"。（《理想与文化》，第七期）这都可说是他的人格气象，学问旨趣，与夫淑世苦心的表现。

在新文化运动时期，中国思想界的趋势是无选择地介绍西方的思想学术，并勇猛地攻击传统的文化和礼教。这时对于哲学有兴趣的人虽很多，然而尚说不上对于任何哲学问题有专门系统的研究。这时的思想界可以说是只达到"文化批评"的阶段，批评中西文化的异同优劣，以定建设新文化改革旧文化的方向。在当时大家热烈批评中西文化的大潮流中，比较有系统，有独到的见解，自成一家言，代表儒家，代表东方文化说话的，要推梁漱溟先生在1921年所发表的《东西文化及其哲学》一书。

梁先生认为儒家与佛家为两个不同的路向，他不采取一般援儒入释，援释入儒的融汇儒、佛的办法。当他早年发表《究玄决疑论》，信仰佛法时，便决心出世，独居茹素，过佛家的生活。后来因他思想折回儒家一路，便随之改变生活，结婚肉食，发挥儒家思想，以解答当时甚为迫切的东西文化问题。

在他那时，唯物史观在中国尚不甚流行。然而他对之早已有了切当的批评。他指出物质环境与意识或文化创造，只能说是有"缘"，不能说前者为产生后者之"因"。换言之，只能说物质环境与意识有"关系"或"关联"，不能说物质决定意识。他认不同的文化，是基于人类主观上人生态度的不同，不能从物质条件的不同去求根本的解答。由于有了这种根本的看法，所以后来他虽力言经济的重要，有"拿不出经济方案来，休谈政治"的话，并力言社会经济制度的改革，为改善社会阶层间的不公平，达到合理人生的要图，而且他自己复放弃纯学术的研究去倡导乡村建设运动，以求改善农村的经济生活，为政治建设寻一新出路。简言之，他采取了社会改革的理想，而理论上他却始终没有陷于物质决定精神的窠臼。

对于儒家思想的辩护与发挥，他坚决地站在陆、王学派的立场，提出"锐敏的直觉"以发挥孔子的仁和阳明的良知。他特别着重锐敏的直觉是反功利的，不算账的，不分别人我的，不计算利害得失，遇事不问为什么，而但求此心之所安的生活态度。这直觉是随感而应的，活泼而无拘滞的，刚健的，大无畏的行为的泉源。他对于西方文化中的功利成分，和当时在中国很流行的实用主义，曾予以深切有力的排斥。此说一出，颇合刚从西洋游历回来，发表《欧游心影录》以为东方文化呼吁的梁任公的脾胃，于是梁任公也对于中国人"无所为而为"的人生态度，大加赞扬。因此当时提倡西化的人如吴稚晖等，都常常把二位梁先生认作攻击的对手。按不算账或无所为的态度在某意义下，亦契合老、庄思想。但梁先生是自孟子及陆象山的"义利之辨"出发，注重道德意义，而非老、庄之纯任自然。

关于东西文化问题，漱溟先生郑重提出中国文化是否会被西方文化推翻？或中国文化是否有根本翻身成为世界文化的机会？换言之，他要问，中国文化是否有不可磨灭、颠扑不破者在？在我们现在看来，此问题或许已不成问题，然而在当时全盘西化，许多人宣言立誓不读线装书，打倒孔家店的新思潮澎湃的环境下，大家对于中国文化根本失掉信心。他所提出的问题确是当时的迫切问题。他的答案当然很足以助长国人对于民族文化的信心和自尊心。他认为上面所说的儒家的人生态度，就是使生活有意义有价值的态度，有其独特的永久普遍的价值，且足以拯救西方人在功利竞争中精神生活上的苦恼与烦闷。他指出西洋、中国、印度三种文化出于三种不同的人生态度：西洋人肯定现实生活，而向前逐求；中国人肯定现世生活而融融自得，且以向前逐求为戒；印度人则否认现世生活而要求脱去此世界，取消此生命。一向前，一持中调和，一向后。三家文化的路向根本不同。这是他观察三方文化的"色彩"、"风气"、"趋向"，所得的大概印象，他并不是不承认有例外。所以假如你举出少数例子，说中国人和印度人也有向前的人生态度，西洋人也有出世向后的人生态度，你是不能推翻他的大概印象的。最有趣的是，他复根据经济、科学、哲学种种变迁的动态，而预言西方将逐渐由向前的态度而趋于中国人持中调和的态度，且最后将更进而趋向印度人向后的路向。因此他预言着中国文化在最近的将来将复兴，印度文化在更远的未来将复兴。这种说法在当时颇足以使人对整个东方文化的前途，有了无限的乐观和希望。他这种看法，不论对与不对，是基于综观世界文化演变的事实所得到的知识和态度，并不是逻辑的公式，亦不是基于文化哲学的普遍原理。这是他的长处，因为以事实作根据而推测；也是他的弱点，因为缺乏文化哲学的坚实基础。他这种弱点，于他最近两年来所发表的"理性与理智之分别"，"论社会演进上中西殊途"等文章里更显得清楚。因为他只是摭拾许多零碎的事例，说西洋有宗教，中国无宗教，说中国人富于理性，西洋人只有理智，缺乏理性等，不惟对文化的本质，宗教的本质，宗教在文化中地位等问题，缺乏哲学的说明，且亦有违陆象山"人同此心，心同此理"的根本原则了。

他虽用力于比较东西文化路向的异同，然而他却有一长处，即他没有陷于狭隘的中西文化优劣的争执。且很着重地说，西方人的科学和德谟克拉西（民主），中国人应全盘接受，认为这两种是人类生活中"谁能出不由户"的普遍要素。不用讳言，他隐约地暗示着东方的人生态度比西方人向前争逐的态度更深刻要完善。他一面重新提出儒家的态度，而一面主张全盘接受西方的科学和民主，亦未完全逃出"中学为体，西学为用"的圈套。然而他却巧妙地避免了东方优于西方文化的褊狭复古的见解。他也没有呆板地明白赞成中体西用或旧瓶装新酒的机械拼合。这不能不说是他立论圆融高明的地方。

哪知受了他影响的人，就把他隐约暗示的言外之意，很露骨的全盘托出了。试读下面这一段："西方文化者求生存竞争之文化，其宗旨在征服自然，争取支配。中国文化者淑身善世之文化，其宗旨在明明德于天下。佛教文化者转依解脱之文化，其宗旨在一切众生我皆令人无余涅槃而灭度之。由是可知西方文化者，人类最原始之文化，亦较低之文化也；中国文化乃其较高者；佛教文化则最高者也。"（见王恩洋"追念亲教大师"一文。王曾为梁之学生，并曾在支那内学院治佛学。）这一段话可以说是把梁先生东西文化比较观的流弊与弱点，和对于西方文化之精神背景，特别对于超功利的道德艺术玄学宗教方面之缺乏了解，亦暴露无余了。

新文化运动以来，倡导陆王之学最有力量的人，当然要推梁漱溟先生。不过梁先生注重的是文化问题。他发挥儒家陆、王一派思想，亦重在人生态度方面，很少涉及本体论及宇宙论。近十余年来，他兴趣且又转入经济政治的理论及乡村建设工作方面，似已放弃发挥王学的使命了。

黄冈熊十力（子真）先生，与梁先生为讲友，且曾入支那内学院问学于欧阳先生，乃代之而起。得朱、陆精意融会儒释，自造新唯识论。对陆、王本心之学，发挥为绝对的本体，且本翕辟之说，而发展设施为宇宙论，用性智实证以发挥陆之反省本心，王之致良知。至于他如何精研法相唯识之学，而又超出旧唯识论，以创立新唯识论的甘苦经历，作者不懂佛学，不能阐述，兹仅拟就其哲学为陆、王心学之精微化系统化最独创之集大成者一点，略加介绍。

熊十力先生（1885—1964）冥心独造地，直探究宇宙万有的本体。本体，他指出，是无形相的，是无滞碍的，是绝对的，是永恒的，是全的，是清净的，是刚健的（见"转变"章）。最后他启示我们，人的本心即是具备这些条件的本体："本心是绝对的本体。然依其发现有差别义故，不得不多为之名。一名为心。心者主宰义，谓其遍为万物实体。而不即是物。虽复凝成众物，要为表现其自己之资具，却非舍其自性而遂物化也。不物化故，谓之恒如其性。以恒如其性故，对物而名主宰。二曰意，意者有定向义。夫心之一名，通万物而言其统体，非只就其主乎吾身而目之也。然吾身固万物中之一部分，而偏为万物之主者，即主乎吾身者也。物相分殊，而主之者一也。今反求其主乎吾身者，则渊然恒有定向。于此言之，斯谓之意矣。定向云何，谓恒顺生生不息之本性以发展，而不肯物化者是也。故此有定向者，即生命也，即独体也。依此而立自我，虽常变而贞于一，有主宰之谓也。三曰识，夫心意二名，皆即体而目之。复言识者，则言乎体之发用也。渊寂之体，感而遂通，资官能以了境者，是名感识。动而愈出，不倚官能，独起筹度者，是名意识。故心意识三名，名有取义。心之一名，统体义胜，意之一名，各具义胜，识之一名，了境义胜。"（"明心"章上，页282）此段发明本心，最关紧要。以本心为绝对待，遍为万物实体，不仅主乎吾身，而遍为万物之主，是已超出主观的道德的唯心论，而为绝对的唯心论。而他所谓本心，不纯是理智的纯思纯知，而乃即是"仁"。便充分代表儒家的传统了。他说："仁者本心也。即吾人与天地万物所同具之本体也。……盖自孔、孟以迄宋、明诸师，无不直指本心之仁（实则，仁即本心。而曰本心之仁者，措词方便故），以为万化之原，万有之基，即此仁体。"（"明心"章上，页261）作者尝谓儒家思想的新开展，应发挥出仁的本体论，仁的宇宙观（见《思想与时代》月刊，第一期），不意于熊先生处得一有力之代表。

他明晰指出本心与习心的区别，最足祛除不少误会。因一般反对唯心论的人，只能反对执著习心的主观主义者。若根本反对心同理同的本心，即等于根本反对哲学，而只承认有心理学。他说："心者即性，是本来故，心所即习，是后起故。"（"明心"下，页304）他所认为绝对永恒之本体，乃本心，本性，而非指心理学可以研究的思虑营为情感意欲等习心。习心与物相对，在某意义下亦是"无自性"之物，而本心则"众物皆为表现其自身之资具，而不物化者也"。与物相对之心，乃本心之显现或发用。刚健的本体（本心）之显现，有其摄聚而成形向的动势，名曰翕。有其刚健而不物化的势用，名曰辟。所谓心物即是辟翕的两种势用或过程，而翕辟相反相成，并非两个不同的历程。因此心物亦非二物，而是一个整体的相反相成的两方面。此说破除把心销纳到物，执著物质的唯物论，并破除执著习心或势用之心把物销纳到心的唯心论，而成一种心物合一的泛心论。盖心物既为一个整体的两面，则心物永不分离。即就科学事业上看来地球尚未构成，尚无心理现象可能言之时，他认为亦有暧昧的潜伏的心。他说："心虽是到有机物发展的阶段，才日益显著，却不能因此便怀疑有机物未出现以前就没有翕辟心这种势用的潜存。"（"转变"章）这是大胆有识的玄观。不期而与西哲斯宾诺莎"万物皆有灵魂，不过等级不同耳"之说契合。他既承认万物莫不有心，因而不得不进一步承认有"宇宙的心"，而谓"一一物各具之心，即是宇宙的心，宇宙的心，即是一一物各具之心"。（同上）是即有似西洋哲学中宇宙灵魂（Anima Mundi）之思想。盖他要贯彻心物合一之思想，不能不走入泛心论。但泛心论在西洋不惟为科学常识所反对，且持唯心论的哲学家如黑格尔、鲍桑凯等人，虽不否认凡物莫不有心的事实，但亦认泛心论非心学正宗。盖潜伏在外界自然事物之心，乃外在于灵明的本心或精神之心，不足以为宇宙本体。但熊先生的高明处，即在于认为与物对待或与物合一之心，无自体，换言之，非本心，非本体，而乃本体显现之一面。是以他既能打破科学常识的拘束，亦不执著泛心论，而归于绝对先天之本心。

假如他单讲本心，而不言翕辟，单讲本体，而不讲大化流行之用，即不免陷于空寂。然而他又能发挥王阳明"即知即行"的意蕴，提出体用不二，即流行见本体的说法，以为基础。这就是他超出"离用言体，未免索隐行怪"、"于性体无生而生之真机，不曾领会"的佛家思想的地方。他指出，"无体即无用，离用原无体"。体不可说，而用却可说。工夫要在即用显体，从用中悟出本体。宇宙一切原是大用流行，大用流行，即是体之显现。吾人不能执此流行者为真实，谓其别无有体。吾人亦不能离弃此流行者，而外流行以求体。所以他提出的即用显体之说，实不啻为反本归寂、明心见性指出一下学上达简易平实的门径。

熊先生于本心即性，本心即仁，皆有所发挥，惟独于"本心即理，心者理也"一点，似少直接明白的发挥。（当然，性即理，仁为心之德爱之理。谈性谈仁，即已谈到理。）不过或由于熊先生注重天地万物一体之仁，以生意盎然，生机洋溢，生命充实言本体，而有意避免支离抽象之理。或者他将于他次一著作《量论》中，更畅发"心即理也"之旨，亦未可知。

复性学院主讲马一浮先生（1882—1967），本系隐居西子湖畔的一位高士，也是我国当今第一流的诗人。自倭寇内侵，离开杭州后，方有意发布其学术思维以绍国人。初在国立浙江大学讲学，有《泰和会语》及《宜山会语》刊布。既主讲四川乐山复性书院，前后刊印有《复性书院讲录》九种。真可算得"综贯经术，讲明义理"老而弥笃了。马先生兼有中国正统儒者所应具备之诗教、礼教、理学三种学养，可谓为代表传统中国文化的仅存的硕果。其格物穷理，解释经典，讲学立教，一本程、朱，而其返本心性，祛习复性则接近陆、王之守约。他尤其能卓有识度，灼见大义，圆融会通，了无滞碍，随意拈取老、庄、释典以阐扬儒家宗旨，不惟不陷于牵强附会，且能严格判别实理玄言，不致流荡而无归宿。

马先生生平沉浸潜玩于中国文化的宝藏中，他用力所在，及比较有系统的思想，乃是关于文化哲学的思想。他举出诗教、书教、礼教、乐教、易教、春秋教，称为六艺。六艺实即六经，因六艺不仅是呆板地指六部经典，而是广义的指六种或六部门活泼发展的文化学术或教化而言。他认为不仅国学应规定为六艺之学，而且六艺包罗万象，统摄一切学术文化，"全部人类之心灵，其所表现者不离乎六艺，其所演变者不能外乎六艺"（《泰和会语》）。"圣人用是以为教，吾人依是以为学，教者教此，学者学此"（《讲录》二）。即西方学术亦可统摄于六艺之内，因为西方学术文化均可统摄于真善美三种价值，而六艺之中，诗、书属于善，礼、乐属于美，易、春秋属于真。六艺或六部门的学术文化，其来源不是出于物质条件，而是从吾人心性中自然流出。换言之，他认为文化是精神的产物，不是为物质条件所决定的。他说："六艺本是吾人性分所具之事。……吾人性量本来广大，性德本来具足，六艺之道即是此性德中自然流出的。性外无道也。"但照张横渠"心统性情"的说法，性即是心中之德，心中之理，自性德流出，实不啻自本心中发出。所以他又说："一切道术皆统摄于六艺，而六艺实统摄于一心，即是一心之全体大用也。"因此他总括道："天下万事万物不能外于六艺，六艺之道，不能外于自心。……天地一日不毁，此心一日不亡，六艺之道，亦一日不绝。人类如欲拔出黑暗而趋光明之途，舍此无由也。"（《宜山会语》）简言之，他的文化哲学的要旨是说，一切文化，皆自心性中流出，甚至广义讲来，天地内万事万物，皆自心性中流出。只要人心不死，则人类的文化即不会灭绝。这种文化观，使得他对于人类文化，特别民族文化有了坚强信心。当然这是很有高远识见，能代表中国正统思想的文化观，要说明如何万事万物，如何全部文化，皆自心性中流出，自然需要很高深困难的唯心哲学作基础。

进一步他提出《论语》为总经，指出《论语》中已包括六艺的大义。他以孔子言仁处，讲明诗教；以孔子言政处，讲明书教；以孔子言孝弟处，讲明礼乐教；以孔子之言正名，为春秋大义；以孔子在川上章，于变易中见不易，及予欲无言章，明示性体本寂而神用不穷，即以此两章，讲明易教大义。提纲挈领，条

理清楚，颇能融会贯通。所以他《论语大义》一书，实最为他
精要的纲。

马先生注重条理，喜排比对称，极似朱子，然而不陷于支
离，以其能得统归，达到圆融的一，故可了无滞碍。他每以
"理事不二，知行合一，理智同符，始终一贯"讲条理。又谓
"内外本末，小大，精粗，统之有宗，会之有元，备而不遗，道
而不睽，交参互入，并摄兼收，错列则行布分明，汇合则圆融无
碍。此条理之事也"（《讲录》二）。这很能见出他于分中见合，
对立中见统一的综贯能力。至于他讲心与物及心与理的关系，尤
能调和朱、陆而得其汇通。他释朱子格物穷理之说，认朱子并未
以理为在外："今明**心外无物**，事外无理，即物而穷其理者，即
此自心之物，而穷其本具之理也。此理周遍充塞，无乎不在，不
可执有内外。"这是他挽救朱子向外穷理的支离的地方。他又归
到心外无物、心外无理、心外无事的心学道："今明**心外无物**，
事外无理。事虽万殊，不离一心。（佛法亦言，当知法界性一切
惟心造，心生法生，心灭法灭。万行不离一心，一心不违万
行。）一心贯万事，即一心具众理。即事即理，**即理即心，心外
无理**，亦即**心外无事**。理事双融，一心所摄。然后知散之则为万
殊，约之唯是一理。"（《讲录》一）这足以表现他以极深睿的识
度于儒释和朱陆间灼然见其贯通一致的地方。

根据以上对于近五十年来中国哲学的叙述，我们很可以看
出，如何由粗疏狂诞的陆、王之学，进而为精密系统的陆、王之
学，如何由反荀反程、朱的陆、王之学进而为程、朱、陆、王得
一贯通调解的理学或心学。并且可以看出这时期儒家哲学之发
展，大都基于佛学的精研，因而儒学、佛学也得一新的调解。

至于过去这五十年来何以陆、王学派独得盛大发扬，据个人
揣想也并非无因。大约由于：（一）陆、王注重自我意识，于个

人自觉、民族自觉的新时代，较为契合。因为过去五十年，是反对传统权威的时代，提出自我意识，内心直觉，于反抗权威，解脱束缚，或较有帮助。（二）处于青黄不接的过渡时代，无旧传统可以遵循，无外来标准可资模拟。只有凡事自问良知，求内心之所安，提挈自己的精神，以应付瞬息万变的环境。庶我们的新人生观，新宇宙观，甚至于新的建国事业，皆建筑在心性的基础或精神的基础上面。在前清咸同年间，清朝中兴名臣如曾涤生、胡润芝、罗罗山三人，均能本程、朱之学，发为事功。我们不禁要问，在过去五十年内，哲学界中陆、王之学颇为盛行，但能本陆、王之学，发为伟大事功者，又有没有代表人物呢？我们可以答道，有的。孙中山先生就是王学之发为事功的伟大代表。中山先生倡知难行易之说。此说虽经哲学界的人士如胡适、傅铜、冯友兰诸先生的批评，然而仍颠扑不破，成为鼓舞国人，为革命建国建立心理基础的一个力量。而且中山先生知难行易之说所推出之两大结论，其一，能知必能行，即包含知行合一的道理。盖能知必能行，即真如必能与行为合一之意。如有人问能知而未必能行者，其故何在，则必须借阳明"知而不行，只是未知"之说以解答之。故能知必能行与"知而不行，只是未知"，皆是知行合一论的两种不同说法。又中山先生曾力言"以行而求知，因知以进行"的知行合一并进，为近代文明进化之特征。盖以行而求知，即由行以求与知合一。因知以进行，即由知进而求与行合一。且"因知以进行"即包含阳明"知是行之始，行是知之成"的精意。足见"知行合一"实是中山先生所特别注重而有新发挥者。又知难行易之旨，孔、孟、程、朱皆有提示。希腊精神尤重知难行易。皆不免有重知轻行的流弊。中山先生独提出"不知亦能行"的原则，遂使其学说富于近代精神。盖不知亦能行，非谓无知亦能妄为，盲目亦能冥行，乃意在指出革命建国之事，急在眉睫，不能老沉耽于求知冥想，而延迟实行。须一、本冒险精神以行。二、本信心以勇往力行。三、本科学假设以实验进行。四、本先知先觉的理想，专家的设计而努力实行。亦即行以求知，且行且知，不行不能知之意。此外中山先生提倡大同理想，革命先革心之教，及军人精神教育，对知仁勇三达德有亲切发挥，于民族主义演讲中提出八德加以新发挥，而能对儒家思想有新的阐述。有益于恢复民族的自信心，促进民族意识的自觉，并有助于唤醒民族灵魂。故作者认为中山先生虽只是一意融会西洋思想，发扬民族精神，以应革命需要，而无意中契合于象山"大人"的理想，阳明知行合一的学说，并灌注之以近代精神，而应用之于革命事业者。

学院的哲学家们似乎多囿于成见，少有人愿意剀直承认孙中山在中国哲学上的贡献。这样会将哲学与革命分成两橛，也会以为革命建国的伟业可以不基于深厚的哲学素养。而一般讲党义的人，似乎又把孙中山的哲学思想推崇得过高，把他的哲学见解信条化，权威化，不惟有碍于学术思想的自由发展，且亦无补于《孙文学说》的发扬光大。我希望我在这里揭示出了一人平允公正的看法。

近二十年来关于中国哲学史的研究与整理，我们应该提到胡适先生著的《中国哲学史大纲》上册，冯友兰先生著的《中国哲学史》，及汤用彤先生著的《汉魏两晋南北朝佛教史》三书。胡适的书于开新风气、提示新方法影响很大。他受过传统汉学家考证方法的训练，于《墨经》的考订，贡献较大，而又首以流畅有力的白话文著书，且又以实用主义的观点评论各家学说（特别批评儒家，表扬墨家的实用主义）。在当时新文化运动上，实一很广泛传播对青年颇有影响的著作。他这书的宗旨，在他的英文本《先秦名学史》的导言里说得较为显明，即要（一）使中国人于传统道德或礼教的权威里解放出来，（二）提倡非儒家的诸子哲学的研究，以减轻儒家一尊的束缚，而开思想自由之风。这两点，实代表新文化运动对于改革传统思想的方案，而他这书确于这两方面在当时有一定的影响。不过就我们现在看来，儒家之定一尊、之权威化，亦即儒家思想之失掉真面目、真精神，故新文化运动消极地反对儒家的躯壳和权威、积极地于启发对儒家真面目、真精神的发扬，亦有其功绩。后来，胡适又著有"说儒"一篇，根据历史材料，说明儒家的历史的和职业的背境。他指出儒者本为殷代的遗民，以传授礼文，导演礼仪为职业者，至孔子始发扬其精神，蔚然成为显学，甚至成为宗教。这篇文章似又退回到尊孔态度，并且引起有些人误认为从职业或出身方面去解释孔、老、墨的异同，就算是唯物史观。

冯友兰先生能够在几年内一气将两厚册《中国哲学史》写成，这是难能的地方。书中摘录了不少的材料，极便参考之用。上卷以苏格拉底在西方哲学上的地位比拟孔子在中国哲学史上的地位，以桑他耶纳认宗教为诗之说，解释儒家的"礼"之富于诗味，说法似较新颖。于公孙龙子的学说，他也有特殊研究，使向来沉晦而少人注意的学说粲然明白。惟下卷中，于中国佛学部分，或有须得更求改进的地方。且对陆、王学说太乏同情，斥之为形而下学，恐亦不甚平允。且与近来调和朱、陆的趋势不相协合。他以西方新实在论的共相说，去解释朱子的"理"，这可以说是他后来的新理学的滥觞。在导言里，他认为中西文化的差别，只是时间的差别，中国哲学自汉之董仲舒起，以迄康有为止，统可谓为经学时期。他这种对于哲学史的看法也可说太笼统。一九四五年，冯先生又写成《中国哲学之精神》一书（作者曾读过他的底稿），多少采取了辩证发展的方法，对陆、王哲学也似有了新的认识，于儒、墨、老、庄程、朱之外，他并指出先秦的名家，魏晋玄学，禅宗，陆、王心学以及他自己的新理学皆是代表中国哲学之精神的正统哲学，而分析出各派哲学的过渡或他所谓"转手"的过程。他自称他自己所谓《新理学》为"最哲学的哲学"，也没有人承认他这种吹嘘。

写中国哲学史最感棘手的一段，就是魏晋以来几百年佛学在中国的发展，许多写中国哲学史的人，写到这一期间，都碰到礁石了。然而这一难关却被汤用彤先生打通了。汤先生以缜密的头脑，渊博的学问，熟悉东西方哲学文学，学习过梵文及巴利文，以治印度哲学，承继他家传的佛学，并曾在支那内学院听过欧阳竟无先生讲佛学，同时他又得到了西洋人治哲学史的方法，再参以乾嘉诸老的考证方法。所以他采取蔡勒尔（Zeller）治希腊哲学史一书的方法，所著的《汉魏两晋南北朝佛教史》一书，材料的丰富，方法的谨严，考证方面的新发现，义理方面的新解释，均胜过别人。他并且要采文德尔班（Windelband）写西方哲学史的方法，以问题为中心，写一部《魏晋玄学》。他过去两三年所发表的"言意之辨""向郭义之孔子与庄周""王弼论圣人有情"等篇，就是此书中的各章。他还著有《印度哲学史》及《隋唐佛教史》（均北京大学讲义本）尚未正式印行，足见他矜审的态度了。他超出哲学各派别的争论之上，极力避免发表他自己的哲学主张，然而从他佛教史中分别名僧与高僧一段，谁也可以知道他的意向之所在了。他尝说，真正高明的哲学，自应是唯心哲学。然而唯心之心，应是空灵的心，而不是实物化或与物对待之心。这已充分透露出他的哲学识见了。他的佛教史虽采用了精密的考证方法，然而却没有一般考据家支离繁琐的弊病。据作者看来，他得力于两点：第一，为以分见全，以全释分的方法。他贵在汇通全时代或一个哲学家整全的思想。他每因片言只字，以表证出那位大师的根本见解，并综合一人或一时代的全部思想，以参证某一字句某一章节之确切的解释。第二，他似乎多少采取了一些钱穆先生所谓治史学者须"附随一种对其本国已往历史之温情与敬意"的态度。他只是着眼于虚心客观地发"潜德之幽光"，设身处地，同情了解了古哲，绝不枉屈古人。既不抨击异己之古人，亦不曲解古人以伸己说。试看他提到辅嗣、子玄、子期、远公、道公、生公等人之亲切熟稔，就可见得他尚友千古之同情态度，已溢于言表了。

　　他根据他多年来对中国文化学术史的研究和观察，对于中国哲学发展之继续性（continuity）有了新颖而深切的看法。他一扫认中国哲学的道统在孟子以后，曾经有过长期失传的褊狭的旧说。他认为中国哲学自来就一脉相传没有中断。即在南北朝隋唐时代，当佛学最盛、儒学最衰时期，中国人并未失掉其民族精神。外来的文化只不过是一种偶然的遇合、外在的刺激，而中国人利用之、反应之、吸收之，以发扬中华民族精神，并促进中国哲学的新发展。他这种说法当然是基于对一般文化的持续性和保存性的认识。这种宏通平正的看法，不惟可供研究中国文化和中国哲学发展史的新指针，且于积极推行西化的今日，还可以提供民族文化不致沦亡断绝的新保证。而在当时偏激的全盘西化声中，有助于促进我们对于民族文化新开展的信心。

　　　　　　　　　　　（《五十年来的中国哲学》上篇第一章）

西方哲学的绍述与融会

　　西方哲学传播到中国来，实在太晚，中国哲学界缺乏深识远见的人，及早认识西方哲学的真面目，批评地介绍到中国来，这使得中国的学术文化实在吃亏不小，这不能不怪中国人的精神生活太贫乏，对于西人精神深处的宝藏，我们缺乏领略掘发的能力。我们在文化方面，缺乏直捣黄龙的气魄，我们只知道从外表、边缘、实用方面去接近西洋文化。我们最初只注意到西人的船坚炮利，打了几次败仗之后，才觉悟到他们还有高度有组织的政治法律。最后在新文化运动的大潮中，才彻悟到别人还有高深的学术思想，我们才真正明了思想改革和研究西方哲学思想的必要。然而，我们学习西方哲学的经过，仍然是先从外表、边缘、实用方面着手。功利主义、实证主义、实验主义、生机主义、尼采的超人主义、马克思的辩证法唯物论、英美新实在论、维也纳学派等等，五花八门，皆已应有尽有，然而代表西方哲学最高潮，须要高度的精神努力才可以把握住的哲学，从苏格拉底到亚里士多德，从康德到黑格尔两时期的哲学，却仍寂然少人问津。

　　使得西方哲学在中国不能盛大发展，还有两个原因，就是：第一，治中国哲学者尚不能打通西方哲学，而治西方哲学者亦尚不能与中国哲学发生密切的关系；第二，治哲学者缺乏科学根底，研究科学者不理会哲学。最有趣的是1923和1924年时，丁在君与张君劢两人关于科学与人生观之论战，一个注重意义与价值的认识，主张建立有哲学根据的人生观；一个提倡科学，认为须应用科学方法以解释并处理人生问题。然而他们两位老朋友竟会争辩得不能开交，而那时思想界的人士也大都参加了双方的论战。这只是表示科学与哲学在中国还没有达到分工互助的阶段罢了。

但无论如何，我们亦有一些进步的好消息可以奉闻。我们研究西方哲学业已超出杂乱的无选择的稗贩阶段，进而能作有系统的原原本本的介绍了，并且已能由了解西方哲学进而批评、融会并自创了。换言之，西方哲学在中国已经生了根，慢慢地可以自己繁荣滋长了。然而这都只是最近期的事。自从1923年，张颐先生（字真如，先后留学美国、英国、德国十余年，在英国牛津大学撰有《黑格尔的伦理学说》博士论文一册）回国主持北京大学哲学系，讲授康德和黑格尔的哲学时，我们中国才开始有够得上近代大学标准的哲学系。自从张东荪、瞿菊农、黄子通诸先生于1927年创刊《哲学评论》后，中国才开始有专门性质的哲学刊物。自从1925年4月中国哲学会成立，举行第一届年会起，中国哲学界才开始有自抒哲学理论，自创哲学系统的尝试。因为在年会中所宣读的论文，大都是各人研究思索的新得或心得，而为长篇论文和整本著作的内容的初次宣读。自从1941年中国哲学会西方哲学名著编译委员会成立后，我们对于西方哲学才有严格认真、有系统，有计划、经过专家校阅，够得上学术水准的译述和介绍。

说到介绍西方哲学，大家都公认严几道是留学生中与中国思想界发生关系的第一人。他译述赫胥黎、斯宾塞尔、亚丹·斯密、穆勒·约翰等人七八种名著。作者昔年曾专文介绍他的翻译工作（见"严复的翻译"一文，1925年《东方杂志》21期），完全说他的优点。现在纯从哲学的立场，觉得对他的译述工作另有不同的看法。第一，他没有译述比较专门的哲学著作。第二，他介绍进化论，以弱肉强食、物竞天择等观念以警惕国人，他介绍英国的功利主义，以策勉国人努力富强之术，对前说忽略其生物学研究、及其发生的方法，对后者忽略其提倡放任、容忍、自由平等的民主思想，和注重社会福利，改善平民实际生活的社会改革思想。当然，他有他的苦衷，他为他的时代和读者群所限，然而足见他译述的目的是实用的，有救治当时偏弊的特殊作用的，换言之，不是纯学术的。他所译述的学说，不是他服膺有心得的真理，而只是救时的药剂。所以到晚年来他会自己放弃，甚至反对他所译述过的学说了。第三，他虽然提出信达雅三大翻译标准，然而他主要的兴趣和着重点却在雅。他本来是一个桐城派的古文家。他的译品受当时士林推重，甚至我们现时都还有可以欣赏的地方，主要的乃在于它的雅。他译《天演论》，原文一字，有时他粉饰成两三句，原文一两句，有时他铺张成一大段。然而这样却使他写成相当美的古文了。所以我们认为他的译述，就内容言，少专门哲学的；就目的言，是实用的；就方法言，是用文雅的古文以达旨的。他有他所以要如此做的苦衷。他曾尽了他对时代的使命，然而现在我们不能不说严译的时代已经过去了。

在此时期，梁任公先生曾发表了他的《西儒学案》，介绍霍布士、笛卡儿、洛克、康德等许多大哲的思想。记得他还用他不十分懂得的佛学去解释他更不甚懂得的康德。他自己也承认免不了"稗贩、破碎、笼统、肤浅、错误诸弊"。（《清代学术概论》，页163）

其次王静安先生曾抱"接受欧人深邃伟大之思想"的雄心，而他的学力和才智也确可以胜任。他曾有一两年的期间皆"与叔本华之书为伴侣"。从他的《静安文集》看来，他的确对叔本华哲学有了直接亲切的了解，且能本叔氏思想以批评《红楼梦》，由叔本华以下至尼采，上通康德。然而他忽然发现哲学中"可爱者（指康德、叔本华等唯心哲学）不可信，可信者（指实证主义、自然主义哲学）不可爱"，作了一首诗赞咏康德，此后便永远与哲学告别了。这并不全由于他缺乏哲学的根器，也是由于中国当时的思想界尚没有成熟到可以接受康德的学说。

严复于 1898 年始刊布其《天演论》，其译业极盛时期为1902 年前后，王国维刊行《静安文集》，发表其关于叔本华之文字在 1905 年，此后十余年间，国人对于西方哲学的研究与译述，实异常消沉，我几无法举出一个代表人名或代表著作。梁任公谓"晚清之新思想运动西洋留学生殆全体未尝参加，运动之原动力及其中坚乃在不通西洋语言文字之人"。因此他责备"畴昔之西洋留学生，深有负于国家"。其实，在当时"中学为体西学为用"的文化方针下，政府派遣留学生只是去学习船坚炮利的"用"，以学海军的严几道，竟能对于西洋思想之介绍，有如许重大的贡献，已经可算是奇迹了。这应该责当时主持教育文化的人之缺乏识见，梁任公未免错怪了西洋留学生。

直至 1919 年新文化运动兴起——这大半是西洋留学生领导的运动——胡适等才介绍了一些詹姆士、杜威的实用主义和科学方法。这时大家以为逻辑就是研究科学方法或思想方法的学问。接着杜威、罗素先后来华演讲，研究西方哲学的兴趣才慢慢增长，然而除了杜威《五大演讲集》，罗素的《哲学问题》、《心之分析》、《物之分析》等演讲集外，极少有像样的译著。

讲到这里，我们就不能不介绍一下张东荪先生了。他以上海

《时事新报》的名主笔，转而研究哲学。他首先译出柏格森的《创化论》和《物质与记忆》二巨著，后来又译了《柏拉图五大对话》。他又根据阅读数十种西洋伦理学名著的结果，著成了一厚册《道德哲学》。这书内容相当充实，其性质有似关于西洋伦理思想的读书报告。此外他还撰了不少的论文，介绍西方现代哲学。对于实用主义、新实在论、批评的实在论、层创论、新唯心论等等，他都以清楚流利的文字各有所介绍。他搜集起来，成为一巨册，叫做《新哲学论丛》。中间有一篇讲述柏拉图的"理型"的文字，表示他对于柏拉图以及新实在论的共相说，研究的结晶，而且也能见出他的批评与融会能力。那或许要算是1929年前后，谈西方哲学最有价值的一篇文字。此后几年，他似乎读了康德，对认识论用了一番工夫，糅合各家学说，撰成一册《多元的认识论》（1934年出版），认为知识之所以可能，是由于感相及其背后的条理、格式、设准、概念等所构成。这书同时有英译本刊行。这大概要算中国治西方哲学者企图建立体系的最初尝试。然而他的系统虽说是最早，却算不得胆大。因为他谦逊地自承他只是折中论者或杂家。"九一八"事变后几年内，辩证法，唯物论盛行于国内，影响青年思想很大，蔚为一种社会思潮。东荪先生曾从学术立场，予以驳斥和论辩。于1946年，他约集了几位朋友出版了一册《唯物论辩证法之论战》。然而他的壁垒似乎并不甚坚实，他自己的思想也常在转变中，效力似乎并不甚大。他因出身新闻记者，完全由于自学，方法或稍欠谨严，思想前后亦不一贯。但他多年来都在不断地努力，于翻译、介绍、自创学说、批评时代思潮、指导青年思想，均有其相当的贡献与劳绩。抗战以后，他留在北平燕京大学任教，曾受过敌人的引诱与苦刑，而不变其节操，接受伪职。

　　还有一点，此时须得顺便报告者，即自严几道氏介绍穆勒名学及耶芳斯名学浅说以来，国人渐知逻辑之重要。近年来对于西方的数理逻辑国内学者有相当深的研究，且有新的贡献者，颇不乏人。如金岳霖、万卓恒，沈有乾，沈有鼎、汪奠基、张荫麟、王宪钧、胡世华诸先生可为代表。金先生著有《逻辑》一册，为国内惟一具新水准之逻辑教本。二位沈先生对逻辑多新的见解。汪、王、胡三先生数学基础特佳。张先生惜已死去。至于整理中国哲学家之逻辑思想者，则当推胡适对于先秦名学之研究，而章士钊最近刊行之《逻辑指要》（独立出版社，1943 年）一书，用力甚勤，搜罗甚富，堪与《马氏文通》整理中国文法之成绩相比拟。

金岳霖（1894—1983）先生善自用思想，最长于逻辑分析。他的《论道》一书（1940 年），是一本最有独创性的玄学著作。他本来由研究格林（T. H. Green）之政治思想，进而研究格林所批评之休谟哲学。他最初用力于知识论，对于知觉的分析，颇用过一番工夫。由分析知觉经验出发，他进而组成一"道、式、能"的玄学系统。他的系统中许多问题，都是从批评休谟出发。譬如，他分析出来，观念（idea）本有二义，一为意象，为想之对象；一为意念，为思之对象。由于休谟只知道可想的意象，而不承认抽象的思想，所以他对于哲学问题，特别因果问题或秩序问题无法谈得通。又如他提出"理有固然，势无必至"一原则，他认为休谟从经验上发现"势无必至"是对的，但进而否认"理有固然"便错了。而一些过分信仰科学的人，以为"理有固然"，复进而肯定"势有必至"，亦陷于一偏。所以，他认为"理有固然"是逻辑研究的范围，"势无必至"完全要靠经验的昭示。他以理、势脱节的办法去解答休谟的问题，而反对势有必至，理有固然的健康常识。

至于他的玄学或元学上最基本的概念，是道、式、能。"道是式——能"，"道有'有'曰式曰能"。能是不可名状的"X"，式是析取地无所不包的可能。宇宙间每一事物都是式与能的结合体。"无无能的式，无无式的能"。能是动的，是有出入的。动的"能"套进或走出于静的式。"能"套进于某式，为某物之生，"能"走出某式，即为某物之灭，而"能"是无生灭、无新旧、无加减的。他最后又提出无极和太极两概念。他大概认为能之极致，叫做"无极"，式之极致，叫做"太极"。关于无极与太极，他有下面几条解释："道无始，无始底极为无极"；"道无终，无终底极为太极"；"无极为理之未显，势之未发"；"太极为至，就其为至而言之，太极至真，至善、至美、至如。"他这里似乎带有目的论的意味，他认为有意志的个体皆以太极为综合的绝对的目标，"无极而太极是为道"，这是他全书最末一条结论。

金先生以独创的且习于"用英文想"的元学思想，而又多少采取了"旧瓶装新酒"的办法，用了一些宋明理学的旧名词以表达之。往往增加理解的困难，而未必能达到他所预期的感情的满足。

至于他的知识论，似没有这种内容与名词不调协的困难。他关于知识论的思想对于新实在论的确有不少新的贡献。在抗战前，他发表了"论外在关系"以驳斥唯心论者之内在关系说，及"手术论"以批评实验主义者的手术论。近年来，他已写成一本完整的知识论。就他在《哲学评论》上已发表的"论思想"一章看来，也可略知他所取的途径。他分别思与想，思或思议的对象为理，想或想象的对象是意象。"知识不仅是觉象，而且是明理"。他自己申明他的立场谓："照本书的看法，以日常生活中所认为是知识的那样的知识的论，既不谈唯心，也不能谈唯物。……本书以为无论我们对于心与物看法如何困难，我们总得承认有非心与非物。"这是一贯地代表新实在论者采自詹姆士的纯粹经验的看法。其实，从我们看来，认识的对象，恐怕不一定是非心非物，而是亦心亦物的东西。他又说"本书所需要的是思想之官的心"，所以他所讲的心，乃是心理上的官能，既不是玄学意味的心，也不是康德式的逻辑意味的心。理是心的思议的对象，当然是外在于心的。他分析了"在中"二字所包含的几种意义，他认为无论在哪种意义下，说"理在心中"，或"心中有理"，都说不通。他这样就算把唯心论者的"心外无理"、"心即是理"之说排斥掉了。不过，分析名词也许只是接近问题的初步工作，似并不是解答问题的最后法宝罢了。他大概也是从休谟的联念论心理学出发，对于联想与联思也加以分析，对于联念的主动性和创造性特加说明，足以救正认经验论者以知识为被动的说法。他说："联思联想虽根据经验，然而不抄写经验。虽遵守逻辑，而不就是逻辑。"又说："研究历史，不是被动地抄写经验，研究逻辑，也不是机械地利用逻辑。在这两门学问，我们需要创作的意象与创作的意念，别的学问的需要可想而知。"

冯友兰先生的《新理学》与金先生的《论道》，在基本概念上是相同的。冯先生所谓理，相当于金先生所谓式，冯先生所谓气，相当于金先生所谓能。由无极之气到太极之理，所谓"无极而太极"的过程，形成"流行"的实际事物的世界，两人的说法也是相同的。冯先生认为任何事物之所以成为事物，必依照理，必依据气，这是承继朱子认事物为理气之合的说法，而冯先生复特别对于朱子凡物莫不有理之说加以新的发挥。他认为山有山之理，水有水之理，飞机有飞机之理，而理是先天的永恒的，故未有飞机之前，已有飞机之理，未有山水之前，已有山水之理。"实际"中万事万物之无量数多的理，便构成"真际"。他所谓"真际"，就是理的世界。这些理在真际中，不在事物内，也不在心内，因为心也是形而下的实际事物。哲学家的职务，只在肯定凡物莫不有理。至于穷究每一种事物之理，则是科学家的责任。哲学家只说山有山之理，水有水之理。至于格山水之物，穷山水之理，则是科学家的工作。因为据冯先生说，哲学家或他所谓最哲学的哲学家，所讲之理，是形式的、无内容的，哲学是不肯定实际的。而科学，以及旧式的坏的哲学便是有内容的、肯定实际的。换言之，单指出，凡物莫不有理，莫不有其本然样子，而只是思此形式的一片空灵之理，理会事物的本然样子，为哲学家之事；而进一步格物穷理，研究此理，发挥出此理之内容，为科学家之事。但哲学家也并非丝毫无所肯定，金先生及冯先生皆同意于建立形而上学系统时，亦必须有一些基本的肯定。如肯定"有理"，"有气"，"有物"，"有大全"等。这样一来，则不肯定实际的哲学，便自武断的肯定开始。

冯先生的新理学系统虽有许多地方与金先生的论道式能系统相同，但他的学说所以较金先生的学说更易于了解而引人注意，似在于他尽力追溯他的学说如何系"接着"而不是"照着"程、朱，道家、魏晋玄学及禅宗，发挥推进而来，有集中国哲学大成的地方。此外，冯先生又著有《新事论》、《新世训》、《新原人》诸书。《新事论》根据城乡的差别以及士、农、工、商的职业上的差别，以讨论东西方文化和封建、资本主义文化的差别等问题。《新世训》分析解释许多道德概念，以指导青年修养。法家、道家气味似乎很重。《新原人》讲四种境界，由自然，功利，道德境界，而归极于天地境界，所以完成极高明而道中庸的理想。总之，冯先生在纯哲学上的地位及贡献究竟如何，我们现在似乎不敢断定，我们也无法采取他自己认他的"新统"是"最哲学的哲学"的估价。不过，他对于著作的努力，由《新理学》、《新事论》、《新世训》贞元三书，发展为五书（加上《新原人》及《新原道》二书），引起国内思想界许多批评、讨论、辩难、思考，使他成为抗战期中，中国影响最广、声名最大的哲学家，我们不能不表示钦佩。

冯先生《新理学》一书出版后，全国各地报章杂志，以及私人谈话，发表的评论异常之多。有的人（包括他本人在内）说《新理学》的体系是唯物的，也有不少人说他是唯心论者。王恩洋先生且著一专书名为《新理学评论》发表，意在指其不能继承程朱。我愿意引用一段，以见一斑。王先生说："理学家穷理之极，必入于唯心论而后其学有着落。……今冯先生则又不然，取其理气之说，而遗其唯心之旨。……如没有心，便无敷设发用之具。无极'而'太极，是'而'不出来底。……理也，气也，心也，三者不可离者也。犹之图式，器材，工师一样，要则俱要，不要则俱不要。不可一要一不要。……冯先生但取旧理学的理气而去其心，而同情于唯物论，真可说是取其糟粕，去其精华……"他这段批评，比一般指斥冯先生的新理学为接近唯心论的人，看法不同。我尝说，讲程、朱而不能发展至陆、王，必失之支离；讲陆、王而不能回复到程、朱，必失之狂禅。冯先生只注重程、朱理气之说，而忽视程、朱心性之说，且讲程、朱而排斥陆、王，认陆、王之学为形而下之学，为有点"拖泥带水"，无怪乎会引起王先生这样的批评。

金先生及冯先生虽多少受了些英、美现代新实在论的影响，然而他们主要的志趣，是在于自己创立哲学系统。比较朴实地深研西方古典哲学，而得到深彻的观点，于绍述西方大哲时，即已发挥出自己的哲学见解和对于流行哲学的批评。我愿意举出研究康德的郑昕先生和研究柏拉图的陈康先生作为代表。郑昕先生是吾国第一个对康德做精深的研究，而能够原原本本专门地、系统地、融会地介绍康德哲学的人。郑先生撰有《康德学述》（哲学编译会本，商务，近出第二版）一书，他于发挥康德独到的地方，约有三点：第一，着重康德的先天自我作为一切知识可能的逻辑条件或逻辑的主体。有此空灵的逻辑主体，方不至于外执著一个块然的绝对的所与的物，内执著一个心理意义的，所与的气质之心。第二，他指出康德的"物如"或物自身，不是绝对独立的外物，亦不是抽出了一切性质关系所剩余的离心独立的渣滓或基质，他明白地解释康德的物如为"理念"。理念是关于事物知识之主观的统一，有别于柏拉图的理念，那只是事物之客观的统一，事物的原型。第三，他坚持"心外无理"的原则，以发挥康德"可能经验的条件，同时即是可能经验的对象的条件"的根本观点，认为经验中的一切事物或实在，皆受逻辑主体之法则的厘定。这样一来，他便指出了由康德到黑格尔的康庄大道，他认为善用理性的理性主义（以别于误用理性的理性主义，或独断主义），由康德做谨慎的分析的开端，而到黑格尔才得到玄思的综合的美满的完成。

郑先生精审朴实的文字，很少得到粗疏读者的细心理会，我愿在这里摘引几段以见一斑。"康德摘逻辑与科学之精华，以之锤炼知识，会证知识，而不为逻辑与科学所蔽。故其学平实通达，了无滞碍。如果他肯像莱布尼兹以各科学为'颂神曲'，或像马莱波郎支'在神中见万物'，则他的哲学系统容易得多，方便得多。但他只肯分析的谨慎的由'经验的成熟低地'渐渐讲到高处，适可而止。无法肯定说的，或不能肯定说的便都不说。其想说而不能肯定地说的部分，他名之曰'物如'。物如在理论上只为知识的限制，理念，理想，只是消极的。他的哲学不依傍形式逻辑。形式逻辑里诸规律（像矛盾律），虽为思维的必要条件，究竟于知识不是创造的。它们像培根挖苦神学的话，是不能生育的尼姑。康德所提倡的先验逻辑主要的意思，是要将逻辑用到对象，用到经验，用到自然界，使逻辑有内容。……"

"康德不容许'先有物''绝对料'一类的假定，而是实事求是，就理论事。此理是人心中所共有之理，所共守之理，不是悬挂在外面之理。此理有客观性，即是说，有普遍的效准与必然性，经验之所以为共同之经验，知识之所以为共同之知识，端赖此在心之理。用康德的术语说，此理是'先天综合'的作用，是先验主体所运用之空间时间范畴等等。理不在外，心外无理。所谓外物之理即吾心之所赋予者。康德在范畴之先验演绎篇，便是要证明这桩大道理——思想上哥白尼式的革命。其结论是：'可能经验的条件，同时是可能经验的对象的条件'。可能经验的对象，即指自然。其条件，即指普遍的自然律。可能经验的条件，即指吾心所运用之范畴，即是思想律。除开思想律不能说自然律，除开吾心之理，不能言外物之理。康德之名言曰：'知性不从自然中求它的先天的规律，而在自然前颁布它的先天的规律。'惟如此我们才能明了自然——虽不能说创造自然——明了这个数字及几何图形所做成的自然（伽利略），及明了科学书里所印的经验（柯亨）。科学书中所言之理，即吾心之理的一大例证。科学所言之理，苟非具先天性（即普遍有效性与必然性），则只有一时一地一人之科学，而无共同之科学。此一大例证是求知的人必不可忽略的。若并此铁一般的证据不管，只顾说：'一事有一事之理'，'一物有一物之理'，假定满坑满谷死无对证之理，于事何补？于人何补？于理又何补？所谓理性或先验主体，不外是自同一之我。有自同一之我，方有对象之认识。有自同一之我，方有自同一之物。有自同一之物，方有自同一之对象。拿自同一之我，去'逼出'自同一的对象。空间、时间、范畴，均是'逼'的方法、形式。也正借着'逼'的作为，认识、推理等等，才悟到自同一的我。其始：我与物均是蒙混的。其终我清明，物也清明。有我之清明，才识出物的清明，由物之清明，才察出我之清明。——是之谓'大彻大悟'，也许近乎'物我同一'，'物我两忘——而化'之境了。"

从上面这一长段富于意蕴的话，便可看出郑先生对康德的物如、逻辑主体及心外无理之说的融贯的解释了。并且也可以看得出他对于离心而言理，在心外去假定"满坑满谷死无对证之理"的新实在论者的批评了。他用"逼出"二字以形容由主观推出客观，自甚生动有力，但或许主观气味太重一点。其实所谓拿自同一之我去"逼出"自同一之对象，即是以我性证物性，以吾心之灵明证事物之条理的意思，而归根亦在于达到主客合一的境界。以"证"字代替"逼"字，或较为平实而可减少误解。

他还有一段呼吁学者注意康德哲学的教训，以针砭时弊的话，尤为语重心长："康德哲学并非历史上的陈言，他所批评的玄学（即指误用理性，使人妄谈本体，妄立绝对，以之为知识之对象的玄学），也非已经死去的玄学。士生今日，固然有权利广立新论，以博众誉，却也不妨从好学深思的'古人'得到许多教诲。我常想，康德哲学是哲学的不可动摇的'常识'，你得先走进他的哲学里去，再谋超过他，才可能是'新'的哲学。如果未睹康德的门墙，即折转方向，标奇立异，则必然地要重走康德以前的哲学的旧路。"

陈康（1903— ）先生留学德国十年，是中国哲学界钻进希腊文原著的宝藏里，直接打通了从柏拉图到亚里士多德哲学的第一人。一般人都夸大了亚氏"吾爱吾师，吾尤爱真理"的说法，撷拾些亚氏表面上对于柏氏的批评，便以为两氏的哲学根本对立。陈先生却能根据他自希腊文原著的独到的研究，而指出自柏拉图的思想过渡到亚里士多德的思想发展的线索，指出亚氏只是承继发挥补充柏氏，而并不反对柏氏。这表示他治哲学史的新识见。他的《柏拉图巴曼尼得斯篇译注》一书（哲学编译会本，商务），于介绍西洋哲学名著方面，尤其开一新作风。他的注释较之该篇译文的正文，多出九倍。完全采用注释经典的方法，译注柏拉图这篇最重要的对话。注释中除包含有文字的校刊、词句的释文及历史的考证外，特别注重义理的研究。而义理研究方面又包括（一）论证步骤的分析，（二）思想源流的探求，（三）论证内容的评价。而他注释的材料，并非纂述他人，有许多都是他自己多年研究的心得，因此他对于中国将来应有的哲学译品，提出一很高的理想：他认为理想的中文译品，不仅不通西文原文的人要读，亦不仅通西文原文的人要读（因为一般译品只是不通西文的人读，通原文的人即认为不值一读），且须"能使欧、美的专门学者以不通中文为憾事，甚至因此欲学习中文"。（这绝非原则上不可能的事，成否只在人为。）这充分表现了中国译述家的创造的魄力。

远在抗战前两三年，陈康先生即寄有两篇研究柏拉图的知识论的文章在国内发表，其方法的谨严、思想的缜密和哲学上的见解，已早为识者所重视。现在我愿在这里将他所著的德文本《亚里士多德哲学中之分离问题》（Das Chorismosproblem bei Aristoteles）的要旨，略加撮述，因为国内哲学界人士见到并读过他这书的，可说是异常之少。

陈先生这书在欧、美柏拉图注释家中乃是一翻案文章。因19世纪以来之治柏学者，认为（一）柏拉图主张"相"（陈先生以"相"字译柏氏的 idea 一字，说明详所译《巴曼尼得斯篇》序言）和个别事物分离，即与个别事物相隔离而独立自存；（二）亚氏如此记载；（三）亚氏批评柏氏分离的相论；（四）关于分离问题，亚柏二氏水火不相容。而陈先生这本书则纠正此种看法，指出（一）关于"相"，除"相"之作为模型的一点外，柏氏从未主张与事物分离；（二）亚氏并未如此记载；（三）亚氏之批评并非对柏氏而发；（四）关于此问题，亚氏实乃承继柏之思想。陈先生提出下列许多论证以充实其说：

（一）《巴曼尼得斯篇》中少年苏格拉底以"相"和个别事物分离，独立自存，柏氏即批评之。并于"同篇"以及"智者篇"中提出"通种论"（种亦相之别名），指出"种"或"相"之联合构成个别事物，非个别事物分有分离了的独立自存之"相"。

（二）从亚氏之范畴论的观点看来，则《巴曼尼得斯篇》中之分离论，成为本质（substance）和非本质（性质、数量等）之间的分离。亚氏否认"相"（即亚氏所谓非本质）与个别事物（即亚氏所谓本质或实体）分离，但认本质和非本质分离。关于前一点，柏、亚二氏意见相同；后一点将分离问题引至本质一范畴之内。

（三）问题至此即成为"次级本质"（secondary substance）是否和"基本本质"分离。前者中之最要者为"种"或"相"。"相"有以下之机能：（1）个别事物之性或本性（Wesen），（2）动因，（3）目的因。因此"相"和事物分离一问题便分化为三问题：其（一）事物之本性是否和事物分离，独立自存？答曰，否。因事物乃合本性与质料而成。因此"相"乃在事物中，为构成事物之原则。此点与柏氏之"通种论"相同，虽然通种论中并无所谓质料。

（四）第二问题乃动因是否和产物分离，或创造因是否与产品分离问题。此又可分为（a）器物制造与（b）生物生殖两种。在前者中"相"和器物分离，例如工匠将球形加于铜中，以制成铜球。此即承继柏氏之模型说。在生物生殖中，"相"凭借父体以创造新生物。在（a）和（b）二者中，个体（工匠或父体）皆为沟通"相"和产品者。此乃柏氏《国家篇》中之中心思想，哲王认识至善后将其实现于实际国家中。

（五）然而生物之生殖异于器物之创造。在后者中，工匠以某"相"造入质料中，在生物生殖中，父体并且如此。亚氏认为此"相"原潜存于质料中，只未现实而已。实现此潜能固须动因。然而动因只发动此实现历程。此历程既发动后，乃由其他原因继续前进，此因乃系目的因。目的即在质料之中，因此"相"实行此机能时，亦不与个别事物（即产品或发生中之生物）分离。此乃对目的因分离问题之解答。然其中却有一距离（非空间的），因方在发生中之生物，其"相"尚未完全实现。此种认"相"为历程之目的，并认在此目的与努力以求达到此目的之事物间有一距离，皆出自柏拉图之《费都篇》。

（六）然而《费都篇》中认为事物努力以求达到"相"，然终不能，以此解释宇宙间之永动。生物之发生一历程达到其目的时即止。因此亚氏对于永动一现象必须另求解释。此乃亚氏认神为"不动之推动者"的说法的来源。神乃至善的，完备的。宇宙万物努力仰慕神，仿效神，而终不及。因此宇宙中永远有动（天体之运行，以及生物之生灭）。柏氏于《费都篇》欲创建一（nous）（心灵，思或智）之目的论而未能，却代之以"相"之目的论。亚氏之神即纯思（nous），即"相"或"纯相"，故亚氏实不啻将柏氏之两论合为一说。

根据上面这些细密的论证，陈康先生即得一结论：即关于分离问题，亚氏实为柏氏之承继者，而非与之对立的反对者。记得怀特海教授在课堂上曾说过一句很有风趣的话道："亚里士多德不是一亚里士多德学派的人，而是一柏拉图主义者。"（Aristotle is not an Aristotelian, but a Platonist）盖亚氏学派中人每陷于支离繁琐，不免与柏氏相反对，而亚氏本人亲受柏氏陶冶，仍承继柏学，仍不失为一柏拉图主义者。陈先生研究的结果，不期而与怀特海教授的高明识见相符合，超出一般柏学注释家远矣。

沈有鼎先生是现代中国哲学界极有趣的一个人物。囚首丧面，破衣敝屣，高谈哲学，忘怀一切。除了不读经济社会的书籍，不阅读日报外，关于纯学术方面的书籍，他可以说是无书不读。但没有一本书，他须得从头至尾、逐字逐句读完，因为他只须偶尔翻阅若干页，即可洞见其大旨。古典的语言，他亦无一不学习。希腊文、拉丁文或梵文的书籍，他随时总带有一两册在身边。然而他常说"耳根胜于眼根"。他愿意在讲论中用耳去吸取哲学思想，胜过用眼从书本中去吸取哲学思想。所以学校中各哲学教授的教室内，常常看见他跑去旁听。哲学会所有关于哲学的演讲会、讨论会，他从来没有缺席过一次。也从来没有到会而不发言的。有时他还跑去教堂里去听中国牧师或外国的牧师说教。他遇见学哲学的同道，不论教授、助教或学生，他可以走到你屋子内来，或约你出去散步，谈三五个钟头的哲学，使得任何人感得疲倦不支，而他毫无倦容。他的生活比他的谈论更富于哲学风味，他的谈论比他的著作更富于哲学风味。他是一个强于悟性，长于直觉的人。但他也能做逻辑的分析。你若到他的书室里去，你就可以随时发见满桌上充满了《易经》上八卦符号的纸片及充满了逻辑符号或语言学上语言符号的纸片。然而他绝少动笔写文章。有时开首写一篇文章了，而新颖的玄思，又打断了他的笔路，使得他无法完成。笔者曾读过他一短篇古奥、模仿周濂溪《太极图说》的文章，叫做"易神用图"。记得除附一新创的八卦图外，他又自加注释。中间有"味无味之味，用无用之用"两语，也可以见得他的企向了。

1937年1月，中国哲学会在南京举行第三届年会时，他宣读了一篇论文，题目为"中国哲学今后的开展"。这篇论文他迄未写成，但却有纲要发表。确是很有识见与气魄。我们试分三节摘录几段在下面，让读者自己去领会：

（Ⅰ）中国民族性与哲学的关系："（一）中国人往往有很强的悟性，他那种直觉的本领，当下契悟的机性，远过于西洋人与印度人。这不但从中国古代大哲学家的著作与禅宗的语录里可以看出来，就在日常生活中也有时可以感觉到。（二）一般的中国人在性格上习惯上大都看重现实生活，对于现实生活以外的问题是一概不理会的。因此既不尚冥想，也没有超现实的理念境界。"他并且进一步指出："因为悟性强，所以中国人对于事物持一种不分析的态度。他并且认为过度的分析是有碍于悟性的明彻的。……因为中国人看重现实生活，所以讲究中庸，调和，不走极端。在学术方面便是尽量吸收各种不同的思想，冶为一炉。……现在中国人受了西洋文化的影响，已经改变了态度，而且正在那里尽量作分析工作，一点也不输于西洋人。就说中国人的数学天才，似乎要胜过英、美人好几倍。从这条路走，中国人会渐渐改去了思想笼统，不彻底，缺乏抽象概念等弱点的。慢慢地中国人会觉悟，现实生活以外的问题与超现实的理想，处处都与现实生活的幸福有重大的不可分离的关系。"简言之，他对中国民族哲学的新开展是极抱乐观态度的。

（Ⅱ）过去中国文化的分期和哲学的主脉："过去中国文化可以分做两大时期。尧舜三代秦汉的文化，是刚动的，思想的，社会性的，政治的，道德的，唯心的文化。魏晋六朝隋唐以至宋元明清的文化，是静观的，玄悟的，唯物的，非社会性的，艺术的，出世的文化。""第一期文化，是以儒家穷理尽性的哲学为主脉的。它是充满着慎思明辨的逻辑精神的。这一期的思想是刚动的，创造的，健康的，开拓的，理想的，积极的，政治道德的，入世的。周代是第一期文化全盛的时候。这期文化最高的表现是周代的礼乐。周代的礼乐是建筑的，数理的，反映着封建意识的，象征的，宇宙性的，充满着伟大的理想的。能深深地抓住这一伟大精神而加以理论化的，是孔子。""第二期文化是以道家的归真返朴的玄学为主脉的。中国人二千年来精神生活的托命处，也就在静观默契的玄晤。这一期的文化思想，是唯物的，非理想的，恬退的。……唐代是第二期文化全盛的时候。唐代的艺术一反六朝的萎靡，以诗人的天才为最高原则，发展到空前绝后的阶段。唐代的艺术不只像六朝的艺术那样要求典雅。它要求的是神奇，是浪漫。光烁千古的盛唐诗人，是中国文化永久的夸耀。"

"宋儒的兴起，是对外来佛教的反动，可以说是一种复古的中国本位文化运动。宋儒的贡献，在重新积极地提出中国的圣人为人格的最高理想，在重新提出穷理尽性的唯心哲学，继续《孟子》与《中庸》《易传》作者的未竟之业。宋学的失败，在缺乏慎思明辨的逻辑，在不能摆脱几百年来的唯物思想与虚无思想，不能达到古代儒家那一种创造的，能制礼作乐的多方面充实的直觉，没有那开展的建设能力，而只作到了虚静一味的保守，以迷糊空洞的观念为满足。宋儒轻视艺术，对文化也有一种消极的影响。结果只是教人保守着一个空洞的不创造的良心，在中国人的生活上加起重重的束缚，间接招致了中国文化的衰落。"——这代表他对于宋儒的评价。

（Ⅲ）中国哲学今后的开展或第三期文化的预测：

"中国民族的堕落，归根说乃是精神的堕落，并不是经济的失败。"

"无论如何，哲学在中国将有空前的复兴，中国民族将从哲学的根基找到一个中心思想，足以扶植中国民族的更生。这是必然的现象。因为历史是有它的波动的节律的。我们说中国第二期文化已经结束，就等于说中国第三期文化将要产生。而且我们知道：第三期文化一定重新回到第一期的精神，那社会性的、健康的、积极创造的精神。……因为每一次新的文化产生，是对旧的文化的反动，是革命；同时是回到前一期的文化精神，是复古。只有革命是真正的复古，也只有复古是真正的革命。"

"第三期文化的产生是要以儒家哲学的自觉为动因的。第三期动的文化，是处处与第二期静的文化相对映，而与第一期动的文化暗中符合的。新的文化要从新的哲学流出。第三期文化是富有组织能力的。不论社会的组织、思想的组织，都是以刚动的逻辑精神为条件的。因此中国今后的哲学是系统性的，不再是散漫的。它是要把第一期哲学的潜在的系统性，变为显在的。这一个系统，就是穷理尽性的唯心论大系统。积极的政治，积极的自由的道德，也在第三期文化里才有可能。在这一期内，中国人将以精神主宰一切，不像第二期的中国人完全生活在物质里头，为物质所克服了的——除了少数的艺术家与宗教家。第三期文化的政治与经济，是民族自觉的，民族文化的，工商业的，社会主义的，民本民生的，自由的。此外第三期内艺术的发展必然改变了方向；诗性的，神理的艺术或将转变为理念性的、戏剧性的、深刻性的、社会性的艺术。音乐将复兴。积极的宗教，亦将兴起而有它的地位。"

上面所引用的他这些话也许有点空洞武断，特别是最为一般人所诟病的唯心论与宗教，而他却肯定第三期哲学将是穷理尽性的唯心论大系统，积极的宗教亦将兴起，都是非卓有见地的人不敢说的话。他所说的并不只是对中国今后哲学的预测，而乃是洞见到中国哲学新发展之必然趋势后而加以指引罢了。

说到唯心论，中国现时哲学界确有不少代表，我愿意提出谢幼伟、施友忠、唐君毅、牟宗三四先生来说一说。谢先生在抗战期中，多年任浙大教授。最初由研究英美的新实在论出发，而归宿到英美的新黑格尔学派，特别服膺布拉得莱（F. H. Bradley）及鲁一士（Josiah Rovce）之说。他译述了鲁一士的《忠之哲学》及布拉得莱的《伦理学研究》（两书皆哲学编译会出版），皆附有长篇导言及注释。布氏的《现象与实在》一书，他亦正在译述中。并撰有《伦理学大纲》及《现代哲学名著述评》（1947年出版）二书。前书绍述亚里士多德、布拉得莱之伦理思想，及鲁一士"忠于忠的原则"与斯普朗盖（Spranger）《生活的基型》等说，并批评异派伦理思想—归于自我实现说，且能与儒家思想相融贯。后书是他最博学精要的著作，客观介绍中国西方最近哲学名著多种，而对于唯心论，杜威的逻辑，休谟的思想以及维也纳学派的学说，均能一本布拉得莱之观点，而予以平允的批评。

施友忠先生刊行了一册《形而上学序论》，又名为《说心》（金陵大学发行，1943 年）。有人说他这册《形而上学序论》实际上是黑格尔哲学序论，至少足以见得他这书黑格尔气味的浓厚。兹试引用儿段，以见他唯心色彩的一般。如谓"心是本体，经验是现象"。又谓"就吾人认识范围以内言，心不离境，境不离心；心依境而造境，境随心而限心"。他进而指出凡逻辑的原理，道德的美术的法则，以及宗教的律则，"实皆内蕴于心，触境而发；盖即心驭实境之际，实际所用之工具也。工具之形式，一方有待于心之所固具，一方有待于其所应用之境之性质。实境不同，心所起以驾驭之者自亦不能无异。此割鸡之不用牛刀，陆行之不用舟楫也。是则观其工具，可以见用之心与其所应用之境之本性。如是各界之原理法则，既所以显心，亦所以明境也。"他这段话意思甚精，惜未详加发挥。一方力持心外无理，境不离心之说，一方又说出主客、内外、心境之互相适合，有机契洽性。他复应用他对心境关系的看法，以讨论美感道："美之经验，心境冥合所起之境界也。心所本有之型式结构，客观实现于对境，心遇对境，如见本心，心境双忘，物我如一。……吾心即天地之心，天地之心即吾心。……吾人于欣赏自然景物之顷，吾心与天地之心合；此吾人于欣赏之余之所以胸怀开拓，尘虑全消也。"

此外他说到经验之辩证发展，真理之广包融贯性，亦能契符黑格尔学派如布拉得莱及鲍桑凯等之宗旨。如谓："经验之趋全，以有限故。惟其有限，欲求超限，故趋于全。"又谓："经验趋全之倾向，其所含之全体有二义：一为经验直接所欲求达之鹄的，此指高一级之经验而言；一为经验最后所欲达到之鹄的，此指绝对全体而言。前者为相对之全体，其作用如路标，可以实际达到，惟于既达之后，立即失其所以为鹄的者，而成经验进展之一新始点。后者则绝对无所不包，虽为最后之鹄的，而无时无刻不隐约呈现于经验之一切阶段之中。此之所以然，以绝对全体，实已具备于吾心，亦惟绝对全体具备于吾心，而后经验之所以趋全方得解释，方有意义。"此处论绝对不外吾心，及绝对隐约呈现于相对阶段内，皆能达山唯心论要旨。又如他论知识标准，有云："经验之进展，一以求范围之增广，一以求结构之愈益圆融一贯；求增广求一贯，亦所以求自明也"这一类的话，大概要知道布拉得莱及鲍桑凯诸人的思想的人才能说出，也要知道他们的思想的人才能了解。

唐君毅先生不仅唯心论色彩浓厚，而他的著作有时且富于诗意。他写成了一部巨著，叫做《人生之路》，全稿恐怕将近六十万言。就我所读到的业已发表的几篇如"自我生长的途径"，"道德自我之建立"，及"辨心之求真理"诸篇，确是为中国唯心论哲学的发展增加了一股新力量。他讨论自我生长之途程，多少有似黑格尔《精神现象学》的方法，将自我发展分作十大阶段。由凡人之心境起始，发展到由凡人至超凡人以上之心境。对于科学家、艺术家、道德家、尼采式的超人、印度式的神秘主义者的心境，均加以阐述描画，最后归到中国式儒者的襟怀，他称为"悲悯之情的流露与重返人间"。足见他的企向了。在道德自我之建立里，他首先指出道德生活之本质为自觉的自己支配自己，以超越现实自我。继进而追溯道德自我在宇宙中的地位。他指出心之本体之存在及其真实至善即是道德自我的根源，且说明心之本体即现实世界之本体。最后，讨论精神或心之本体之表现于生活文化的各方面，以明人性之善及一切生活皆可含有神圣之意义。可以说是代表一种最富于玄学意味的理想主义的道德思想。在"辨心之求真理"一文里，他从知识论的立场，指出事物之律则不外于心，而有其永恒性。事物之表现新的律则，只是其表现是新的；而律则本身却无所谓新旧，亦无所谓增加。他又多少采纳一些费希特的意思，认心自觉地不断克服其自己所肯定之限制。故心之律则虽是永恒，而心之创进却又是日新不息的。他承认有"绝对真理"，且认"绝对真理不在心外"。但他复指出"所谓绝对真理即存于相对真理之和谐贯通间。相对真理之融化，相对真理之彼此互为根据即绝对真理之内容"。似亦含有黑格尔认绝对为最后、最高、圆融和谐集大成之系统之意。

趋向于唯心论，然而总想与新实在论相调和。一面注重康穗的理性批导，一面又想辅之以怀特海的宇宙论，使康德更走向客观化，大概是牟宗三先生所取的途径。牟先生在抗战前即刊行有一厚册讲《易经》的书，也有应用怀特海的思想发挥《易经》的宇宙论的地方。抗战初期，他复出版了一巨册《逻辑典范》，可惜沦陷在沪港，迄未销行于内地。最近四五年来，他草成了一部巨稿，闻约有七八十万言，书名叫做《理解，理性与理念》。

一望而知其名词之得自康德。全稿尚未刊行，就我所读到的几篇，知道他的取径是要揭出中国哲学的精神以善自发挥康德实践理性优越于纯粹理性之旨。他论纯理，一反新实在论者认理在心外的说法，而归于康德的理解。他有一段精要的话道："理者显于理解而归于理解。显于理解，明其并非无来历；归于理解，明其并非无安顿。起处即其止处，出处即其入处。外乎此而求理，未有不落空者也。"他这里实在提出了一个排斥理外之说的讲理、讲逻辑的根本原则。

西方哲学界一般人对于现代新唯心论与新实在论的批评，大都认为唯心论者的见解和结论较实在论者的为佳，而实在论者的论证或分析能力又优于唯心论者。所以据作者看来，唯心论在中国要有新的盛大的发展的话，亦须于理智的分析和论证的严密方面多用工夫。同时又须知道形式的分析与论证有其限度，且有趋于支离骛外之弊，故须注重文化的陶养和精神生活的体验，庶唯心论方有内容，有生命。

接近唯心论，但不着重理性或心灵诸概念，而特别注重生命的情调，当推方东美先生。方先生博学深思，似乎受尼采的影响较深，然而他并不发挥尼采"权力"的观念，而注重生命、精神和文化。在抗战期中，他住在沙坪坝，沉着写著，据说有三四年没有进过一次重庆城。闻他对于人生哲学及知识论皆写有成稿，未曾发表。且据说他未经发表的著作远较他已发表的更为精审。可惜我们现尚没有读到。据我们已经读到的《科学哲学与人生》一书，知道他注重活泼的生命、情理谐和的人生和科学与哲学的调协。他说："宇宙人生是某种和谐圆融的集团，分割不得。科学不能违情以言理，犹之哲学不能灭理以陈情。科哲合作，情理交得。然后人类思想与文化乃臻上乘。否则理彰而情乖，或情胜而理屈，都觉轻重失衡，二者有其一，则思想之破绽立显，文化之危急必至，人类活泼之生命精神，将支离灭裂枯萎断绝了。"关于生命，他多少采取一些文学家的看法，认为含有悲剧的情调。而生命的悲剧主要的不外两种：一为不能从心所欲的悲剧——希腊的悲剧，一为从心所欲的悲剧——现代文明之悲剧。这两种悲剧，他叫做"生命之二重奏"。他的思想、他的文字和他所用的名词，似乎都含有诗意。他在中国哲学会第三届年会所宣读的论文，他发表了，题目叫做"哲学三慧"，系指中国、印度、希腊三大支的哲学智慧而言。他比较三方的哲学，揭示出各自的特质和优胜处，使人用同情了解的态度去分别欣赏体会，既不陷于东西哲学优劣的窠臼，亦不说有先后层次过渡的阶段。于讨论东西哲学文化，可以说是提供了一个虚怀欣赏的正当态度。

石里克教授所创导的维也纳学派是西方现代哲学上一个新兴有力的学派。在中国多年前张申府先生即曾作过片断的介绍。曾留学维也纳，对该学派做第一手研究的有洪谦、王宪钧、胡世华诸先生。王、胡二先生专注在逻辑方面，对于维也纳学派的哲学，少有绍述。惟洪谦先生亲炙于石里克氏最久，具极大的热忱，几以宣扬石里克的哲学为终身职志。他所著《维也纳学派哲学》一书（哲学编译会本，商务），算是最亲切而有条理地介绍此派思想的书。最有趣的是他告诉我们石里克为人之富于诗人风趣，他平生以不能成一个诗人为憾事。他说："我们都是被阻碍的诗人。"因此石里克的人生哲学应列入与尼采、居友及席勒等人为同道。所谓生活，石里克认为，不是别的，就是我们如何尽量体悟并欣赏那人类纯真的感情中所共有的，那个纯真的"爱"和天赋的"善"而已。石氏人生观的基本观念与奥古斯丁"假如你内心充满了爱，你就择你所乐为的而为，结果也绝不会不对的"，或席勒"人仅有在游艺的时候方是一个完全的人"的说法相一致。所谓游艺不是玩耍消遣，而是表现人之绝对自由的志愿而不为其他目的所支配的活动。他认为一切知识都是精神游艺的结果。整个文化的意义是在于使人类"青春化"。所谓"青春化"在哲学的意义中是说，人类一切的作为都不应为一定的目的所支配，就是在生活中所需要的也应当看做"游艺"一样。

石里克一方面注重生活，青春化的纯真的热情生活，一方面又注重"知识"，经验科学的准确知识。因此他有"体验世界"与"知识世界"的严格划分。一切诗歌艺术等是以体验世界为目的，一切科学则以知识世界为对象。前者所用的方法是丰富的理想与兴奋的情绪，所求的对象为心神直入其境以及主客观世界的一致。后者则以数学计算经验证实为其方法，以建立世界秩序为其愿望。哲学家如叔本华、柏格森之流，昧于这种分别，想将不能认识的（体验世界）加以认识，不能体验的（知识世界）加以体验，于是乎就产生所谓玄学。所以维也纳学派将玄学排摈于知识范围，实证的经验知识范围之外，而重新将它划归体验世界之内。维也纳学派否认玄学的知识性，真理性，但却并不否认玄学在文化上的价值。石里克说："玄学的体系所能引以为安慰的，就是它能充实我们的内心生活与扩张我们的体验境界，所以人称玄学为概念的诗歌，至于它在文化上的作用也如诗歌一样。……虽然玄学能充实我们生活，可不能充实知识理论，因为玄学事实上仅是带文学性的作品，可不是一种真理的体系。"

玄学理论不是知识，因为玄学命题都是些无意义的命题。维也纳学派认为一切有意义的命题都是对于事实有所表达有所叙述。一个命题所表达所叙述的事实能否由经验证实，就是这个命题之为真为假和有无意义的标准。而玄学命题之为真为假，根本就无证实的可能。它们不过是一种无事实对象的事实表达，无事实内容的事实叙述而已。它们不仅无经验的证实可能性，同时还无原则的证实可能性。

维也纳学派将真理分为两种：一为"形式真理"，一为"经验真理"。形式真理是以分析命题为根据，以纯粹形式定义的假定为其基础，如数学、逻辑等，所以在每个演绎的推论中，结论的证据已包含在前提之内。一切形式的演绎推论，事实上仅是一种符号的语言关系，用同值的形式以变换之而已。经验真理如自然科学的真理，是一种包含实际知识的命题，是以实际的本质为根据，其意义是需要观察说明的。形式真理之证实在于命题间的融贯或不矛盾性，故应以融贯说为其标准，而经验真理之证实，则在于命题与事实的符合或一致性，故应以符合说为其标准。而玄学命题既非其真值不容怀疑的形式命题，又非可用是否与事实一致符合的标准去考验其为真为假的经验命题，而乃是其真假与证实的考验不相关的命题，所以是属于真假以外的无意义的、似是而非的问题。因此玄学被摈于知识之外，而归入诗的范围之内去了。但哲学既不是玄学，也不是科学，而乃是一种活动。这种活动虽不能建立科学理论，但能使科学理论中所包含的命题明朗与精确化，甚至于普遍化通俗化。简言之，哲学的任务是划分含混的思想与明确的思想的界限，发挥语言的作用与限制语言的乱用，辨别真的问题与假的问题，确定有意义的命题与无意义的命题，以及创立一种精确而普遍的科学语言，甚至如卡尔纳普等认"物理的语言"为"科学的统一语言"。

以上我们简略地叙述了洪谦先生介绍维也纳学派的要点。他指出维也纳学派真情（爱、游艺）与真理（纯科学的知识）兼重的趋势，而不仅是重名词分析的学派，他特别着重玄学在文化上的地位，而并不妄持根本取消玄学之说，都是他独到的地方。在我们看来，维也纳学派之特别注重玄学与诗歌一样，属于体验范围，有充实生活，扩张精神境界，安慰情感的功用，对于玄学的性质，确有一种新的认识，足以救治从形式的理智分析，离开文化陶养生活体验而空疏支离地讲玄学者之偏蔽。但他们却忘记了在某意义下，诗歌的真理，较事实的真理更真，体验世界的真理较知识世界的真理为更真。

又冯友兰先生年前在《哲学评论》上发表"新理学在哲学上的地位及其方法"一文中，有一段大意谓维也纳学派虽是取消肯定实际之传统的玄学，但却不能取消彼之只包含形式命题，一片空灵，不肯定实际的《新理学》的玄学。洪谦先生特在中国哲学会昆明分会讨论会上作了一个"论新理学的哲学方法"（将在《哲学评论》发表）的演讲。他分析出冯先生《新理学》的基本命题，虽不同于纯逻辑纯数学的形式命题，但却同样的无有内容，空无意义，从玄学立场而言，反不如传统玄学之富于诗意，足以感动人心情。所以假如维也纳学派欲"取消"玄学，那么冯先生的《新理学》的玄学将会被"取消"，但是传统的玄学则依然有其哲学上的地位。冯先生本人当即提出答辩，金岳霖及沈有鼎先生亦发言设法替冯先生解围。这是中国哲学界近来很有趣的一场辩难，似不可不在这里附带提一提。

中国人素重道德，且处此新旧过渡时代，寻求新道德的需要尤甚迫切，以此关于伦理学的著作近年来尚相当的多。张东荪先生著有《道德哲学》一书，大都客观介绍西洋各家伦理学说，前已提及。唐君毅先生著有"道德自我之建立"，探究道德自我之所以建立，道德行为之所以成立的形上学基础，前面业已说过。谢幼伟先生除撰有《伦理学大纲》一书，绍述自我实现之说以与儒家思想融会，又曾在《思想与时代》月刊上发表"快乐与人生"，"自由之真谛"，"论道德判断"，并介绍鲁一士的伦理观，布拉得莱的伦理观，于排斥功利主义、发挥新黑格尔学派之伦理思想，颇有贡献。谢幼伟先生论自由与自我实现之关系，尤为精要："自由乃自我决定之谓，自我实现之谓。所谓自我乃吾人之真自我，乃吾人之理想自我。此自我与宇宙或自然为一，与道德为一，与法律为一，亦与各种大小团体为一。故自然律乃我之自然律也，道德律乃我之道德律也，法律亦我之法律也，团体亦我之团体也。吾人之遵守自然律、道德律、法律及团体之命令与约束而行，实即遵守吾人真自我之本性而行。吾人但能认识吾人之本性，尽忠于吾人之本性，则吾人之一切举止行为，自可鸢飞鱼跃，活泼泼地。此即中庸之所谓尽性。尽性则自由，不尽性则不自由。自由与不自由之分，在此而已。"

对于伦理学用力最久且深，而且博极群书，当推黄建中先生。他所著《比较伦理学》一书（1944 年，川大出版组）综合、评述、对勘中西古今之伦理学说，而折中之，成立一"突创和协之人生"理想。这书序言中有一段，最足以表示全书的宗旨："本书从生物方面追溯道德行为之由来，从心理方面推求道德觉识之起源，从人类社会方面研索道德法则之演变，从文化历史方面穷究道德理想之发展。诠次众说，中西对勘，较其异同，明其得失；由相对之善恶，求绝对之至善，袭太和之旧名，摄突创之新义；以为互助与竞争乃天演所历之途径，和协乃人生所企求之正鹄，而十余年来思想上之矛盾，始得一综合。"的确不错，书中对于伦理学上许多问题，都有平正融会的见解，颇能代表中国人镕贯偏执的持中态度。譬如关于知行合一问题，他分析后，得到这样的各有所当的结论："知行在直觉上本能上可以合一，在经验上智慧上不必合一；在心理上可以合一，在名理上不必合一；在哲学上可以合一，在科学上不必合一。"又如关于伦理学研究方法，他分别揭示出各种方法之长处道："体验人格之实在，则宜用直觉法，通衡行为之价值，则宜用涵著法（他称 the method of intensive co – incretion 或 synoptic method 为涵著法），探索道德之起源，则宜用溯演法，推究思想之发展，则宜用辩证法。"

于中西道德之异同一章，于列举多条中西道德制度之异及中西道德观念之异后，仍能达到"东圣西圣，心同理同"及"小异而大同"之结论，较之死硬地执著中西道德文化根本不同之人通达多了。他说："然道德由本能，而习俗，而反省，则中西演进之历程一也；道德由昏而明，由偏而溥，由外而内，则中西演进之公式一也。不宁唯是，道德法则之通明公溥者，为人心所同然，无间于中西；而中土所谓恕道，远西所谓金律，均有正负两面，尤不谋而合。"这段话可以祛除认中国道德重内，西人骛外，及孔子之恕道纯是负的，耶稣的金律纯是正的错误观念。

关于道德律一章，黄先生提出自律的心法道："道德所贵者，自律（autonomy）耳。神法说托威权于神明，国法说寄威权于政长，人各勉强以徇其所谓法，而非出于自动，皆他律之道德也。唯物视人生之行为，无异机械；意志梏于形气之自然法而不克自由，则亦近于他律。其纯乎为自律者，厥惟良心之法则，吾则简称之曰心法。良心具知善知恶之识，发从善去恶之令，以苦乐为一己所行善恶之赏罚；一念之乐，荣于华衮，一念之苦，严于斧钺。其威权盖驾神法国法自然法而上之，而其柄实全操诸己，此其所以为自律也。"他分析良心是包含有知、情、意三成分的有机全体，似尤具颖思："良心为道德觉识之有机全体，知识作用在行为未发之前，感情作用在行为已发之后，意志作用介乎未发与已发之间，乃良心之中枢。良心之知曰良知，良心之情曰良情，良心之意曰良意。……良知辨善别恶而立法，良意为善去恶而行法，良情褒善贬恶而司法。"他复补充说明良心之普遍性、客观性，与主观之意见习心不同道："虽然，本心固有天则，心法不外理性。若误认私心习心为良心，而失其明通公溥之本来面目，则差之毫厘，谬以千里矣。"

此外黄先生于悲观乐观及淑世的人生观，亦具有富于理想和体验的看法，谓"纯悲观乃自杀杀人之人生观，纯乐观乃自欺欺人之人生观，惟淑世主义为自救救人之人生观，而亦不是至论。然则如之何而可？曰，为社会服劳，为国家效命，为民族传文化，为世界开太平，先立乎其大者，而苦乐悲喜不足以萦其怀；人生观而若是，亦庶乎其可耳"。又自进化论发达以来，于伦理思想及方法影响至大，黄先生亦得一精要持平之看法，认为"进化论叙道德之历史则有余，立道德之原理则不足"。笔者尝撰"论道德进化"一文（见拙著《近代唯心论简释》），力主达尔文的进化论不可认作天经地义的信条（dogma），而只应认作研究问题的方法，即历史方法或发生方法，亦即黄先生所谓"溯演法"，深幸不期而与黄先生的看法如合符契。现在且让我引用黄先生对于自我实现说的解释，以结束我对于他这书的介绍罢："人为理智之动物，又为好群之动物，其我之为我，不徒为情我，而兼为理我。不徒为独我，而兼为群我。禽兽则但有情我独我而已。人以理我御情我，群我摄独我；一方自展本能，有以独善其身，一方自完本务，有以兼善其群。善身而不失其对人之同情，善群而不失其一己之个性。寄群我于个人而不为个人所间隔；人独我于社会而不为社会所沉霾。情理两得其平，群独各得其所。不幸至于二者不可得兼，乃克制情我以存理我，牺牲独我以保群我。是谓以自牺自克者自诚白成焉。然则，白诚者全我实现也；自成者全我完成也。岂惟理惟情两宗之偏执一端为我者所可同日语哉？"

对于上面所引的许多话，我们也许不完全赞同，他书中泛引并比较各家言论，也许难免有附会驳杂的地方，他的结论虽多平正通达的体验见解，有时论证亦有欠严密，但至少我们不能不说，黄先生这书于融会中西伦理思想，客观虚心地研究伦理学上主要问题，而自寻得一综贯不矛盾的解答，于陆、王的本心或良知之说，于理想主义的伦理思想曾予以一有力的发扬。

此外，年前不幸因肺痨病逝世的武汉大学黄方刚教授亦曾著有《道德学》一书（1935年，世界书局），有点像伦理学教科书的形式，却以分析见长，中间亦包含不少很好的见解。而且他尤注重指出伦理学的方法，以及伦理学上许多原则，都是与数学和哲学的方法和原则是共同而相通的。关于伦理学的方法，他力主先天的分析的方法道：“我敢大胆地说，伦理学的方法完全是先天的超乎经验的。”因为“我们既经不能向经验讨得善、恶、是、非的意义，那么不得不转而问我们自己了。其实，善恶是非本是我们所分别的，当然亦只能问自己讨它们的意义。这步自问自答的工夫，苏格拉底早就做过。他的方法与数学论理乃至于哲学其他部门的方法没有分别，都是先天的，超乎经验的。换句话说，都是剖析一个概念所包含的意义的。”他又说：“凡是原则，标准，超时空的，普遍的，必然的，都不是经验所能产生的，而道德的意义恰恰属于这类。”这显然采纳一些康德的意思。

他复利用康德实践理性优越的说法，来讨论伦理学与科学的关系道：“科学如果对于我们能命令，只是说，‘如果你要怎样，便应该怎样’，但是伦理学却用断定的命令式向我们说：‘你应该怎样。’在有条件的命令式中的前件‘如果……’到了无条件的命令式中不见了。因为无条件的命令正是有条件的命令中的前件。换句话说，伦理学便是科学的先决问题，若使我们方针都没有拿定，如何去讨论进行的方法呢？再具体地说，伦理学是指示人生目的的，倘使人的目的都还不知道，教我们如何讨论起达到这目的的方法与手段？”听说近来美国杜威博士与芝加哥大学霍勒斯校长关于科学只是工具抑是本身目的一问题，曾有过激烈的辩论，黄先生的见解显然是接近霍勒斯一边了。

他复采用先天的分析道德概念的方法，指出道德有普遍的必然的客观的绝对的标准。我们试引他论道德标准之绝对性一段，以见一般："从上面的讨论中（即从道德标准之矛盾冲突中，必有足以调解此矛盾冲突之合理的讨论）可以看出标准的绝对性了。只要这个标准是被默认的，它总是绝对的。它真可以算是对于被它调解的命题的综合。所以对于它们，它是绝对的。但是一等到它自己被说出了它亦就成为一个命题而已，于是立刻可以产生与它相反的命题，所以它亦立刻变成相对的了。不过在这两个相对的命题中还有一个综合它们的绝对的标准。依此类推，所以可以说相对的包含绝对的，绝对的包含相对的。总之，相对与绝对亦是相对的。我们现在所谓标准就是指相对中所包含的绝对。要是没有它，连相对的都不可能的。"他这里所讲的相对绝对互相包含的关系，似乎略带有辩证法的意味。他不仅应用来讲道德标准，且同样地可应用去讲知识标准问题。

他复根据"道德的根本意义就是在认人我的分别为无效"的看法，而指斥执著人我分别的利己主义与利他主义为无甚意义。不惟简要有力，而且亦表示他认为道德的极诣，亦在达到人我一体的境界。因此最后他表示伦理思想的归趋道："我认为康德的只注重一个好的用意比边沁的动机分类要中肯得多了。根据这点意思，所以我又以为孟子的讲仁义要比告子的说仁内义外确是高明，因为道德的意义确是起于内心，而不是由于外铄，确是集义所生而不是义袭而取的。"

除伦理学外，对于宗教哲学有研究与发挥的，我可举出赵紫宸、谢扶雅两先生暨曾宝荪女士及年前在成渝道上翻车毙命的徐宝谦教授。徐先生著有《宗教经验谈》一册。曾女士著有《实验宗教学教程》，除阐扬耶稣哲理外，于精神修养，特有裨益。

赵紫宸之《耶稣传》一书最为有名。他刊有《玻璃声》诗集一册，最能以诗歌描述宗教灵修之境界。于抗战后一年内，他主持西南联大附近的文林堂，于唤醒联大一部分同学的宗教意识颇有助益。

谢扶雅先生著有《宗教哲学》一书（以上四书皆上海青年协会书局出版），内分史的研究，心理的研究，及形上学的研究三部分。宗教心理部分，他多采取詹姆士"宗教经验的诸相"（此书业由中国哲学编译会请唐钺先生译出，后在商务印书馆出版）之观点，而他关于宗教哲学的思想，则颇接近怀特海及亚历山大之见解。抗战期中，彼又应哲学编译会之请，开始翻译鲁一士《哲学的宗教方面》一书，已完成上卷。总之，基督教在中国将来必有新的开展，宗教哲学之发扬亦颇有前途。而上举诸先生只不过做初步绍述工夫，力量似尚嫌薄弱。

中国人对于宗教或稍感隔膜，而对艺术则多素具敏感。近来对于美学有创见的尚颇不乏人。宗白华先生"对于艺术的意境"的写照，不惟具哲理且富诗意。他尤善于创立新的深彻的艺术原理，以解释中国艺术之特有的美和胜长处。邓以蛰（叔存）先生，尤能发扬中国艺术之美的所在，使人对中国各种艺术有深一层进一步，富有美学原理的了解和欣赏。他在抗战期中所写的"论国画中的六法"及"论书法"两篇文字（即可在《哲学评论》发表），尤为精当有力。朱光潜先生的《谈美》是雅俗共赏，影响到中学生的审美观念的名著。他用新的审美经验及审美原理以发挥中国固有的美学原理。他的《文艺心理学》巨著，介绍、批评、折中众说，颇见工力。而他采康德美学之长，而归趋于意大利哲学家克罗齐的美学，颇见择别融会的能力。他最近已译成克罗齐的《美学原理》，后由商务印书馆印行。他并将发奋译出康德与黑格尔的美学著作，这不能不说是中国哲学界，特别美学方面，大可庆幸的一个好消息。

说到这里，我要附带补充几句的，就是从文化价值的观点，特别提倡美育或艺术，以作新文化运动时期，介绍新文化，改革旧思想旧道德的重要指针的人，当推蔡元培先生。蔡先生力主以美育代宗教，已揭示了西洋近代宗教艺术化的趋势。他所说赞美艺术的价值并指出艺术与道德的关系的几句名言，是大家应该传诵深思的："艺术所以表现本体界之现象，而提醒其觉性。科学所以扫除现象界之魔障，而引致于光明。道德之超乎功利者，伴乎情感，恃有美术之作用。道德之关于功利者，伴乎理智，恃有科学之作用。"

蔡先生提倡艺术而反对宗教，与当时提倡科学而反对玄学的趋势，都代表"五四"运动前后特有的风气，充分表示出当时文化价值观点上的冲突矛盾。

站在文化评价的立场，对艺术与宗教，同样做有力的提倡，见到二者贯通一致，相互为用的地方的人，我们应推举吴宓先生。于"艺术修养与宗教精神"一文（见《建国导报》创刊号）中，他有几句简要有力的话说："世间最重要而不可缺之二事：一曰宗教，二曰艺术。二者皆能使人离痛苦而得安乐，超出世俗与物质之束缚，而进入精神理想境界。论其关系与功用，则宗教精神为目的，而艺术修养为方法。宗教譬如结果，艺术譬如开花。宗教树立全真至爱，使人戒定慧斋修，智仁勇兼备，成为真实有益于世之人。世间万事，若政治教育实业社交等，苟非以宗教精神充盈贯注其中，则皆不免偏私争夺虚伪残酷。而艺术者，借幻以显真，由美以生善，诱导人于不知不觉中进步向上，更于'无所为而为之'之际，吸引一切人，亦使之进步向上。人在日常生活中，若无艺术之补救与洗涤，则直如黑狱中囚犯，热锅上蚂蚁，劳乏奔走，忧急煎熬，气愤愁苦，自觉可怜亦复可恨，几禽兽之不若。是故宗教精神与艺术修养，实互相为用，缺一不可。古今东西最伟大之艺术，其时代，其人物，莫不以宗教精神为基础。而欲上达宗教之灵境，由艺术之修养进身，实为最便利之途径。"吴先生所谓"借幻以显真"，意思实与蔡先生"艺术所以表现本体界之现象"相通。现象属幻，本体属真。吴先生所谓"由美以生善"，与蔡先生认美有增进超功利的道德之作用，甚为相符。不过吴先生对于宗教价值之尊崇，认艺术为方法，宗教为目的之说，便超出了蔡先生所处的启蒙时代的思想了，至于吴先生认政治实业等皆须有宗教精神充盈贯注于其中的说法，尤值得注意，盖依吴先生之说，则宗教精神不一定是中古的山世的了，而是政治实业，换言之，近代的民主政治，工业化的社会所不可少的精神基础了。德哲韦伯（Max Weber）于其宗教社会学中，力言欧美近代资本主义之兴起及实业之发达，均有新教的精神和伦理思想为之先导，吴先生之说，实已隐约契合韦伯的看法了。

　　最近二三十年内，中国学术上，以成功的科学家而贡献到哲学，以成功的哲学系统而推进了科学的事实，异常之少，殊令人惋惜。但文学与哲学却有了相当密切的关系。譬如上段所提及的吴宓先生，他对于亨勒（Heornlé）的《神、心灵、生命、物质》一书，便曾作过一番译述工夫。他于《学衡》杂志里，曾对美国白壁德（I. Babbit）及穆尔（Paul E. More）之人文主义曾作有力的介绍。最近几年来，他复用很深的哲理和宗教观念去解释《红楼梦》，颇有新的收获。他的"文学与人生"更充满了丰富有内容的人生哲学的睿智。此外如上面曾提到的朱光潜先生，从希腊文译柏拉图五大对话的郭斌龢先生，《诗与真》散文集的作者，兼《蒙田试笔》、巴斯卡尔的《默想录》的译者梁宗岱先生，以及《战国策》的创刊者林同济先生，均富于哲学识见，其著作均足启发人哲思。尤其足以令我们注意的为冯至先生，他的《十四行诗集》可以说是一方面格律严整，一方面最富于哲理和沉思的诗歌。他的著名中篇小说《伍子胥》，描写命运的讽刺，精心活用辩证法以分析生活的矛盾和矛盾的统一，实特具哲学的意味和风格。他译述歌德的著作，特别注意歌德的世界观和《浮士德》中所含蕴的自然哲学。他译出了席勒《论美育》的书信集，对于游艺的冲动在生活上艺术上文化创造上的重要，也多所阐明。所以假如你感觉到逻辑论证的咬文嚼字，形式系统的支离枯燥，专门哲学名词的生涩难懂，和玄思理论的空疏不实，那么，你不妨取出他们这些富于哲学思想的文学著作来读，即使它们不能代替哲学研究，至少也可以引起你的哲学兴趣。

出我意料之外，我很欣慰地发现我们现代中国的哲学思想，内容异常丰富。这些哲学家们对于哲思和学术文化的努力，实足以襄赞并配合我们在这大时代中对于抗战建国的努力。对于当代中国哲学的鸟瞰，使得我们对于中国哲学将来发展的前途，更抱乐观，更具信心。

（《五十年来的中国哲学》上篇第二章）

黑　格　尔

　　乔治·威廉·弗里德里希·黑格尔（Georg Wilhelm
Friedrich Hegel，1770—1831）是德国古典哲学集大成的伟大哲
学家。他从康德的理性批判的哲学出发，又发挥改造费希特哲学
与谢林哲学，形成了西方哲学史上最庞大的客观唯心主义的哲学
体系。黑格尔在哲学体系的各个领域中，都力求找出贯穿其中的
发展线索，如马克思所指出的，"综合地，有意识地，叙述辩证
法一般的运动形态的，还要算他最早"①。黑格尔哲学中的内容
丰富的系统的辩证法思想，成为马克思主义的三大来源之一。马
克思主义哲学剔除黑格尔哲学中的神秘的唯心主义体系外壳，批
判继承了黑格尔哲学的辩证法合理内核，使哲学得到巨大发展，
开辟了寻求革命真理的新途径，在哲学史上开一个新纪元。近几
十年来，论述黑格尔哲学的文章、刊物、书籍层出不穷，对黑格
尔哲学的研究逐渐有了增长，黑格尔哲学在世界范围内，无论正
面或反面，都有了广泛的影响。我们从马克思主义哲学的立场、
观点和方法，比较实事求是地介绍一下黑格尔的时代，生活史、

---

　　①　马克思：《资本论》第 1 卷，第 17 页。

哲学思想的主要方面，并加以论述和评价，是在新的条件下，重新认真批判、理解黑格尔哲学，学习、研究马克思列宁主义、毛泽东思想的一项必要的任务。

一　黑格尔的时代

黑格尔在《法哲学原理》一书中曾强调过："就个人来说，每个人都是他那时代的产儿。哲学也是这样，它是被把握在思想中的它的时代。妄想一种哲学可以超出它那个时代，这与妄想个人可以跳出他的时代，跳出罗陀斯岛，是同样愚蠢的。"[①] 他有强烈的时代观念，明确认识哲学是时代的产物。诚如恩格斯所指出，黑格尔的"思维方式有巨大的历史感作基础"。我们必须把黑格尔哲学也看做是时代的产物，首先要了解黑格尔所处的时代，然后才能具体地了解黑格尔哲学的阶级基础和理论根源。关于黑格尔的时代，可以从四个方面加以说明。

（一）黑格尔与法国革命

黑格尔的时代，是西方资产阶级革命高涨的时代，即法国大革命的时代。早在 17 世纪中叶，就有荷兰人民推翻西班牙专制统治的资产阶级革命。在 1688 年完成了英国资产阶级与贵族妥协的所谓光荣的革命。美国的资产阶级在 1776 年，用暴力推翻英国殖民统治，取得了民族、民主革命的胜利，在美洲大陆上建立了第一个资本主义国家。而在黑格尔诞生之时，正是资产阶级革命在邻近的法国走向成熟，最后在 1789 年爆发了最彻底的一次大革命，达到了革命的高潮。

---

① 黑格尔：《法哲学原理》，商务印书馆 1961 年版，第 12 页。

　　谈到黑格尔对资产阶级革命，特别对法国大革命的态度和关系，我们知道法国革命爆发时期，黑格尔正在图宾根神学院学习。图宾根有一个政治俱乐部，黑格尔是俱乐部的积极分子。黑格尔当时在朋友的纪念册中，题有"卢梭万岁！""自由万岁！"的口号。他和几个好朋友，一起去郊外种植了"自由之树"。黑格尔对法国革命的少年热情，是始终如一的，使他在哲学上认识上都贯彻着法国革命的理想。在瑞士的伯尔尼做家庭教师时，他经常读法国报纸。以后在德国的法兰克福做家庭教师时，他对英国的政治经济情况特别感兴趣，系统地读英国报纸，做了大量的摘录。直到晚年，他也未忘掉在 7 月 14 日为攻克巴士底狱干一杯。在 1827 年，当他第一次来到法国首都巴黎的时候，去寻找过法国革命时期发生过最重大事件的场所，并且对卢梭住过的庄园表示出特别的兴趣。在晚年讲演的《历史哲学》中，关于法国革命，黑格尔这样写道："这是一次壮丽的日出。一切能思维的生物都欢庆这个时代的来临。这时笼罩着一种高尚的热情，全世界都浸透了一种精神的热忱，仿佛第一次达到了神意和人世的和谐。"① 这曾经被恩格斯称作是"危险的颠覆学说"。

　　黑格尔在政治上对法国革命持同情向往的态度，也支配着他的根本政治立场，他主张"人民与贵族阶级的联合"②，即主张资产阶级与贵族阶级的联合专政。他早年的政治倾向是比较照顾资产阶级和市民的利益。在晚年则主张在王权、行政权、立法权这三权中，君主处于颁布法令裁决国家重大措施的尊贵地位，也

---

　　① 黑格尔：《历史哲学》，1840 年德文版，第 535 页。译文取自《马克思恩格斯选集》第 3 卷，第 405 页脚注。

　　② 黑格尔：《小逻辑》，商务印书馆 1980 年 7 月第 2 版，第 32 页。

就是地主贵族转化出来有教化和有才能的人物，在掌握行政权方面处于主导地位。他的三权结合的思想是受了孟德斯鸠的影响。他始终赞成的是君主立宪政体。早年比较强调立宪一面（即人民、市民、资产阶级的民主权利一面），晚年比较强调君主的权力集中一面。恩格斯说："当黑格尔在他的《法哲学》一书中宣称君主立宪是最高的、最完善的政体时，德国哲学这个表明德国思想发展的最复杂但也是最准确的指标，也站到资产阶级方面去了。换句话说，黑格尔宣布了德国资产阶级取得政权的时刻即将到来。"①

由于德国在政治方面和经济方面都远远落后于英国、法国，国内还四分五裂，德国的资产阶级是软弱的。甚至不少的知识分子，如康德、费希特、黑格尔以及许多诗人、作家都曾做贵族或富翁的家庭教师，维持生活。黑格尔把革命的理想隐藏在"迂腐晦涩的言词后面，笨拙枯燥的语句里"。他的"世界精神"，就内容而言，是指西欧和法国资产阶级革命的精神。罗伯斯庇尔曾经把理性神圣化，称理性为"最高存在"。黑格尔则把理性称为"绝对""实体"，称拿破仑是"马背上的'世界灵魂'"。这是把法国革命的英雄人物和口号加以哲学化。黑格尔称拿破仑还是"超乎寻常的伟大人物，从这里、从当前这一点出发，要达到全世界，要统治全世界"②。不过，他也批评拿破仑只凭借武力，不懂得"世界精神"最终体现在卢梭所谓"民众的公意"（Volunté genéral）之中。他一贯反对暴力革命，在1794年给谢林的信中，说到"罗伯斯庇尔党徒的糟糕事态"。因为罗伯斯庇尔既把右派领袖又把左派领袖都送上断头台，自己陷于孤立，受

---

① 《马克思恩格斯全集》第8卷，第16页。
② 黑格尔：《通信集》第1卷，第116页。

到各方反动派围攻的危险，以致自己亦倒台。黑格尔对此表示惋惜。总之，德国哲学是法国革命的德国理论，反映了德国资产阶级的软弱性和德国士大夫不同情暴力革命，只是制造一些理论来宣扬自由、平等、博爱。

（二）黑格尔与启蒙运动

黑格尔的时代，又是在法国和德国的启蒙运动的高潮之后。伏尔泰、卢梭、狄德罗等是对法国唯物主义有影响的法国启蒙运动的代表人物。德国的启蒙运动以莱辛、赫尔德尔等为代表。黑格尔少年期间受启蒙运动的影响很深。他对伏尔泰、卢梭、孟德斯鸠的著作很熟悉。歌德在 1805 年译成德文的狄德罗的《拉摩的侄儿》，首先得到黑格尔的欢迎，在他的《精神现象学》这本书中把拉摩的侄儿所代表的意识分裂的情况，作为近代的精神异化的意识形态的例证加以辩证的分析。黑格尔在早期的神学著作中多次引证莱辛的《智者纳旦》一剧本中重要词句，因为在这剧本中莱辛特别宣扬反对把基督教定为一尊，而排斥其他宗教的进步思想。

还在中学时代，黑格尔就花了很多的时间去钻研希腊古典文学，还把索福克勒斯（Sophokles）的悲剧《安蒂贡涅》译成德文。这是由于他的好友荷尔德林（Hölderlin）的鼓励。在黑格尔的《历史哲学》中，吸取了赫尔德尔在《批评之林》中所表现的启蒙思想和在《关于人类历史的思想》一书中的重要历史观点。黑格尔尤其注意 18 世纪启蒙学者写历史所采用的方法。他在中学时期写的两篇重要文章，一篇是《论希腊人和罗马人的宗教》，其中认为宗教的原始形式起源于对自然规律的无知、政治的专制和祭司的贪图权力；另一篇是《论古代诗人的若干特征》，其中认为希腊诗人优越于近代诗人，原因是前者着眼于从国家的整个生活去看待艺术。① 黑格尔始终把宗教和艺术与国家民族的生活联系起来考察。这表明黑格尔的立场是站在上升时期的资产阶级一边的。

无可否认，启蒙思想是黑格尔的整个思想体系和世界观的一个重要因素，对黑格尔有深刻的影响。但黑格尔是以自己的唯心主义观点去吸取、利用、扬弃启蒙思想的。他受过启蒙运动影响，但又是启蒙运动的批评者。他早年批判权威宗教，目的还是在于使基督教合乎理性。在《精神现象学》中，他认为启蒙运动的后果是他所反对的唯物主义、不可知论、纯粹的功利主义。黑格尔既辩证又唯心地对待启蒙思想，想消除其中的唯物因素、无神论因素、面向自然和民众的内容。因此，黑格尔并非像卢卡奇所说，是"启蒙运动的激进派"②。

（三）黑格尔与康德

黑格尔的时代，是康德哲学的时代。康德称自己的时代是"批判的时代"，理性成为衡量一切的标准。因此，理性批判抓住了政治运动、宗教信仰、道德实践和哲学研究的中心主题。黑格尔循着康德哲学的道路前进，系统地回答了康德提出的问题。他先从与政治联系较密切的康德的伦理学和宗教思想开始，以后才研究逻辑学和认识论。黑格尔全面地接受了康德的遗产，继承、批判、发展和提高了康德哲学。他批评了康德的主观唯心论和不可知论，在思维与存在相统一的原则上建立了客观唯心主义的体系。他评论康德的先验矛盾论，特别是四种理性矛盾（一

① 见罗森克朗茨《黑格尔传》，1844 年柏林版最末部分"原始资料"，内有黑格尔的中学论文。
② 卢卡奇：《青年黑格尔》，1954 年柏林版，第 33 页。

般译为二律背反），发展出全面系统的辩证法。

康德的思想和生活中，有两个重要的矛盾：科学和宗教的矛盾，必然和自由的矛盾。这是有内在联系的两个矛盾，反映了当时整个德国甚至整个西欧新兴资产阶级反对封建制度的矛盾。

康德出身于清教徒家庭，自己也是清教徒，他最敬爱的老师苏尔兹（Schulz）是有名的清教徒。这是矛盾的一方面。另一方面，他又是天才的、渊博的自然科学家，几乎通晓当时的各门科学。他的宗教生活和科学研究，包含深刻的矛盾。对此，康德采取调和和妥协的态度。在《纯粹理性批判》第二版序言中，康德就提出要限制科学，为宗教保留地盘。康德只把现象世界交给科学，把无限、绝对、永恒的上帝都留给宗教信仰，把知识与信仰的范围严格分开，互不侵犯。黑格尔企图解决这个矛盾。他坚决主张科学、哲学要过问宗教，用思辨理性回答宗教的问题。他认为哲学用概念把握真理，宗教用信仰和表象方式把握真理，都以真理为对象，都是绝对精神的不同形态，反对康德认为理性不能认识上帝的观点。两位大哲学家都肯定道德、理性范围内的宗教，肯定宗教有哲学基础。区别在于：黑格尔认为教会、家庭、国家、文化机关、学术团体都是神圣的，而康德主要从人的道德要求去证明上帝存在，形成了"道德的神学"。

康德终生居住的寇尼斯贝格，是容克地主的大本营，崇尚严格的军纪与法律，康德在此感受到生活中的必然性。对牛顿力学的研究，使康德形成必然规律支配着自然的观念。这是一方面。另一方面，他又深受法国启蒙思想家伏尔泰、卢梭民主自由思想的影响。自由观念成为他的主导观念。为了在必然性支配的自然界和社会中寻找自由，解除必然和自由的矛盾，康德提出了一个中心原则："自己立法，自己遵守。"主张遵守自己的实践理性所颁布的道德律和必然命令，按自己理性提出的"通则"（Maxims）办事，外不受自然环境的压迫，内不受个人情感欲望的支配。遵守自己建立的法则，康德认为是人的自由核心，也是人的尊严的基础。在康德的主要著作《纯粹理性批判》中，更从世界观和认识论上，强调并论证"人是自然的立法者"。人在外遵守自然律，在内遵守道德律，这都是人遵守自己的理性所建立的规律，所以人是自由的。黑格尔同意康德从理性的主观能动性方面去争取自由。他在逻辑学中主张通过认识必然性、思维必然性来获得自由。康德主要把自由归结为基于理性的每个人的、主观的、道德上的自由。黑格尔讲自由，则是指世界精神的自由。自由是世界精神的核心。任何个人的自由，都是世界精神的体现。康德的自由缺乏矛盾的辩证发展过程。黑格尔认为，主体和对象对立，异化自己，过渡到对方，经过辩证发展过程，回复到自己，才是真正的自由。由此可见，黑格尔进一步发展了康德在宇宙中争自由的观点。可以说，他的逻辑学也是宇宙的宪法。作为唯心主义者，黑格尔的思辨逻辑与康德的先验逻辑一样，想要给自然界和人类颁布宪法。

黑格尔哲学全面答复康德所提出的启发性问题，而形成了辩证的理性体系，诚如恩格斯所说："德国哲学从康德到黑格尔的发展是连贯的，合乎逻辑的，必然的。"①

（四）黑格尔与歌德、席勒

黑格尔的时代，是歌德、席勒进行伟大创作的时代。

德国的文学和哲学是同一时代精神的不同方式的体现，它们是相互补充的，黑格尔的哲学是用理性思维的语言深刻反映了德国文学中的诗的、形象的、感人的具体内容。

---

① 《马克思恩格斯全集》第 1 卷，第 589 页。

发生在德国18世纪70年代到80年代中叶的狂飙运动，是代表德国资产阶级要求，轰动全德国乃至于欧洲的进步的文学运动，是德国启蒙运动的进一步发展。歌德的小说《少年维特的烦恼》（1774年）、戏剧《铁手骑士葛兹·封·柏里欣根》（1773年）和诗《普罗米修斯》，青年席勒的名剧《强盗》（1781年）和《阴谋与爱情》（1783年），都是狂飙运动时期的代表作品。这个运动成为少年黑格尔教养的一个组成部分。

歌德和席勒的诗歌、小说、戏剧中还暴露了当时的社会政治和人物的矛盾，富于辩证法因素，给黑格尔不少的启发。其中最典型的是《浮士德》中麦菲斯多夫的自白，他说："我是那样的一种力量，它总是意在作恶，而且总是创造了善。"席勒的《强盗》所暴露的从封建没落到资产阶级兴起急剧变化时期的特殊复杂的矛盾，可以启发深刻的辩证思维。其次，以歌德、席勒为代表的古典文学，揭示出人的尊严和崇高的理想性，生动而现实地描写了人的一生在艰难困苦挣扎中的矛盾发展的途径。黑格尔视席勒为自己哲学思想的启导者，他最赞赏席勒两首富于哲学意味的长诗。一为《艺术家》，这首诗是艺术家的诗人精神的写照，也是哲学家精神的写照。一为《大钟歌》，这首诗写人的一生，从出生后在教堂受洗的钟声，到幼年、成年、结婚、从军、宦游、直至老死时教堂的钟声，各个发展阶段，类似《精神现象学》写精神现象或意识形态曲折发展的各个阶段的雏形。

黑格尔与歌德的关系特别密切。他除支持歌德的小说《少年维特的烦恼》、著作《颜色学》，喜爱抒情诗集《东西方诗文集》之外，在《精神现象学》中把歌德的《浮士德片断》当作近代资产阶级精神的典型的意识形态之一来描述，在《逻辑学》中多次引证歌德的《浮士德》中反对抽象思维、机械主义的诗句，以阐述自己的辩证的有机统一的观点。他在1825年4月24

日写信给歌德说："我返观我全部思想进展的历程，到处都和你的观点有着密切的联系。……我内心中反对抽象的倾向，因受你的教导而愈趋坚强，并且在您光辉的形象照耀下渐导入正轨。"①特别重要的是，歌德与席勒在创作方法上都要求内容与形式、自由与法则、理性与感性的矛盾统一。这在黑格尔的逻辑学和认识论中概括为形式与内容、必然与自由、理性与感性的辩证统一。对于歌德和席勒的重要的诗歌、小说和戏剧，在黑格尔的《美学》中都给予了全面的评价和论述，概括出近代文学的特点。因此，充分吸收并发展歌德、席勒时代的进步文学的最高的成果，是黑格尔哲学达到德国古典哲学顶峰的重要条件。

总之，黑格尔作为一个大哲学家，从唯心主义的观点，反映了、批判吸收了、系统发展了他的时代中最优秀、最本质的东西。他的丰富哲学思想，是时代的一面镜子。

二　黑格尔的生活史

对于黑格尔的时代有了大概的了解，还须进一步对他的生活史做一些调查研究，作为具体了解他的哲学思想的资料，克服抽象化、公式化的倾向。研究时代，所注重的是影响个人思想的主要趋势、潮流和有决定性、必然性的力量；研究生活史，所看见的多是涉及个人、家庭、朋友、职业种种小范围的偶然事件。然而对生活史的考察也可以帮助我们看必然性的时代潮流如何与偶然性的个人生活有联系，看时代如何作用于个人，同时看个人如何反作用于时代。当然，最要紧的是从黑格尔的时代和生活史去具体了解生活、工作、政

---

① 《黑格尔书信集》第3卷，第83页。

治态度所表现的他的阶级立场、哲学方向。

最值得注意的是，黑格尔突出地提出了逻辑与历史的统一原则，恰像他的生活上时间、年岁方面的变化、发展的过程和阶段，同他思想上、哲学体系方面的资料积累、酝酿、形成、展开、确立、完成的过程和阶段密切联系，同时并进。这提供了哲学随生活历程逐渐成熟的一个生动独特的形象。

（一）家庭生活

黑格尔于 1770 年 8 月 27 日生在德国西南部符腾堡公国内的斯图加特城。符腾堡公国是德国许多诸侯封建统治的典型小邦之一。但因为西部邻近法国，南部与瑞士接壤，受法国资产阶级革命的思想和运动的影响要近些和快些。

黑格尔的远祖叫约翰·黑格尔的，因信仰新教，在 16 世纪末被从狂热信仰天主教的奥地利驱逐出来，迁居德国符腾堡。黑格尔的祖父是路德新教的牧师，诗人席勒诞生时就是由他主持洗礼的。出身于笃信路德新教家庭，是黑格尔生活史中一件重要事实，对他的思想信仰有着深刻影响。

黑格尔是长子。他有一个弟弟和一个妹妹。

黑格尔的父亲乔治·鲁德威·黑格尔（Georg Ludwig Hegel，1733—1799）最初任符腾堡公国税务局的秘书，后来任运输局的顾问。1799 年 1 月去世时，遗留下一笔财产约值 10500 盾，由黑格尔与他的弟弟妹妹分享。黑格尔分得了 3154 盾，因而可以独立生活，不再当家庭教师，于是应谢林之约，到当时德国哲学中心耶拿去做研究工作。

黑格尔的母亲是一个有多方面教养的人。黑格尔 5 岁后开始由母亲教语文。她因传染病在 1783 年去世。黑格尔同弟弟妹妹深感悲痛，直到 1825 年，黑格尔在他母亲逝世的日子，还写信给他的妹妹说："今天是我们母亲去世的日子，这个日子我永远记得。"

黑格尔的弟弟鲁德威·黑格尔（Ludwig Hegel），从事军事，曾参加拿破仑远征俄罗斯的战役，未婚，早死。

黑格尔的妹妹叫克利斯丁娜（Christiane）。据说兄妹之间感情很好。她终生未婚。在黑格尔去世一年后，因疾病和精神苦恼，在 1832 年自杀而死，遗留下一封给黑格尔夫人的信，其中记载着黑格尔童年情况和以后的一些经历，提供了不少早期的传记材料。

根据黑格尔妹妹的遗信，我们知道黑格尔少年时还经历过几次重病的袭击。他 13 岁时，斯图加特一带同时流行严重的胆汁性痢疾和胆汁性热病，他全家都受到感染，他的母亲因此很快去世了。黑格尔本人也病得特别厉害，已经有了扁桃体脓肿症状。别人都怀疑他是否能活得下去。不久病虽好了，耳后又生一恶疖，曾经为此施行了一次痛苦的手术。在 6 岁时，他得过天花，盲目了几天，医生都以为他会丧命，总算在最后好转过来。此外在学生时代，他曾长期患过间日热（可能是一种疟疾），利用在家养病的几个月，他读了希腊悲剧，并自学植物学。由此可见，黑格尔在少年时期曾得过两三次几乎丧命的传染病，他在 61 岁时又终于因感染霍乱病而骤然死去，是无足怪的。从中还可以看出，他少年时历染重病，体气亏损，而他竟能终生精力充沛，勤学苦干，著作等身，奋发乐观，在哲学史前进的一个重要阶段上，攀登上顶峰，建立自己的庞大完整的哲学体系，这表明他在精神上是做了极大努力的。[①]

[①] 以上材料来源请参考罗森克朗茨著《黑格尔传》，1844 年柏林版，特别是最末部分"原始资料"（中有日记及中学论文），第 431—566 页。

黑格尔直到 1811 年 9 月在鲁恩贝格当中学校长时才结婚。他的夫人名玛丽·封·图契尔（Marie von Tueher），出身于鲁恩邦的一个著名的贵族家庭，比他小 20 岁。据说他们的家庭生活异常愉快和幸福。他的结婚应该说主要是基于他所谓"伦理性的爱"，经济上他并没有因与贵族女子攀亲而得到任何好处。因为他那时正闹钱窘，差点因经济困难而延迟结婚日期。

黑格尔有两个儿子。大的儿子叫卡尔（Karl，1813—1901），任爱尔朗根大学历史教授，黑格尔的《历史哲学讲演录》便是由卡尔编辑整理出版的。黑格尔的小儿子叫伊曼努尔（Immanuel，1814—1891），曾在普鲁士布兰登堡省担任宗教和政治方面的高级职务。

黑格尔家庭生活的愉快幸福，足以提供材料，使人们了解他在《法哲学》中对于家庭之重视和评价为何异于其他资产阶级哲学家。他认为婚姻不仅是赤裸裸的两性关系，也不仅是市民的契约关系，而是一种精神的统一，实质上是一种伦理的关系，夫妇间的爱是具有法的意义的伦理性的爱。当黑格尔在《精神现象学》中提到兄妹之间的感情是最真挚、最纯洁的感情时，这多少反映了他同妹妹之间的友爱。

婚后不久，黑格尔在给他好友的信中说："我的尘世的目的已经达到了，因为有了一个官职和一个亲爱的妻子。"① 这固然反映了他的庸人习气，但也表现他安心于个人生活，潜心于哲学研究，坦率朴素，没有争政治权力、争财富的野心。新婚后仅半年，20 多万字的《大逻辑》上卷问世。

---

① 《黑格尔书信集》第 1 卷，第 386 页。

（二）学生生活

黑格尔五岁入拉丁学校。七岁进本城中学。他是一个模范学生，每次都因成绩优良获得奖金。父母还请教师于课外替他补习几何学、希腊文、拉丁文。1785 年的日记中，记载着他 1783 年曾在一位老师处私人学希腊文读本及希腊文的《伊索寓言》和《新约》。在另一个老师处私人学习拉丁文，读恺撒等人的拉丁文著作，并读了一些希伯来文的旧约《诗篇》。这为他阅读古典文学、哲学，根据希腊文、拉丁文的原始材料讲哲学史打下了基础。

他在中学时期最敬爱的教师叫洛佛勒尔（Löffler）。黑格尔在日记中提到，洛佛勒尔在 1778 年曾赠给他德文本《莎士比亚》11 册，还写了一个纸条："你现在还不能学习这些书，但你不久就会读懂它们。"1785 年 6 月，在洛佛勒尔的藏书中，找到希腊文书籍三种（内有亚里士多德的《伦理学》），拉丁文散文和诗十四种（内有西塞罗的哲学著作）。这表明黑格尔在少年时期受到教师熏陶、鼓励、教导。

黑格尔在日记中表现少年时期的性格和兴趣在三点上。第一，客观地记载着日常所见的周围事物，同教师散步的谈话，特别是花很多时间把读过的书摘录下来。作读书笔记是黑格尔 15 岁在中学时期养成的重要习惯。有如他自己所说：从一种有决心的自我放弃开始，去达到真正的客观批判。第二，对于研究历史，思索考察历史事情，有突出的兴趣。他最喜爱施汝克（Schrökhn）的《世界史》，认为它很好地把教训和历史结合起来，留心报导学者和科学的情况。在 1785 年 7 月 1 日的日记中，他把不仅叙述事实，而且注意从教训和哲学上去加以总结的历史称作是"实用的历史"。第三，喜欢留心观察与记载矛盾的现象。如 1785 年 7 月 3 日的日记，记着他在散步途中特别想到"每一件好事有它坏的一面"。6 月 28 日的日记从少年人对樱桃垂涎三尺，而老年人无动于衷，记下自己悟出的真切的道理："年青之时，想吃不得吃；年老之时，有吃不想吃。""同一样东西可以给各个不同的人以各种不同的印象。"1787 年 1 月 3 日的日记，记下了一个趣谈：孩子们借口看星宿，夜间在校外玩耍。警察来干涉，说孩子们晚上应该睡觉，到白天再来看星宿。这类似中国的"南辕北辙"的故事。

黑格尔中学时期哲学兴趣表现在大段抄录洛克、休谟和康德的著作。他设置了一个笔记本，从 1785 年起，专门搜集各种定义，其中包含有关于迷信、美、哲学、逻辑、变化、国家等等的定义。他抄录的哲学的定义是：深入到人对最重要的道理的概念和知识的根据和内在性质。逻辑的定义是：研究从人的历史里抽象出来的思维规律的整个内容。变化的定义是：如果可以归结一个东西有两个正相反的规定性，其一停止起作用，而其他开始起作用时，则这个东西就可叫做变化了。

黑格尔于 1788 年秋季入图宾根大学。前二年主要学神学，后三年主要学哲学。他是这个大学的公费生。

在这几年中，他选习了这样一些课程：福音史，旧约诗篇研究，西塞罗论神的本性，哲学史，形而上学与自然哲学，路加（Luke）、马太（Matthew）、约翰（John）诸福音和保罗告罗马人书。此外，他自己还选习了一门解剖学的课程。在大学期间，他没有听过逻辑的课程，据说可能因逻辑教授去世，一时没有人担任的缘故，虽然在中学时他就接触到沃尔夫（C. Wolff）的逻辑教本。在教授中，讲授西塞罗的《论神的本性》和《形而上学与自然哲学》的佛拉特教授是康德哲学的一个敏锐的自由的支持者。正如他给大学时友人谢林的信中所说的那样，他对大学的讲授不很满意，但在自学与积累知识方面用了很大的力量。

　　学了两年哲学之后（1790 年秋），接受学士考试，答辩论文。黑格尔论文是关于道德哲学的，题目是《人的义务的限度》，内容并没有超出沃尔夫伦理学的范围，因为这时他还没读到康德的伦理学著作。三年神学毕业之后（1793 年秋），黑格尔论文答辩的是符腾堡公国教会史方面的内容。

　　（三）社交与著述

　　黑格尔从图宾根神学院毕业之后，曾在瑞士的伯尔尼与德国的法兰克福任家庭教师。教学的余暇，他读谢林、费希特的著作，研究政治、历史、哲学问题，研究英国的政治经济学。

　　因父亲去世得到遗产，他在 1801 年去耶拿谋求大学的教席。10 月，以就职论文《关于行星轨道的哲学论文》（这是他关于自然哲学的最初的论文），在耶拿大学得哲学编外讲师资格。也就在这时，他第一次见到了歌德，直到他去世，他与歌德的友谊整整达 30 年之久。在耶拿大学，黑格尔讲授实在哲学、耶拿逻辑学、形而上学、自然哲学、哲学史，甚至高等数学。他的数学手稿现仍保存在图书馆中，还未整理出来。1805 年，靠歌德的帮助，任耶拿大学的副教授。1806 年拿破仑在耶拿大战打败普鲁士军队后，在魏玛主管教育文化的歌德，还派人打听过教授的情况，还在经济上资助过黑格尔。

　　1805 年，这位立志要让哲学说德语的哲学家开始写作著名的《精神现象学》一书。在 1806 年 10 月耶拿大战前夕，正巧匆匆完稿。在来临的法军面前，黑格尔拿着稿子外出避难。在国难当中，全神贯注在他的学说里。

　　因为战事，大学停课，黑格尔只好去班堡当报纸的编辑。班堡在法国部队的占领下，黑格尔办报是受限制的，实际上无写社论的自由，只是当当编辑。他的轻松而有风趣的涉及辩证思维的著名短文《谁在抽象地思维》，据贝耶尔（W. R. Beyer）考证，是写于1807年，在班堡初次发表。

从1808年到1816年，黑格尔当纽伦贝格一所文科中学的校长。他自己参加教课，亲自讲演，重视古典教育的意义。1813年兼任纽伦贝格市学校教育事务委员会的顾问，调查各大学的情况。作为全体系的核心的两卷本逻辑学（1812—1816），在这期间完成。

1816年秋，黑格尔去海岱山大学任哲学教授。在那里，他写出了《哲学全书纲要》，1817年作为讲义发表。以后在1827年、1830年两次修订、增补发表。他死后，他的学生汇集多种笔记出版，才构成现在黑格尔全集中的《小逻辑》《自然哲学》《精神哲学》的体系。

1818年10月，黑格尔去柏林大学当教授。在那里讲授了宗教哲学、历史哲学等课程，出版了《法哲学原理》（1821）。黑格尔以自己渊博的知识，庞大的体系，使自己哲学的影响远远超出了德国。人们请他作序，对他表示敬仰。他任大学评议会委员，参与了评定、审查新任教师的职称，有了很高的地位。在1830年，他被选为柏林大学校长。1831年11月14日，黑格尔因患霍乱在柏林去世。

三　黑格尔的哲学思想

（一）早期思想

黑格尔的早期思想，主要是指他在瑞士和法兰克福当家庭教师时的著作中所表达的思想，但也包含一部分耶拿时期的思想。在耶拿时期完成和出版的《精神现象学》一书之前的思想，即当他正式形成哲学体系之前的思想，都可以看做是黑格尔的早期思想。

黑格尔早期的思想非常丰富，大部分表达在生前未发表过的手稿中。直到20世纪初期，才逐渐整理出来。其中有不少新的带启发性的东西。甚至有一些还反对传统权威宗教和揭露批判当时政治上反动统治，这些材料在当时当然不容许发表，今天却成为研究黑格尔思想的重要材料。

对于黑格尔的早期思想，我们做四个方面的介绍。

1. 热情向往古希腊的政治社会思想。黑格尔在中学就是一个希腊迷。进入图宾根大学之后，与少年好友荷尔德林一起，通过学习希腊文，学习历史文化，用德文翻译希腊悲剧，曾热烈赞赏希腊奴隶社会上升时期那种伦理社会的城邦国家。在那种国家中，人民与国家打成一片，共同庆祝节日，参加歌舞狂欢，共同观赏悲剧、喜剧，聆听合唱；对悲剧英雄洒同情之泪；在喜剧中对政府当权人物的缺点和错误也加以夸大的写照与讽刺。这种把政治、宗教、艺术融会一体的伦理社会生活，始终对黑格尔有一定的吸引力。但他明确指出这种伦理社会由于内在的矛盾，而必然向冷冰冰的罗马法治社会过渡。因此，我们不能同意卢卡契说黑格尔本人在政治思想发展中有一个"共和国时期"。

2. 与希腊文化进行对比，批判权威宗教——基督教。黑格尔从卢梭的"人生来就是自由的"学说出发，强调希腊人与罗马人的自由。他认为，希腊和罗马的原始宗教是自由人民的宗教，不存在奴役性。而在基督教统治的整个中世纪，自由失去了。他认为，作为自由的人，希腊人与罗马人服从他们自己订立的法律，服从他们自己推举出来的长官，参加他们自己决议从事的战争，捐献他们的财产，甚至为了他们自己的目的而牺牲千百万人的性命；除奴隶之外，人们在个人生活和家庭生活上都是自由的。在国家与个人的关系上，黑格尔认为国家是雅典人的较高的实在，对国家所抱的理想是人们自己的世界的最后目的，人的个体性消溶于其中。因此，人们绝不会想到去要求他们自己个人的保持和灵魂不死的生活。只有当失掉了个人生活和伦理的社会与国家的群体生活谐和一致的时候，才会产生灵魂不灭、逃避到彼岸世界去的要求，可见黑格尔对基督教脱离国家的理想，要求个人的灵魂不灭，是持反对态度的。黑格尔认为，基督教的兴起，乃是古希腊伦理社会生活的解体和堕落的后果。黑格尔还比较耶稣与苏格拉底的差别。耶稣的十二门徒，自成一个脱离社会的小宗派；而苏格拉底的学生，每人都是自己的主人，或自创学派，或做军官，或做政治家和各方面的英雄。总之，黑格尔处处把希腊文明与基督教做对比，反对传统权威，反对专制，反对个人主义，赞扬伦理社会的、理想的、希腊式城邦的政治文化生活，要求现世的、人本的、人文的生活。应该指出，黑格尔所反对的基督教，主要是指天主教，他并不反对宗教本身。他非常注重宗教，并为路德的新教辩护。

3. 用康德的伦理观点写《耶稣传》，把耶稣说成道德教师。1795 年 5 月 7 日至 7 月 24 日，黑格尔写了《耶稣传》一书。里面不提耶稣是童贞圣母所生、死在十字架上第三日复活及其他治病等的奇迹。黑格尔《耶稣传》的任务是根据康德提出"理性范围内宗教"的原则重新解释《圣经》。而道德改善就包含着一切理性宗教和重新解释《圣经》的最高原则。在黑格尔的《耶稣传》中，基督的生活、教训和各个福音书贯彻了康德的道德信仰，而基督的榜样于是就会赋予这种理性信仰以热情和力量。以纯洁的心情和无损伤的灵魂去遵循永恒的伦理规律。在黑格尔看来，出现在耶路撒冷的最后冲突或冲击和耶稣之死是一出戏剧，展开在偶像崇拜的教会信仰与理性宗教之间的最后一幕。

《耶稣传》中心思想是指出耶稣说教和上十字架，不畏强暴，勇敢宣传教义而死，是由于理性宗教、道德教训受到世俗传统教会顽固祭司的迫害。黑格尔认为，这种斗争是长远的，而且是有代表性的。

4. 黑格尔的经济思想。黑格尔在法兰克福时期开始研究经济问题，专心阅读詹姆斯·斯图亚特（James Steuart）的《政治经济学原理的探究》一书，为这本的德文译本作序，系统地阅读了英国报纸及有关政治经济学的著作。在德国古典哲学家中，只有黑格尔一个人对经济学做过认真的探讨。他的主要特点在于给古典经济学初步作了辩证法的加工。他的经济思想，主要包含在《伦理体系》、《实在哲学》两部早期著作之中。

黑格尔把劳动当做人的自我证实的中心方式，把劳动当做实现主观与客观的统一，扬弃僵死的外界客观性，并且发展自我的推动力。他给劳动下定义："劳动是对象的消灭。""劳动是有目的地消灭客体。"更明确一点说，劳动不是"消灭一般的客体"，而是改变它，"代之以另一个客体"。① 黑格尔已猜测到劳动是改造客体的关键，劳动是人的本质。

黑格尔看到了随着技术的进步，分工的细致，个人劳动与个人需要的满足之间的距离越来越远。他接触到的正是资本主义生产的社会性。对于资本主义机器生产的阴暗面，黑格尔的看法可以归结为"工人生活的非人化"。他看到了人征服机器，也看到了机器反过来向人报仇，工人劳动变得更加机械，更加呆板和缺乏灵性，使得工人们的生活"非人化"（unmenschlichung）。尤其尖锐的是，他看出了"工厂和制造业的继续正建筑在一个阶

① 见拉松本《黑格尔的政治和法哲学著作》，1923 年德文版第 420 页。

级的贫困上面"①，预感到资本主义社会深刻的社会矛盾、对立和冲突。作为资产阶级思想家，他认为国家、政府的措施、政策就可以部分地缓和贫富的对立。作为唯心主义哲学家，他抽象地相信"世界精神"可以最后解决社会、国家、甚或阶级间的对立和矛盾。

（二）精神现象学

《精神现象学》一书是黑格尔在耶拿时期写的一部最重要的著作。它的出版，标志着黑格尔已成为一个成熟的思想家，他的哲学思想已进入系统化。因此，对《精神现象学》的研究，构成对黑格尔哲学系统的一个极重要的组成部分。

马克思特别重视黑格尔的精神现象学，他称"精神现象学是黑格尔哲学的真正起源和秘密"。② 又称精神现象学是"黑格尔的圣经"。

精神现象学之所以成为黑格尔哲学的"秘密"，是因为精神现象学成为理解黑格尔哲学的关键。这种关键和秘密，用马克思的话来概括，就是"作为推动原则和创造原则的否定性的辩证法"。③ 这种"否定性的辩证法"，表现在贯穿着"精神现象学"的"异化"或"自我意识的异化"这一中心概念上。马克思指出：精神现象学就是"按照实际人的存在、自我意识的异化的现象去加以研究"④ 的科学，是研究自我意识的异化的现象的科学。黑格尔主张实体，即主体，它是积极能动的，自身分裂为二，从自身中树立起对立面，异化为客体，以此来显示自我意识

① 黑格尔：《实在哲学》第 2 卷，第 277 页。
② 马克思：《黑格尔辩证法和哲学一般的批判》，第 10 页。
③ 同上书，第 14 页。
④ 同上书，第 16 页。

在时间上的一种真正的历史，展示自己，认识自己；然后又克服这种异化，扬弃异化，来最终达到惟一的、无所不包的实在——自我意识。"异化"这个概念表述了历史发展过程中的主客体之间的复杂的辩证关系和交互作用，是黑格尔试图揭示普遍运动和发展的内在联系的表述方式。在黑格尔哲学的真正秘密中，包含着深刻的见解。马克思说："黑格尔把人的自我创造认作一种过程，把人的对象化认作对立化，认作外在化和对这种外在化的扬弃，在于他认识到劳动的本质，把对象化的人——现实的所以是真实的人——了解为他自己的劳动的结果。"①

精神现象学之所以成为黑格尔哲学的"真正起源"，是因为精神现象学已经包含着以后黑格尔全部哲学的雏形、萌芽和主要的观念。它启示了接踵而来的逻辑学的观点和方法，如思维的内容与形式的统一、概念的自身运动和真理是自己运动的等观点。精神现象学包含了《哲学全书》中"精神哲学"的主要轮廓，即由主观精神发展到客观精神、绝对精神的三大阶段，与"精神哲学"的许多内容交织在一起。精神现象学涉及了大量的自然哲学的材料。因此，以逻辑学、自然哲学、精神哲学构成的《哲学全书》，它的三部分都可以在精神现象学中找到它们的源头。精神现象学构成了黑格尔全哲学体系的导言。

黑格尔在《精神现象学》中写有一篇著名的长序。在这篇序言中，最先表示出他与原来志同道合的谢林的主要分歧，在于黑格尔提出以下一些主要的观点。第一，哲学应该是一种有体系的科学，必须展开为踏实可靠的系统的科学知识。第二，真理不是片面的、抽象的、形式的，真理是一个有机的全体，是克服矛盾和克服片面性的过程。第三，单调的、抽象的普遍性只是形式

① 马克思：《黑格尔辩证法和哲学一般的批判》，第14页。

主义，辩证法必须是内容与形式的统一。第四，实体就是主体，主体有能动性，主体与客体不应是浑沌神秘的同一。

要了解黑格尔的精神现象学，必须注意区别"现象学"与"现象主义"。现象主义只研究现象，而认现象所体现的本质为不可知，把本质与现象加以割裂。而黑格尔的精神现象学则是从现象与本质的不可分出发，通过现象认识本质，最后达到绝对知识。在《精神现象学》中，黑格尔描述了最初的普通感性知识经过艰苦而漫长的道路才达到哲学知识的历程，用辩证的方法和发展的观点研究分析人的意识形态、精神现象发展的历史过程或阶段，由最低阶段逐渐上升到最高阶段的矛盾发展的过程。因此，精神现象学也就是"意识发展史"。恩格斯说，精神现象学"也可以叫做同精神胚胎学和精神古生物学类似的学问，是对个人意识各个发展阶段的阐述，这些阶段可以看做人的意识在历史上所经过的各个阶段的缩影"。①

由于精神现象学是意识发展史，因此，它除了作为全哲学体系的导言，自身还成为一门科学。这门科学的内容，共分五个阶梯：意识、自我意识、理性（这三者形成主观精神）、精神（形成社会意识、民族精神、世界精神、时代精神、时代思潮等统称为客观精神）、宗教与绝对知识（这二者形成绝对精神）。每一个阶梯的内部又再分成若干个阶梯。《精神现象学》涉及认识论、自然哲学、美学、伦理学、法哲学、历史、哲学、哲学史、逻辑等方面的思想和材料，以广阔的背景，对辩证法做了新颖表达和具体运用，显示了精神现象、意识形态因发展过程中的内在矛盾而走向真理的漫长历程。黑格尔在分析各种意识形态时，往往把后一意识形态看成对前一意识形态的批判，把前一意识形态

---

① 《马克思恩格斯选集》第 4 卷，第 215 页。

看成由于自身矛盾而向后一意识形态过渡，充分显示了《精神现象学》中的批判成分，显示了主体与客体的统一，显示了逻辑与历史的统一。但是，这些合理的因素都是在唯心主义体系的基础上表述的。《精神现象学》中的辩证法合理因素与客观唯心主义体系的矛盾，在《哲学全书》中都有了进一步的发展。

（三）逻辑学

黑格尔的逻辑学，主要包括两部重要著作：《大逻辑》（1812—1816）、《小逻辑》（1817）。《小逻辑》构成理念发展的第一阶段、《哲学全书》的第一部分。

黑格尔的逻辑学研究的是范畴、概念之间的有机系统和矛盾进展。在黑格尔看来，也就是从概念推概念或从范畴推范畴的概念辩证法，用辩证法去分析概念与概念的内在联系与内在矛盾，概念或范畴的自身矛盾而引起的自己解除矛盾，由不断曲折发展的过程而形成螺旋形上升的概念或范畴的运动。这种概念、范畴是理性思维对自然界、人类社会历史的发展过程，特别是对哲学和科学的历史发展过程进行辩证的、逻辑的批判、挖掘、总结、推演而成的体系。马克思主义经典作家严正地批判过黑格尔逻辑学的唯心主义体系，也批判黑格尔根本颠倒了物质与精神、存在与思维的关系。然而，黑格尔又注意用辩证法去揭示概念的联系与运动、揭示概念的全面发展，处处打击形而上学的思维方法，从而，使得逻辑学中时时闪耀着辩证法思想的光辉。当黑格尔说"逻辑是纯粹的科学，也就是说，全面发展中的纯粹的知识"时，列宁曾给予这样的评价："第一行是荒谬的，第二行是天才的。"[1] 列宁的这个评语，尖锐地揭示了包括在黑格尔逻辑学中

---

[1]　《列宁全集》第38卷，第103页。

的辩证法与唯心主义紧密结合的那种矛盾，成为我们评价黑格尔逻辑学的重要原则。

列宁说："逻辑不是关于思维的外在形式的学说，而是关于'一切物质的、自然的和精神的事物'的发展规律的学说。"① 这表明，对黑格尔的唯心主义逻辑学加以改造之后，它所表述的实际上正是自然界、人类社会、思维发展的最普遍的规律，并且，正因为如此，这些规律才能反过来运用于自然界、人类社会和思维活动。从这种意义上来讲，黑格尔的逻辑学的确构成了全哲学体系的中坚、核心部分，逻辑学是自然哲学和精神哲学的灵魂。

黑格尔的逻辑学分成三部分：存在论，本质论，概念论。他把前两部分合称为客观逻辑，把第三部分称为主观逻辑。

黑格尔的存在论从"有"的概念开始。作为开端的"有"是空泛的纯有，毫无内容的有，因此，这种"有"也就是"无"，产生了一方直接消失于另一方之中的运动，达到"变易"这一概念。黑格尔在《大逻辑》中举过例子，"在纯粹光明中就像在纯粹黑暗中一样"。② 这种"有""无"的辩证统一观，正是主张对任何事物都要从其生成、流动中去加以把握。"变易"的结果，是毫无规定性的东西具有一定的特性，从而，达到了"存在"，特定的存在的概念。"质"必然过渡到相反的概念——"量"，"质""量"又经过逐渐矛盾发展而达到统一于"尺度"之中。一般形而上学思想误认为事物的特定的数量的变化绝不会影响事物的存在，亦即不会引起质的变化。黑格尔辩证地论证了量变必然引起质变，因而提出了质量互变的规律。恩格斯说过，质量互变规律占据了黑格尔逻辑学的第一部分——存在论。黑格

① 《列宁全集》第38卷，第89页。
② 黑格尔：《逻辑学》上卷，第93页。

尔从古代诡辩论者"拔去一根头发，是否可成为秃头？"这样当做诡辩的东西，阐述量变到一定程度必然转为质变的深刻道理。在这里，他引证了大量实物界，特别是化学中的例子予以证明。法国大革命那种由封建专制腐朽的社会政治生活中的渐变引起的急剧变革，显然在黑格尔的思想中加深了量变到质变历史发展过程的认识。他以辩证法思想，批评了机械主义和当时一般的形而上学观点，如说："自然界没有飞跃"，"历史过程中没有飞跃"等等。他认为，仅用渐进性来理解产生和消灭而否认质变，是"同语反复所特有的无聊"①。恩格斯曾指出黑格尔揭示的规律的普遍适用性："黑格尔所发现的自然规律，是在化学领域中取得了最伟大的胜利。化学可以称为研究物体由于量的构成的变化而发生的质变的科学。黑格尔本人已经知道这一点。"②

　　黑格尔认为在存在论范围里，当某物成为别物时，某物便消失了。而在本质论中，范畴已不复过渡，而是互相联系。一般说来，在存在论里，一切都是直接的，反之，在本质论里，一切都是相对的。因此，本质论是存在论的真理，是由存在论辩证发展而来的较高真理。

　　本质论的最初阶段，是以着重分析反思范畴，亦即由分析"同一"开始的，推演到差别、对立，后来达到矛盾的逻辑发展过程。黑格尔的同一是潜在地包含差别和对立于自身内、在矛盾发展中保持自身的同一，即具体的同一。他认为形式逻辑的同一是形式的同一，是脱离差异的同一，形式与内容不一致的同一。他既肯定康德在理性中发现四种矛盾的功绩，又批评康德对矛盾抱温情态度，似乎矛盾只是人们主观方面发生错误，而一切客观

――――――――――

①　黑格尔：《逻辑学》上卷，第405页。
②　《马克思恩格斯选集》第3卷，第487页。

事物本身没有矛盾。黑格尔认为："同一是一个有差异的东西……真理只有在同一与差异的统一中，才是完全的。"① 差别有三个环节，即杂多、对立、矛盾。作为"杂多"的差别是直接的差别，外在的差别即多样性。由外在的差别发展到内在的差别，由外在的他物变成与自己正相反对的自己的他物，这就进展到"对立"："在对立中，有差别之物并不是一般的他物，而是与它正相反对的他物。"② 在自身内部中的对立，就是"矛盾"。黑格尔强调"一切事物本身都潜在地是矛盾的"这一命题，"更能表述事物的真理和本质"。③ 强调矛盾"是一切自己运动的根本，而自己运动不过就是矛盾的表现"。④

　　本质论中的范畴是相对的，是相互联系的。黑格尔在本质论中运用对立统一规律，考察了现象与本质、内容与形式、内在与外在、原因与结果、实体与偶性等范畴的关系，描述了它们的推演过程。列宁对此做出评语说："如果我没有弄错，那么黑格尔的这些推论中有许多神秘主义和空洞的学究气，可是基本的思想是天才的：万物之间的世界性的、全面的、活生生的联系以及这种联系在人的概念中的反映——唯物地颠倒过来的黑格尔；这些概念必须是经过琢磨的、整理过的、灵活的、能动的、相对的、相互联系的、在对立中是统一的。这样才能把握世界。"⑤

　　概念论从主观概念开始。主观概念由于自身内容的丰富充实，必然要外化自身为客体，客体是整个世界。客体向理念上升发展的过程，分为机械性、化学性、目的性三阶段。目的性是由

---

① 黑格尔：《逻辑学》下卷，第33页。
② 黑格尔：《小逻辑》，第254页。
③ 黑格尔：《逻辑学》下卷，第65页。
④ 同上书，第66页。
⑤ 列宁：《哲学笔记》，《列宁全集》第38卷，第153—154页。

主观概念与客体世界的统一而达到的。目的性，乃是升入理念阶段的内在目的性。目的性包含生命、认识、意志和实践，亦即目的的实现，这就达到了理念本身。理念既是理论的也是实践的，本身包含有理论的理念和实践的理念两方面，这两方面经过双重的否定而达到最后的辩证的、活生生的统一，达到绝对理念。

最后，绝对理念也不是静止不动的，而是一个有波涛的曲折发展的过程。绝对理念外化其自身为自然，自然就是直观着的、存在着的理念。这是逻辑学到自然哲学的过渡。

黑格尔在概念论中论述的概念并不只是一般理智的形式的抽象概念，而是辩证法的具体概念、具体共相。具体概念包含有个别性、特殊性、普遍性三个环节。这三个环节辩证结合，互为中介，互相过渡，达到黑格尔所说的"概念的推论"。举例来说，国家是（1）个人（个体性），（2）个人的物质与精神需要（特殊性），（3）国家、政府及法律（普遍性）三者的统一体。可见，概念的推理也不同于抽象理智三段论的推理，它是理性推理，是本体论的证明。理性推理是包含三个圆圈：第一，由自然推移到精神，再由精神推移到理念（自然哲学）；第二，由精神深入到理念，再由理念外化为自然（精神哲学）；第三，由理念推移或外化为自然，由自然再发展或过渡到精神（逻辑学）。三个圆圈因而形成了三一体，也就是无限的全体。总之，在黑格尔的体系里，包含有逻辑学、自然哲学、精神哲学三个环节，而以研究理念为对象的逻辑学为骨干，以研究自然与精神为对象的自然哲学与精神哲学为辅助，他称作应用逻辑学。黑格尔也承认自然和精神都是客观对象，而逻辑学以主客观统一的理念为对象。列宁注意到黑格尔关于推论的思想。他指出，黑格尔逻辑学从存在经过本质而发展到主观性（概念），然后这个主观性辩证地"突破自己的限制"，并且通过推论展开为客观性。列宁称赞黑格尔的这个思想"极其深刻和聪明"。列宁在这里注意到了黑格尔在逻辑学中由存在论、本质论作为客观性而推论发展到概念论的辩证过程，同时也指出，主观性的概念辩证地突破自己的限制，通过推论展开为客观性（自然，精神）的辩证过程。

黑格尔在概念论中注意对旧有的形式逻辑的材料加以改造。他把概念、判断、推理看做是相互联系的，并就认识由浅入深的发展过程，对判断、推理各自从低级形式发展出高级形式，推演出它们的隶属关系。例如，把判断分为质的判断、反思的判断、必然的判断、概念的判断。在这里，浸透着辩证法、认识论、逻辑学三统一的精神。恩格斯认为这种分类法具有明明白白的内在真理性和内在必然性，并举实际的例子来加以证明。

在论述理念的时候，黑格尔强调理念不是简单的对立面的统一，"绝对理念的内容就是我们迄今所有的全部生活经历"。① "理念本质上是一个过程。"② 在认识上，他又一次运用了否定之否定的方法，确认"真理就是全体"。③ 黑格尔把理论的理念和实践的理念作为向绝对真理过渡的两个环节。总的说来，理论理念的方法，必须既否定抽象的分析方法，又否定抽象的综合方法，必须既是分析的，又是综合的。具体分析矛盾，就是分析与综合统一的认识过程。黑格尔在论实践理念中，既要否定主观性的片面性，如实地认识外界形成概念和思想，掌握真实内容，满足科学求真理的要求，又要否定客观性的片面性，取消其外在性、生疏性，满足精神目的、意志的要求，从而达到以绝对理念为顶点的客观唯心主义的体系。

---

① 黑格尔：《小逻辑》，第 423 页。
② 同上书，第 403 页。
③ 同上书，第 56 页。

黑格尔全部逻辑学完全是用概念的辩证法形式进行推演的。他对一切概念的相互依赖、转化，从而对辩证法做了全面的概括和运用。列宁说："黑格尔逻辑学的总结和概要、最高成就和实质，就是辩证的方法——这是绝妙的。还有一点：在黑格尔这部最唯心的著作中，唯心主义最少，唯物主义最多。'矛盾'，然而是事实！"① 这也就是说，唯心主义体系的外壳内，包含辩证方法的合理内核。

（四）自然哲学

黑格尔关于自然哲学的著作很多，晚年也常讲授自然哲学课程。1801 年，他为取得耶拿大学讲课资格而写的《行星轨道论》，就是一篇批判牛顿物理学中的形而上学思想的有关自然哲学的论文。1802 年，他写了一篇文章，论自然哲学与一般哲学的关系。在耶拿期间，1802—1803 年完成了两册《实在哲学》，其中主要的部分是自然哲学。耶拿时期的重要手稿《耶拿逻辑学、形而上学和自然哲学》，自然哲学占了一半。在《精神现象学》中，论意识一章讨论"力和知性"部分，论理性一章讨论"观察自然理性"部分，论宗教一章讨论自然宗教部分，都是涉及自然哲学的重要材料。《大逻辑》和《小逻辑》"存在论"讨论"量"的部分，"概念论"讨论客体时机械性、化学性及生命部分，都与自然哲学有关。尤其重要的是，恩格斯说："他（黑格尔）的真正的自然哲学是在逻辑学第二部分即本质论中，这是全部理论的真正核心。"② 因此自然哲学就内容意义的重要性来说，在《大逻辑》、《小逻辑》中已占了第一位。格罗克纳

---

① 《列宁全集》第 38 卷，第 253 页。
② 《马克思恩格斯书信选集》，人民出版社 1962 年版，第 183 页。

（Glockner）本的《哲学全书》中，第二环节《自然哲学》加上学生笔记，篇幅较《小逻辑》、《精神哲学》为多。《美学讲演录》中讨论自然美的章节，《宗教哲学讲演录》中讨论自然宗教的章节，也是有关自然哲学的材料。在《哲学史讲演录》中，对于历史上许多重要哲学家，他都分成逻辑学、自然哲学、精神哲学三大部门来论述。可见，黑格尔是重视自然哲学的。这里，我们介绍黑格尔《哲学全书》的第二部分《自然哲学》。它构成理念发展的第二阶段。在这里，我们应该指出，大多数研究黑格尔哲学的学者误认自然哲学是黑格尔体系最薄弱的环节，或者只承认精神生活和情感中有辩证法而否认自然界具有辩证法的错误思想。

　　黑格尔在《小逻辑》的最后一句话中说："这种存在着的理念就是自然。"① 黑格尔以这句话，不仅表明了从逻辑学到自然哲学的过渡，而且也表明了他对待自然的总的看法。他把自然看做是由理念外化出来的，把自然看做是理念的他在或外在存在。这种观点很显然是唯心主义的。但是，列宁除了批判黑格尔的唯心主义，对"存在着的理念就是自然"这一命题，评价很高，认为这是"逻辑理念向自然界的转化。唯物主义近在咫尺"。② 因为黑格尔的自然哲学在唯心主义的形式下，毕竟论述了自然的辩证发展的具体内容。

　　黑格尔说："自然是一个没有解除的矛盾。"③ 照黑格尔看来，自然只是一般地抽象地讲来是有必然性和规律性的，但具体地个别地看来，自然却充满着无规律性、外在性、偶然性。因

---

① 　黑格尔：《小逻辑》，第 428 页。
② 　《列宁全集》第 38 卷，第 252 页。
③ 　格罗克纳编：《黑格尔全集》第 9 卷，第 54 页。

此，理念一方面否定它自身而外在化为自然，一方面理念又进一步否定其自身的外在性，扬弃自然，而提高到精神。自然由于其无规律性、外在性和偶然性是软弱无力的，而理性有其辩证发展，有否定一切的威力和能动性。在理念与自然的斗争中，理性的威力克服了自然的无力，使那本身无计划无目的的自然能配合精神的计划和目的。黑格尔自然哲学的目的，不是仅仅轻视和贬低自然，而是要达到思维与存在、主观与客观、精神与自然的矛盾统一。所以他说："精神之所以是精神，只是由于它以自然为中介。"[①] 在精神第一性的基础上，他承认自然的中介作用，精神与自然的相互依存关系。

黑格尔的《自然哲学》分为三大发展阶段：1. 力学。讨论时间和空间，物质与运动的辩证关系。2. 物理学。讨论光、热、声音、磁、电等现象的矛盾发展关系。3. 有机学。讨论地质自然界、植物有机体、动物有机体。在这三个发展阶段上，黑格尔提出了一系列合理的思想，如时空与物质运动不可分，物质与运动不可分，热来自物体内部的振动，电、磁的相互转化，光是连续与间断性的统一，生命是辩证法在自然界的充分体现，动物的各部分组成一种真正的有机整体，生命的活动在于加速生命的死亡等等。黑格尔对当时的自然科学是熟悉的，他对自然界所做的划分，在当时是很完备的。

黑格尔的《自然哲学》，把辩证法从外部注入自然，因此，不可避免地带有矫揉造作、用幻想谬误代替事实的弱点。除此之外，他不承认自然有时间上的发展。[②] 他说："自然必须看成许

---

① 黑格尔：《小逻辑》，第 365 页。

② 关于黑格尔不承认自然有时间上发展的问题，作者在 1964 年《新建设》第 5—6 期上发表《关于黑格尔自然哲学的评价问题》一文曾有较详的分析讨论，请参看。

多阶段构成的体系，其中一个阶段必然从另一个阶段产生，并且后一阶段是它所从出的前一阶段的真理（例如动物界是植物界的真理，植物界是矿物界的真理，地球是太阳系的真理）。但是这不是说，一个阶段是自然地从另一个阶段产生出来，而是从内在的、构成自然界的根据的理念产生出来。形态变化（或进化）只属于概念本身，因为只有概念的变化才是发展。"① 这里有历史条件的限制，因为黑格尔没有看到 19 世纪自然科学的三大发现，在黑格尔的时代，统治着的还是这样的自然观，即认为自然界是永远不变的。当然，更重要的，是由于他的唯心主义体系妨碍了方法的贯彻。

与一切新黑格尔主义者对黑格尔自然哲学所取的全盘否定的态度相反，马克思主义创始人对于黑格尔的自然哲学，一方面批判它的唯心主义，指出它的谬误和幻想，一方面又充分肯定其中的合理之处。恩格斯说："黑格尔——他对自然科学的（……）概括和合理的分类是比一切唯物主义的胡说八道合在一起还更伟大的成就。"② "黑格尔在几百个地方都懂得：要从自然界和历史中，举出最恰当的例子来确证辩证法规律。"③ 这表明，对黑格尔的《自然哲学》不能全部否定。应该根据现代自然科学达到的成就，在自然科学本身的研究中去找出辩证联系，从唯物主义立场去改造黑格尔的自然哲学，推动自然辩证法的研究工作。

（五）精神哲学

在黑格尔看来，精神哲学是研究理念由在自然的外在化而返

---

① 格罗克纳编：《黑格尔全集》第 9 卷，第 58 页。
② 《马克思恩格斯全集》第 20 卷，第 546 页。
③ 《马克思恩格斯选集》第 3 卷，第 484—485 页。

回自身的科学。精神哲学构成理念发展的第三阶段，《哲学全书》的第三部分。

就广义的理解，精神哲学不局限于《精神哲学》一书，还包括黑格尔晚年的一些重要著作与哲学讲演录。恩格斯说："精神哲学又分成各个历史部门来研究，如历史哲学、法哲学、宗教哲学、哲学史、美学等等。"① 这就是就广义去理解黑格尔的精神哲学的。

精神哲学分成三大阶段：主观精神、客观精神、绝对精神。主观精神是就个人意识而言的。客观精神是指社会意识而言。这两个阶段的精神都是有限的精神，因此有其发生、发展和过渡的历史。绝对精神，是与绝对理念同一的精神，是无限的永恒的，但体现绝对精神的艺术、宗教、哲学仍有其发生、发展和过渡的历史。黑格尔的精神哲学所了解的精神是理念与自然的统一。他的理念是纯理性的内容，被规定为不在时间中的纯概念、纯范畴。他的精神在辩证发展过程中，是具体的、在时间中的，与自然物质、人类社会、时代潮流、文化曲折进展相结合着的东西。

主观精神包括人类学（分为自然灵魂、感情灵魂、现实灵魂三部分）、精神现象学②（包括意识、自我意识、理性三部分）、心理学（分为理论精神、实践精神、自由精神三部分）三方面。主观精神占《精神哲学》一书的第一部分，未单独写成完整的著作。包括许多潜在意识心理学的材料，这里不多叙述。

客观精神包括法哲学（抽象法、道德、伦理）、历史哲学。

① 《马克思恩格斯选集》第 4 卷，第 215 页。
② 《精神哲学》最初阶段属于主观精神范围内的"精神现象学"，绝不可与作为全体系的导言，又自成一体系，马克思称之为"黑格尔哲学的圣经"的《精神现象学》混淆起来。个别人论述黑格尔哲学的著作，把《精神现象学》巨著附在主观精神内讨论，即陷于这种错误。

关于客观精神的著作有：《法哲学原理》、《历史哲学讲演录》。

绝对精神包括艺术哲学、宗教哲学、哲学史三方面。关于绝对精神的著作有《艺术哲学讲演录》、《宗教哲学讲演录》、《哲学史讲演录》。

限于篇幅，在此只能就《精神哲学》做一个极简要的介绍与评论。挂一漏万之处，只能留待专文来做论述。有的地方可以参考笔者有关的文章，以资补充。

客观精神是黑格尔整个精神哲学体系的中心环节。客观精神寄托在国家、法律和历史中。黑格尔认为，客观精神是人类历史的基质。它在民族里就是民族精神，在人类历史世界历史里，就是世界精神。黑格尔所说的世界精神，就是指体现在经历过资产阶级革命的社会或国家的精神。因此，他认为，凡是未经历过资产阶级革命的地方，如当时的俄国和东方各民族，即是还没有达到世界精神阶段。这正如在十月革命后，凡没经过无产阶级革命的国家或民族，都没有达到社会主义的阶段，都立于当今的世界精神之外。

黑格尔对于客观精神生成发展、新陈代谢的看法富于辩证法的观点。他认为支配法律、政治、道德等社会生活的不是个人主观意识或任性，而是因为有这样一个具体的、有普遍性的、有生成变化的、活生生的客观精神存在。这样他就反对了强调个人主观意识和任性的主观唯心论，表明了他哲学的客观唯心论的特点。

我们对黑格尔的客观精神只简述《法哲学原理》、《历史哲学讲演录》的要点。

《法哲学原理》的范围很广，不仅讲法、权利，也讲道德、法律、伦理，特别着重讲到社会和国家。

《法哲学原理》包含三大环节，即：1. 抽象的法，2. 道德，

3. 伦理。黑格尔从意志自由谈法，认为在抽象法的阶段，只有抽象的形式的自由；在道德阶段就有了主观的自由；伦理阶段是前两个环节的真理和统一，意志自由得到充分具体的实现。

抽象法也含有三个环节：1. 对于物的占有或所有权。2. 转让所有权的自由或权利，这就是契约。3. 特殊意志侵犯了他人的权利，这就是不法和犯罪。黑格尔从资产阶级观点出发，认为占有私有财产是个人自由的标志，说什么"人惟有在所有权（或财产）中才是作为理性而存在的"。① 他认为，抽象法就是自由意志借外物（特别是财产）以实现其自身。这是上升时期的资产阶级立场。

自由意志在内心中实现，就是道德。道德的三个环节：1. 故意与责任。2. 意图与福利。3. 良心与善。在这里，黑格尔特别强调了动机与结果，主观内部的意志与客观外部的行为的统一，有其合理因素。他从客观唯心主义出发，把伟大人物当做世界精神的代言人。他用道德与伦理二概念，是有一定区别的，强调良心是内心的道德，但又说良心不纯是直接的，而有中介的社会因素。

自由意志既通过外物又通过内心得到充分的现实性，就是伦理。它是主观与客观的统一。黑格尔以伦理为基础，他不懂得作为上层建筑的法、道德、伦理，均应以经济为基础。黑格尔把伦理分三个阶段：1. 家庭。2. 市民社会。3. 国家。这里主要介绍一下黑格尔的国家观。

黑格尔说："国家是伦理理念的现实。""国家是绝对自在自为的理性东西。"② 这是在把资产阶级的国家合理化、神圣化、

---

① 黑格尔：《法哲学原理》，第50页。
② 同上书，第253页。

永恒化，充分暴露出黑格尔国家观的资产阶级立场与局限性。

黑格尔企图用辩证法改造孟德斯鸠的立法、司法、行政三权鼎立的思想，使其适应普鲁士当时社会政治的状况。他把司法归入行政范围，提出王权（单一）、行政权（特殊）和立法权（普遍）相结合的政治制度。他把国家制度看做是具有单一、特殊、普遍三环节的逻辑理念的体现。对之，马克思批判说："不是思想适应于国家的本性，而是国家适应于现成的思想。"①

黑格尔赋予王权以独特重要的地位。王权成为黑格尔设计的政治制度中的主要环节。马克思尖锐地指出："黑格尔力图在这里把君主说成真正的'神人'，说成理念的真正化身。"② 但在宗教统治权力很大的社会，突出君主一定的权力，也还是有其反封建的意义的。

黑格尔论行政权的主要之点在于主张"行政权包括审判权和警察权"。③ 这一点得到马克思的好评说："黑格尔的独到之处只在于他使行政、警察、审判三权协调一致，而通常总是把行政权和审判权看成对立的东西。"④

黑格尔主张立法权既然代表国家制度中的普遍性原则，议会里面当然应有各行各业的代表。在黑格尔的时期，封建势力还较强大，当然立法机关里不易听到工农劳动人民发言，甚至工商业者也没有尖锐反对政府的发言权，主要要求在议会开会时，各地方出席的代表向政府反映各地的情况和需要。这鲜明地表现了当时德国资产阶级的软弱性。他对法国大革命中正义群众愤怒地用暴力起义打破巴士底监狱的威力，表示兴奋和欢迎，但后来看到

① 《马克思恩格斯全集》第 1 卷，第 267 页。
② 同上书，第 273—274 页。
③ 黑格尔：《法哲学原理》，第 308 页。
④ 《马克思恩格斯全集》第 1 卷，第 295 页。

人民群众缺乏正确坚定的领导，而引起不良的后果，于是他曾说过：人民群众的"行动完全是自发的、无理性的、野蛮的、恐怖的"。①

《法哲学原理》一书是黑格尔政治思想的集中表现。马克思在《黑格尔法哲学批判》一书里对于黑格尔的君主制、私有财产制思想，对于黑格尔的客观唯心主义等，曾加以批判，扬弃了黑格尔的法哲学，并从中进一步发挥出无产阶级领导下的全世界人民联合起来，逐步进行世界性的革命，这是一个飞跃。

在《历史哲学》中，黑格尔把辩证法应用于社会生活现象的研究，系统地阐述了他对人类社会历史的看法，他的观点有巨大的历史感，有些地方已多少有些历史唯物主义的萌芽。

黑格尔从"理性统治世界"这个客观唯心主义的原则出发，把世界历史看做是"理性""精神"的展开和实现，他把"理念""精神"当做历史的基础，认为历史人物的表面动机和真实动机决不是历史事实的最终原因。在这里，他既犯了从哲学的意识形态把动力输入历史的错误，同时也包含着关于社会从低级到高级不断发展的客观必然性、规律性和因果性的天才猜测。

黑格尔认为，精神的文明从亚洲开始。所以世界历史也从亚洲开始。然后转移到西方，希腊、罗马是世界历史的中心。世界历史终结于日耳曼的世界。世界历史发展到日耳曼世界，尤其发展到普鲁士国家，就达到高峰；至于东欧如俄国、亚洲如印度、中国均被排斥于世界精神之外。在此，黑格尔论证了资产阶级的欧洲中心论。

黑格尔关于世界精神的论述与世界史是理性的发展过程、世界史以英雄人物为代表的观点密切联系。英雄人物一方面是世界

---

① 黑格尔：《法哲学原理》，第323页。

精神的先觉者和代言人，另一方面又是世界精神的工具，到了时
过境迁，时代已经变迁，失掉人民群众的支持，他们就会被世界
精神抛弃，逃不脱败亡消逝的命运。这就是黑格尔所谓理性的机
巧或理性的狡狯。在这里，黑格尔认识到了英雄人物也不能任意
妄为，而只能按照理性的旨意去进行活动。他已接近于这种观
点：伟大人物是在历史的关键时候才出现的，时势造英雄。

黑格尔的《历史哲学》是在马克思主义产生以前对社会发
展历史所做的最高概括。虽然由于马克思主义历史唯物论的产
生，它已变得老朽不堪，成了古董，但它对于创立和理解历史唯
物论，无疑具有一定的帮助。

黑格尔在艺术哲学中，把理性、辩证法运用到艺术里，使艺
术哲学成为他的整个哲学体系的不可分割的一部分。

黑格尔关于美的基本定义是："美就是理念的感性显现。"①
艺术的特点就是用直观的方式、形象的方式来体现理念。黑格尔
把美看做是直观的真理。在美学上，他同样不以物质为第一性，
而以理念为第一性，这当然是唯心主义的。

黑格尔从美的定义出发，主张美是个别与一般的统一，必然
性与自由的统一，精神与自然因素的统一，内容与形式的统一。
他认为，精神在发展过程中，自己医治了感官与精神的割裂，这
种从精神产生出来的或再现精神的自然就是美或艺术美、理想
美。任何美的东西，都是符合它自己的概念的东西，是本质得到
实现的东西。

应该说，黑格尔的艺术观是理想主义的，是反对自然主义和
客观主义艺术的。他认为，纯客观性不是真正的艺术美，最伟大
的艺术是伟大的心灵的完满表现。

---

① 　黑格尔：《美学》第 1 卷，人民文学出版社 1958 年版，第 138 页。

尤其值得指出的是，黑格尔把艺术和人的劳动实践过程联系在一起。这包含着美学的实践观点的萌芽。对此马克思评价说："黑格尔把人的自我创造认做一种过程，把人的对象化认做对立化，认做外在化和对这种外在化的扬弃，在于他认识到劳动的本质，把对象化的人——现实的所以是真实的人——了解为他自己的劳动的结果。"①

在自然美与艺术美的问题上，黑格尔贬低自然美，认为只有通过主观心灵创造出来的艺术，才能具有美的属性，艺术美要高于自然美。这里包含着文艺作品要高于现实生活的合理思想。但黑格尔是这样论证的："自然美只是属于心灵的那种美的反映，它所反映的只是一种不完全不完善的形态。"② 这当然是唯心主义的。但他把艺术美看做高于生活，这其中也包含着对当时德国政治生活的不满与否定，坚持了艺术中的崇高理想、光辉性格、强有力的热情。正因为如此，艺术有永恒性，伟大的作品使人们不胜向往，产生共鸣。

黑格尔把艺术从低级向高级发展的过程，看做是精神战胜物质的过程。他把艺术发展分作三个阶段。1. 象征艺术。用动植物、自然的东西来象征神圣的东西，理念得到模糊的、隐晦的表现，内容与形式不协调，因而是较低级的艺术。2. 古典艺术。用身体的感性形式表现理念，有了较适合较明确的形式，显示了内容与形式的统一，比象征艺术进了一步。3. 浪漫艺术。用精神工具来表现精神，偏重于主观性，精神统率了物质，内心生活、内心世界成为浪漫艺术的内容。在浪漫艺术中，形式已不再能满足内容的要求，因此，艺术就走向瓦解，从而，向哲学过

---

① 马克思：《黑格尔辩证法和哲学一般的批判》，第14页。
② 黑格尔：《美学》第1卷，第3页。

渡，达到绝对精神的最高表现，即用概念思维把握精神的本质。

黑格尔的《哲学史讲演录》，德文共三厚册，中文译本分成四册。在这部著作中，黑格尔第一次用辩证发展的观点来处理哲学史。

黑格尔评论过去的哲学史著作把哲学史写成一部各种哲学派别彼此反对、互相矛盾、互相推翻的历史："全部哲学史这样就成了一个战场，堆满着死人的骨骸。它是一个死人的王国，这王国不仅充满着肉体死亡了的个人，而且充满着已经推翻了的精神上死亡的系统，在这里面，每一个杀死了另一个。"① 黑格尔把哲学史看成是具有必然性的真理的科学，去寻找历史上众多哲学体系之间的内在联系与本质："哲学系统的分歧和多样性，不仅对哲学本身或哲学的可能性没有妨碍，而且对于哲学这门科学的存在，在过去和现在都是绝对必要的，并且是本质的。"② 哲学体系之间的否定，同时也包含着肯定，积累着人类先前的认识成果，从而达到对立统一，达到更高的真理。在这里，表现了黑格尔在哲学史研究上贯穿了辩证发展的观点。

黑格尔以形象的比喻来揭示哲学史发展的内在联系："这种具体的运动，乃是一系列的发展，并非像一条直线抽象地向着无穷发展，必须认做像一个圆圈那样，乃是回复到自身的发展。这个圆圈又是许多圆圈所构成，而那整体乃是许多自己回到自己的发展过程所构成。"③ 列宁对此高度赞扬："一个非常深刻而确切的比喻！每一种思想＝整个人类思想发展的大圆圈（螺旋）上的一个圆圈。"④ 根据这种内在的联系，黑格尔把哲学史看做是

---

① 黑格尔：《哲学史讲演录》第 1 卷，第 21—22 页。
② 同上书，第 23—24 页。
③ 同上书，第 31—32 页。
④ 《列宁全集》第 38 卷，第 271 页。

发展中的系统，认为"这就是哲学史的研究所须阐明的主要之点或基本概念"①。在这个发展的大系统中，每个哲学系统作为各个范畴，必然被结合在一起，成为一个整体的诸环节。黑格尔提出："没有任何哲学是完全被推翻了的。那被推翻了的并不是这个哲学的原则，而只不过是这个原则的绝对性、究竟至上性。"② 这是对辩证思维的很好的表述。

在研究哲学史的时候，黑格尔注意把哲学史中的各个系统与逻辑学中的概念、范畴的自己发展相联系，贯彻了历史与逻辑相统一的原则。这无论对逻辑学，还是对哲学史的研究，都具有重要的意义，揭示了新的方面。哲学史与逻辑理念的发展，都是从抽象到具体的过程，即由自在到自为，由潜在到现实的一种逐渐深化的过程，"最晚出的、最年轻的、最新近的哲学就是最发展、最丰富、最深刻的哲学"。③ 黑格尔的思想方式有巨大的历史感。

至此，经过主观精神、客观精神、绝对精神的各个阶段，经过哲学史上各哲学系统的逐次发展，精神终于在黑格尔的哲学之中回复到了自身。从更广的意义来说，从逻辑学的"有"开始的绝对理念，经过在逻辑学、自然哲学、精神哲学中的长途跋涉，终于在黑格尔的哲学之中回复到了自身。逻辑学内向理念的发展可以看做导淮入海。在自然哲学、精神哲学中的进一步发展，表明大海不是平静的，还要起波涛。黑格尔认为每一哲学，其目的都在于把握真理，都在于规定绝对者。而黑格尔自己由于社会、政治、文化、时代的条件，经过绝大的努力，总结了自苏

① 黑格尔：《哲学史讲演录》第 1 卷，第 33 页。
② 同上书，第 40—41 页。
③ 同上书，第 44—45 页。

格拉底、柏拉图、亚里士多德以来的希腊古典哲学，近代由康德开创的理性批判哲学，完成了一个最具体、最博大、最深刻的理性辩证的体系。理性辩证哲学的体系——客观唯心主义至此已达到顶峰。

四　结束语

从康德到黑格尔的这一段哲学史可以概括如下。

从康德起，哲学才开始成为理性辩证发展的历史。康德揭示出理性是有矛盾的。康德把一切文化都限制在理性范围以内。宗教也要道德化，上帝从人格化的东西变成理性的化身。法律从君主钦定变成共同立法、共同遵守的普遍性。但康德哲学还处在理性批判的阶段，是为理性辩证发展清理基地。在康德批判哲学的基础上，费希特发展了康德自我意识的能动方面，把能动的自我、实践的理性作为哲学的真正的出发点，要求思行统一、知行统一的实践理性——行为的我或能动的我。他把康德的物自体转变成了我自体，我自体是能动的、理性的、可知的。他从自我的矛盾发展推演出一切规定，建立了主观唯心主义体系。谢林把辩证法推广到自然界和人类社会的历史方面。他把费希特的主观唯心主义演变成客观唯心主义。他主张自然潜伏着精神，逐渐向着精神转化，达到自然与精神量的平衡，建立了在自然哲学基础上的主观与客观的直接同一。黑格尔批判了谢林的"同一哲学"，真正形成了理性辩证发展的体系——包罗万象的庞大的体系。

在黑格尔哲学中，其灵活生动的辩证方法与唯心主义僵化体系之间存在着不可克服的矛盾。黑格尔哲学体系是德国古典哲学唯心论辩证法发展的一个高峰，物极必反，庞大体系蕴藏着的矛盾，必然引起各方面的反对。因此，虽然在黑格尔生前的最后十几年与死后的几年之中，黑格尔哲学获得了全线胜利，但"这一全线胜利仅仅是一种内部斗争的序幕罢了"。① 在 19 世纪 30 年代下半期，黑格尔学派就开始解体了。

黑格尔学派分成青年黑格尔派与老年黑格尔派。政治上反动的老年黑格尔派，特别重视黑格尔唯心主义的哲学体系，而抛弃了辩证法。他们力图把黑格尔的哲学宗教化。青年黑格尔派为了反封建，进行了反宗教的斗争。其代表人物施特劳斯（Strauss）和布·鲍威尔（B. Bouer）就神奇的福音故事是如何产生的，进行了一场争论，最后还导致这样一个问题：世界历史的动力是"实体"还是"自我意识"。他们各自抓住黑格尔哲学的一方面——实体或者自我意识——在论战中互相攻击，其实还都局限于黑格尔哲学的唯心主义范围；黑格尔哲学没有被批判地克服。

对黑格尔哲学唯心主义的批判是从费尔巴哈开始的。作为资产阶级激进派的代表，他在 1841 年出版了《基督教的本质》一书。在此书中，他提出自然界是永恒的、不以人的意志为转移的，是人类赖以生长的基础；在自然界和人以外什么都不存在，人的宗教幻想所创造出来的最高存在物只是人所固有的本质的虚幻的反映。因此，费尔巴哈克服了黑格尔哲学的唯心主义，消除了青年黑格尔派陷入的矛盾，恢复了唯物主义的应有权威，对马克思、恩格斯的思想产生了重大的影响。但费尔巴哈的唯物主义是人本学的唯物主义。他对认识论、社会问题的观察，采用的是形而上学的方法。在批判黑格尔哲学的唯心主义形式时，他完全抛弃了它的合理的内核。因此，对有过巨大影响的黑格尔哲学，费尔巴哈并没有彻底的扬弃和发展。

这个任务历史地落到了无产阶级伟大思想家马克思、恩格斯

---

　　① 《马克思恩格斯选集》第 4 卷，第 216 页。

的身上。马克思、恩格斯充分肯定了黑格尔的巨大历史功绩在于第一次把整个自然的、历史的和精神的世界描写为一个过程，把它描写为处在不断的运动、变化、转变和发展中，并企图揭示这种运动和发展的内在联系；充分肯定了在黑格尔哲学的巍峨大厦之中有无数辩证法的珍宝；充分肯定了黑格尔的辩证法加以唯物主义的改造之后，对整个旧世界具有批判的革命的性质。同时，他们又多次指出，黑格尔哲学的辩证法在现有的形式下是完全不适用的，必须先做一透彻的批判，去掉它的唯心主义、神秘主义，拯救出其合理的内核。他们批判地改造黑格尔、费尔巴哈的哲学，从而创立了辩证唯物主义，在人类认识史上引起了一个伟大的革命。他们进而把唯物辩证法运用于社会历史领域，揭示了生产力和生产关系、经济基础和上层建筑的矛盾是社会发展的动力，诉诸新生产力的代表——无产阶级，建立了在实践基础上具体的、历史的知行统一观，从而把历史唯心主义排斥出社会科学领域，彻底坚持了唯物辩证法。概括说来，在黑格尔那里，除物质而外，一切都是具体的，只有物质是抽象的；而在马克思那里，则建立了物质辩证发展的理论，物质不是抽象的。马克思主义的唯物论，以内容无限丰富生动的大自然或物质的辩证发展扬弃了理性的辩证发展。从黑格尔到费尔巴哈，从费尔巴哈再到马克思，这就是哲学史的又一个螺旋式发展。

（《西方著名哲学家评传》第六卷）

黑格尔的时代

恩格斯指出：黑格尔的"思维方式有巨大的历史感作基础"。[①] 的确，黑格尔有强烈的时代观念。他曾经说过："每个人都是他那时代的产儿。哲学也是这样，它是被把握在思想中的它的时代。妄想一种哲学可以超出它那个时代，这与妄想个人可以跳出他的时代……是同样愚蠢的。"[②] 他明确提出哲学是时代的产物，哲学是它的时代被把握在思想中。这当然是一种合理的见解。但是在这个思想中，也包含有唯心的、保守的因素。第一，他了解的"时代"，主要是指时代精神，如时代的思潮、文化潮流、社会风尚等，缺乏经济的和阶级关系的内容。第二，他强调"哲学不能超出它的时代"，借以反对激进、反对走在时代前头的革命变革。教人满足于现实，"跟现实调和"[③]，企图为保守的立场辩护。此外，我们还须认识到，马克思主义"比任何一个哲学学派，甚至比黑格尔都更重视历史"。[④]

---

① 《马克思恩格斯选集》第 2 卷，第 121 页。
② 黑格尔：《法哲学原理》，商务印书馆 1981 年版，第 12 页。
③ 同上书，第 13 页。
④ 《马克思恩格斯全集》第 1 卷，第 650 页。

我们也认为黑格尔的哲学是时代的产物，因此，为了了解黑格尔的哲学，首先就要了解黑格尔所处的时代。但是我们不仅要了解黑格尔时代的文化潮流、时代精神，还要特别着重了解黑格尔时代的政治局势和阶级斗争的关系。了解时代的目的不是跟现实调和，而是认识客观现实发展的趋势和规律，把它们作为推动时代前进的革命实践的指南。

一　黑格尔对法国革命的态度

黑格尔的时代，总的讲来，是资产阶级革命高潮的时代，亦即法国革命的时代，早在 17 世纪中叶，荷兰就取得先进的资产阶级国家的地位。英国的资产阶级革命（所谓不流血的革命），早在 1688 年完成，建立了与贵族妥协的资产阶级政权。美国的资产阶级于 1776 年 7 月 4 日发出了《独立宣言》，宣称每个人都享有不可剥夺的"生存权利、自由权利和追求幸福的权利"。经过几年血战，美国各联邦终于取得胜利，得到独立。这是反对英国地主贵族大资本家的殖民地统治、要求民族独立的战争，也是争人权、自由民主的资产阶级民主革命战争。资产阶级民主革命到法国革命时期，达到了高潮。评判黑格尔哲学的进步意义或者保守反动，首先就要看他对这时代的主流——资产阶级革命所采取的态度，是说"好得很"呢，还是说"糟得很"，是阻碍还是推进这一革命。这里试图对这个问题做一些具体的分析和解答。

在资产阶级革命的高潮时期，德国的资产阶级却异常软弱，只能向统治的封建贵族阶级妥协，不但不能起来闹革命，反而害怕革命。德国资产阶级的软弱是哪些条件形成的呢？具体表现在哪些方面呢？

首先，这时期德国在政治方面和经济方面都远远落后于英国和法国。德国各邦以普鲁士为最强大。但普鲁士是一个军事封建国家。在18世纪上半期，普鲁士人口只有奥地利人口的三分之一到四分之一，而普鲁士的军队却和奥地利的军队的人数一样多。国家收入的四分之三以上都用在军费方面。政府的军官和官吏都由地主和贵族担任。这些有贵族特权的地主叫做容克。容克掌握着军权、政权，也掌握着教权。因为僧侣也多半出身于容克。

其次，农民没有得到解放，技术和工商业不发达。在封建农奴制压迫下的农民不仅要负担繁重的捐税，还要被迫去当兵。贵族则可以出卖农奴去替自己当兵。工商业方面，手工业仍占很大的比重。城市与城市间仍保持着中世纪的关卡税。商品流通很困难。货币、度量衡也不统一。恩格斯曾说过：这时期的"农民、手工业者和企业主遭到双重的苦难——政府的搜刮，商业不景气"。① 在这种情况下，资产阶级尽管感到不满，但难免于软弱，总不能挺起腰杆来向军事封建统治进行坚决的斗争。

第三，这种经济上的落后性决定了德国在政治上的不统一。国内四分五裂，分为无数个封建小邦。直到1795年，法国军队占领莱茵区后，才进行了一些民主改革，废除了一些封建特权。拿破仑把莱茵区16个小邦组成莱茵联盟，置于自己保护之下。到1806年普法在耶拿大战，普军大败后，统治集团才不得不进行一些改革。直到1807年普鲁士才宣布废除农奴制，这也只是形式上的非常不彻底的改革。到了拿破仑失败后，1815年由维也纳会议建立的德意志联邦还是由34个诸侯

_____

① 《马克思恩格斯全集》第2卷，第634页。

专制的小邦和 4 个自由市组成。这样经济、政治上的分裂，不可能组成一个统一的民族国家。资产阶级也不能为了共同利益在各邦范围内联合起来，反对封建主义。虽有少数新兴工商业者，但如果不是由贵族地主转化而来，他们就必须摇尾乞怜，争取地主，贵族的支持。不少的知识分子也还得依附贵族，作贵族的家庭教师，才能维持生活。康德、费希特、黑格尔以及许多诗人、文学家都曾作过贵族或富翁的家庭教师。费希特在当家庭教师时，遇到东家主妇向他摆伯爵夫人的架子，把他当仆役使唤，他只好吵闹一场而离去。有庸人气味的黑格尔在瑞士一个贵族家当塾师时，还曾替贵族收租管账，向贵族汇报公子的生活和操行。

这些情况充分表明了德国资产阶级及其知识分子是软弱的，他们是附在封建地主贵族阶级皮上的毛。

政治、经济上虽落后于英法，但德国人又不服气，总想在精神上、文化上超出英法，走到英法前面。德国经济政治尽管落后、糟糕，甚至腐朽，但德国的思想家受到时代革命潮流的鼓舞，却精神昂扬，意气风发。这就是康德，特别是费希特和黑格尔的精神状态和所面临的问题。费希特吹嘘德意志民族是具有丰富的"精神的原始性"的民族。他在 1807 年冬到 1808 年春在柏林《对德国人民的讲演》中，宣称德意志语言与法文相比，是较有"精神的原始性"或生命力的语言；德意志的宗教——路德新教与法国的天主教相比，德意志的哲学如康德的批判哲学和他自己的"知识学"与英国的经验哲学相比，是较有"精神的原始性"或生命力的宗教和哲学。黑格尔在耶拿战后，尽管承认法兰西民族的优势，须向法国学习，但在一封信中，他预言："如果这些日耳曼人一旦被迫而抛弃他们的惰性，将要激励起来奋发有为。而且由于他们在对外界事物的接触与制胜里，仍保持他们深厚的内心生活，也许他们可以超过他们的老师（指法国人）。"① 在 1818 年初到柏林大学的开讲辞中，黑格尔宣扬德国"这个国家由于精神力量的高度发展，而提高其力量于现实中、于政治中。就权力和独立性而言，已与那些在外在手段上曾经胜过我国的那些国家，居于同等地位了"。② 这都表示德国哲学家尽管承认政治上、经济上暂时不如法国、英国，但精神上却富于坚强的自信。但这也表明了在一定的条件下，"精神变物质"这一条辩证法真理。

概括讲来，我们可以说，黑格尔早年对法国革命比较持同情态度。晚年，当他到柏林大学成了官方哲学家后，他的政治态度更趋于保守。不过，尽管他早年较有自由民主思想，晚年较偏于保守，但他贯彻始终的根本政治立场是主张"人民与贵族阶级的联合"。③ 这里"人民"主要是指资产阶级、贵族兼指地主阶级和僧侣的上层，也就是主张资产阶级与贵族阶级的联合专政。他始终是站在资产阶级立场，始终缺乏唤起人民群众用暴力打倒贵族地主阶级的革命思想。不过他早年的政治倾向比较照顾资产阶级和市民的利益。他晚年则主张在王权、行政权、立法权这三权中，君主处于主导地位；地主贵族在掌握行政权方面处于主导地位。换言之，他始终是赞成君主立宪政体。早年比较强调立宪一面（即人民、市民、资产阶级的民主权利一面），晚年比较强调君主的权利集中一面。像卢卡奇那样，说黑格尔早年曾经有一段期间主张民主共和国，这是错误的；另一方面，又有人说黑格尔哲学甚至整个德国古典唯心论哲学，都是站在封建地主贵族的

---

① 黑格尔：《书信集》第 1 卷，第 138 页，1807 年 1 月 23 日给策尔曼的信。
② 《小逻辑》中译本，"开讲辞"。
③ 《小逻辑》，"开讲辞"。

立场，是对法国革命的反动，这也是不切合具体事实，并且根本否定了列宁关于德国古典哲学是马克思主义三大来源之一的科学论断的。

其次，对法国革命的理想，黑格尔是说"好得很"；对"自由、平等、博爱"，黑格尔是在原则上、理论上衷心赞成，特别对于"自由"这一原则，德国唯心主义哲学家在理论上做了很多文章。黑格尔在大学求学期间，当法国革命高潮时，仿照法国革命群众的作法，同两三个朋友到公园去植"自由之树"的少年热情，直到他晚年也没有完全冷淡下去。但是在实践上，在具体政治行动上，他一直反对暴力革命。在1894年写给谢林的信中，就曾提到"罗伯斯庇尔党徒的糟糕事态"。但黑格尔和罗伯斯庇尔都是卢梭的信徒，对罗伯斯庇尔本人的理想和言论，他还是相当肯定的。当然我们知道，抽象赞成，具体反对，绝不是真正的赞成。在理论上，赞成法国革命的理想，但在具体行动、实践上反对人民群众被迫起来作暴力革命，这正是资产阶级的软弱性和保守主义的表现。这算不得真正向往法国革命。用恩格斯的话说："这种（对法国革命的）热情是法国式的，它带有纯粹形而上学的性质，而且只是对法国革命者的理论表示的。"这话最恰当地表述了黑格尔对法国革命的态度。黑格尔把这些革命理想隐藏在"迂腐隐晦的言论中……笨拙枯燥的语句里"（恩格斯语），用哲学的语言把"自由"的观念加以系统化。黑格尔经常喜用的唯心主义语言"世界精神"，按其内容，主要是指西欧和法国资产阶级革命的精神而言。法国暴力革命的领袖罗伯斯庇尔曾经把理性神圣化，称"理性为最高存在"[①]。黑格尔认理性为"绝对"、为"实体"，称拿破仑为"马背上的世界灵魂"，可说

[①]　马尔库斯（N. Marcuse）:《理性与革命》，1954年纽约版，第5页。

是将法国革命的英雄人物加以唯心主义的哲学表述。这就是对马克思所说"德国哲学是法国革命的德国理论"一语的解释。这也就是恩格斯所说的,"德国式的"和"形而上学的(抽象的、玄学的)性质"。就是说,在政治上不要革命,但在理论上、哲学上,特别在认识论上,都或多或少贯穿着法国革命的理想,如自由、平等、博爱、人权等理想,都在唯心主义体系的基础上加以重新阐述。德国唯心主义哲学家还骄傲地说:你们法国人搞的是恐怖的暴力革命,而我们德国哲学家所提倡的乃是高尚的、深刻的精神革命、道德革命、哲学革命。黑格尔就曾说过:"法国革命缺少宗教改革作为它的先导。"这充分表现了德国资产阶级的软弱性和以"宗教改革"自豪的态度。阶级斗争的规律告诉我们,不用暴力革命手段摧毁封建制度的政治和经济结构,一切道德和精神的革命都是空幻的、抽象的,甚至是骗人的东西。也就是说,政治制度不变革,经济基础不打垮,新道德、精神革命不会有基础。

法国革命以及一切进步资产阶级革命都包含有建立资产阶级民主制,保障人民的生命财产、言论出版的自由,保障人权和保卫祖国、防御外国和异族的侵略、干涉的性质。换言之,法国革命高举起政治民主和民族独立两面大旗。斯大林曾生动地指出,这两面资产阶级大旗,过去曾经使他们"在人民中间为自己树立了声望",但是在现代的反动的垄断资产阶级统治者那里,资产阶级的民主自由这面旗帜已经被抛弃了,"民族独立和民族主权这面旗帜已经被抛在一边了"。① 而自从十月革命以后,真正奉行马克思列宁主义的社会主义国家却接过来这两面旗帜,真诚

---

① 斯大林:《在苏联共产党第十九次代表大会上的讲话》,人民出版社1952年版,第6—7页。

热烈地支持政治民主和民族独立，把它从资产阶级民主革命的一部分变成无产阶级社会主义革命的一部分。① 黑格尔在政治民主方面的表现也不少，但在民族独立方面似乎做得较多些。他早就认识到，"德意志不能真正地被叫做一个国家"、"德意志已不复是一个国家"。② 于是他要求权力比较集中的君主政府，又要求有一个能保证人民的适当的权利和自由的宪法。因为他明确认识到"人权和自由不是天赋的"。他要求国家成为一个伦理的有机体。公民与公民间、公民与政府间有休戚相关的道德联系。国家不纯粹是冷冰冰地按照契约、法律保护个人的权利、财产的机构，而是个人通过国家达到自己的美德的培养和自我意识的实现。所以他要求民族独立和国家统一，反对当时德国分散的封建制度下的诸侯割据的局面，尽管只是抽象的理论，但不能不说是在某一方面反映了法国革命以来的资产阶级企求民族独立、国家统一的进步要求。但是资产阶级民族主义本身，常伴有压迫本国劳动人民和少数弱小民族，侵略和敌视其他民族国家的倾向。所以黑格尔所提倡的资产阶级民主主义和民族文化一面，多少也包含有导致他的后人走上沙文主义和侵略异族的殖民主义和帝国主义的后果。这表明在他这个时代，无产阶级还没有掌握领导权，资产阶级的民主革命和民族主义革命还没有成为无产阶级领导的"世界无产阶级社会主义革命的一部分"。

　　这就与黑格尔对拿破仑的态度联系起来了。拿破仑的统治和战争，虽说是有其个人专制独裁和使用武力征服其他国家民族的侵略性的一面，但按照恩格斯从更高的革命立场的正确看法，拿破仑并不是一个专横跋扈的暴君，他对德国来说是资产阶级革命

---

① 参见毛泽东：《新民主主义论》第四节。
② 黑格尔：《论德国的宪法》，1802 年。

的代表，是法国革命原则的传播者，是旧的封建社会的摧毁者。恩格斯说：拿破仑"这种'恐怖统治'，德国是十分需要的。拿破仑摧毁了神圣罗马帝国，并以并小邦为大邦的办法减少了德国的小邦的数目。他把他的法典带到被他征服的国家里，这个法典比历来的法典都优越得多；它在原则上承认平等。拿破仑强迫一向只为私人利益而生活的德国人去努力实现伟大的理想，为更崇高的公共利益服务"。① 恩格斯并且谴责那些反对拿破仑的所谓爱国的资本家们，说"他们都是些不能领会拿破仑的伟大计划的人"。② 这样看来，黑格尔赞扬拿破仑是站在当时资产阶级立场上，是有积极意义的。黑格尔始终拥护拿破仑，幽默地称拿破仑为"马背上的'世界灵魂'"，还称他为"超乎寻常的伟大人物"，说他"从这里、从当前这一点出发，要达到全世界，要统治全世界"。③ 这表示黑格尔有赞成资产阶级民主改革的一面。另有客观唯心主义的历史观，认为拿破仑侵略战争有其一定的合理性，为"世界精神"的体现的一面，把拿破仑当作资产阶级客观唯心主义的《历史哲学》研究、分析的对象之一。从更广阔的哲学眼界来看，黑格尔只承认拿破仑是"马背上的'世界灵魂'"，只是用武力执行世界精神赋予的历史任务的工具，终归失败。他不懂得用概念，用哲学理论、思想政治领导的方式执行并体现"世界精神"的本质使命。所以黑格尔曾写信给友人说："拿破仑以盖世天才来掠取武力的胜利，正足以表明徒恃武力的不值一文钱。"但我们反对卢卡奇的观点，他错误地认为黑格尔热烈拥护拿破仑，竟至于把拿破仑当作《精神现象学》所

---

① 《马克思恩格斯全集》第 2 卷，第 636 页。
② 同上书，第 636—637 页。
③ 黑格尔：《通信集》第 1 卷，第 116 页，《致尼泰玛书》。

写照的中心人物。他又错误地认为黑格尔哲学反映了法国和英国的资产阶级，不反映德国的社会状况。我们认为黑格尔拥护拿破仑也有其保守的一面。

这是说：他赞成拿破仑动摇封建统治，打倒诸侯割据，带来民主改革和反对封建一面。这是和恩格斯的评价相契合的，也是可以肯定的一面。拥护拿破仑的独裁统治、武力征服、把拿破仑统治当作世界精神的体现，加以唯心史观的解释，并且借以抽象地美化战争，说战争"足以保持国家的伦理健康，扫除个人的自私目的"。这是有消极作用的说法。

黑格尔不像当时有些德国学者由于害怕法国革命，因而倒向封建贵族一边，走向反动；也不像有些人那样感到苦闷，想逃避现实，埋头东方古代文化和宗教的研究，借以远离现实。黑格尔依靠他的历史感和对理性发展的信心，维持着带有辩证意味的乐观主义，故懂得对努力奋斗的民族来说，灾难、失败，正足以唤醒民族意识，不完全是坏事，他对德国国家的统一和强盛，对民族文化的前途具有乐观的展望。

二　黑格尔与启蒙运动

其次，黑格尔的时代是在法国和德国的启蒙运动的高潮之后。启蒙运动极盛于 18 世纪中叶，发生在法国资产阶级革命之前，有力地推动了法国革命。它反对封建专制和宗教权威，反对迷信，崇尚理智。争取思想、言论自由，注重返回自然，尊重个人的思想、感情和愿望，宣扬文化教育的普及，以及民众的物质生活的改善，这是在社会上、政治上、文化教育上有伟大进步意义的运动。伏尔泰（1694—1778）、卢梭（1712—1778）、狄德罗（1713—1784）以及其他法国唯物主义者，都是法国启蒙运动的代表人物。德国的启蒙运动稍后于法国，以莱辛（1729—1781）、赫尔德尔（1744—1803）等为代表。黑格尔少年期间曾受过法国和德国启蒙运动的深刻影响。伏尔泰和卢梭对康德的影响特深，黑格尔对他们以及孟德斯鸠（1689—1755）的著作也很熟悉。他在学生时代，在一位同学的纪念册上，就曾赫然写了"卢梭万岁"的口号。他特别对歌德1805年译成德文的狄德罗著作《拉摩的侄儿》感兴趣。他在《精神现象学》一书中曾把拉摩的侄儿所代表的意识分裂的情况，作为近代的精神异化的意识形态的例证，予以评论分析。歌德译出狄德罗这书曾遭到当时德国一些反动人物的反对，他们指斥歌德为"异教徒"，为"唯物主义者"，但这书却首先得到黑格尔的欢迎，并加以哲学的辩证的分析阐述。莱辛的《智者纳旦》一剧中，特别宣扬反对把基督教定为一尊，而排斥其他宗教如伊斯兰教、犹太教等的进步思想。黑格尔在他早年的神学著作中曾多次引证莱辛这书。据狄尔泰在《黑格尔青年期历史》一书中考证，在德国启蒙运动代表中，黑格尔精神上最契合的人是莱辛。黑格尔对希腊古典文学特感兴趣，是通过莱辛、赫尔德尔、魏克曼等启蒙人物的介绍。在大学求学时期，黑格尔读了耶可比《关于斯宾诺莎的通信》（1898年二版）。这书中特别强调莱辛如何发现和推崇斯宾诺莎，而且提示了莱辛关于"一与全"的泛神论观点。至于对德国狂飙运动的思想起过启导作用的赫尔德尔，他的《批评之林》（1769）所表现的启蒙思想和在《关于人类历史的思想》（1791完成）一书中的重要历史观点，都在黑格尔的历史哲学中有所吸收和反映。黑格尔在启蒙运动中，特别注意到对于历史的哲学理解。黑格尔对18世纪的启蒙学者写历史所采用的一般性的哲学的方法有所体会。黑格尔在中学时期，在一篇

《论希腊人和罗马人的宗教》的文章里，从考察宗教起源的一般理论出发，得出启蒙的观点。认为宗教的原始形式起源于对自然规律的无知、政治的专制和祭师的贪图权力。文艺方面，在一篇比较古代诗人和近代诗人的特点的文章里，黑格尔认为希腊诗人优越于近代诗人之处，主要在于前者着眼于从国家的整个生活去了解艺术。希腊史诗的听众是整个民族，而以一种共同的情感作为艺术的对象。而近代诗人则只在有教养的和基督教群众中唤起兴趣。因此，黑格尔自始就把宗教和艺术与国家民族的生活联系起来看，并且明确指出"宗教与政治总是联系在一起的"。①

黑格尔早年用这种启蒙的精神去研究宗教的历史，也使得宗教上的传统观念、信仰和礼节仪文受到启蒙思想的检验。这表明他的立场和观念是和当时德国虽说软弱，却是处于上升时期的资产阶级站在一边的。

事实表明，黑格尔早年曾浸透在启蒙运动的热潮中。启蒙思想成为他的整个思想体系和世界观中一个重要因素，这是无可否认的。但我们绝不能因此就说启蒙思想是黑格尔的主导思想，甚至像卢卡奇所夸大那样："青年的黑格尔越来越多地站在（启蒙运动中）民主的左翼一边"、"越来越多地属于德国启蒙运动的激进派一边"。② 我们承认启蒙运动对青年黑格尔有深刻影响。事实表明，即使在青年时期，黑格尔即以自己的唯心主义观点去吸取、利用、扬弃启蒙思想。整个讲来，黑格尔的思想是否定启蒙运动的，甚至是启蒙运动的批评者。在早年神学著作中，批判权威宗教是一个重要方面。但总的目的还是在合

① 《小逻辑》，第 19 节附释三。
② 卢卡奇：《青年黑格尔》，1954 年柏林版，第 33 页。

理化基督教，把基督教美化为道德的、理性的宗教。在《精神现象学》中，以及在《历史哲学》中，他虽然承认启蒙思想是法国革命的理想先导，并且承认"法国革命从'哲学'得到第一次推动"。不过他立刻就指责道："但是这种哲学（指启蒙哲学）起初只是抽象的思想，不是绝对真理的具体理解。"① 在《精神现象学》中，黑格尔对启蒙运动有充分的分析和评论，但归结到启蒙运动的后果，是他所反对的唯物主义和不可知论，以及纯粹的功利主义。② 此外，在1818年柏林大学的开讲辞中，黑格尔还严厉斥责了当时德国的启蒙风气，说："宗教上和伦理上的轻浮任性，继之以知识上的庸俗浅薄——这就是所谓启蒙。"③ 这公开暴露了他对启蒙的抵触情绪。由此足见黑格尔的合理因素在于对启蒙运动某些进步观点在他自己唯心主义体系内有自己特殊方式的吸收和发挥，还在于他曾对启蒙运动作了辩证的和历史的批评分析，指出其本身固有的片面性。由于为阶级立场和唯心主义所局限的保守主义，他是从右面去批评并发展启蒙思想，把启蒙运动的唯物因素、无神论因素、面向自然和民众一面批判掉。因而说不上是什么"启蒙运动的激进派"。

三　黑格尔与康德

黑格尔所处的时代，在哲学上可以说是康德的时代。康德自称其时代为"批判的时代"。理性成为康德斗争的武器，成为衡

---

① 黑格尔：《历史哲学》，三联书店1956年版，第492页。
② 黑格尔：《精神现象学》英文本第2卷，第582页。
③ 《小逻辑》中译本，"开讲辞"。

量一切的标准。康德抓住理性这概念，作为研究、考察和批判的对象。可以说，理性批判是抓住了政治运动①、宗教信仰、道德实践和哲学研究的中心主题。在哲学上提出了动人心弦的中心问题，企图作出严肃的、创造性的、系统性的批判。黑格尔沿着康德哲学的道路前进，系统地回答了康德提出的问题。他先从康德的伦理学和宗教思想开始，因为伦理宗教与政治的联系较为密切。然后才进一步研究逻辑学和认识论。黑格尔全面地接受了康德的遗产，继承、批判、发展和提高了康德哲学。他批判了不可知论，建立了唯心主义的可知论。批判了主观唯心主义，发展为客观唯心主义，把德国哲学发展到古典唯心论哲学的最高峰。黑格尔对康德哲学的继承和批判，是有重要成果的。批判康德的二元论和形而上学，评价了康德对"事物的矛盾表示温情"的辩证法局限性，从客观唯心论出发，发展出全面系统的辩证法。诚如列宁所说："当一个唯心主义者批判另一个唯心主义者的唯心主义基础时，常常是有利于唯物主义的。……黑格尔对康德等人的批判"② 就是这样。

康德在思想和生活上，有两个重要的矛盾：科学和宗教的矛盾，必然性和自由的矛盾。这两个矛盾有内在的联系，反映了当时整个德国甚至整个西欧的新兴资产阶级反对封建制度的矛盾。文艺复兴以来，西欧社会生活中一直存在着科学对宗教的斗争。新兴资产阶级提倡科学，也发展了科学；提倡民主自由，反对封建统治和宗教权威。经过伏尔泰和卢梭等启蒙思想家的发挥，提

---

① 这是指康德受伏尔泰、卢梭启蒙思想影响，把"自由"提到"理念"的高度，真（形而上学）、善（神学、伦理）、美（判断力）、宗教的神圣性、法律的权威性都要接受怀疑和批判，经受理性、公共自由的考验。不过由于资产阶级的软弱性，康德不愿多谈，谈得隐晦，以免引起麻烦。

② 《列宁全集》第38卷，第313页。

出了自由、平等、博爱、人权等口号；提出了以理性反对封建和
宗教权威，把理性当作主要武器，要使一切传统的东西都经过理
性的检验，或用理性辩护其存在的权利。如经不住检验，就站不
住脚，要被推翻。当然康德所谓理性也是带有资产阶级软弱性的
烙印，并且是抽象的、先验的。这种矛盾的尖锐性，特别深刻地
反映在康德的生活和思想中。

康德的生活和思想中表现出科学和宗教的矛盾。他出身于清
教徒家庭，自己也是清教徒。他最敬爱的老师苏尔兹是有名的清
教徒。清教徒注重内心的生活，虔诚的信仰，漠视烦琐的礼节仪
式，反对强制的教条，它是最富于道德意识的宗教，也是比较适
合于资产阶级的宗教。这是矛盾的一方面。另一方面，他又是天
才的、渊博的自然科学家。他第一次提出星云假设，用发展的观
点来解释天体运动的问题。他当了四十年大学教授，每年开两门
功课，在理学院开一门自然科学的课程，在哲学院讲授一门逻辑
或哲学课程。康德第一次创立了自然地理这门学科。最受欢迎的
是他的人类学，讲世界各国和各民族的风俗习惯，极为形象生
动。但他的哲学课反而讲得使人昏昏欲睡。据统计，他讲自然地
理学 26 次，人类学 24 次，自然律 12 次，理论物理学 20 次，数
学 16 次，力学 2 次，矿物学 1 次。可以看出康德对自然科学知
识的广博，兴趣的浓厚和特殊的贡献。他的宗教生活和科学研
究，包含着深刻的矛盾。所以康德只好采取调和和妥协的态度，
使两者并行不悖。康德所亲切感受的这种矛盾归根到底是当时资
产阶级与封建贵族阶级矛盾的一种反映。就在法国革命前夕
（1787），在《纯粹理性批判》第二版序言中他就公开提出，他
要限制科学，为宗教保留地盘，企图解决宗教和科学不可调和的
矛盾，为宗教和科学划分范围。科学研究现象世界，宗教信仰无
限、绝对、永恒的上帝。把知识和信仰范围严格分开，互不侵

犯。他要求宗教不要迫害科学，也不要利用科学和哲学为宗教辩护。科学既不要如中世纪那样为宗教当婢女，也不要去反对宗教和否定上帝的存在。这种观点给有传统宗教信仰的许多科学家以很大的安慰。他们可以一面进行科学研究，一面在案头上放一本《圣经》，进教堂做礼拜等等。康德自认为这是解除矛盾，不偏不倚的折中办法。这实际上是偏袒宗教，认为宗教高于科学。列宁说康德贬损知识，为了替宗教开拓地盘。① 康德以大科学家的身份去限制科学的范围，所起的麻醉作用特别大，影响也特别大。其效力远比那些牧师、神学家、反动政客从实用主义出发去攻击污蔑科学大得多。

康德为宗教辩护，认为旧的形而上学、旧的经院哲学用理论去为宗教辩护，不但没有必要，而且各种证明上帝存在的论证，也全都无效，他主张把宗教限制在理性和道德范围内。但也引起一部分反动统治阶级不满。普鲁士王朝认为他《理性界限内的宗教》一书有碍传统的宗教信仰，曾给他"钳口令"，不许他继续对这方面的问题说话。这充分表明康德自己深切感受到的科学与宗教的矛盾。

康德住在东普鲁士的寇尼斯堡，是容克地主的大本营，崇尚严格的训练，军人的纪律，神圣不可侵犯的法律，这些使康德感到生活中的必然性。加上康德对牛顿力学研究的结果，他在认识论中概括了牛顿力学研究的方法，形成森严不可侵犯的必然规律支配着自然界的观念。另一方面，他又受到法国启蒙运动的影响，深刻认识了伏尔泰、卢梭的民主自由思想。自由观念成为他主导观念。为了在纪律森严、必然性支配的自然界和社会中寻找自由，调解必然和自由的矛盾，康德提出一个中心原则："自己

---

① 列宁：《哲学笔记》，第181页。

立法，自己遵守。"这反映了资产阶级要求自由的愿望。明确在哲学上提出这个原则，也就是要遵守自己的实践理性所颁布的道德律。他要尽自己实践理性所规定的义务，即自己加在自己身上的义务。就是人人应该遵守的无上的命令，遵守实践理性所颁布的必然的命令。这种命令和道德是基于善良的意志，由实践理性出发的普遍原则，是自己为自己提出来的，也是每个人都应该遵守的。认为人的行为都是按照自己理性提出来的通则（Maxims）办事，外不受自然环境的压迫，内不受个人情感欲望的支配。这样成为既遵守必然性规律，而又有自由意志的人。可以说，他在自己几十年的日常生活方面也体现了这个原则，他数十年如一日地、有规律地生活。海涅曾风趣地说：康德住宅对面教堂的钟不如他准确。他每天下午准时出门散步，邻居可以按时对表。他认为这是遵守自己建立的法则，称为自由。通过自己具体生活中的规律性，表明了由严格遵守他自己建立的规则所获得的自由。

在政治方面，"自己立法，自己遵守"的原则，不服从传统的教条、法律和权威。人民服从国家法令是遵守自己和国家或全国人民订立的契约。在社会政治方面，表现为人民公共意志的发挥，是近代资产阶级民主的原则。一方面有秩序、法律，另一方面有自由。但是，他谈得非常少，怕谈多了触犯统治阶级。因为封建势力强大，资产阶级软弱。

最主要的是康德把"自己立法，自己遵守"的原则提高到哲学的高度，发挥出自己的世界观和认识论，强调并论证"人是自然的立法者"。这是他在《纯粹理性批判》中提出的中心原则。康德一方面证明自然界是有规律性的、有秩序的，同时又证明这是由先验的自我、理性的人或人的理性建立的，不是原来物自体所固有的。所以在这个唯心的世界观指导之下，人对森严的必然性的自然界规律是自由自在的，在主观上，他们可以自诩作为理性的人是自然界的主人翁。他在《实践理性批判》一书中令人感动地说，天地间有两个最崇高、最令人敬畏的、严肃的东西，就是"上有日月星辰，内有天理良心"。人在外遵守自然律，在内遵守道德律。这都是人自己建立的。人是自由的，人不是工具、手段，人是处在"目的的王国"之中。

康德调解必然和自由的矛盾有一定进步意义。他争取自由，争取理性自由，反对旧权威，说出人的尊严和独立自主。但是由于受时代、受他的阶级和科学水平所限制，他的解释是有缺点的。缺点表现在片面地强调人自己立法，没有想到人，哪怕理性的人，也是受社会经济条件制约的。并不是每个人都能独立自己立法，即使自己立法，也受到自己的经济地位和阶级利益的制约。黑格尔从客观唯心主义出发，就曾说过："制定宪法者并不是个别的人，宪法乃是历史造成的、神圣和精神的东西。"① 康德所要争取的自由，也是抽象的道德的自由、宇宙的自由。不懂得团结群众不通过政治的革命运动来争取到的自由，是没有力量的，这种想法是很不现实的。尤其错误的是：认为唯心主义的道德自由、宇宙自由高于政治、经济方面的自由。甚至比起政治上、经济上的自由还更高尚，并且还可为政治方面、经济方面的自由奠立基础。他不了解，恰恰相反，只有有了经济的独立、政治的自由，才能有道德的自由和宇宙的自由。尽管康德吹嘘资产阶级自由，强调主观能动性，从当时看来，有其合理的一面外，但从唯心主义出发，把自己的理性当作自然的立法者。不是先向自然学习，给自然当学生，然后理解自然规律，控制自然，当自然的先生。但是他善于抓住当时个人生活和社会生活中的矛盾，进行论证，深刻地、批判地进行哲学研究，作出了深刻的严肃的

---

① 黑格尔：《哲学史讲演录》第二卷，三联书店1957年版，第159页。

独到的结论。对法国革命作出了反映德国资产阶级的哲学理论，提出了他所谓"哲学革命"。黑格尔所遇到的还是这个矛盾。他循着康德的端绪，在客观唯心主义辩证法的基础上去加以解答，依照康德提出的问题和开辟的道路，有所批判、提高、发展。

黑格尔同样企图对这个矛盾加以解决。关于科学同宗教的矛盾，黑格尔坚决主张科学、哲学要过问宗教。他反对康德形而上学地把两者割裂开，他主张用思辨理性解答宗教和科学的问题。"以逻辑学代替神学"（费尔巴哈语），解决宗教问题。他认为上帝就是真理，就是绝对理念。人们用辩证法，可以逐步深入地认识上帝。反对康德认为理性不能认识上帝的观点。认为哲学是用概念把握真理，宗教是用信仰和表象方式把握真理。都是绝对精神体现的不同形态。凡真理所在，理性所在，即宗教所在。在人类所建立的文化制度内，充满了理性，也就是神圣的。黑格尔认为，不只教会是神圣的，家庭、国家也是神圣的。文化机关、学术团体也是神圣的。有一点相同：两人都肯定道德理性范围内的宗教，肯定宗教要有哲学基础。不过讲法不同。康德主要用道德证明上帝存在，形成了"道德的神学"。

其次，关于自由同必然性的矛盾，黑格尔同意康德从人的主观能动性方面去争取自由。特别是他的早年著作，强调从自己立法的基础上出发，去反对外在的宗教权威，反对异己的实体性。但在逻辑学中他主张通过组织必然性、思维必然性来获得自由。他认为把握现实有具体内容的思想是解决矛盾、争取自由的力量，是无坚不摧，无攻不克的力量。一切对象和客观必然性，遇到思想立刻就会溶解。康德主要把自由归结为个人的、主观的、道德上的自由。黑格尔讲自由，则是讲世界精神的自由，历史性的自由。自由是在人类历史上从世界精神各发展阶段体现出来的，有它的发展过程。自由是世界精神、绝对理性的核心、个人的自由，哪怕是历史英雄人物的自由，都是世界精神的体现。康德的自由是主观上、道德上应该有的公设，从善良意志、从自己立法出发，缺乏矛盾的辩证发展过程。黑格尔认为自由不是从形式的抽象的理性得来的。主体和对象对立，和异己的东西对立，异化自己，过渡到对方，回复到自由。生来就有的自由，原始的自由，天真朴素的自由，以及形式的先验的自由，非真自由。经过辩证发展过程，失而复得的自由，才是真正的自由。自由不是空想的抽象的东西，不是逃避社会和离开敌对方面可以现成拾取的，乃是通过艰苦争取自由的斗争而赢得的。

　　康德在宇宙中争自由的观点，由黑格尔大大地加以发展了。黑格尔在逻辑学中所探讨的认识规律和逻辑规律，其实就是认识自然和宇宙的普遍、必然的规律。或者说逻辑学就是宇宙的宪法。黑格尔曾用易于引起误解的语言说过：人们可以说，逻辑学的"内容在于阐述上帝还没有创造自然界和有限精神（个人意识）以前的永恒本质（或规律）"。[①] 这就是说，逻辑的内容是自然界和精神界自己立法，自己遵守的一部永恒宪法。这一部宪法在上帝创世以前似乎就存在了。上帝也必须按照逻辑规律来创造世界（正如斯宾诺莎所说，几何学的公理和规律，上帝也必须遵守）。科学家、哲学家在认识的过程中发现这些规律，他们就是自然的立法者、宇宙的代言人。

　　不过，康德所说的为自然立法的人是理性的主体，是有普遍性和必然性的先验自我，但又是在岸上学游泳，不能认知物自体的主体；而黑格尔所谓宇宙宪法的逻辑学则是下水游泳，在认识的辩证发展过程中概括得来的绝对理性、理念。恩格斯说：杜林模仿黑格尔，"先从头脑中制造出存在的基本形式，一切知识的

---

① 黑格尔：《逻辑学》中译本上卷，导论，第31页。括弧内的字是引者加的。

简单的成分，哲学的公理，再从它们导出全部哲学或世界模式论，然后以至尊无上的姿态，把自己的这一宪法赐予自然界和人类世界"。①

恩格斯这段话一针见血地打中了康德论证"人是自然的立法者"的先验逻辑的要害，也打中了黑格尔的思辨逻辑，亦即在逻辑学、认识论、辩证法统一的基础上给自然界和人类颁布宪法的逻辑的要害。杜林的"世界图式论"只不过是抽掉了批判的认识论和辩证法的一种抄袭和效颦。

用恩格斯的话来概括："德国哲学从康德到黑格尔的发展是连贯的、合乎逻辑的、必然的。"②

四　黑格尔与歌德、席勒

在文学的领域内，黑格尔处在歌德和席勒的伟大创作时代。

恩格斯在《德国状况》中，曾经生动而又深刻地描绘了18世纪末叶德国的腐朽和解体的状况。并感叹其"眼看就要坍塌了，简直没有一线好转的希望"之后，立刻就指出其美好伟大的一面说："只有在我国的文学中才能看出美好的未来。这个时代在政治和社会方面是可耻的，但是在德国文学方面却是伟大的。1750年左右，德国所有的伟大的思想家——诗人歌德和席勒、哲学家康德和费希特都诞生了；过了不到二十年，最近的一个伟大的德国形而上学③家黑格尔诞生了。这个时代的每一部杰作都渗透了反抗当时整个德国社会的叛逆的精神。"④

---

① 《马克思恩格斯选集》第3卷，第78页。
② 《马克思恩格斯全集》第1卷，第589页。
③ 形而上学一词在这里是指研究哲学根本问题的思辨哲学。
④ 《马克思恩格斯全集》第2卷，第634页。

　　这就是歌德（1749—1832）、席勒（1759—1805）和黑格尔（1770—1831）从事他们的文学和哲学活动的时代。德国的文学和哲学是互为补充的。它们是同一时代精神的不同方式的体现。当时德国的文学家借助于形象思维的语言所描绘的情景和理想，哲学家们则用抽象思维的逻辑语言加以系统的论证。因此，单是了解德国的文学而不了解德国的哲学，就会陷于直观性，缺乏理论的彻底性。反过来，单是了解德国的哲学而不了解德国的文学，就会看不见德国抽象的哲学理论中所反映的德国的文学中的诗的、形象的、热烈的、感人的具体内容。

　　德国的文学从 18 世纪末到 19 世纪初的发展，最初有著名的狂飙运动。这是发生在德国 18 世纪 70 年代到 80 年代中叶（1770—1785），代表德国资产阶级要求的，对传统权威有叛逆性的，轰动全德国甚至全欧洲的进步的文学运动。它是德国启蒙运动的进一步发展，也是一种有进步意义的浪漫主义运动。歌德的富于浪漫主义精神的小说《少年维特之烦恼》（1774）、富于反抗性的戏剧《铁手骑士葛慈·封·柏里欣根》（1773）和具有反宗教权威和无神论思想的诗《普罗米修斯》，以及青年席勒的名剧《强盗》（1781）和《阴谋与爱情》（1783），都是狂飙运动时期的代表作品。这个运动当然成为少年黑格尔教养的一个组成部分。

　　此外，歌德和席勒的诗歌、小说、戏剧中还暴露出当时的社会政治和人物的矛盾，富于辩证法因素，也给黑格尔不少的启示。最典型的就是《浮士德》中麦菲斯多夫的自白：我是"那样的一种力量，它总是意在作恶，而且总是创造了善"。这是善与恶的辩证法很有深远意义的宣示。谢林、黑格尔以及不少近代资产阶级哲学家在谈人性善恶问题和善的势力与恶的势力在人世间、社会上的斗争中得出了恶终于为善所战胜的前进、乐观的辩证的世界观，都多少受到歌德《浮士德》书中所道出的伟大观点的启发和鼓舞。特别是在席勒《强盗》一剧中描写了伯爵穆尔的两个儿子。善良勇敢的哥哥卡尔与凶恶奸诈的弟弟弗朗兹，在各方面存在着不可调和的矛盾。弗朗兹先后蒙蔽并幽囚了父亲，争夺承袭爵位并占有卡尔的未婚妻阿玛丽亚，因此父子间、兄弟间、男女爱情上，当然主要是政治上的种种矛盾，迫使哥哥卡尔参加"强盗"队伍，逃入山林。其后卡尔被一群"强盗"拥为首领，打回老家，使弗朗兹自杀而死，并救出了病已垂危的父亲，恢复了阿玛丽亚同他的爱情。但是在这新情况下又发生了新的矛盾。他不愿意离开他的"强盗"的队伍，承继亡父的爵位，接受阿玛丽亚对他的爱情。因为他不愿意背弃他"永不脱离'强盗'队伍"的誓言。结果他既不愿返回"强盗"队伍，更不愿回到家中继承爵位和爱人过舒适的贵族生活。由于思想感情的剧烈矛盾，卡尔就发出"正直的人被驱逐出自己的巢穴，魔鬼就会成为主人"的悲叹，终至陷于杀死阿玛丽亚，前往法庭投案的结局。这一悲剧所暴露出来的，由封建没落到资产阶级兴起急剧变化时期的复杂特殊的矛盾，是可以启发深刻的辩证法思维的。

其次，德国古典文学时期，也可以说是浪漫主义与现实主义结合的时期。这是歌德和席勒文学创作的极盛时期，它使德国文学达到前所未有的高峰。这时期是以歌德 1786 年为了摆脱魏玛宫廷政务的烦扰，而去号称艺术之宫的意大利游览起始，到 1805 年席勒逝世时止。歌德和席勒代表充满现代精神，而又融合希腊的古典文学，揭示出人的尊严和崇高的理想性，认为人是自然发展的最高阶段，人的权利、人的要求和愿望应得到尊重，人的才能、精神本性应得到充分发展。生动而现实地描写了人的一生在艰难困苦挣扎中的矛盾发展的途程。人生活的目的在于不息的努力、劳动（表现在浮士德把圣经上的所谓"太初有道"，修改成"太初有行"），对人类作出贡献，献身于人类的崇高事业。特别重要的是在创作方法上，歌德和席勒都要求内容与形式、自由与法则、理性与感性的矛盾统一。当然，由于时代和阶级的局限，歌德、席勒描画了人性，人的性情和理性的矛盾，而没有刻画阶级矛盾，只歌颂资产阶级的进步、崇高理想和幻想，而未能提出并预见到无限光明、无限美妙的最高理想——共产主义的思想体系、社会制度。

此外，在 18 世纪末和 19 世纪初，德国的浪漫主义文学也达到了高潮。最著名的浪漫主义文学家兼文艺理论家有 A. W. 施勒格尔（1767—1845）和 B. F. 施勒格尔（1772—1829）兄弟，诺瓦利斯（1772—1801）及路德维希·蒂克（1773—1853）等人，他们都是黑格尔同时代的人。黑格尔少年时期的好友，19 世纪初期最优秀的抒情诗人荷尔德林（1770—1843），他是黑格尔在图宾根大学时期的同窗好友，也是浪漫主义的诗人。他特别向往希腊的古典文学艺术，在政治上他歌颂卢梭，赞扬法国革命，都与黑格尔相契合。此外，在神学方面贯彻浪漫主义思想的有著名的神学家和哲学家施莱马哈（1768—1834）。在哲学上发挥浪漫主义的为黑格尔同乡、同学、最初还同走一条哲学道路的谢林（1775—1854）。一般讲来，歌德和席勒不能简单地称为浪漫主义者，但许多浪漫主义诗人都受过歌德、席勒的影响和启发。对于某些有积极意义的浪漫主义作品，歌德也表示过嘉许。而对于某些反动的、走向复古和反理性主义的浪漫主义文学家则公开加以批评，并与之决裂。就是费希特最初在柏林的时候，也曾和当时那些浪漫主义的文人和才女打得火热，但不久就同他们决裂了，因为同他自己的严肃道德态度有矛盾。必须指出，黑格尔的思想也是在浪漫主义的思潮中成长的。但《精神现象学》的出版，表明了他和谢林的浪漫主义和直观主义哲学决裂。但是有些资产阶级哲学史家，曾混同称费希特、谢林和黑格尔的哲学为浪漫主义的唯心主义，也有人如克朗纳称黑格尔的《精神现象学》既是猛烈地反对浪漫主义，又是最富于浪漫主义精神的著作。这是我们不能同意的。

可以说歌德和席勒的重要的诗歌、小说和戏剧，黑格尔在他的《美学》里都曾给予全面的评价和论述。从他们的文学著作里概括出近代文学的特点。歌德和席勒在文学上所要求的形式与内容、法则与自由、理性与情欲的统一，也正是黑格尔在逻辑学和认识论上所要论证的形式与内容、必然与自由、理性与感性的辩证统一。歌德和席勒的古典主义文学和黑格尔的客观唯心主义哲学都是同一德国资产阶级上升时期的时代精神的不同表现。

黑格尔把席勒尊崇为同乡的前辈和自己的哲学思想的启导者。黑格尔最赞赏席勒两首富于哲学意味的长诗。一为《艺术家》。这诗是艺术家、诗人精神的写照，也是哲学家精神的写照。一为《大钟歌》。这诗写人的一生，由出生后在教堂受洗的钟声，到幼年、成年、结婚，由从军、宦游至老死的各个发展阶段，颇似《精神现象学》写精神自身曲折发展的各个阶段的雏形。席勒《论美感教育书信集》，黑格尔曾两次认真阅读，对他写《精神现象学》一书启发相当大。

黑格尔与歌德的关系尤为密切。他除支持赞扬歌德的《少年维特之烦恼》这一小说外，歌德早年最初发表的《浮世德片断》，黑格尔不仅在《精神现象学》中把它当作近代资产阶级精神的典型的意识形态之一来描述，而且在逻辑学中也不只一次地引证歌德的《浮士德》中反对抽象思维、机械主义的诗句，以支持他自己的辩证的有机统一的观点。歌德晚年最富于哲理的抒情诗集，叫做《东西方诗文集》，也是黑格尔所特别喜爱的诗篇。歌德多年科学研究的成果写成两卷本《颜色学》一书，歌德企图用种种不同情况、不同程度的光的明暗、黑白对比来说明颜色。黑格尔认为它具有辩证观点，不同于牛顿的从机械观点出发的《颜色学》，曾亲自作过实验，企图证明歌德的看法，并曾在《自然哲学》（第320节）中予以支持（当然我们知道，现代的自然科学证明他们的"颜色学"理论也并不科学）。1825年4月24日，黑格尔曾写信给歌德说："我返观我全部思想进展的历程，到处都和您的观点有着密切的联系。……我内心中反对抽象的倾向，因受您的教导而愈趋坚强，并且在您光辉的形象照耀下，渐导入正轨。"① 1827年10月16日黑格尔从巴黎回来，又一次路经魏玛拜访歌德，畅叙两天，此后，歌德于11月14日写信给一位朋友克涅伯尔说："由于只接触到黑格尔一些印行的东西，这些东西对我来说，似乎不很明晰，显得抽象，及同他生动地交谈之后，我才感觉到，在根本思想和意向方面是一致的。因此我们双方可以在互相发展和启发中，很好地接近并联合起来。"② 黑格尔和歌德友谊上和思想上关系的密切，可以概见。一个画家要画德国文艺和学术界著名人物的像，要求从歌德开始。歌德说："荣誉应该给予那应该享受荣誉的人。你从黑格尔开始罢！"足见歌德对黑格尔的尊重。

概括讲来，以歌德和席勒为首的德国文学高潮时期，对黑格尔的影响是多方面的，我们这里只强调两人对黑格尔辩证法的启发。歌德、席勒等对于情感生活和社会生活矛盾的揭露，和他们的诗歌和著作中所表现的丰富的、素朴的辩证法，提供给黑格尔的辩证法以素材和资料；此外，歌德、席勒的文学著作和文艺思

---

① 荷夫麦斯特本：《黑格尔书信集》第3卷，第83页。
② 转引自格洛克纳：《黑格尔哲学的前提》，第331页。

想，对黑格尔阐述情感生活体验的辩证发展，提供了生动的具体的内容，有助于黑格尔认识到情感生活也是理性和哲学可以过问的，也是可以用辩证法去研究考察的。至于歌德、席勒对黑格尔哲学上、美学上和历史观点方面，如要求形式与内容、法则与自由、理性与情感的统一，也正是黑格尔所要达到的辩证的具体同一性。

可以说，黑格尔哲学上从辩证唯心主义观点出发，充分吸收并发展了歌德、席勒时代的进步文学最高的成果，有助于使他自己的哲学达到德国古典哲学的高峰。尽管歌德的世界观和政治态度也有保守和庸人习气的成分，但是在政治上，歌德却避免掉了黑格尔晚年作为官方哲学家的保守主义，在世界观上他却不是唯心主义，而是接受了接近斯宾诺莎式的以自然或实体为第一性的唯物主义。最突出的两点是：歌德不像黑格尔那样发展到了替普鲁士服务的资产阶级民族主义思想。如说："国家是地上的神物"（《法哲学原理》），"国家是神圣理念在地上的实现"（《历史哲学》）等等。但诚如恩格斯所说："这种国家形式的最终目的……是迫使教会服从世俗。"① 也还是包含有反对权威宗教的启蒙思想因素。第二，歌德比较倾向于斯宾诺莎式的泛神论思想，② 很早就在狂飙时期的一些反抗性的诗歌和戏剧里，丢掉了

————————

① 参见《马克思恩格斯全集》第 1 卷，第 537 页。

② 我的意思，就斯宾诺莎认神、自然或实体来说，可称为泛神论者，就他坚决肯定神是有形体的，否认灵魂不灭，写《神学政治论》，反对传统神学和教会权威，受到严厉迫害来说，应称为无神论者。黑格尔想利用歪曲斯宾诺莎，为发挥其客观唯心主义服务，否认斯宾诺莎是无神论者，而说他是"无世界论者"（见《小逻辑》第 50 节），这是完全错误的。马克思主义哲学明确肯定斯宾诺莎是唯物论者，又是无神论者，歌德以伟大诗人的健康常识和欣赏大自然出发，曾先后三度学习过斯宾诺莎的《伦理学》，深刻认识到自然的统一性、无限性和神圣性，故可称为泛神论者。但由于德国当时资产阶级的软弱性和局限性，我们却不能称歌德为无神论者。我们这里把黑格尔的逻辑理念的泛神论与歌德作为诗人的自然神圣的泛神论思想，对比起来看，对了解黑格尔的思想和时代，是不无帮助的。

神学、宗教的旧包袱。当 1829 年夏季，黑格尔在柏林大学开一门新课程，叫做"上帝存在的证明"[①] 时，歌德听到这个消息，感到很不愉快，对爱克曼说道："像这样的讲演已经是不合时宜的了。怀疑的时期已经过去。现在人们对自己本身就像对上帝一样，一点也不怀疑。当德国人正在以解答哲学问题折磨自己的时候，英国人却以他们伟大的实践的理智嘲笑我们，并且赢得了这世界。"[②] 但是在同年秋天，黑格尔拜访歌德于魏玛，歌德毫无芥蒂，很愉快地接待他。我们把歌德对神学、宗教的超脱态度，与黑格尔对比起来，就更可看出黑格尔的唯心主义、神学思想的负担似乎特别沉重。马克思曾称黑格尔哲学为"逻辑的泛神主义"[③]，以理性、理念为神。但黑格尔企图以理念为绝对、为上帝的"逻辑理念的神学"、"思辨的创世说"，或逻辑的泛神论去代替传统神学，比起歌德诗化的以大自然为神圣的泛神论，都同是当时德国甚至西欧反对传统宗教的启蒙思想的不同表现，而且歌德和黑格尔两人都具有当时德国资产阶级的软弱性和庸人习气，这不能不说是落后于法国唯物主义者的战斗的无神论，因此，当然地受到了马克思主义者的批判和扬弃。总的讲来，诚如恩格斯所指出："歌德和黑格尔各在自己领域中都是奥林帕斯山的宙斯，但是两人都没有完全脱去德国的庸人气味。"[④] 我们把这两人相提并论是完全合适的。

　　我们应该说，黑格尔作为一个哲学家，反映了、批判吸收

---

　　① 《上帝存在的证明讲演录》一书，收在《黑格尔全集》1832 年第 1 版第 12 卷内，见 1895 年英译本黑格尔：《宗教哲学讲演录》第 3 卷。又见拉松本《黑格尔全集》第 14 卷，《宗教哲学讲演录》第三部："绝对宗教"，作为附录："关于上帝存在的证明"共十六讲，第 175 页至第 242 页。

　　② 格洛克纳：《黑格尔哲学的前提》，斯图加特 1929 年版，第 333 页。

　　③ 《马克思恩格斯全集》第 1 卷，第 250 页。

　　④ 《马克思恩格斯选集》第 4 卷，第 214 页。

了、深入系统地发展了他的时代中最优秀、最本质的东西。不过由于他所代表的资产阶级的软弱性和他自己的保守主义立场，他的学说只能为巩固资产阶级与贵族联合的统治，为建设和发展资本主义社会提供理论基础。但是他的辩证法中的合理内核，为马克思列宁主义奠基人从唯心主义体系中拯救出来，加以批判改造和发展，创立崭新的唯物辩证法，掌握在无产阶级手中，成为无产阶级建立科学体系、指导科学研究、反对形而上学、进行革命斗争、建设社会主义的战无不胜的思想武器。

（原载《外国哲学史研究集刊》第一辑，
上海人民出版社 1978 年版）

黑格尔的早期思想

　　黑格尔的早期思想，主要是指他在瑞士和法兰克福当家庭教师时期的著作中所表现的思想；但也包含一部分耶拿时期的思想。凡在《精神现象学》（1806 年写成，1807 年出版）一书以前，当他尚未正式形成哲学体系，而又是整个体系的萌芽、预备和酝酿的时期的思想，都可以说是黑格尔的早期思想。但卢卡奇在他的《青年黑格尔》一书中把黑格尔 36 岁时所写的作为黑格尔哲学体系导言的《精神现象学》也算作"青年黑格尔"的作品，并加以长篇论列，这就不符合划分黑格尔思想发展和体系形成各时期和阶段的进程了。

　　黑格尔早期著作，思想内容非常广泛丰富，大部分是根据黑格尔生前没有发表过的手稿，直到 20 世纪初期才逐渐整理出来的材料，其中有不少新的、有启发性的东西，甚至有一些由于反对传统权威宗教和揭露批判当时政治上的反动统治，因而不容许在当时发表的东西，成为研究黑格尔思想所必须注意的材料。

　　自从狄尔泰（W. Dilthey）所著《青年黑格尔的历史》一书出版（1907）以后，在德国掀起一个黑格尔复兴运动，把研究黑格尔的兴趣转移到他的早期著作。这书历史地说明黑格尔早期思想注重用康德道德学说来解释耶稣的一生，把宗教限制在理性范围以内。但是克朗纳一些人却又强调黑格尔是"生命哲学"、"浪漫主义"、"反理性主义成分"及胡塞尔式的"直观本质"，甚至吹捧黑格尔为现代西方一种哲学流派"存在主义"的创始人。因此引起一些人误以为青年黑格尔喜欢谈神学问题，谈"爱"的问题，是最神秘、最浪漫的反理性主义者。因而完全歪曲和抹杀了青年黑格尔的真实思想内容。

我们应扭转这个局面，批驳对青年黑格尔的种种歪曲，并客观分析、揭示他的这些未曾得到马克思、恩格斯、列宁的评价、批判和改造过的著作与思想，用马克思主义的立场、观点和方法为指导，来进行实事求是的初步的研究和论述。

我们这里只介绍青年黑格尔思想的三个方面：一、黑格尔早年的启蒙思想，即反对传统基督教的思想；二、某些历史观点和社会观点的初次出现；三、经济思想，即对当时资本主义社会或黑格尔所谓"市民社会"出现的政治经济问题的一些想法。

一　黑格尔早年的启蒙思想

青年黑格尔所以有启蒙的进步思想，这是因为：第一，他距离热烈向往和拥护的法国革命策源地巴黎很近。在瑞士伯尔尼任家庭教师时期，他经常读法国和英国报纸，受到了法国大革命思想和英国政治、经济学思想的影响；第二，由于在图宾根时期与少年朋友荷尔德林一起对于古希腊城邦的文艺、文化和伦理的政治社会思想热情向往。但是卢卡奇把这一期间称为"青年黑格尔的共和国时期"，这是不正确的。黑格尔在中学的末期和进大学的初期，通过学习希腊文，学习历史文化，用德文翻译希腊悲剧，曾热烈赞赏希腊奴隶社会上升时期那种伦理社会的城邦国家：人民与国家打成一片，共同庆祝节日，参加歌舞狂欢，共同观赏悲剧和喜剧，聆听合唱，对悲剧英雄洒同情之泪，对政府当权人物的缺点、错误，加以夸大的写照和讽刺以引起观众轻快的笑声。黑格尔对喜剧（也有人译为"笑剧"）所反映的奴隶制繁荣时期的民主气氛有所赞赏。这种把政治、宗教、艺术融会一体的伦理社会生活，始终对黑格尔有一定的吸引力。但他明确指出这种伦理社会由于内在的矛盾，而必然向冷冰冰的罗马法治社会过渡。所以不能说黑格尔政治思想发展史上有一阶段叫做"共和国时期"。

黑格尔对基督教教义进行了批判。第一，批判教义本身，说基督教注意个人的灵魂解脱，但不注意全民族的利益，因而沉陷在孤独寂寞默祷冥想的状态中。第二，基督教分裂了自然与神圣，说自然是污浊的，彼岸的神才是无限的圣洁的。这就在天国与现世之间划了一道鸿沟，把现实的人间说成是没有神圣可安息的地方。第三，基督教把生与死对立起来，说人活着吃苦受罪，死后升天国享福。其实黑格尔始终认为，生的本身就包含着死，生与死是有内在联系的。第四，黑格尔批判基督教的社会作用，认为基督教就是"专制与人的奴役"的集中表现。

黑格尔认为，基督教所谓平等卑谦是虚伪的。只有在幻想的天国里，一切人才是平等的，而在现实生活中，真正的平等是不存在的。牧师在教堂里尽管天花乱坠地教导卑谦，痛斥骄傲与虚荣，但当礼拜仪式完毕后，如果一个头脑单纯的人要想把牧师、贵族、贵妇人当做朋友、平等的兄弟去接近他们，就会遭到嘲笑、轻视和冷眼相看。因此，对于牧师们讲的这些话，我们在字句上不能太认真。黑格尔揭露了教会的虚伪和伪善。

基督教强调天国的幸福，"视市民的政治自由如草芥"。因为把政治经济生活的幸福和天上的幸福生活相比，当然不值得重视。

在基督教统治时期，降低了人道，抹杀了人性。基督教是每一个武断黑暗的政权的主要支柱。基督教是专制的工具，它导致科学与技术的堕落。教人们服从教条，忍受专制。它践踏着人类文化的每一朵鲜花。僧侣是一个特殊的等级（在希腊是没有这个等级的），他们包办真理。通过包办真理而取得特权，为世间的统治势力作支柱。

值得注意的是，黑格尔根据他的历史观点，对于基督教的所作所为，并不认为这是完全由于个人的过失或教皇、国王个人的暴虐所致，其罪恶后果乃出于基督教的最内在的本质，基于它的实证性（Positivität），即权威性[①]。什么叫做权威性？它是指传统的、外在的、给予的、生疏的、异己的信条、教条和礼节仪式，是僵死的、非人的，歧视人类的实体性或自由性。基督教强迫人去遵守那些信条和礼节仪文权威。

从黑格尔的反传统权威宗教观点，就可以看出，他的思想是出自卢梭的自由观念。卢梭说："人生来就是自由的，但是随处都在枷锁之中。"在黑格尔手里，经过加工，就成为具有辩证法意味的自由观念。在黑格尔看来，人类社会原始时期是自由的，叫"潜在的自由"。在政治的宗教权威统治之下，人类失掉了自由。外在的权威性，即异己的实体性，包含有权威宗教、外界机械自然及专制独裁的政治统治等三方面。这就相当于卢梭所谓"随处都在枷锁之中"的阶段。后来人类发挥主观内在本性，把外在的权威抛在一边，要对它们进行反抗和斗争，以期恢复曾经失掉了的自由。这是启蒙思想的表现。

---

① 参看 H. 诺尔编《黑格尔早期神学著作》，1966 年重印本中《基督教的权威性》一文。

　　黑格尔的启蒙思想，一方面反基督教，反权威，另一方面则向往古希腊城邦式的伦理社会，但他还可能或多或少地从资产阶级自由主义观点认识到那只是以奴隶制为基础的所谓伦理社会。

　　因为在黑格尔看来，希腊和罗马的原始宗教是自由人民的宗教，无奴役性。由于被野蛮民族征服，希腊人和罗马人失掉了自由，从而也就失去了他们原来的宗教的意义和力量。自由是不适合于中世纪的，是不适合于基督教统治的时代的。

　　作为自由的人，希腊人服从他们自己订立的法律，服从他们自己推举出来的官长，参加他们自己决议从事的战争，捐献他们的财产，竭尽他们的忠诚，为了他们自己的目的而牺牲千百人的性命。他们没有（固定的权威的）伦理信条，也不用伦理信条去束缚人。但是他们用行为来实现那些完全是他们的所谓伦理法则。在社会上，在个人生活和家庭生活上，每一个人都是自由人（奴隶除外）。他们依据公众自己建立的律令而生活。（注意：康德把"自己立法，自己遵守"的原则看做"应该"，黑格尔则指出这已经是存在过的历史事实，这不仅是个人的道德修养，而是已经在希腊伦理社会里实现过的民主原则。）

　　国家的理想（理念）是迫使、鼓舞那些雅典人努力实现的看不见的和较高的实在。国家的理想就是他们自己的世界的最后目的，或者在他们看来，国家的目的就是整个世界的最后目的。这个目的，是体现在他们的日常生活中的，或者是他们自己亲自协同参加和实现的目的。有了这样一个理想在前面，他们自己的个体性就消失了。他们所要求的只是这个理想的维持，生命和繁荣的延续，而这也正是使他们城邦的现世共同生活能够实现的东西。他们绝不会而且很少想到去要求他们自己个人的保持或灵魂不灭的生活。只有当他们对现世界的政治和伦理失掉了积极性而懒惰懈怠的时候，他们才逐渐强烈感到需要一个单纯的个人利益的考虑。换言之，只有当失掉了个人生活和伦理的社会与国家的群体生活打成一片的时候，才会产生个人灵魂不灭，逃避到彼岸世界去的要求。可见，黑格尔对基督教脱离了国家的理想，要求个人的永恒生活，乃是持启蒙的观点和反对态度的。

在古希腊奴隶社会这种城邦共和国的"民主"生活中，统治者与被统治者打成一片，上下一体。战争胜利的结果，使财富增长，社会繁荣，生活享受提高，拥有军权与财权的贵族，便由此产生。这些贵族对人民群众有支配权，有社会影响。由于他们的行为，特别是浪费财富的奢侈行为使他们趋于腐化。人民了解这个权力是自己赋予他们的，如人民不高兴，就可以收回这种权力，罢免他们。这样，人民就对统治者表示不满。但统治者本人却不以为然，反而谴责人民对他们不知感恩，说：我替你们打了胜仗，统一了国家，你们却反而谴责我。但是人民不愿受奴役，宁愿不感恩，抱怨政府，反抗政府。于是政府便开始用武力来维持其统治。政府机构掌握在少数人手里，于是人民也就不关心全体，不复为公共理想而生活，一切为了个人，或者为了别的个人（为了个人感戴，浪漫的爱情等），才觉得死的可怕，觉得人一死了就一切都完了，因而就逃避到宗教里去。人民脱离了以伦理社会为特征的国家之后，才有宗教的要求。由此可见，在希腊，个人生活与社会、国家打成一片，还没有个人灵魂不灭的宗教要求。在基督教中，个人脱离社会、国家，要求灵魂不灭和永恒福祉。基督教的兴起，乃是古希腊伦理社会生活的解体和堕落的后果。

黑格尔还比较了耶稣与苏格拉底的差别。基督教要求其信徒为耶稣个人的人格而牺牲一切利益，特别是政治利益。耶稣有严格的门徒制，有十二门徒（其中一人，不信他的教导，不和他共患难，叫做"叛徒"），自成一个脱离社会的小宗派。耶稣在某些希腊罗马人中间成为嘲笑的对象。他要改造他们的灵魂，使他们重新做人。反之，苏格拉底的学生就是社会上的一般人，对于他们每个人的个性也不加以人为的改造，苏格拉底的学生，每个人都是自己的主人，或自创学派，或做军官，或做政治家和各方面的人物。耶稣是脱离社会政治的，苏格拉底则在社会政治中和人们在一起，向他们提问题，辩难讨论有关道德、政治和哲学的问题。

总之，黑格尔把希腊文明与基督教相比，总觉得后者处处不如前者。基督教的兴起，标志着理想的希腊、罗马人生活的堕落。

黑格尔反对基督教，包括反传统权威、反专制、反个人主义，赞扬伦理社会的、理想的、希腊式城邦的政治文化生活。反对彼岸的宗教，要求现世的、人本的、人文的生活。要求哲学从理论上去揭穿，去否定这种彼岸的客观性和权威性，回转到自己内心的主观性上面来。黑格尔说："至少在理论上可以证实那被寄放在天上的宝贝乃是人的财产。"因此，海谋（R. Haym）在《黑格尔及其时代》一书中说："宗教，在黑格尔看来，除了是把人的精神抬高为神外，完全没有别的东西。"又说："费尔巴哈认为神的真正本质乃是人的本质，黑格尔则说神的真正本质乃完全是政治的本质。"① 意思似乎是说，费尔巴哈把神性归结为人的本性，黑格尔则强调了宗教产生的精神和政治根源。这也可说是最早指出黑格尔只是初步采取了历史观点去讨论基督教的政治社会背景。

关于青年黑格尔的启蒙思想，总结如下：反对传统基督教的彼岸性和权威性；向往古希腊城邦伦理社会的政治生活，注重人

---

① 《黑格尔及其时代》，1857 年德文版，第 405 页。

和人的现世生活。可以说是人文主义（Humanismus），和费尔巴哈的人本学（Anthropologie）虽有近似处，但也是有所区别的。费尔巴哈是从生物学、心理学出发来建立他的人本主义，而黑格尔则倾向于从人的精神出发，从政治作用来看神和人的关系。

但是，必须指出，黑格尔所反对的基督教，主要是天主教。他并不反对宗教本身。他非常注重宗教，并为路德的新教辩护。他对古希腊的向往，至多可以说是在启蒙思想影响下想借以反衬传统权威基督教的缺点。他的注重现世的人文、道德、伦理生活，是从历史地去看人对政治、宗教的态度的变化中得出来的。

二　黑格尔的历史观

黑格尔承认原始基督教的生活具有兄弟相爱及社会平等的因素。及至天主教会成为政治上宗教上的现实权威之后，这一切都成了谎话和骗局。他又认为，尽管基督教的道德教训是违背真理、理性和人的尊严的，但却与当时的社会道德生活状况相适合。因此，黑格尔在揭露教会的伪善和欺骗时，不仅具有启蒙派的观点，而且是从分析当时的社会历史的情况和人民群众的思想态度出发。当时的人们确曾被教会欺骗，但当时社会的分裂、情绪的苦闷，缺乏人生的乐趣，正要求而且需要神父们所给予的欺骗，借以获得情感的安慰和麻醉。他认为："悲观出世，追求彼岸的幸福是受时代制约的，是中世纪特殊时代的产物，而不是永恒的东西。"

黑格尔特别指出了权威宗教与政治经济的密切联系。他说："这种正统的权威的宗教是不易动摇的，因为它的任务是与现实利益相结合的，是与国家的整体交织在一起的。这种利益是如此坚强，很难一下子就放弃，而它（实际利益）在起作用，人们却完全没有对它明白地意识到。"对于这种情况，黑格尔只知道用启蒙、改良的办法去对付。资产阶级的软弱性和局限性，使他无法走上民主革命的道路。

黑格尔还试图用经济生活来说明人的信仰和意识。当他于1796 年在瑞士旅行的时候，他看到一个地区土地贫瘠，物产不丰，人民生活困苦。人们在这种贫困的条件下，通过劳动，勉强能维持生活。黑格尔由于很注重宗教问题，于是他就提出这样的问题：在这种生活条件下会产生什么样的宗教信仰？什么样的世界观？在这种贫困荒凉的地方，那些没有教养的人总很难创造出一些理论，像上帝存在的擘划说那样，说天工如何巧妙。借以满足人的骄傲，证明上帝如何把世界创得这样完善和谐，自然如何供给人以快乐和幸福。① 由此可见，他明确说出经济生活不同的人们（生活幸福的与生活贫苦的人们），他们的世界观和对宗教的信仰是不会相同的。黑格尔在生活体验或旅行观感的反思中，偶尔闪出一星星接近唯物论的片断想法。

三　黑格尔的经济思想

上面我们已经知道黑格尔一开始就喜欢从社会、政治及历史来看宗教问题，则他的兴趣会逐渐转入到经济的研究，乃是极自然的事。

黑格尔在法兰克福时期开始研究经济问题。他特别对英国的政治经济情况感兴趣。他系统地阅读了英国报纸及有关政治经济学的著作，并作了大量的摘录。其经济思想散见在下列各种著作

---

① 《伯尔尼阿尔卑斯山区旅行日记》，1796 年，见罗生克兰茨：《黑格尔传》，柏林 1844 年版，第 481—482 页。

中：

1. 《黑格尔早年神学著作》，主要是 1795—1800 年当家庭教师时期所写关于宗教、道德、政治方面著作。1907 年由诺尔（H. Nohl）主编整理，在图宾根出版。

2. 詹·斯图亚威特（1712—1780）《经济学》德译本《序言》，作于 1799 年 2 月 19 日至 5 月 16 日。

3. 《耶拿实在哲学》两卷，1802—1803、1804—1805 年在耶拿大学讲稿。

4. 《伦理学体系》，1802 年在耶拿著。

在关于自由的学说上，黑格尔是卢梭的尊崇者。在政治学说方面，黑格尔研究过孟德斯鸠的学说。他的君主、立法、行政三权辩证结合的思想是受了孟德斯鸠的影响（在讨论《法哲学》时将可谈到），在经济学说方面，黑格尔把劳动问题提到中心的地位，则是受亚当·斯密的影响。他并且对亚当·斯密的政治经济学的某些思想进行了唯心辩证法的加工。

马克思曾指出：黑格尔"认识到劳动的本质，把对象化的人——现实的、所以是真实的人——了解为他自己的劳动的结果"。[①] 这就是说，黑格尔虽在观念中已达到了把劳动认作人自己证实自己，自己实现自己的本质，不过正如马克思所指出的那样："黑格尔所认识的并承认的劳动乃是抽象的精神的劳动。"[②] 也可以说，由于黑格尔当时还未作脑力和体力劳动严格区别，他可能认为劳动能陶冶人，培养一个独立主动有学养的人。[③]

黑格尔与亚当·斯密的著作接触后，在思想发展上起了一个

---

① 马克思：《黑格尔辩证法和哲学一般的批判》，人民出版社 1955 年版，第 14 页。

② 同上书，第 15 页。

③ 参看《精神现象学》论主奴关系部分。

转折。黑格尔把劳动当作人的自我证实的中心方式，把劳动当作实现主观与客观的统一，扬弃僵化的外界客观性和自我发展的推动力。黑格尔给劳动下的定义是："劳动是对象的消灭。""劳动是有目的地消灭客体。"再明确一点说，劳动不是"消灭一般的客体"，而是改变它，"代之以另一个客体"。①从这定义可以知道，黑格尔已初步隐约地看到劳动是改造客体的关键。其次，黑格尔后来在《逻辑学》中所讲的"目的性"这一范畴已不完全是神秘的目的论。诚如列宁所注意到的那样，有其一定的注重劳动和实践的内容，即"目的之活动……是为了通过消灭外部世界的规定的（方面、特征、现象）来获得外部现实性形式的实在性"。②

关于劳动过程，实践和活动，黑格尔提出三个三段式的公式：（一）需要→劳动→享受；（二）占有物质资料→劳动活动本身→占有产品；（三）劳动→工具→机器。

由需要（欲望、冲动）通过劳动（自己使自己成为事物，自己使自己成为对象）而达到享受（意欲的满足，对象的消灭或否定）的过程，他叫做劳动在主体中的辩证法。这就是说，在人的主观需要与达到享受的目的之间须通过劳动，打破那直接的自然状态，异化自己，对象化自己，事物化自己，克服对象，使自己返回到自己，得到实现，成为真正的人。

由占有劳动对象、资料（占有原料必须加工），通过劳动活动本身而占有产品（生产产品、劳动成果）的过程，他叫做劳动在客体中的辩证法。第一环节，劳动的对象或资料是自在或潜

① 引自黑格尔：《伦理学体系》，见拉松本《黑格尔的政治和法哲学著作》，柏林1923年版，第420页。
② 《列宁全集》第38卷，第230页。

在之物，在劳动过程中才真正成为自己的对象。这是必须尊重的现实性。在劳动的对象中，不可任意改变的自然规律起着作用。人必须扬弃自己的主观愿望与倾向，服从劳动工作自身的客观规律性。只有在认识它和承认它的基础上，劳动才富于成果。另一方面，对象是对方、对立者。通过劳动，取消它的对立性，改变它，使它取得一个新的形式。这种形式的变化，是劳动在异己的，有自身规律的材料之中所取得的结果。

上述两个劳动的辩证法过程的主要思想，不外是说，达到主观与客观的统一，必须经过劳动。劳动是人由自在发展到自为的关键。这就是说，劳动是人的本质，是实现主观与客观统一的动力。

黑格尔反复强调了劳动的社会性。

人的发生、发展的道路，人之所以为人，人由自然状态过渡到社会关系，只有通过劳动。人成为有普遍性的东西，亦即人之所以是一个社会性的存在，以及人的社会关系，都起源于劳动。劳动使得人不是直接性的东西，而是中介性的东西。关于这个问题，黑格尔的公式是：

劳动→工具→机器

黑格尔说："人制造工具，因为人是有理性的，工具是人的意志的最初表现。不过这个意志还是抽象的意志——只表现了民众对他们的工具有一种骄傲感。"[①] 最初，手工工具与劳动者密切联系在一起。在工具逐渐发展改善的过程中，后来劳动者与劳动工具，劳动成果与劳动者本身的需要逐渐疏远，分裂开。这种分裂的过程表示了技术的改善和提高。技术的改善和提高基于社

---

① 黑格尔：《实在哲学》第 2 卷，J. 荷夫迈斯特编，莱比锡，1931—1932 年，第 197 页。

会的分工，而技术的改善又反过来促进社会进一步的分工。与高度的、细致的社会分工相结合，各劳动部门互通有无，社会联系日趋频繁。

黑格尔在论证劳动的社会性和分工时说："每一个人劳动收获的内容或成果超出他自己的需要，他为多数人的需要而劳动。每个人因此满足了多数人的需要，而他自己的许多特殊需要的满足又是许多别人的劳动（成果）。"①

黑格尔是从劳动的技术改进和劳动的社会分工着眼来说明劳动的社会性的。因为劳动的技术愈进步，劳动的分工愈细致，于是个人劳动与个人需要的满足之间的距离越来越远。这样，就增加了这个人的劳动与那个人的劳动之分工互助、相互依赖的社会性。

他特别指出技术发明的社会性："和一般技术水平相对立，个人的劳动技术是特殊的，区别于一般技术水平的。他尽力使自己的技术比别人好，能发明更有用的工具。但是他自己的特殊技术实在是一个真正的公共的（allgemeine 公众的）技术，是一个公共的（公众的）发明。别人可以学习他的技术。这就取消（扬弃）了它的特殊性，它立刻就变成公共的财富。"②

以上所说的，主要是劳动的重要意义。劳动分工与技术提高的社会意义，都是就劳动在资本主义社会的优点而言。这里可以表明，黑格尔看见了资本主义机器生产的必然性，进步性及社会性的优点；但另一方面，他也看见了资本主义机器生产所伴随而来的病态和不良后果。对于这些病态和不良现象，他没有采取浪

---

① 黑格尔：《实在哲学》第 2 卷，J. 荷夫迈斯特编，莱比锡，1931—1932 年，第 214 页以下，并参看第 1 卷第 236 页以下。

② 黑格尔：《实在哲学》第 2 卷，第 215 页。

漫主义式的悲叹世风，歌颂原始社会，提倡回到自然，反对资本主义文明的开倒车的道路。

对于资本主义机器生产的阴暗面，黑格尔的看法可归结为"工人生活的非人化（Entmenschlichung）"。这就是说，他看见了人征服机器，也看见了机器对于人的反作用。参加机器劳动生产的工人，他们的生活缺乏个性，缺乏真正人的生活和教养。黑格尔说："由于劳动的抽象化，他们（工人）会变成更加机械、更加呆板和缺乏灵活性。精神的、充实的、自我意识的生活变成了一个空虚的动作。自我的力量本应包含在丰富的、广阔的兴趣中；而这却失掉了。"[1] 他又指出："在机器生产中……人常会有这样的幻觉：总以为人施展权力控制自然，并且以为在自然之内，人可以长久保持他的个性或自由。但事实正与此相反，自然也向人本身报仇。通过各式各样的机器，人从自然那里所赢得的，好像只是表面上人征服了自然，但人越是多征服自然，人自身就越是变成更加卑小，因为他距离自然越远，他不是以活生生的人与活生生的自然打交道。……人的劳动越是机械化，则他的劳动价值越少，并且他必须更加按照这样的方式进行劳动。"[2] 这里，黑格尔看见并说出了"人征服了自然，自然也要向人报仇"的辩证道理。但是他没有深刻地认识到，也没有说出"资本家掌握生产工具、机器，奴役和剥削工人，工人也要向资本家报仇"的道理，不过这一点也可以多少从他的话中暗示出来。尤其当他在《精神现象学》中，分析主人奴役奴隶，奴隶也反过来"变成主人的主人"的颠倒过程时，已从辩证观点抽象地隐约谈到奴隶、被压迫者要向主人、压迫者报仇的道理了。不过

---

① 《实在哲学》第 1 卷，第 237 页。
② 《实在哲学》第 2 卷，第 232 页。

黑格尔这里所了解的奴隶向主人"报仇"的手段，仍然是埋头劳动，通过劳动获得教养，掌握现实，使主人养尊处优、无所事事，受到"架空"，有事只好依靠奴隶，以致大权旁落，"变成奴隶的奴隶"。由于时代和阶级的局限，用"阶级斗争"、"控诉"、"起义"的手段来报仇，黑格尔是达不到的。

这里，黑格尔的意思是说，人利用机器，征服自然，人反而成为机器的奴隶。人的生活变成了像机器那样死板、缺乏灵性、非人化，失掉了人的本质。这种认识可以导致返回自然、反对资本主义生产、反对工业化的浪漫主义，倒退到封建社会的农村牧歌生活，也可以导致怜悯工人生活的人道主义，提倡慈善事业。但这不是黑格尔的道路。黑格尔采取了通过国家机构进行政治调节或改良的资产阶级道路。

此外，黑格尔已经初步意识到了贫富、劳资两极的分化和矛盾。他已经从高度的分工和机器生产中看出了"大富大贫的对立出现了"，"工厂和制造业的继续维持，正建筑在一个阶级的贫困上面"。①

后来，他在《法哲学原理》中还说过："资产阶级社会（市民社会）虽然有过多的财富，它不会感到足够富裕的。这就是说，它不会认为他所占有的财产已经足够了的，因而愿意用来防止过多的贫困和过多地创造贱民（穷人）。"② 他的这种说法，虽看到了资本主义社会里富者愈富、贫者愈贫，社会尽管富裕，但仍不能防止贫困和贱民的增多。但是他没有看见资本主义社会的危机，没有看到其阶级剥削的本质。因此，他解决贫富矛盾的办法就充分地体现出他的阶级局限性和政治上的保守性。他认为国

---

①　《实在哲学》第 2 卷，第 277 页。
②　《法哲学原理》，第 245 节。

家政府的措施活动可以部分地缓和贫富的对立，至少国家能够保持资产阶级社会的整体的健康，即使其内部有这种局部的对立。意思是说，贫富悬殊，资本家与工人阶级的矛盾，只是资本主义国家内部的矛盾，用不着闹革命，而应由国家自行调整这种矛盾。他企图采取新兴资产阶级宪政来维护贵族与人民的联合的君主立宪的政府以调节贫富悬殊的矛盾，正足以表明德国资产阶级的软弱性。

黑格尔要解决非人化的"人的异化"问题。他认为这种非人化的机器劳动是一种新形式的权威性（教会的政治的压迫是旧形式的权威性），也是一种人的外化或异化。人的外化有双重意义：（一）外在于人，个人对它无能为力，把它看成没有办法的现成世界；（二）人的本质的表现——外化、异化——归根结蒂是自己搞出来的（人自己搞出来的，建立一些非人的东西）。但是黑格尔抽象地从相信"世界精神"、相信人类理性、相信人类前途和矛盾进展的观点出发，来应付这种根本性的问题：

（一）他认为外化或异化终归可以回复到自我意识的主体，通过外化、异化，而终归可以过渡到返回自己、保存自己、提高自己的必然过程（失掉自由又重新获得自由）。

（二）生硬外在的实体终归可以转变为主体——也就是主观与客观终归可以统一。

概括一下青年黑格尔的思想：

（一）黑格尔的哲学观点是从观察和反思某些历史、经济、文化现象和事实得出的一些想法和反应，还没有形成体系，有其素朴性和启发性的萌芽状态的辩证法思想。

（二）黑格尔对法国革命及拿破仑时期的评价和认识，在当时资产阶级的德国学者中还是具有比较值得赞扬的、公正的见解。

（三）在马克思主义以前，黑格尔是惟一用唯心辩证法初步分析英国产业革命问题的德国思想家，并且还把英国古典政治经济问题和启蒙思想问题初步作了唯心辩证法的加工。

（原载《哲学研究》1983 年第 9 期）

黑格尔哲学体系与方法的一些问题

由康德创始的德国古典唯心论哲学，经过费希特从"实践理性的优越"的伦理侧面，和谢林从自然、艺术的"欣赏的批判"① 的浪漫直观的侧面出发，予以进一步的发挥改造，在黑格尔的《哲学全书》（广义的理解，不限于逻辑学、自然哲学、精神哲学这三本书）里集其大成，形成了欧洲哲学史上最庞大的客观唯心主义哲学体系。

恩格斯说："黑格尔完成了新的体系。从人们有思维以来，还从未有过像黑格尔体系那样包罗万象的哲学体系。逻辑学、形而上学、自然哲学、精神哲学、法哲学、宗教哲学、历史哲学，——这一切都结合成为一个体系，归纳成为一个基本原则。"② 本文就是试图运用马克思主义经典作家的观点，进一步考察涉及黑格尔哲学体系和方法的一些重要问题。

---

① 康德的《判断力批判》这一书名很费解，原名"鉴赏批判"（Kritik des Geschmacks），指对自然和艺术欣赏的原理进行批判研究而言，似乎比较醒豁。

② 《马克思恩格斯全集》第 1 卷，第 588—589 页。

一　关于黑格尔哲学体系的看法

对黑格尔的哲学体系有两种不同的看法。第一种看法，通常是把构成黑格尔《哲学全书》的三大部门：逻辑学、自然哲学和精神哲学，当作黑格尔的体系。这种看法当然是不错的。因为《哲学全书》实为哲学体系的别名。一般研究黑格尔哲学的资产阶级哲学史家，大都把《哲学全书》当作代表黑格尔哲学的全体系。格洛克纳（H. Glockner）在 1929 年编印的纪念黑格尔逝世一百周年的新全集本里就直接把《哲学全书》改称"哲学体系"。其他如韦伯（Weber）的《哲学史》以及许多其他的哲学史，都依据《哲学全书》的三大部门来阐述黑格尔的哲学体系。他们的这种看法或许有其一定的根据，即它是按黑格尔的最高原则——"绝对精神"或"绝对理念"的发展阶段之不同而分为三大部分：第一部分《逻辑学》，是关于"理念之自在自为"的学问；第二部分《自然哲学》，是关于"理念之外在化"的学问；第三部分《精神哲学》，是关于"理念由外在而回复到自身"的学问。这一种看法，既符合于《哲学全书》的三大部分，又契合黑格尔"绝对理念"的三个发展阶段。对于这种看法，我们认为有缺点：第一，没有突出《逻辑学》在黑格尔哲学体系中的核心地位。无论就内容来说，还是就篇幅来说，黑格尔的《逻辑学》在其体系中始终占据着核心地位，是黑格尔客观唯心主义的最集中的表现；第二，把作为"黑格尔哲学的真正诞生地和秘密"（马克思语）的《精神现象学》忽略了，在黑格尔哲学体系中似没有其所应占的位置；第三，黑格尔《哲学全书》以外的许多著作，如《法哲学》、《历史哲学》、《美学》、《宗教哲学》、《哲学史讲演录》等，在其哲学体系中均未得到适当的安置。

对黑格尔体系的第二种看法，便不单以《哲学全书》为准，而是统观黑格尔的全部著作以求其全体系的重点所在、精神所注以及中心论证辩证发展的整个过程，加以合理安排。依此看法，便应以《精神现象学》为全体系的导言，为第一环；以逻辑学（包括《耶拿逻辑》、《逻辑学》和《小逻辑》）为全体系的中坚，为第二环；以《自然哲学》和《精神哲学》（包括《法哲学原理》、《历史哲学》、《美学》、《宗教哲学》、《哲学史讲演录》等）为逻辑学的应用和发挥，统称"应用逻辑学"，为第三环。

我们知道，黑格尔早在 1800 年就已经有了关于他自己哲学体系的看法，他这时曾经对谢林说过，他的思想已经形成了一个体系。1807 年，黑格尔在《精神现象学》第一版的封面上大字标出"科学体系，第一部分，精神现象学"（System der Wissenschaft: Erster Teil, die Phänomenologie des Geistes）等字样，足见他最初确有认《精神现象学》为其全体系的第一部分即导言部分的意思。继后在 1812 年《逻辑学》第一版序言中，黑格尔又说："原定在《科学体系》第一部分（即包含'现象学'的那一部分）之后，将继之以第二部分，它将包括逻辑学和哲学的两种实在科学，即自然哲学与精神哲学，而科学体系也就可以完备了。……因此，在一个扩大了的计划中，《逻辑学》构成了《精神现象学》的第一续篇。以后，我将继续完成上述哲学的两种实在科学的著作。"① 由此可见，黑格尔本人是有关于他自己哲学体系为三部分的想法：第一部分《精神现象学》，既是自成的体系，又是全体系的导言；第二部分《逻辑学》，为全体系的

---

① 《逻辑学》中译本，上卷，第 5—6 页。

核心部分；第三部分《应用逻辑学》，是黑格尔所谓"逻辑学和哲学的两种实在科学，即自然哲学与精神哲学"。

就内容而言，《精神现象学》由现象求本质，由用求体，描述由最原始的精神现象进展到绝对精神的矛盾发展过程，可以称为全体系的导言；《逻辑学》发挥纯范畴、纯理念的有机系统和矛盾进展，纯粹发挥宇宙本体，故可称为本体论；"应用逻辑学"则敷陈本体，发用流行于自然、人生、社会、政治、文化诸方面。

就特点而言，《精神现象学》活泼创新，代表黑格尔最初新颖创进的精神；《逻辑学》精深谨严，代表其中期的专门严密深远的辩证法、逻辑学和认识论三者统一的纯逻辑体系；"应用逻辑学"博大兼备、枝叶扶疏，代表其晚年体系成熟后的全体大用。

我认为，这第二种看法是比较能够表达出黑格尔哲学的整体及其辩证发展和内在联系的性质，而且也是同马克思主义经典作家的观点一致的。恩格斯在《路德维希·费尔巴哈和德国古典哲学的终结》一书中指出："歌德和黑格尔各在自己的领域中都是奥林帕斯山上的宙斯，但是两人都没有完全脱去德国的庸人气味。""但是这一切并没有妨碍黑格尔的体系包括了以前的任何体系所不可比拟的巨大领域，而且没有妨碍它在这一领域中发展了现在还令人惊奇的丰富思想。精神现象学……逻辑学、自然哲学、精神哲学，而精神哲学又分成各个历史部门来研究，如历史哲学、法哲学、宗教哲学、哲学史、美学等等，——在所有这些不同的历史领域中，黑格尔都有力求找出并指出贯穿这些领域的发展线索；……他在每一个领域中都起了划时代的作用。"① 恩

---

① 《马克思恩格斯选集》第 4 卷，第 214—215 页。

格斯在这里重点地列举了黑格尔全部著作，既合乎它们出现的时间次序，也合乎整个体系发展的逻辑次序，为我们研究黑格尔哲学体系指明了方向。

依这第二种看法，可用表格的方式表示黑格尔的主要著作和讲演录构成的整个哲学体系（见下页表）。

《精神现象学》是黑格尔哲学全体系的导言。马克思说："试看一看黑格尔的体系。我们必须从黑格尔的《精神现象学》开始，《精神现象学》是黑格尔哲学的真正诞生地和秘密。"①"诞生地"包含有起源和起始的意思，亦即源泉。《精神现象学》中包含有认识论、自然哲学、美学、伦理学、法哲学、历史哲学、哲学史、逻辑学等部分的思想和材料，以及整个辩证法的新颖表达和具体运用。所以说，它是黑格尔哲学的起源，因此，考察黑格尔的体系，应从《精神现象学》开始。

所谓《精神现象学》是黑格尔哲学的"秘密"，意思是说，《精神现象学》是理解黑格尔哲学的关键，是打开黑格尔哲学的奥秘的钥匙。什么是这种关键和秘密呢？这就是马克思所指出的黑格尔精神现象学的"最后成果"，即"作为推动原则和创造原则的否定性的辩证法"。②贯穿精神现象学的方法，是分析精神现象、意识形态发展过程中内在矛盾的辩证法。而这一成果也是整个黑格尔哲学体系的最后成果，黑格尔以后体系的每一个概念和原则都可以说是《精神现象学》中某些思想的发挥、发展，都可以在《精神现象学》中找到它们的源头。所以我们有理由说，《精神现象学》这书本身既是一个体系，又是全黑格尔哲学体系的导言。

---

① 《黑格尔辩证法和哲学一般的批判》，人民出版社1955年版，第9—10页。
② 同上书，第14页。

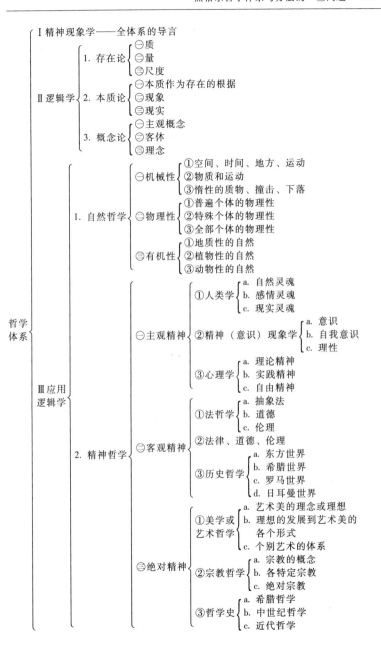

　　黑格尔的逻辑学是他的整个体系的核心所在，用他的话来说，《逻辑学》是《自然哲学》和《精神哲学》的"灵魂"。逻辑学探本窥源，最为深刻根本。马克思指出，黑格尔的"逻辑学——精神的货币，人和自然的思辨的、思想的价值"。[①] 这也表明了逻辑学的性质和重要性。列宁指出，黑格尔的逻辑学和认识论、辩证法是统一的。这是我们研究黑格尔哲学的这一部门的指导原则。黑格尔的逻辑学著作共有三部（他任中学校长时所写的《哲学入门》不算进去），即 1.《耶拿逻辑》（1806）[②]，2.《逻辑学》（1812—1816），3.《小逻辑》（1817）。

　　关于应用逻辑学，黑格尔在《小逻辑》中指出："如果按照前面所说来看，逻辑学是纯粹思维规定的体系，那么，别的部门的哲学，如自然哲学和精神哲学就好像是一种应用的逻辑学了。因为逻辑学是使自然哲学和精神哲学生动活泼的灵魂。其余部门的哲学兴趣只在于认识逻辑的形式表现在自然和精神的形态之中，而自然和精神的形态只是纯思维形式的特殊表现方式。"[③]这里，黑格尔首先明确逻辑学是使自然哲学和精神哲学生动活泼的灵魂，后者是逻辑学的应用和表现方式；其次，也表明逻辑学是自然哲学和精神哲学的灵魂，逻辑形式是内在于自然和精神之中的。

　　黑格尔又在《逻辑学》里说："人们也通常把一种应用逻辑放在所谓纯粹逻辑之后，……那样一来就会把每一门科学都引进

---

　　①　《黑格尔辩证法和哲学一般的批判》，第 11 页。
　　②　这本书包含有逻辑学、形而上学和自然哲学这三方面，其中逻辑学、形而上学占全书 374 页的一半，可以说是黑格尔为了准备后来的《哲学全书》最初所开课程的有启发性的手稿。该书于 1923 年才由乔治·拉松根据手稿整理出版，属于拉松本《黑格尔全集》第 18 卷。
　　③　《小逻辑》，第 24 节附释二。

到逻辑里去，因为每一门科学都要以思想和概念的形式来把握它的对象，在这种情况下，每一门科学都是应用逻辑。"① 列宁在《黑格尔〈逻辑学〉一书摘要》中摘录了这段话，并指出："任何科学都是应用逻辑。"② 这就是说，把逻辑学的原则应用于自然方面，就产生自然哲学；把逻辑学的原则应用于意识形态方面，就产生精神哲学。总之，任何科学只要以思想和概念的形式来把握自己的对象，都可说是应用逻辑学。

在自然哲学方面，黑格尔著有《自然哲学》（1817）一书，附加学生所记的笔记，系一厚册。在《哲学史演讲录》一书中，黑格尔对于历史上许多大哲学家，大都分别论述了他们的逻辑学、自然哲学、精神哲学或伦理学说。黑格尔涉及自然哲学的材料，是相当丰富的。

在精神哲学方面，黑格尔著有《精神哲学》一书（1817）。黑格尔把精神哲学分成主观精神、客观精神和绝对精神三部分。主观精神包括人类学、精神（或意识）现象学和心理学三方面。主观精神，只占精神哲学一书的第一部分，并未单独写成完整的著作，在耶拿和海登贝格时期曾单独开过三四次"人类学"和"心理学"属于主观精神的课程。关于客观精神范围的著作有：1.《法哲学原理》（1821 年在柏林出版），与此相联系，还有一册叫做《政治和法哲学著作》③ 的书；2.《历史哲学演讲录》（1822 年开始讲授）二种。关于绝对精神范围的著作有：美学或艺术哲学演讲录（1817 年开始讲授），宗教哲学演讲录（1821 年开始讲授），哲学史演讲录（1806 年开始讲授）。

---

① 《逻辑学》中译本，下卷，第 455 页。
② 《哲学笔记》，人民出版社 1960 年版，第 216 页。
③ 见拉松编 1923 年莱比锡版《黑格尔全集》第 7 卷，正文共 209 页，还有编者导言 40 页。

此外，黑格尔的早期著作，经整理后有《早期神学著作》，写于1793—1797年，1907年，才由诺尔（H. Nohl）整理出版；《早期刊印的论文集》，写于1801—1803年，大部分最初发表于与谢林合办的一种叫做《哲学评论》的刊物上，形成为黑格尔死后才出版的各种全集本的第一卷；《耶拿实在哲学》是黑格尔在耶拿两次（上卷1803—1804年，下卷1805—1806年）讲授这一课程的讲稿，1931—1932年由荷夫麦斯特初次根据手稿整理出版于莱比锡。内容主要是讲自然哲学和精神哲学，共两卷。

综观黑格尔的哲学体系及其著作，正如恩格斯所说："从人们有思维以来，还从未有过像黑格尔体系那样包罗万象的哲学体系。"[①] 确实黑格尔集以往唯心主义哲学之大成，形成了前所未有的庞大体系。

二 关于黑格尔哲学体系和方法的矛盾

恩格斯说："黑格尔哲学……的真实意义和革命性质，正是在于它永远结束了以为人的思维和行动的一切结果具有最终性质的看法。哲学所应当认识的真理，在黑格尔看来，不再是一堆现成的、一经发现就只要熟读死记的教条了；现在，真理是包含在认识过程本身中，包含在科学的长期的历史发展中，而科学从认识的较低阶段上升到较高阶段，愈升愈高，但是永远不能通过所谓绝对真理的发现而达到这样一点，在这一点上它再也不能前进一步，除了袖手一旁惊愕地望着这个已经获得的绝对真理出神，就再也无事可做了。这不仅在哲学认识的领域中是如此，就是在

---

① 《马克思恩格斯全集》第1卷，第588页。

任何其他的认识领域中以及在实践行动的领域中也是如此。"①

这就是黑格尔哲学的"最大的功绩",列宁把它称之为绝对唯心论中的一颗"珍珠"。② 就哲学体系来说,黑格尔是坚持发展的和历史的观点。黑格尔说,"哲学史上所表现的种种不同的体系,一方面我们可以说,乃是一个哲学系统,不过只是发展长成的阶段不同罢了。一方面我们可以说,那些作为各个哲学系统的基础的特殊原则,仅不过是同一思想的整体之一些分枝罢了。那在时间上最晚出的哲学系统,乃是前此一切系统之总结,故必包括有前此各系统的原则在内;所以一个真正名副其实的哲学系统,将必是最丰富最赅括最具体的哲学系统。"③ 这也表明了他提出的逻辑的东西与历史的东西相一致的根本原则。在《哲学史讲演录》里,他也说:"最晚出的哲学包括在自身内前此的一切阶段的各体系之最后成果。"④ 并且他还说过一句名言:"现在就是最高。"⑤ 这一方面说明黑格尔承认历史是有规律的有连续的发展的东西,自知他的体系是综合、继承前人的东西而形成的时代产物;另一方面这也表明他有了基于辩证发展的历史感,认为当今总会超出过去的。我们知道,在临死前七天,黑格尔在他的《逻辑学》第二版的序言里提到柏拉图七次修改《国家篇》一书的故事,并说:"一本属于现代世界的著作,所要研究的是更深的原理、更难的对象和范围更广的材料,就应该让作者有自由的闲暇,作七十七遍的修改才好。"⑥ 可见,黑格尔认为他的

---

① 《马克思恩格斯选集》第 4 卷,第 212 页。
② 参见《列宁选集》第 2 卷,第 248 页。
③ 《小逻辑》,第 13 节。
④ 《哲学史讲演录》,格洛克纳本,第 3 卷,第 690—691、686 页。
⑤ 同上。
⑥ 《逻辑学》中译本,上卷,第 21 页。

著作是应该不断修改的，并没有认为他的体系已经达到最后的哲学真理而踌躇满志。这些思想都是同他的"关于理念或绝对的科学本质上应是一系统，因为真理既是具体的，必是自身发挥其自身，而且必是联系的谐和的统一体，换言之，真理必是一全体"① 这一观点紧密联系的。

在黑格尔看来，"哲学若没有系统，绝不能成为科学"。② 这里所谓系统就是理论展开的过程，哲学要成为科学，就必须是一个概念矛盾发展的过程，真理既不在单纯的开端，又不在单纯的结论，而是由开端到结论的矛盾发展过程，"真理就是它自己的完成过程，它是首尾相应的圆圈，设定它的终点为目的，并以它的终点为起点，而且只当它实现了并达到了它的终点，它才是现实的"。③ 所以，真理，或具体地、完整地表述真理的体系在黑格尔那里始终是一种过程，本身是在矛盾发展中，随着时间的推移，它是不断地会为后起的新生的体系或科学所扬弃，所否定，但具体的否定也包含肯定。所以恩格斯说，黑格尔"这种辩证哲学推翻了一切关于最终的绝对真理和与之相应的人类绝对状态的想法。在它而前，不存在任何最终的、绝对的、神圣的东西；它指出所有一切事物的暂时性；在它面前，除了发生和消灭，无止境地由低级上升到高级的不断的过程，什么都不存在"。④ 这可以说是马克思、恩格斯所看到的黑格尔辩证法本质上是批判的、革命的一面。

那么，为什么马克思又严肃地宣称：他的辩证法"不仅和黑格尔的辩证方法不同，而且和它截然相反"。又指出黑格尔的

---

① 《小逻辑》，第 14 节及说明。
② 同上。
③ 《精神现象》中译本，第 11 页。
④ 《马克思恩格斯选集》第 4 卷，第 213 页。

"辩证法是倒立着"的。他又批评黑格尔的辩证法，在其神秘形式上，似乎"使现存事物显得光彩"。① 我们认为黑格尔运用其神秘形式的辩证法要"使现存事物显得光彩"，就是拖着一个庸人习气的尾巴的表现，也是他拥护普鲁士政府实行贵族与市民阶级联合专政，建立一个君主立宪制政权的目的所在。这是与他政治上的保守主义不可分的。具体说来，黑格尔体系和方法的矛盾表现为以下几个方面：

1. 黑格尔哲学的唯心主义体系束缚、窒息了他的辩证的方法。恩格斯说：黑格尔的体系"包含着不可救药的内在矛盾：一方面，它以历史的观点作为基本前提，即把人类的历史看做一个发展过程，这个过程按其本性来说是不能通过发现所谓绝对真理来达到其智慧的顶峰的；但是另一方面，它又硬说自己是这个绝对真理的全部内容。包罗万象的、最终完成的关于自然和历史的认识的体系，是和辩证思维的基本规律相矛盾的。"②

根据恩格斯的观点，我们认为，黑格尔哲学致命之点，就在于它是一个包罗万象的庞大的唯心主义哲学体系，因为作为一个哲学体系，按照传统的要求，就一定要以某种绝对真理来完成，这样，体系本身就给自己套上了绞索。"所以，黑格尔，特别是在《逻辑学》中，虽然如此强调这种永恒真理不过是逻辑的或历史的过程本身，但是他还是发现他自己不得不给这个过程一个终点，因为他总得在某个地方结束他的体系。"③ 这就使得黑格尔哲学中的革命的辩证的方面被过分茂密的体系的保守方面所窒息。黑格尔本人是相当重体系的，他早年同谢林决裂，其分歧主

① 《资本论》，《马克思恩格斯全集》第 23 卷，第 24 页。
② 《马克思恩格斯选集》第 3 卷，第 64 页。
③ 《马克思恩格斯选集》第 4 卷，第 213—214 页。

要就在于"体系"问题上。正如恩格斯所说,黑格尔"在体系上所花费的'艰苦的思想工作'的确比他在方法上所花费的要多得多"。①

一般哲学家都极力想搞体系,德国的传统经院哲学的包袱特别严重,沃尔夫、鲍姆加腾等经院哲学家,对康德影响很大,康德以他的三大批判搞了一个颇大的体系,黑格尔的体系就是此类体系中最后的一个。马克思、恩格斯说的德国人理论的"彻底性"和"思辨的原罪"②,就是指这点来说的。一般说来,方法好似点金棒,体系就像已点成的金。方法比较灵活,体系整套的架格和结论较固定、死板,因而就易束缚思想,使人做那体系的信徒,把结论当成教条,于是思想停滞、不再前进。由于"体系"的需要,使他不得不求救于绝对的真理和强制性的结构,"方法为了要迎合体系就不得不背叛自己"。③

从上所述,我们认为,任何哲学都有体系和方法的矛盾,或者更正确地说,任何最终的绝对的哲学体系都是和辩证法不相容的。马克思主义经典作家之所以特别强调黑格尔的体系和方法的矛盾,正是为了从黑格尔的体系中救出辩证法,用唯物辩证法来建立真正科学的唯物主义世界观,诚如恩格斯所说的:"我们就把沿着这个途径达不到而且对每个个别人也是达不到的'绝对真理'撇在一边,而沿着实证科学和利用辩证思维对这些科学成果进行概括的途径去追求可以达到的相对真理。总之,哲学在黑格尔那里终结了:一方面,因为他在自己的体系中以最宏伟的形式概括了哲学的全部发展;另一方面,因为他(虽然是不自

---

①　《马克思恩格斯选集》第4卷,第216页。
②　《马克思恩格斯全集》第2卷,第246页。
③　《马克思恩格斯选集》第4卷,第225页。

觉地）给我们指出了一条走出这个体系的迷宫而达到真正地切实地认识世界的道路。"①

2. 辩证法的实质在于把整个自然的、历史的和精神的世界都看作是一个永恒的运动、变化、转换和发展的过程，而黑格尔却把辩证法桎梏在他的唯心主义绝对观念的体系内，本质上本是革命的辩证发展的思想，由于受到他的唯心论哲学体系的窒息，使它失去了革命的锋芒，披上了神秘的外衣，所以"黑格尔的方法在它现有的形式上是完全不适用的。它实质上是唯心的"。②由于这种唯心的辩证法，使得他最终调和了矛盾，宣布自己的哲学体系已经达到了绝对的理念，普鲁士国家为"绝对精神"的最终的体现。所以，马克思为了要从黑格尔的哲学中拯救辩证法，就必须进行艰巨的革命的改造工作，把它头脚倒置的状态给颠倒过来。从哲学史的观点看，黑格尔的唯心主义辩证法，经过马克思的批判、改造，把那桎梏着"合理内核"的唯心主义的外壳给予彻底砸烂，使辩证法得到拯救，大踏步地发展，成为唯物主义的辩证法，成为真正批判的革命的方法。马克思这一番革命的改造工作的必要性和重要性，正是说明黑格尔的方法和体系有其不可调和的矛盾。

在基本意义上，黑格尔哲学中诚有不可救药的方法和体系的矛盾；但在某种意义下，也可以说，他的唯心的辩证方法和他的唯心论体系常常是交织在一起的，要严格地分开来是很困难的。但当我们谈到他的保守的政治社会思想的主要倾向时，在他的著作中也未尝没有相当频繁地爆发出的革命火焰。当我们深入到他的建筑物骨架（体系）的大厦里面去，那就会发现无数的珍宝，

① 《马克思恩格斯选集》第4卷，第225页。
② 《马克思恩格斯选集》第2卷，第120页。

这些珍宝今天也还具有充分的价值。当然，我们应该清楚地看到，在讨论黑格尔的辩证法时，尽管其中有辉煌的成就和逻辑的论证，但因为其唯心主义体系的束缚，受其阶级立场和宗教思想的局限，他的辩证法也就是唯心主义的辩证法，与马克思的唯物主义的辩证法有着根本的区别。因此，我们一方面对黑格尔的唯心主义的体系必须贯彻党性原则，做坚决不调和的斗争，严格划分无产阶级唯物主义世界观与资产阶级唯心主义世界观、及唯物主义辩证法与唯心主义辩证法的界限，另一方面对它又不可一概抹杀、简单否定，必须具体分析，科学地区分唯心主义外壳与辩证法的合理内核，改造它，发挥出辩证法本身应有的批判和革命的效用。

三　关于逻辑和历史统一的观点

恩格斯说："黑格尔的思维方式不同于所有其他哲学家的地方，就是他的思维方式有巨大的历史感作基础。形式尽管是那么抽象和唯心，他的思想发展却总是与世界历史的发展紧紧地平行着，而后者按他的本意只是前者的验证。"[①] 恩格斯在这里揭示了黑格尔哲学体系的一个重要原则，即历史和逻辑统一的观点。

黑格尔在其《小逻辑》里说："在哲学历史上所表现的思想进展的进程，与在哲学体系里所发挥的思想进展的过程，原是相同的。不过，在哲学体系里，解脱了历史的外在性或偶然性，而且从思想的本质去发挥思想进展的逻辑过程罢了。"[②] 这个历史和逻辑的统一原则，恩格斯从辩证唯物主义观点加以改造，做了

① 《马克思恩格斯选集》第 2 卷，第 121 页。
② 《小逻辑》，第 14 节。

更明确简要的表述："逻辑的研究方式是唯一适用的方式。但是，实际上这种方式无非是历史的研究方式，不过摆脱了历史的形式以及起扰乱作用的偶然性而已。历史从哪里开始，思想进展也应当从哪里开始，而思想进程的进一步发展不过是历史过程在抽象的、理论上前后一贯的形式上的反映；这种反映是经过修正的，然而是按照现实的历史过程本身的规律修正的。"①

综观黑格尔哲学体系，无论是《精神现象学》，《逻辑学》，《自然哲学》，《法哲学原理》，《美学》及《哲学史讲演录》，我们看到黑格尔都是极其深刻地把逻辑概念的发展和历史发展进程结合在一起的，在他的每一部著作中，"到处贯穿着这种宏伟的历史观，到处是历史地、在同历史的一定的（虽然是抽象地歪曲了的）联系中来处理材料的"。② 恩格斯对于黑格尔这一观点给予极高的评价，指出："这个划时代的历史观是新的唯物主义观点的直接的理论前提，单单由于这种历史观，也就为逻辑方法提供了一个出发点。"③

在辩证唯物论的观点指导下来看历史与逻辑的统一，首先必须承认历史规律是内在于历史发展进程中离开人们意识而独立的东西，逻辑规律是历史进程客观规律的反映。而逻辑规律由于摆脱了历史发展进程的偶然性和外在性，就更高更深刻地反映了和揭示了历史发展进程的本质，我们就可以进一步应用这种逻辑规律去观察新的事物，预见历史发展的趋势，制定出革命的方针和路线来。

由历史和逻辑统一观点而来，黑格尔坚持了真理是全体，真

---

① 《马克思恩格斯选集》第 2 卷，第 121—122 页。
② 同上书，第 21 页。
③ 同上。

理是一个否定之否定的运动过程，一个由"反"否定"正"，再由"合"否定"反"的圆圈式的过程。哲学的体系不但是一个圆圈，就那较大体系来说，乃是圆圈之圆圈。

黑格尔说："哲学的每一部分都是一哲学的全体，一个自身完整的圆圈。但哲学的理念在每一部分里只表达出它的一个特殊的规定性或成分。每一个单纯的圆圈，因为它自身是整体，就要过渡到更高阶段中去，打破那特殊的成分所给予它的限制，而形成一个较大的圆圈。这样，哲学的全体，便有如许多圆圈所构成的大圆圈。这里面，每一圆圈都是一个必然的环节。这些特殊的环节的体系构成了整个理念，而理念表现在每一个环节之中。"① 黑格尔在《逻辑学》里说："凭借上述方法的性质，科学表现为一个自身旋转的圆圈，中介把末尾绕回到圆圈的开头；这个圆圈的开端，即简单的根据连接在一起。同时，这个圆圈是圆圈的圆圈……以此而是圆圈中的一个圆圈……这一链条的片断就是各门科学。"②

列宁在《黑格尔〈逻辑学〉一书摘要》中引证了上述一段话，并指出："科学是圆圈的圆圈。"③ 这是表明，哲学的体系是一个完整的圆圈，而且是圆圈的圆圈，即是"许多圆圈所构成的大圆圈"。

我们试看前面所列出的黑格尔全体系的表，就可以了解到，例如就整个哲学体系来说，"精神现象学"、"逻辑学"、"应用逻辑学"构成一个大圆圈。如"哲学全书"中，包含"逻辑学"、"自然哲学"、"精神哲学"，也构成一个正、反、合的大圆圈。

---

① 《小逻辑》，第 15 节。
② 《逻辑学》中译本，下卷，第 551 页。
③ 《哲学笔记》，第 251 页。

再就"逻辑学"来说,"存在论"、"本质论"、"概念论",又算是圆圈中之圆圈。又就"概念论"来说,"主观概念"、"客体"、"理念",也是一个正、反、合或者否定之否定的圆圈中之圆圈。其他各部门的哲学,其形式的结构,都可以说是按照正、反、合的形式形成的。正、反、合又是否定之否定的辩证发展过程形成的。也就是说,否定作为反题,否定了正题,而否定又受到否定,就形成了合或统一。而合就是较高一个阶段的正或统一。到了合或正的阶段,又将分而为二,过渡到它的反面,或受到否定。而这一否定,又必被否定。如此螺旋式的上升,而最后达到"绝对理念",好像达到最后的完整的圆圈,或绝对理念的体系。

这种所谓圆圈或圆圈之圆圈所构成的体系,也可以被说为是毫无意义的"空架格",甚至有人讥讽为一种儿戏。但是,如果每一个圆圈或体系的各个环节都是充满了内在联系,或通过否定之否定、对立的统一,具体分析矛盾、解决矛盾而达到的,也还是有血有肉的有机的全体,或完整的体系。所以,列宁加以肯定说:"科学是圆圈的圆圈。"

四　关于"应用逻辑学"问题

黑格尔哲学体系除以《精神现象学》为导言,以《逻辑学》为核心,其余部门均属于"应用逻辑学"。黑格尔在《逻辑学》里说:"每一门科学都要以思想和概念的形式来把握它的对象,在这种情况下,每一门科学都是应用逻辑。"列宁在《哲学笔记》里摘录了黑格尔这段原话,写道:"任何科学都是应用逻辑。"

列宁引证这段话时,他省略了黑格尔原文中这样一句话:

"这一种从事于具体认识的逻辑，许多心理学和人类学都不把它计算在内，它之掺入逻辑，常常被认为必需。"① 从黑格尔的这句话看来，应用逻辑学似乎并不包括那些心理学和人类学的材料。他认为，未经纳入他自己的辩证唯心论轨道的一般的心理学和人类学不能算作应用逻辑学。但是，黑格尔又说："它之掺入逻辑，常常被认为必需。"然后，这种新的心理学和人类学，才可以算作应用逻辑学。足见，当列宁说"任何科学都是应用逻辑"时，他所说的"任何科学"，都是指经过了辩证唯物主义或唯物主义辩证法的指导，而后才被称做"应用逻辑学"的。这里似乎包含了逻辑学、应用逻辑学均不能代替各部门的自然科学、社会科学的意思。

但是，我们必须了解，马克思曾经鲜明地指出过黑格尔的应用逻辑学的错误之所在。他说：黑格尔所说"国家制度的理性是抽象的逻辑，而不是国家的概念。我们得到的不是国家制度的概念，而是概念的制度。不是思想适应于国家的本性，而是国家适应于现成的思想"。② 这里，我们清楚地看到，马克思不仅批判了黑格尔的思维第一性的唯心主义，而且批判了唯心主义的应用逻辑学的方法。

马克思又说："黑格尔之所以要等级要素（指议会——引者）这一奢侈品，只是为了迎合逻辑。"③ 马克思极其深刻地概括了黑格尔的应用逻辑学的错误，他说："整个法哲学只不过是对逻辑学的补充。十分明显，这一补充只是对概念本身发展的（某种附加的东西）。"④ 由此可见，马克思不仅指出整个"法哲

---

① 《逻辑学》中译本，下卷，第 455 页。
② 《马克思恩格斯全集》第 1 卷，第 267 页。
③ 同上书，第 324 页。
④ 同上书，第 264 页。

学"是逻辑学的应用，而且也反对黑格尔在其他范围或多或少地搞这种应用逻辑学。

恩格斯在《反杜林论》一书中，批判了杜林的先验主义的世界模式论，实际上也是批判他所抄袭的黑格尔的逻辑学。恩格斯指出，杜林的世界模式论是模仿黑格尔的逻辑学，并且说："他们两人各自把这些模式或逻辑范畴应用于自然界，就是自然哲学；而最后，把它们应用于人类，就是黑格尔叫做精神哲学的东西。"① 恩格斯批判杜林"先从头脑中制造出存在的基本形式……哲学的公理，再从它们导出全部哲学或世界模式论，然后以至尊无上的姿态把自己的这一宪法赐给自然界和人类世界"。② 这也是批判了黑格尔应用逻辑学的先验的唯心主义本质。质言之，这就是反对黑格尔、杜林不从客观实际出发，而先验地制造逻辑学，并应用它作为规范自然界和人类世界的宪法。恩格斯反对从头脑中先验地制造的钦定的一套宪法，然后以君令一切的姿态颁布给自然和人类，显然和马克思反对迎合逻辑、应用逻辑是一致的。

但是，我们是不是根本不要任何形式的宪法，不要逻辑学，不要任何形式的应用逻辑学呢？不是的。这里，我们必须把恩格斯反对杜林的先验模式论和应用其模式论讨论自然与社会问题，同恩格斯对待黑格尔的逻辑学和应用逻辑学的正确态度，不要等同起来。因为，第一，黑格尔的逻辑学是有《精神现象学》作为导言的；第二，黑格尔逻辑学中的内容，是与历史相一致的。这两点，都是杜林所没有的；第三，黑格尔的逻辑学是概念的辩证法，是认识论、辩证法与逻辑学三者统一的。而杜林一面剽窃

---

① 《马克思恩格斯选集》第 3 卷，第 74 页。
② 同上书，第 78 页。

黑格尔的逻辑学，改头换面，称之为"世界模式论"，并且还要冒充是独创，也装模作样地在那里批判黑格尔，并且还要狂妄地把它"钦定"的宪法，恩赐给人类和自然，这也跟黑格尔历史地、发展地建立起来的对认识论逻辑学加以辩证地推演而形成的体系，不可等同或混同的。

恩格斯说："正如同在其他一切思维领域中一样，从现实世界抽象出来的规律，在一定的发展阶段上就和现实世界脱离，并且作为某种独立的东西，作为世界必须适应的外来的规律而与现实世界相对立。社会和国家方面的情形是这样，纯数学也正是这样，它在以后被应用于世界，虽然它是从这个世界得出来的，并且只表现世界的联系形成的一部分——正是仅仅因为这样，它才是可以应用的。"① 我们清楚地看到，恩格斯在这段话里说得很清楚，不是不要应用逻辑学，而是要求从客观实际出发，抽出逻辑的原理，然后再把它应用于客观世界的研究和实践中去。质言之，恩格斯所反对的只是黑格尔的、特别是杜林式的唯心主义的应用逻辑学。

众所周知，马克思在《资本论》里把叙述方法与研究方法在形式上加以区别。马克思认为："研究必须充分地占有材料，分析它的各种发展形式，探寻这些形式的内在联系。"② 这项工作，就是唯物主义地反映现实、寻求科学规律的科学方法。

马克思接着又说："材料（即客观现实——引者）的生命一旦观念地反映出来，呈现在我们面前的就好像是一个先验的结构了。"③ 这就是指从客观现实所探索、所反映得到的有普遍性和

---

① 《马克思恩格斯选集》第 3 卷，第 78 页。
② 《资本论》，《马克思恩格斯全集》第 23 卷，第 23 页。
③ 同上书，第 23—24 页。

必然性的规律。这些规律由于有必然性和普遍性，虽说"好像是一个先验的结构"，但实际上是以辩证唯物主义的反映论、实践论为基础的。这也就是列宁所说的："一切科学的（正确的、郑重的、不是荒唐的）抽象，都更深刻、更正确、更完全地反映着自然。"① 所以，从客观现实中抽象出来的科学规律，绝不是先验的规律，它完全可以应用来解决和认识自然和社会中的实际问题。这不就相当于应用逻辑学了嘛。

列宁曾经指出，马克思有他自己的逻辑学，这种逻辑学就包含在《资本论》所发现的许多普遍必然的规律中。列宁说："虽说马克思没有遗留下'逻辑'（大写字母的），但他遗留下《资本论》的逻辑，应当充分利用这种逻辑来解决当前的问题。在《资本论》中，逻辑、辩证法和唯物主义的认识论……都应用于同一门科学，而唯物主义则从黑格尔那里吸取了全部有价值的东西，并且向前推进了这些有价值的东西。"②

从这里，我们可以得出三点结论：1. 黑格尔的逻辑学与马克思主义的逻辑学，都是逻辑学、辩证法和认识论三者的统一，不过，黑格尔的逻辑学和辩证法是唯心的；2. 马克思、恩格斯都赞成从唯物主义的立场来应用逻辑学。黑格尔的应用逻辑学主要是用来搞他的唯心主义哲学体系，而马克思、恩格斯的应用逻辑学则是用来进行三大革命运动的理论武器。列宁还指出："要倒转过去：马克思把黑格尔辩证法的合理形式运用于政治经济学。"③ 这表明马克思曾反其道而应用黑格尔的辩证法和逻辑学于政治经济学。这样一来，马克思就把黑格尔的概念辩证法，即

---

① 《哲学笔记》，第181页。
② 同上书，第357页。
③ 同上书，第189—190页。

"探讨客观世界的运动在概念的运动中的反映"[①] 的辩证法或逻辑学,改造成唯物辩证法了,同时也表明,应用逻辑学在科学研究上是有必要的。3. 马克思主义强调从客观现实的材料的反映,分析、探讨各种形式的发展的内在联系,坚持理论与实际相结合,坚持实践是检验真理的唯一标准。而黑格尔是从客观唯心主义的著作《精神现象学》出发,来为逻辑科学打基础、开道路、作导言的。这一切都导致黑格尔哲学体系的自我解体,为辩证唯物论所扬弃。历史的客观辩证法就是这样。

(1978 年 10 月在芜湖全国西方哲学史讨论会上的发言)

---

① 《哲学笔记》,第 190 页。

批判黑格尔论思维与存在的统一

黑格尔从客观唯心主义和唯心辩证法出发来发挥他的思维与存在统一的学说。对于这个学说，我自己过去了解得很不具体，更没有作过什么批判。这次趁我国哲学界热烈讨论"思维和存在的同一性问题"的时机，特就黑格尔对这个问题的学说作一番摸索，就能力所及适当做一些批评。因时间匆促，阐述得不正确、评价得不妥当、批评得不深、不够的地方，希望得到同志们的帮助。

首先黑格尔在谈"统一"时，一般是指"对立的统一"，当他谈"同一"时，一般是指"具体的同一"，即异中之同，对立面的同一，这一点参加讨论的有几位同志都说得很清楚，这里拟不多谈。黑格尔在《逻辑学》中批评旧形式逻辑的同一律时，主要是批评抽象的同一；当他在《精神现象学》的序言中反对谢林的"同一哲学"，讽刺谢林的神秘直觉的同一为"夜间观牛，其色皆黑"时，他是在坚决反对模糊混沌、无有差别的同一。他一贯坚持辩证的（当然是唯心的）同一或统一，反对形而上学的、直观的和神秘的同一，亦即反对"'一切是一、一切同一'，即善与恶亦是同等——这可说是最坏方式的'统一'"。① 同时也反对把思维与存在的统一，认作是"一种静止的、抽象的、固定的同一"，或者"好像只是中和了似的同一"。②

关于"存在"这一名词，也应简单解释一下：黑格尔在逻辑学中对于"存在"这一名词曾作过烦琐的区别。大概讲来：（一）一般的存在，他叫做 Sein［也可译作"有"，与无相对，如"有即是无"（Das Sein ist Nichts）之"有"，即指最一般、最抽象、空洞的纯粹的存在］。（二）特定的存在，亦即有规定性的存在或有质的存在，他叫做 Dasein（中文译作"定在"，指其为特定的存在而言，或译作"限有"，指其为有限的"有"以别于"纯有"而言）。（三）有根据的存在，亦即指有条件、有关系的存在，他叫做 Existenz。（这个字中文一般仍然译作存在，而且也可以译作指有根据、有原因的实际存在，简称"实存"。）"有"与"限有"是属于"有论"中的范畴，而"实存"则是属于"本质论"范畴。这种分别，在某种意义下是有些烦琐，但另一方面，他把存在这个概念分别为由一般的存在到特定的存在（定在或限有），到有根据的存在（实存），也想借以表明认识越来越深化、越来越具体的过程。极其重要一点须得指出的，就是黑格尔从唯心主义出发，认为一般的存在或"有"只是最低的、最原始、最基本的范畴，他认为最高、最后、第一性的范畴，是"绝对理念"。高级的范畴，内容丰富，必然包括低级的范畴，而低级的范畴内容贫乏，不包括高级的范畴。譬如，他认为概念是存在和本质的统一，而概念本身是主观的东西，存在和本质是客观的东西，因此概念也是主观和客观的统一。这样，在

① 《小逻辑》，第二版序言。
② 参看《小逻辑》，第 215 节。

他看来，概念当然包括存在和客观性在内，概念当然也就是具有存在的客观的东西了，这也就是说概念（思维）与存在是统一的，主观（概念）与客观（存在）是统一的。而且照他这样讲来，"概念"既然比"存在"还远为丰富，概念当然不能反映存在，而存在反倒是有丰富内容的概念之某一方面或某一阶段的反映或体现了。这里表明，第一，概念与存在的统一，不是简单的直观的同一或等同，而是概念包括存在在内，概念不仅简单地包括存在在内，而且包括存在的对方（本质）在内，概念与存在的统一是辩证的统一，是经过发展过程才达到统一的。第二，他所讲的思维与存在的统一，是在唯心主义基础上的统一，是根本颠倒了两者的关系的，他把物质第一性、思维第二性的唯物主义原理颠倒为思维第一性，物质第二性；他把唯物主义的反映论原理颠倒为存在反映或体现思维（概念），而不是思维或概念反映客观的存在。

其次还须指出的，就是黑格尔在唯心主义基础上所指出的思维与存在统一的原理，还同其他辩证的而又是唯心的原理，如主观与客观的统一、精神与自然的统一、逻辑的东西与历史的东西的统一等原理是密切联系着的。分析研究思维与存在的统一可以帮助我们了解其他各个对立面的统一。同时对于其他各个对立面的分析研究也有补于了解思维与存在的统一。

黑格尔对近代唯物主义者寻求思维与存在统一的论述

黑格尔在他的《哲学史讲演录》中谈到近代西方哲学时，首先强调指出近代哲学所面临的中心问题是思维与存在的对立和统一的问题，因为中世纪的观点是"思维的东西与存在着的宇宙的分歧",而近代哲学便把这种分歧带到(尖锐的)对立,而且它必须从事于解除这种对立。① 他说:"这种最高的分裂,就是思维与存在之最抽象的对立,把握两者的统一从这时(指近代初期——引者注)起就构成一切哲学的兴趣。"② 他接着指出"于解决这个对立时,哲学就分成两个主要的形式,一个是实在论的哲学体系,一个是唯心论的哲学体系,这就是说,分成一个认客观性和思想内容为起源于知觉的体系,和一个从思维的独立性出发达到真理的体系"。③ 很清楚,他这里所谓"实在论"是指唯物论而言,他这里所谓"知觉"应作"反映"或"知觉对于外界的反映"了解。他这里所谓"思维的独立性",当然是认思维是自己发展、自己认识自己的独立的东西,他的错误在于绝对化了思维,认思维为第一性的东西,当然不了解正确的看法是只能承认思维具有半独立性,是第二性的东西。

黑格尔进一步解释他所谓"实在论"道:"经验(或经验哲学)代表头一个方向,即实在论。在这里,哲学以自己思维(自己思维在这里作个人的有限思维解,以区别于他所谓绝对思维而言——引者注)和接受现前的东西为其主要的规定,认现前的东西为真理所在,因而也就是可知的东西。……现前的东西就是存在着的外在的自然。"④ 这就很清楚,他这里所谓实在论是经验主义的,唯物主义的,并且是可知论的。他所举出的代表实在论方向的哲学为牛顿的"自然的哲学原理"和开普勒的定

---

① 《哲学史讲演录》第 3 卷,格洛克纳德文本,第 268 页,参看英文译本第 3 卷,第 160 页。

② 同上。

③ 《哲学史讲演录》第 3 卷,德文本,第 270 页;英文本,第 162 页。

④ 同上。

律。当然黑格尔从唯心主义出发，含有轻视这种基于经验科学的唯物论倾向的意思，当他一再说，牛顿的方法"只是通过观察与演绎的有限科学的方法"①，并且批评说，"无限性的理念本身还没有成为知识的对象"②，尽管充满了唯心主义的偏见，他却认识到寻求思维与存在的统一是近代哲学史的中心问题，而且认识到为了解除思维与存在的对立有实在论与唯心论两个主要形式、方向或派别。足见黑格尔心目中，的确没有思维与存在的统一只是唯心主义的问题或者只是唯心主义的命题的意思。

又由于唯心主义的偏见，使得黑格尔不愿意明白宣称培根和洛克基本上是唯物主义者（这只有马克思主义的哲学史研究才明确肯定下来），以壮大唯物主义阵营的声势。但是从他对于培根和洛克思想的具体阐述里，我们知道他是把培根和洛克算在唯物主义者或他所谓实在论者里面的。他说："培根认识的领域为有限的自然界。"又说培根是"一切经验哲学的军司令官"③。他进一步描述培根的唯物主义哲学道："培根的哲学一般叫做建筑在对于外界自然和人的精神本性（包括嗜好、欲望、理性的和公正的品质）之经验和观察的基础上，以观察为基础，从中抽出结论和普遍的观念，用这种方式，这个领域内的规律就被发现了。"④

黑格尔指出："洛克进一步发展了培根的思想，培根表明感性存在是真理，而洛克就指出，我们从经验获得普遍观念和真理。"⑤ 他又说："在英国人看来，哲学永远意味着从观察中去推

① 《哲学史讲演录》第 3 卷，德文本，第 270 页；英文本，第 162 页。
② 同上。
③ 同上书，第 278 页。
④ 同上。
⑤ 同上书，第 417 页。

出经验。这种方法曾经片面地应用到物理的和经济的对象上面。……霍布斯必须提出来作为这个事实的例证。"① 从这些话看来，黑格尔实已承认培根、洛克等是从实在论或唯物论的观点去解答思维与存在的对立与统一问题，然而诚如列宁所指出那样，"黑格尔害怕唯物主义这个字"②，他不愿意标明他们是唯物主义者。

他在肯定培根相信理性与自然——亦即思维与存在——的谐和时写道："在培根这里唤醒了一种对理性自身和对自然的信心；理性运用它自身思维地去把握自然，确信在自然中可以获得真理，因为两者本身是谐和的。"③ 这充分表明黑格尔认为培根从唯物主义观点出发，也相信理性与自然、思维与存在"两者本身是谐和的"。关于洛克，他说道："在洛克看来，真理仅仅意味着我们的观念同事物的谐和。"④ 他这里不说培根与洛克达到了思维与存在的统一，而只说前者相信理性与自然的谐和（Harmonie），后者认为真理意味着我们的观念与事物的谐和，他的意思是说，谐和只是直观的、无矛盾的、非辩证的、没有经过对立斗争的统一，而他所说的思维与存在的统一则是辩证的、克服了对立和矛盾的统一。所以，他批评洛克道："在能够满足调和［主体（思维）与对象（存在）的对立］之前，必须激动起分裂的痛苦。"⑤ 没有"激动起分裂的痛苦"，亦即不经过矛盾发展的过程，就要想达到思维与存在、理性与自然的统一或谐和，这是黑格尔对于形而上学思想方法的总批评。这个批评我们认为

① 《哲学史讲演录》第 3 卷，德文本，第 438 页。
② 参见《列宁全集》第 38 卷，第 293 页。
③ 《哲学史讲演录》第 3 卷，德文本，第 281 页；英文本，第 174 页。
④ 《哲学史讲演录》第 3 卷，英文本，第 312 页。
⑤ 同上。

是合理的，因为这一方面表明他反对直观的、无矛盾的谐和，一方面也就为他自己企图达到思维与存在的辩证统一铺平道路。

此外黑格尔认为二元论哲学家笛卡儿也达到了思维与存在的统一，说"在那有名的'我思故我在'里，我们就获得了思维与存在不可分离地结合在一起"。① 他又说："笛卡儿哲学的精神，简单讲来就是认为知识是思维和存在的统一。"② 黑格尔从唯心辩证法的观点对笛卡儿提出了两点批评：第一，他说："这个构成近代最有趣的观念之存在与思维的同一性在笛卡儿那里没有得到进一步的发挥。"他认为，笛卡儿还不能像费希特那样从"我思"中发展出诸多差异来，即不能从主体或思维中推演出一切规定来。换言之，他认为在笛卡儿那里，思维与存在只是有了直接的、直观的统一，思维还没有辩证发展过程。这就包含着批评的第二点，即笛卡儿只肯定自我的思维与自我的存在的统一，还没有达到思维与它对立物——物质、自然的统一，亦即他所谓"没有发展出差异"。这是批评笛卡儿的二元论。所以他说："在笛卡儿那里，物质性和思维着的自我完全是各自独立存在；这种两极端的独立性在斯宾诺莎主义里才被取消掉，这是由于把它们变成了唯一绝对存在的两个环节。"③ 他又说："对斯宾诺莎说来，灵魂与肉体、思维与存在不复具有分离的独立的存在。笛卡儿体系中的二元论，斯宾诺莎已完全抛在一边。"④ 在这里，黑格尔明确肯定了斯宾诺莎克服了笛卡儿的二元论，达到以"绝对存在"为第一性的思维与存在的统一。

我们试再看他又怎样批评斯宾诺莎：第一，他在《逻辑学》

---

① 《哲学史讲演录》第 3 卷，英文本，第 228 页。
② 同上书，第 224 页。
③ 同上书，第 256—257 页。
④ 同上书，第 252 页。

里以及在《哲学史讲演录》里都一贯批评斯宾诺莎的体系缺乏
"主观性"，他的"实体"只是绝对存在，还不是主体，还不是
绝对理念，因而"缺乏无限的形式、精神性和自由"。这表示黑
格尔坚决站在客观唯心论立场去批判和改造斯宾诺莎，去向唯物
主义作斗争。第二，他从唯心辩证法的观点批评斯宾诺莎的哲学
只是"理智哲学"，说道："理智的诸规定，彼此是不相矛盾的；
矛盾是理智所不能忍受的。但否定之否定却是一种矛盾，……而
这种属于理性方面的矛盾在斯宾诺莎这里却缺乏。"① 换句话说，
在黑格尔看来，斯宾诺莎所达到的一元论，所达到的思维与存在
的统一，还是直观的统一，还不是通过矛盾发展、通过否定之否
定的过程所达到的辩证的统一。不过为了我们讨论的目的，值得
特别指出的是，黑格尔认为笛卡儿和斯宾诺莎在某种意义下，在
一定程度上都曾达到了思维与存在的统一。他不满意的是：笛卡
儿"我思故我在"的原则只达到了主观唯心的直观的统一，斯
宾诺莎只达到了客观的、唯物的而又是直观的统一，两人都没有
达到客观的唯心的而又辩证的思维与存在的统一。足见在黑格尔
心目中，思维与存在的统一不是唯心论、更不是客观唯心论所独
有的，而是近代各派哲学家不论唯心论或唯物论、经验主义或理
性主义，从不同角度所共同想要达到的目的，所共同想要解答的
中心问题。

　　同样黑格尔不仅承认法国唯物主义者达到了统一性，而且认
为法国唯物主义者"所坚持的是普遍的统一，非抽象的，而是
具体的统一"。因为法国唯物主义者所讲的自然是具体的、有成
果的、多样性的统一体。他说，"他们（指法国唯物主义者——
引者注）认感觉和物质为唯一的真理，因而把一切思想、一切

---

① 《哲学史讲演录》第 3 卷，英文本，第 286—287 页。

道德归结为仅仅是感觉的变形。这些法国人所宣扬的统一性因而只是片面的"。① 显然黑格尔所讲的法国唯物主义者所达到的统一性，是指思维与存在，以及一切事物皆统一于物质、统一于自然的具体统一性。作为唯心主义的黑格尔，从来没有放松对唯物主义的斗争，所以他从唯心主义出发，指斥法国唯物主义所达到的统一性是"片面"的。同时这更可以见得，把"思维与存在的统一"认作近代西方哲学的中心问题的黑格尔，从来没有把"思维与存在的统一"仅仅认作是唯心主义的问题或者仅仅认作是唯心主义的原则。

特别是在《小逻辑》中当黑格尔概括地批评旧形而上学关于思维与存在问题的看法时，主要地是指形而上学的唯物主义而言。譬如：他说，"旧形而上学的前提与一般素朴信仰的前提相同，即认为思想可以把握事物本身，且认为事物的真实性，就是思想所认识的那样。"② 这显然是指建筑在可知论、反映论上面的唯物主义对于思维与存在统一的素朴信仰而言。他批评说："这种素朴的态度……尚没有意识到思想所包含的矛盾，和思想自身与信仰的对立。"③ 他的批评有两方面，一方面是唯心主义对唯心主义的批评。他从唯心主义片面地强调思维的抽象能动性出发，认为主体与对象、思维与存在的对立本质上仍然是思想自身与自身的对立，因为在他看来，所谓对象也不过是思想的异化，或者说是思想自己建立起来的；或者用他自己常说的话，主体与对象、思维与存在的对立，归根到底还是思想自己产生出来的对立、或自己产生出来的困难，这种困难与对立既然是自己产

---

① 《哲学史讲演录》第 3 卷，英文本，第 398 页。
② 《小逻辑》，第 28 节附释。
③ 《小逻辑》，第 26 节。

生的，当然有待于思想的活动才能克服。主体与对象的对立既然是思想自己与自己的对立，那么主体与对象的统一也就是思想自己与自己的统一了。因而认识过程就不单纯认识外在的事物自身的过程，而成为思想自己认识自己的过程了。这样思维与存在的统一就是统一于思想。他就想用这种唯心的论证来否认素朴的健康的唯物主义，来反对反映论。①

另一方面，是从唯心辩证法出发来批评形而上学方法，他的意思是说，思想并不是没有矛盾、没有困难和曲折就可把握事物本身的。思想在认识过程中，可能陷于错误，还必须自己纠正错误。理性在认识物自身的过程中，可以产生矛盾，但理性不能因此就停顿不前，回到不可知论，像康德那样。理性自己产生矛盾，又要自己克服矛盾，不断前进。他说："认识应当以自己的运动来解决自己的有限性，并从而解除自己的矛盾。"② 这里对于形而上学的思维与存在直接统一说的批评，的确包含有合理的辩证法思想。不过"理性自己产生矛盾"的说法是唯心主义的，应该说理性反映客观事物中的矛盾；纠正错误、解除矛盾也不纯粹是抽象的理性自己活动和认识的自己运动的过程，而必须通过实践，特别是社会实践来检验认识的真理性，纠正认识的错误，解除认识的矛盾。

黑格尔对于贝克莱的批判

以上主要是评述黑格尔对近代唯物主义以及接近于唯物主义的哲学家关于思维与存在的统一问题的看法，现在我们再看他对

---

① 参见《小逻辑》，第 63 节。
② 《逻辑学》，英文本，第 2 卷，第 416 页，参看《小逻辑》，第 41 节。

主观唯心主义哲学家贝克莱和康德的批评。

　　值得注意的是黑格尔似乎素来就不喜欢贝克莱哲学，在他的哲学史讲课中，1825—1826、1829—1830 两年他都省略了贝克莱，不仅贝克莱所占篇幅（仅 8 页）远比培根、洛克（各占 18页）为少，而且他对培根、洛克颇多肯定赞扬的话，对贝克莱则只有批评。他一开首就指出贝克莱的主观唯心论是"这样一种唯心论，在它里面一切外部的实在都消逝了"①。这话显然含有不同意取消一切外部实在的意思。他并且直接指斥贝克莱的唯心论是最坏的一种形式的唯心论。他说："最坏的形式（的唯心论）在于认为作为个别的和形式的自我意识，除了说：一切对象都是我的观念外不能更进一步。"②他又说："在贝克莱那里，只是事物对意识的关系被研究了。超出这个关系，事物就没有被他放在眼里。"③这也同样贬抑贝克莱只讨论事物与意识的关系，而没有深入研究事物的内容实质的意思。下面这段话可以代表辩证的客观唯心主义对于贝克莱形而上学的主观唯心主义的批评：

　　　　除了"一切事物仅仅是观念"这个抽象形式之外，对于事情的内容完全一点也没有改变。……在这种形式的唯心主义里，理性没有它独特的内容。……这样的唯心主义只涉及到意识和它的对象的对立，而对于观念的广博范围，对于经验的和多样性的内容之对立也完全没有接触到。假如有人要问究竟这些知觉和观念的真理（或本质）是什么，像我们从前要问究竟什么是这些事物的真理（或本质）那样，

————————

①　《哲学史讲演录》第 3 卷，英文本，第 364 页。
②　同上书，第 363 页。
③　同上书，第 366 页。

那么他什么答复也得不到。无论我们相信事物或者相信知觉，这完全没有什么差别，如果自我意识只是完全为有限的东西所充满，如果它完全在经验事物内绕圈子，而对于内容实质没有认识和理解。……因为它没有涉及思想或概念，它显然不能达到对于本质的意识；它不是以思想为对象，而只是以外在的、异于思想的东西为对象。①

黑格尔这番话比较晦涩，而他在别的地方又很少谈到贝克莱。我们可以把黑格尔对贝克莱的批评概括为如下两条：

一、他肯定贝克莱的唯心主义是主观唯心主义，因为它是从"个别的和形式的自我意识"出发说"一切对象都是我的观念"。换句话说，贝克莱所讲的"自我意识只是完全为有限的东西所充满"，"完全在经验事物内绕圈子"，而没有达到无限的东西如绝对精神、绝对理念。这可以说是从客观唯心主义出发来批评贝克莱的主观唯心主义。凡是从个别的自我意识、从个别的感觉、知觉、感性经验出发的主观唯心主义，黑格尔都说是"坏的唯心主义"。②

二、他又称贝克莱的唯心主义为"形式的唯心主义"，这就是说，它只肯定"一切对象都是我的观念"，或者"一切事物仅仅是观念"。没有以理性的概念、理念为内容，对于事物或观念的真理、本质或内容实质没有涉及。黑格尔的意思是说，无论我们像唯物论那样"相信事物"也好，或像唯心论那样"相信知觉"也好，这无关紧要，"没有什么差别"，而重要的是对于事物或观念的内容实质或本质的认识或理解，或他在别的地方所谓

---

① 《哲学史讲演录》第 3 卷，英文本，第 368 页。

② 参看《哲学史讲演录》第 1 卷，商务印书馆 1959 年版，第 341 页；《列宁全集》第 38 卷，第 295 页。

"思维地把握"。这就是说，黑格尔认为，贝克莱只告诉人世界是观念构成，"存在就是被知觉"，但世界的丰富内容，知觉、观念的内容和本质却没有涉及，亦即"对于观念的广博范围、对于经验的多样性的内容"，和这些内容之对立、矛盾，发展等等没有涉及。这可以说是从唯心辩证法出发来批评贝克莱的形式的、形而上学的唯心主义。

黑格尔从客观唯心主义来批评贝克莱的主观唯心主义，是唯心主义阵营内部的斗争，是五十步笑百步的关系。简单讲来，黑格尔对贝克莱的批评，并不是反对唯心主义，而是发展唯心主义。贝克莱的公式是"存在就是被知觉"，黑格尔的公式是"存在就是被理解"[①]，或"存在就是被概念所把握"。这是以概念代替知觉，以客观唯心主义的理性主义代替主观唯心主义的经验主义。换句话说，照贝克莱说，"事物即观念"；照黑格尔说，"事物的本质即概念"。

其次，黑格尔从唯心辩证法出发，他对贝克莱的批评，比较值得注意。第一，黑格尔并没有说，贝克莱达到了"思维与存在的统一"，而只说"在贝克莱那里，只是事物对意识的关系被研究了"，"这样的唯心主义只涉及意识和它的对象的对立"。黑格尔的意思是说，把事物了解为观念，把外面的东西搬到里面，物与我，思维与存在的对立并未解除，存在的内容、本质并未得到深入的认识和理解，自我、思维也并未通过与对象、事物的对立、矛盾和矛盾的统一过程中得到深化、发展和提高。因此，"无论我们相信事物或者相信知觉，完全没有什么差别"。只是形式上在说话时，注意把"事物"二字翻译成"观念"或

---

　①　参看黑格尔：《精神现象学》，关于"知觉"的分析，英文本（1931年版），第161—178页。

代之以"观念"就行了。贝克莱自己也承认,"我们感官的对象,不称为观念,而称为事物","差异之点,只在一个名词"。①这种形式上,名词上的变换,并没有根本解决思维与存在的矛盾,也没有真正把思维与存在辩证地统一起来,这是"形式的唯心主义"所办不到的。有一位美国的新黑格尔主义者批评贝克莱说:"外界事物的秩序只是简单地被带进心灵里面,用感觉的词汇来表示达到它们,而感觉本身也被认作特殊的存在样式。……把事物搬移进心灵里面,把它们叫做内心的而不叫做外界的,并没有提供哲学以一个新的原理。"②这些话是多少符合黑格尔对于贝克莱的批评的。当然黑格尔以及新黑格尔主义者的出发点在于嫌贝克莱不够唯心,而他们批评的合理之点在于指出贝克莱"存在即是被知觉"的公式只是形式的、名词上的变换,并没有解决主体与对象、思维与存在的矛盾,而达到辩证的统一。

贝克莱不仅没有达到主体与客观的统一,尤其严重的缺点,在于没有涉及观念与观念的对立,或观念的内容与观念的内容之间的对立或矛盾,或者经验的多样性之间的对立或矛盾,这就是说,只是形式上坚持"事物是观念",但对事物的本质、观念的内容不求深入的予以概念的理解,这样对于观念与观念间、事物与事物间的内在联系也未加深入研讨,"没有涉及思维和概念"。因此,黑格尔不仅批评贝克莱的主观唯心主义,且进而批评他的脱离内容的、形而上学的、形式的唯心主义,这可以说是合理的、有辩证法意义的,虽然对于黑格尔的客观唯心主义的基础,

---

① 贝克莱:《关于哲学原理的一个对话》,载《哲学研究》1960 年第 3 期。王若水同志文中有较全的引证。

② 克雷登(J. E. Creighton):《两个类型的唯心主义》一文,此文收在他所著《思辨哲学研究》 书中,引文见第 261 页。

我们应该从根本上予以扬弃。

从黑格尔对于贝克莱双重的批判看来，我们找不到理由可以说黑格尔所主张的思维和存在的统一，与贝克莱的思维与存在的统一完全是一样的。此外，既然可以说贝克莱的公式是"存在即观念"，我们在某种意义下的确可以说，贝克莱把思维与存在等同起来了。关于这一点，我们从一位现代英国新黑格尔主义者想要替贝克莱的"等同"说解围的话里，可以看得很清楚。他说："虽然我们不应该说，存在与被知觉是同一的（identical，这里同一应作等同解——引者注），但是我们应该说存在与被知觉是永远和必然地联系着的（connected）。"① 这足见新黑格尔学派虽然拥护贝克莱的唯心论，但仍然不赞同他的思维与存在等同说。

黑格尔对于康德的批判

黑格尔首先指出："近代德国的课题在于以思维与存在的统一为研究的对象并掌握这种统一，而这种统一是哲学一般的基本观念。"②

但是他指出持二元论和不可知论的康德却反对这种统一。他说，康德认为"事物自身与我们对于事物自身的认识乃完全两回事"。又说，康德所发挥出来的"这种将思想与事物自身截然分开的观点…与前些时代认为事物与思想的符合乃是不成问题的信心，正相反对"。黑格尔立即表明他要站在人类的健康常识和素朴信念的可知论立场来反对康德的不可知论，他说："但人类

---

① 亨勒：《唯心论哲学》，英文版，第112页。
② 《哲学史讲演录》第3卷，英文本，第409页。

的自然信念却不以这种（思维与存在）的对立为真实的。在日常生活中……我们进行思考，不顾其他，只是坚决相信思想与事情是符合的。……'人心的使命即在于认识真理'，乃是人类的一个旧信念，这话还包含有一层道理，任何对象，外在的自然和内心的本性，举凡一切事物，其自身的真相，必然是思维所思的那样，所以思维即在于揭示出对象的真理。"①

黑格尔用了很大的力气，甚至用感情、用讽刺的语气来集中反对康德的不可知论。他指斥康德"自谦不能认识物自体的批判主义"为"缺乏深思"的一种"浅薄的作风"，说他"夸大虚悁"，使得"深刻的哲学要求为之疲缓松懈"。② 他讽刺康德坚持"真理不可知，惟有那不真的，有时间性的和变幻不居的东西才能够享受被知的权利"。③ 并且说，康德这种学说，"对于认识肤浅、性情浮薄的人最受欢迎，最易接受"④。

这里必须指出三点：第一，黑格尔对于康德这类的批评显然有基于资产阶级学者的偏见和意气之处。第二，黑格尔所宣扬的可知论"思想与事物符合"，不仅不是唯物主义的反映论，而且正相反对。第三，黑格尔认为可知的事物自身实质上是神秘的、形而上学的"永恒和神圣的对象"，即他所谓"绝对理念"。他是从右边、从更彻底的唯心主义观点来批评康德的不可知论的。

至于黑格尔从逻辑或认识论出发，对于康德的"物自身"的批判，可以归结为四点：第一，"物自身"（Ding an sich，或译作"物自体"，或译作"自在之物"）是"一种抽象的对象"，"从一个对象，抽出了关于它的一切意识成分，一切情感态度，

---

① 《小逻辑》，第 22 节附释。
② 《小逻辑》，第一版序言。
③ 同上书，开讲辞，第 34 页。
④ 同上。

以及一切确切的思想，便得到物自身的概念"。这很容易看得出，这样所剩余的只是"一个极端抽象、完全空虚的东西"。①在《逻辑学》里，他同样说，"物自身（或自在之物）是非常简单的抽象，……是摆脱了一切规定性（为他的存在）的抽象，是摆脱了一切对于他物的关系的抽象，即无。因此物自身无非是虚假的、空洞的抽象"。② 物自身既然是无规定性、与他物无关系、空无内容的抽象，因此物自身就是无，没有存在、应该取消的东西。

　　第二，物自身既然是抽掉一切内容，摆脱一切规定性所剩余的抽象空虚的东西，那么"……即可看到，这剩余的渣滓或僵尸，仍不过只是思想的产物，只是空虚的自我，或思想纯粹的抽象作用之不断地进行的产物，……这个空虚的自我思想的纯粹抽象作用，将它自己的这种空虚的同一性当作对象，因而形成物自身的观念"。③ 这一条批评比较费解。黑格尔意思是说，康德的物自身虽然好像是超出了"观念、感觉、思想、经验等的彼岸"，但其实并不神秘，只是思想的产物，或者只是一个抽象的思想；其次，物自身好像是在外界、彼岸，与自我根本对立或不相干的东西，但其实仍然是空虚的或抽象的自我的产物，并不是在自我之外，而是自我把它自己的空虚的同一性当作对象来思考的产物。换句话说，康德以为物自身是在思维之外、在自我之外，黑格尔分析的结果，认为物自身不在思维之外，而是一个抽象同一性或抽象的思想或抽象思想的产物；不在自我之外，而即是自我的抽象同一性或抽象的自我。这样就把离开思维、自我而

① 《小逻辑》，第44节。
② 参看《列宁全集》第38卷，第110页。
③ 《小逻辑》，第44节。

独立存在的物自身取消了，因而也就推翻了康德的二元论，而达到唯心主义的思维和存在统一的一元论，推翻二元论，打破思维与存在、物自身的鸿沟有其合理的辩证的地方，但取消物自身，就是从右边去批评康德，向唯物主义进攻。

第三，黑格尔进而指出，像这样极端抽象、空虚、没有存在的物自身，一方面是最容易知道的东西，另一方面也的确可以说是不可知。所以，他说："当我们常常不断地听见说物自体不可知时，我们不禁感到惊讶。其实，再也没有比物自体更容易知道的东西。"① 他又说："说物自身不可知，在某种意义下是可以承认的。因为如果知是指理解一对象的具体规定性而言，则物自身总的说来，只是极端抽象、毫无规定性的东西，当然不可知。"② 同样的意思复出现在《逻辑学》中："就物自身是摆脱了一切为他的存在，亦即被设想为完全无有规定性、为无物而言，诚然可以说，要知道物自身是不可能的。……但就物自身是单纯的抽象的东西，空无真理和内容而言，它们是很容易知道的。"③ 总之，说来说去，黑格尔的目的在于取消康德这个空无内容和规定性的物自身，反对康德的不可知论。

第四，黑格尔批判康德不可知论积极的成果，在于正面提出可知论，认本质（作为物自身）表现在现象中，通过深入现象，概念可以把握本质。他说："对象通过概念才回到自己非偶然的本质性去，本质表现在现象中，因此，现象不单纯是某种没有本质的东西，而是本质的显现。而本质得到完全自由的显现就是概念。"④ 他在责备康德"只理解到现象的主观的意义，于现象之

---

① 《小逻辑》，第44节。
② 同上书，第124节附释。
③ 《逻辑学》第1卷，英文本，第133—134页。
④ 《逻辑学》第2卷，第225页。

外去坚持着一个抽象的本质、认识所不能达到的物自身"时，写道："当我们认识了现象时，我们因而同时即认识了本质，因为本质并不存留在现象之后或现象之外。"① 单就黑格尔这里讨论现象与本质两范畴的辩证关系，和通过现象深入认识本质的可知论思想而言，无疑是有其合理的意义的。因为这种看法克服了二元论，达到了思维与存在的统一。但当他进一步提出最后最高的本质是绝对理念，认识本质的过程不是反映客观事物的过程，而是绝对理念自己认识自己的过程时，他的这个合理因素就为他的唯心主义体系所埋没了，必须站在唯物主义立场予以批判，才能拯救出他的这个合理的思想。

其次，涉及思维与存在的统一问题，黑格尔又批评了康德关于矛盾的主观性的看法。因为照康德看来，存在、事物、客体中不存在着矛盾，一切矛盾都起于思维、理性、主体方面，这样康德不惟否认了矛盾的客观性与普遍性，而照这种说法，思维与存在、主体与客体当然永远也不能统一。

黑格尔指出："如果思想与现象彼此不完全相符合，则我们至少可以自由选择，究竟是两者中的哪一个有了缺陷。在康德的唯心哲学里，就涉及理性的世界而论，他把这缺陷归之于思想。他说思想有了缺点不能符合现象，"② 黑格尔认为康德指出用理智的范畴去把握理性的对象所引起的矛盾是本质的、必然的，这是"近代哲学界一个最重要的和最深刻的进步"，但康德对这个问题的解答，却"只是出于对世界事物的一种温情主义。他似认为世界的本质是不应具有矛盾的污点的，只好把矛盾归于思维

---

① 《小逻辑》，第 131 节附释。
② 《小逻辑》，第 47 节。

着的理性，或心灵的本质"。① 黑格尔不同意康德的看法，他说"恐怕没有人能否认现象界会呈现许多矛盾于观察的意识之前"。他并且感到奇怪，何以竟有人会"认为那本身具有矛盾的不是世界的本质，而是思想的本质，理性"。②

在《逻辑学》中，黑格尔也反对否认矛盾的客观性并把矛盾移植到主观中，他说："通常人们总是先把矛盾从事物、从一般存在的和真实的东西中排除出去；他们断言没有任何矛盾的东西。然后，反过来又把矛盾推到主观的反思中，似乎主观的反思通过联系和比较才初次造出了矛盾。"③ 这显然也是指康德而言。黑格尔对于康德矛盾主观性的批判富于辩证法的成果。第一，他肯定了矛盾的客观性与必然性，即否认矛盾仅仅是主观的东西，仅仅是思维或理性反思的本质，否认矛盾"是不应当有的，以为应当归咎于某种主观的过失"。④ 亦即否认矛盾不存在于世界事物之中，或认为矛盾是"某种偶然的东西，好像是一种不正常的现象，或者是一种暂时性的病态的发作"。⑤ 第二，他肯定了矛盾的普遍性，他明确指出："不仅在那四个特别从宇宙论中所提出的对象里可以发现矛盾，而乃在一切种类的对象里，在一切表象、概念和理念里均可发现矛盾。"⑥ 第三，他提出面向矛盾，不要"对世界事物抱温情主义"，列宁从唯物辩证法观点，去解释和改造他这种观点道："这种讽刺真妙！（庸俗之辈）对自然界和历史抱'温情态度'，就是企图从自然界和历史中清除

① 《小逻辑》，第 48 节。
② 同上。
③ 《逻辑学》第 2 卷，英文本，第 67 页；参见《列宁全集》第 38 卷，第 145 页。
④ 《列宁全集》第 38 卷，第 142 页。
⑤ 同上书，第 145 页。
⑥ 《小逻辑》，第 48 节。

掉矛盾和斗争……"① 当然黑格尔本人为阶级立场所局限，仍然企图掩饰当时普鲁士君主政府的矛盾。第四，从思维与存在统一的问题来看，矛盾既然普遍存在于主观世界和客观事物中，那么，在这意义下，思维和存在就是矛盾统一的，而不是像在康德那里那样，矛盾只存在于主观，而存在方面、世界本质方面根本没有矛盾，主观与客观不相一致。

关于思维与存在统一的问题，黑格尔对康德的第三点批评，即批评康德把思维与存在割裂开，认"从概念中推不出存在来，亦分析不出存在来"② 的思想。黑格尔对康德的答复主要包含两点：第一，概念本身即包含存在，特别是"上帝的概念即包含它的存在。这种概念与存在的统一构成上帝的本性"，另一方面，"今即就概念最抽象的意义言，已包含有存在在自身内，这是显而易见的事。……我们很可以说，精神的最深处，概念，甚至于自我或具体的大全，即上帝，竟会不够丰富，连像存在这样贫乏的范畴，这样最贫乏最抽象的范畴，都不能包含于其中，岂非怪事？"③ 他的意思是说，概念是较高、较丰富的范畴，而存在是最贫乏、最抽象、最低级的范畴；后者不包括前者，前者必包括后者。这就是说，有了思维、概念一定有了存在，从概念即可推出或分析出存在。——这完全是认思维为第一性的唯心主义滥调，重复了神学上本体论的证明，殊不知，思维、概念无论怎样丰富，它总是那第一性的丰富多彩的存在、自然界的反映。

黑格尔对康德认"从概念中推不出存在来"的第二个答复，提出通过实践的努力，把概念加以实现，把观念的东西、理想的

<hr/>

① 《列宁全集》第 38 卷，第 141 页。
② 《小逻辑》，第 51 节。
③ 同上。

东西通过实践转化为现实的东西，以达到思维与存在、主观与客观的统一。这点见于他在《哲学史讲演录》中批评康德对于本体论证明的批评时提出来的，特别值得加以阐述。他说："本体论的证明从绝对概念出发，借以推出存在。在安瑟伦、笛卡儿、斯宾诺莎那里，（从概念）到存在的过渡都是这样造成的；并且他们全都这样做，以建立存在与思维的统一。但是康德说：我们同样不能赋予这个理性的理想以任何实在性；从概念不能过渡到存在，从概念不能派生出存在。"① 康德在他的《纯粹理性批判》中举了一个有名的通俗的例子来比喻说，从一百元钱的观念中推不出自己口袋中真正有一百元钱存在。黑格尔批评康德割裂思维与存在的二元论道："康德没有达到对概念与存在的综合掌握，这就是说，他没有把存在提高到概念予以掌握。在他看来，存在与概念完全是两回事。"②

黑格尔进一步肯定概念（思维）与存在的区别，但又力持不要把这种区别绝对化，认为观念、概念通过行为、工作、活动是可以转化为存在的。他写过一大段话："当然，存在的规定性并不是肯定地、现成地可以在概念中找到。概念与实在性和客观性是不同的。……可能的一百元钱（在概念中）与真实的一百元钱是不同的，这是人人都知道的，据此说不能由概念过渡到存在也是很容易被接受的。因为当我想象一百元钱的时候，我并未占有一百元钱。但是按照同样通俗的方式也可以说，我们必须抛弃想象……因为想象的东西总不是真的，想象中的一百元钱归根到底只是想象的。因此老停留在想象中，并不是健全的理智，什么用处也没有。只有愚蠢的人才沉陷在这样的幻想与愿望之中。

---

① 《哲学史讲演录》第3卷，英文本，第452页。
② 同上。

……如果一个人有了强烈的意愿要占有一百元钱，他必须动手去工作，以便获得这一百元钱；这就是说，他必须摆脱想象，不要老停留在想象里。这种主观的东西并不是最后的、绝对的；而真实的东西也不仅仅是主观的东西。我占有一百元钱，我就真正占有这一百元钱，我并且形成了一百元钱的真观念（真实具体的情况应该是这样）。但是按照康德的看法，我们老停滞在概念与存在的区别里；二元论是最后的，每一方面都被单独看作某种绝对的东西。对于这种错误看法，健康常识是反对的。每一个通常意识都超出了这种二元的看法，每一个行为、其目的都在于扬弃一个主观的观念，而使它成为客观的东西。没有一个人会愚蠢到像康德哲学那样；当一个人感觉到饥饿的时候，他绝不只是想象食物，而是想办法使自己吃饱。一切活动都是一个还没有存在的观念，而这个观念的主观性是要被扬弃的。"[1] 最后他又指出："在纯粹理性批判中，我们看到阶段的描述：自我作为理性和观念与在自我之外的事物，两者完全是彼此相异的，而这种相异却是最后的观点。动物不停留在这个观点，它实践地达到两者的统一。"[2]

上面破例地引证了一大篇，意思很清楚，黑格尔从行动、从实践出发，提出破除康德的二元论，达到主观与客观、思维与存在的统一的新论证。他不仅是从理论、从概念分析，而是从人和动物的实践去论证概念、思维可以过渡或转化为存在。列宁《哲学笔记》中有一段重要的话："观念的东西转化为实在的东西，这个思想是深刻的，对于历史是很重要的。并且从个人生活

---

① 《哲学史讲演录》第 3 卷，英文本，第 453—454 页。
② 同上书，第 455 页。

也可看到，那里有许多真理。反对庸俗唯物主义。"① 我们认为列宁用这段话来评价黑格尔对康德二元论的批评和通过实践观念转化为存在的理论，实在再恰当没有了。列宁所谓"这里有许多真理"，我想可以了解为：这里有观念与存在可以相互过渡的辩证法真理。当然无论如何也不应忘记，黑格尔是从客观唯心主义的基础上来谈思维与存在的转化和过渡，归结为思维与存在统一于思维，而列宁则是从唯物辩证法立场来解释和改造黑格尔的。

批判黑格尔关于思维与存在统一的论证

首先必须指出，关于问题的提法，恩格斯与黑格尔是不同的。恩格斯对问题的提法是从唯物主义出发，把唯物主义与唯心主义、反映论与不可知论尖锐地对立起来，而且有利于唯物主义的解答的。黑格尔对问题的提法是从唯心主义出发，模糊唯心主义与唯物主义的界限和斗争的尖锐性，而且有利于唯心主义的解答的。

恩格斯把"全部哲学的最高问题，即思维对存在，精神对自然的关系问题"了解为"究竟何者是第一性的问题"，并以尖锐的形式明确表述为："世界是由神创造的呢，还是世界本来就存在着呢？"按照恩格斯的问题提法，哲学的最高问题是唯物主义对唯心主义斗争的问题，是科学的唯物主义世界观，即承认"自然界是根本的起源"观点与神学的、唯心主义世界观，即"断定说精神先于自然界存在，因而归根到底这样或那样承认创世说的"观点的对立斗争。这个提法是有利于唯物主义解答的，

---

① 《列宁全集》第38卷，第117页。

因为凡是受过科学洗礼，反对神学和宗教迷信的近代人自然愿意赞成和选择唯物主义。

与此相反，黑格尔把思维对存在的关系问题了解为"解除思维与存在的对立，达到思维与存在的统一的问题"，或简单表述为"思维和存在的统一或同一性问题"，而这个问题只被恩格斯认作"思维对存在的关系问题"的"另一个方面"。黑格尔的意思是说，一切哲学家，特别是近代哲学家，都要解除思维与存在的对立，达到思维与存在的统一，不过"于解决这个对立时，哲学就分成两个主要的形式，一个是实在论的哲学体系，一个是唯心论的哲学体系"。好像只是着重在解决对立，达到统一的形式不同、方法不同、途径不同，而根本目的则完全相同。黑格尔根本没有把何者是第一性的问题明确尖锐地提出来，因而黑格尔就掩饰了唯心主义与唯物主义的不可调和的对立与斗争。尽管表面上抹杀两大阵营的对立与斗争，而黑格尔在他的《哲学史讲演录》里实际上还是毫不放松地对唯物主义作了不可调和的斗争。这是我们首先要予以揭穿的。

其次，恩格斯在表述"思维和存在的同一性的问题"时，也是服从于唯物主义对唯心主义斗争的利益，把这个问题解释为：（一）可知论问题："我们的思维能否认识现实世界呢？"（二）反映论问题："我们能否在我们关于现实世界的表象和概念中得出一个对现实的正确反映呢？"恩格斯在问题的提法中已要求并暗示出一个唯物的可知论和反映论的解答。与此相反，黑格尔无论在问题的提法上，和对实在论与唯心论内容的陈述上，都没有表达出丝毫可知论和反映论的影子。真正讲来，黑格尔所强调的和他所最关心的仍然是"解除对立、达到统一"这一个含有宗教意味和神秘主义意味的要求。他自己也公开说出了他注重克服对立寻求统一的宗教动机，他写道："正如宗教和宗教崇拜在于克服主观性与客观性的对立，同样科学，特别是哲学，除了通过思维以克服这种对立之外没有别的任务。"① 当然思维与存在的统一问题实质上必然包含有可知论与反映论问题，而黑格尔也曾用了很大的力气批判康德的不可知论。不过黑格尔的可知论诚如恩格斯所指出，只是肯定"思维能够认识那早先已是思维内容的内容"，这无异于说，思维能够认识概念（概念即早先已是思维内容的内容，因为黑格尔自己也说过，"真理就是思想的内容与其自身的符合"②），或者说，思维或绝对理念能够自己认识自己，这是与唯物主义的可知论和反映论根本相反的东西。

思维与存在、自然与精神、主体与客体的统一是贯穿黑格尔整个哲学体系，特别逻辑学体系的中心思想。在他的各种著作中，特别是在《逻辑学》、《精神现象学》和《哲学史讲演录》里，他提出各式各样的理论来论证"思维与存在的统一"这一中心观点。本文前面所阐述的黑格尔对唯物主义者、对贝克莱和康德的批判里，即已多少从正面评述了黑格尔自己关于思维与存在统一问题的理论和论证了。现在再比较集中概括地分作如下五点来给予批评的阐述。

（一）批判黑格尔"存在即被理解"的公式

上面已经提到，如果贝克莱主观唯心论的公式是"存在即被知觉"（esse est percipi），那么黑格尔客观唯心论的公式应该是"存在即被理解"（esse est intlligi）③；如果贝克莱说，"事物是观念构成"，那么黑格尔就说，"事物的本质是概念构成"。这

---

① 《小逻辑》，第 194 节附释一。
② 《小逻辑》，第 24 节附释二。
③ 参看《精神现学象》，英文木，第 161 页，英译者的注释。

是黑格尔的与唯物主义根本相反的客观唯心主义的一个主要论证，这个论证是从根本上反对反映论的。在《小逻辑》中，他首先说，"哲学的最高目的就在于……达到自觉的理性与存在于事物中的理性的和解，亦即达到理性与现实的和解"。① 在这里"和解"兼有统一和一致的意思。"自觉的理性"即主观的理性，"存在于事物中的理性"即指客观的理性，他在这里，把客观理性与现实等同起来，照他讲来，哲学的最高目的在达到主观的自觉的理性与现实——客观理性的统一或和解。这就是说，思维与存在的统一，被他了解为主观理性与客观理性的统一，也就是主观理性对于客观理性的认识或反映。主观理性所反映、所认识的既然是客观理性，这也就不是主观对外在客观事物的反映，而是理性对理性自己的反映、自己的认识了，因此他就取消了唯物主义的反映论。问题是他有什么理由把客观的存在或现实等同于客观理性呢？这是因为他认为，"凡是现实的都是合理的，凡是合理的都是现实的"，所以合理性与现实性可以等同起来。如果我们再问，你黑格尔有什么理由说整个现实世界都是合理的呢？他的答复只能是回到宗教说，因为这世界是上帝创造的，上帝就是理性。但是黑格尔又有什么理由说上帝是理性，上帝创造的世界是合理性的呢？这里马克思作了有力的驳斥："因为无理性的世界存在，所以上帝存在。""谁本人是无理性的，对于他上帝就存在。或换句话说，无理性就是上帝的存在。"② 理性应该是深入反映客观实在的内在联系和运动发展的规律的主观认识能力，不能把事物的客观规律与主观的反映能力理性混淆起来。不能脱离唯物主义的反映论去谈思维与存在的统一，不能以主观理性与所谓客观

① 《小逻辑》，第6节。
② 马克思：《博士论文》，附注，人民出版社1973年版，第95页。

理性的和解或统一去偷换唯物主义意义的思维与存在的统一。

同样的意思，黑格尔重复了千百次，试看下列各条：

1. "说知性或理性在世界内，实无异于说客观的思想构成世界的核心。"① 客观思想即概念，核心即本质，实际是说，概念构成事物或世界的本质。

2. "思想或客观思想是世界的内在本质……理性是世界的灵魂，理性居住在世界中，理性构成世界之内在的固有的深邃的本质，理性是世界的共相。"② 简单说来，思想、理性、概念（共相指概念）构成世界的内在本质。

3. "思想不惟构成外界事物的实体，而且又构成精神现象的普遍实体。"③

4. "纯概念就是对象的核心与命脉，正如它是主观思维本身的核心与命脉一样。"④ 这条与前一条词异而义同。是说思想或纯概念是精神世界和物质世界，是主观思维和客观对象的共同本质。所谓实质、核心、命脉都可作"本质"解。

5. "当我们谈到事物时，我们就把它们的本性或本质称为它们的概念，而概念只是对思维而言的。"⑤ 这条明白说，事物的本性或本质是概念。说"概念只是对思维而存在"，意谓无思维，概念就不存在，无思维、无概念则事物的本质也就没有了。

6. "思维和思维的规定并不外在于思维的对象，而乃正是那些对象的本质，换言之，事物和对于事物的思维自在自为地是

---

①　《小逻辑》，第 24 节。

②　《小逻辑》，第 24 节附释一。

③　同上。

④　《逻辑学》，第二版序，《十八世纪末——十九世纪初德国哲学》，商务印书馆 1960 年版，第 256 页。

⑤　同上书，第 255 页。

一致的。思维在它的内在规定性里（即思维的内在本质）和事物的真正本质是同一个内容。"① 这段前一部分与前几条引文相同，已经解释过了。后一部分，所谓"事物"即存在，"对于事物的思维"即概念，意谓两者根本上是一致的，亦即"存在即被思维或被理解"的意思。说思维的内在本质和事物的真正本性是同一个内容，即是说概念、纯概念构成思维、主体和事物、客体的共同本质。

上面所列举的六条引文，充分说明黑格尔的基本公式："存在即是被理解"，"事物的本质是概念构成"。不被理解的东西，也就没有存在。譬如，在他看来，康德的物自身就是不被理解的东西。如果承认"物自身"的话，那也只能以"思想物"的身份而存在。所以他说："即使这些被假定为处在我们的彼岸，处在关于它们的思维的彼岸而作为另一极端的事物（按指物自身——引者注），其本身也是思想物，并且只是完全无所规定的一种思想物——即空洞抽象的所谓，'物自身'。"② 事物的本质既是概念构成，那么认识事物的本质并不是向外反映事物本身的性质、规律，而是回复到认识内在于事物本身的思想、概念或理性。归根到底，认识事物的本质是主观思维认识客观思维、主观理性认识客观理性、主观概念认识客观概念的过程，亦即思维自己认识自己，或绝对理念自己认识自己的过程。在我们看来，黑格尔想用这种唯心主义的方法达到思维与存在的统一，实在是徒劳，因为他始终没有跳出思维的圈子，没有真正地唯物地掌握客观存在，达到真正的思维与存在、主观与客观的统一。

---

① 参见《逻辑学》，第二版序，《十八世纪末——十九世纪初德国哲学》，商务印书馆 1960 年版，第 264—265 页。

② 同上书，第 318 页。

（二）黑格尔"思维包括存在与思维两个环节"的公式批判

黑格尔虽然主张"存在即被理解"、"事物的本质是概念构成"，但他并没有把存在与理解或思维、事物与概念等同起来，就靠他认绝对思维或绝对理念为思维与存在两环节的统一的公式，可以简化为思维—存在—思维的公式。这种把两个对立的环节统一在自身内的真理，他叫做"理性的思辨真理"。他说："理性的思辨真理即在于把对立的双方包含在自身之内，作为两个观念性的环节。"① 这也就是辩证统一的真理，因为黑格尔所要求的统一始终是辩证的统一，有区别、有对立、有矛盾的统一。他有一段比较重要的话说："譬如，我们说，绝对是主观与客观的统一。这话诚然不错，但仍然不免于片面，因为这里只说到绝对的统一性，也只着重绝对的统一性，而忽略了，事实上在绝对里，主观与客观不仅是同一的，而又是有区别的。"② 这里"绝对"应了解为绝对理念或绝对思维。他承认主观与客观、思维与存在有区别、有对立，但统一主观与客观的区别的仍然是主观，扬弃思维与存在的对立的仍然是思维。这个把对立的双方包含在自身之内作为两个组成环节的就是"绝对"、"绝对思维"或"绝对理念"。

这个思维包含存在的公式还有很明确的表达："在理念的否定的统一里，无限统摄了有限，思维统摄了存在，主观性包含了客观性。……这种包含着对方的思维、主观性、无限性必须与那由判断着规定着自身的过程中被降低成片面的思维、片面的主观

---

① 《小逻辑》，第 82 节附释。
② 同上。

性、片面的无限性相区别。"① 这表明黑格尔所了解的思维与存在的统一，不是思维排除存在、主观性排除客观性的统一，当然也不是思维等同于存在、主观性等同于客观性的统一，而是主观性、思维统摄或包括存在、客观性于自身内的统一，同时也不是"静态的、抽象的、呆滞的同一"，而是"在理念的否定的统一里"。所谓"否定的统一"，即通过否定对方、扬弃对方而达到辩证统一的意思。

　　黑格尔的结论是：思维与存在是统一的，但是统一于思维，思维是全，存在被统摄在思维中作为一个环节。他这种客观唯心主义观点是与主张物质统一性的唯物主义观点根本对立的。所以他反对思维与存在统一于实体的唯物主义说：既然"理念的统一是思维、主观性和无限性，因此本质上须与作为实体的理念相区别"。② 这是指须与斯宾诺莎式的唯物主义的实体观相区别而言。斯宾诺莎认为思维与广延的对立统一于物质性的实体或自然。这是主张思维与存在统一于存在或实体的重要的唯物主义观点，而黑格尔即提出思维统摄存在，思维与存在统一于思维的客观唯心主义，以与唯物主义的思维与存在的对立统一观相抗衡。

　　针对黑格尔的思维与存在统一于思维的客观唯心主义一元论观点（这观点归根到底是宗教的创世说的哲学改装），我们应该提出思维与存在统一于存在的一元论辩证唯物主义观点去否定它。对于这个观点，斯大林曾作了简明而深刻的表述："统一而不可分的自然表现在物质的和观念的两种不同形式上；统一而不可分的社会生活也表现在物质的和观念的两种不同的形式

----

① 《小逻辑》，第 215 节。
② 同上。

上，——我们应该这样去看自然和社会生活的发展。"① 斯大林的提法恰好把黑格尔的唯心观点颠倒过来。我觉得把斯大林这段话理解为思维（观念）与存在（物质）对立的统一，而统一于存在（自然和社会生活）的基础上，更足以见得这种观点既是唯物的，又是辩证统一的，而且正好把黑格尔头脚倒置的唯心主义公式倒转过来，推翻了并且代替了黑格尔关于思维和存在统一的唯心主义公式。

（三）黑格尔的"思维—存在—思维"的公式批判

黑格尔论证思维与存在的统一另一个重要公式就是："思维—存在—思维"的公式。这个公式最突出地表现在他把整个哲学体系划分为三部分：一、自在自为的理念——纯理念，逻辑研究的对象。二、理念的他在或外在化——自然，自然哲学研究的对象。三、理念由他在而回复到自身——精神，精神哲学研究的对象。第一，所谓纯理念即纯思维；第二，所谓理念的外化或自然，即存在；第三，所谓精神即具体的、得到实现的思维。所以他的整个哲学体系是按"思维—存在—思维"这一唯心主义公式安排的。这是脱离实际的公式，仍然是以上帝（思维、理性）创造世界为根源的。

他常引证《圣经》所谓"击伤的是他的手，医伤的也是他的手"② 以比喻引起思维与存在的对立的是思维，而解除对立，"赢得统一"、"回复到统一"的根本动力也是思维。他就这样论证他的"思维—存在—思维"的公式。实际上对立和矛盾先存在于客观现实中。人的主观上的矛盾都是事物、存在的矛盾的反

---

① 《斯大林全集》第 1 卷，人民出版社 1954 年版，第 289 页。
② 《小逻辑》，第 24 节附释三。

映。思维主要的作用在于能动地具体反映和分析客观存在的矛盾，只有在反映的基础上，才可能反作用于客观存在，引起矛盾，解除矛盾，赢得统一。

黑格尔认为"理念——是具体的，因为它是自己决定自己，自己实现自己的自由的总念"，而且是一个"经过否定的过程或矛盾发展的过程以回复其自身的主观性"。① 理念、思维所以是自决的、自由的概念，因为它是凭借对方（存在）以实现自己，否定对方以回复自己的主观性。换言之，思维辩证发展公式是从思维中来，回到思维中去，存在处于第二性的地位。这是典型的唯心辩证法。与此相反，我们知道，真正的现实的存在和认识发展过程应该是"存在—思维—存在"、"实践—认识—实践"，循环往复以至无穷的过程。

以上简单评述了黑格尔论证思维与存在统一的三个客观唯心主义公式。第一个公式，"存在即被理解"的公式，这个公式是论证认识是理性、思维、理念自己认识自己的过程的，其目的在反对反映论。我们应该用唯物主义反映论的武器去批判它。第二个公式，认为"思维包括思维与存在两个环节于自身内"，这就是认为思维和存在统一于思维的公式，这公式是以思维的统一性从根本上反对物质统一性原理的。我们应该根据斯大林所阐明的统一而不可分的自然和社会生活表现在物质的和观念的两种不同形式上的根本原理作为武器去批判它。他的第三个公式，即"思维—存在—思维"的公式，是根本与辩证唯物主义哲学的实践性相反对的。我们应该高举起毛泽东同志《实践论》的红旗，以实践—认识—实践的公式作为武器去批判它。

上面所评述的黑格尔的三个公式是彻头彻尾的唯心主义公

---

① 《小逻辑》，第 213 节。

式，从辩证唯物主义看来，这三个公式完全是头脚倒置的。不是
"存在是被理解"，而是人的理解、概念是存在的深化的反映；
不是思维与存在统一于思维，而是思维与存在统一于存在的基础
上；不是思维—存在—思维的公式，而应是存在—思维—存在和
实践—认识—实践的辩证发展过程。

（四）　批判黑格尔论达到思维与存在统一的两个途径

黑格尔在评论康德对于证明上帝存在的理论时，目的固然在
证明宗教中上帝的存在，以维护统治阶级的传统信仰，但他已集
中其兴趣在论证思维和存在的统一问题。然而从我们看来，他用
思维与存在统一的原理来证明上帝的存在是完全无济于事的，但
他却从唯心辩证法出发，对思维和存在的统一提出了新论证。正
如马克思很幽默地指出的那样：黑格尔对上帝存在的态度有些
像：一个辩护人因明知被告不免于死罪，乃先自己把他杀死。①
所以我们撇开他的上帝证明，而看他如何论证思维与存在的统
一。

黑格尔指出，"要达到这种统一〔据上文，这是指概念（或
思维与存在）的统一——引者注〕，可能有两个途径或形式，我
们可以从存在开始，由存在过渡到思想的抽象物，或者，相反
地，可以从抽象物出发而实现为存在"。② 这是说，要达到概念
与存在的统一，可以采取从存在上升或过渡到概念、思维的途
径，也可以采取从概念出发，把概念实现为存在的途径，用形而
上学名词讲，前一途径叫做"宇宙论的证明"，后一途径叫做
"本体论的证明"。我们这里只去寻找黑格尔关于思维与存在统

① 参见马克思：《博士论文》附注。第 93 页。
② 《小逻辑》，第 50 节。

一的论证。

黑格尔在说明前一途径时写道："思想之超出感官世界，思想之由有限提高到无限，思想之打破感官事物的连锁而进到超感官的飞跃，凡此一切过渡都是思想自身，而且也只是思想自身的活动。如果没有这种过渡或提高的过程，那就是说没有思想。"① 他并且指责康德否认这种过渡，而且也反对了康德对休谟不容许这种过渡的指责。因为"照休谟的观点……不容许从知觉中去演绎出普遍性与必然性"。② 而且他进一步指出这种过渡的辩证过程说："对经验世界加以思想，本质上实即是改变其经验的形式，而将它转化成为一个共相。所以思想对于其所出发的经验基础同时即展开一否定活动；感官材料经过思想凭借共相加以规定后，已不复保持其原来的经验形状了。"③ 这都足以表明黑格尔反对康德割裂思维与存在并否认其过渡，反对休谟停留在知觉阶段的经验主义，不容许由知觉过渡到概念。他并且肯定了由存在到思维、由知觉到概念的辩证地过渡和飞跃。这里是包含着合理因素的。

但是这种合理的思想仍然为他的唯心主义所束缚。由于片面强调认识的能动作用，他说："欲发现事物的真理，单凭注意力和观察力并不济事，必须发挥主观的活动（Tätigkeit，也可译成"能动性"——引者注），借以将呈现在当前的材料加以形式的改变。"④ 于是他就硬说，由存在到思维，由知觉到概念，"凡此一切的过渡都是思想自身，而且也只是思想自身的活动"。这种说法不仅使思维脱离实践，而且也就根本否认了存在和感觉在认

----

① 《小逻辑》，第 50 节。
② 同上。
③ 同上。
④ 同上书，第 22 节附释。

识中第一性的地位。思维活动，尽管很重要，有重大的作用，但总是一种反作用。不能说，一切认识的过渡、提高、发展，"只是思想自身的作用"。这样，他就又陷入把认识过程归结为思维自己认识自己的过程的唯心主义泥坑。

关于思维与存在统一的另一个途径，黑格尔指出，"便是从思想的抽象物出发，以达到特殊的规定"。康德二元论的形而上学的思想，则"认为在经验事物中既寻不出普遍概念，反之，在普遍概念中亦不包含有特殊事物"。① 黑格尔仍然就康德割裂思维与存在时所举一百元钱的例子进行分析批判。黑格尔对康德的答复，分为三点：第一，思维概念内容丰富，存在这一范畴，内容抽象、贫乏，由丰富范畴可以推出抽象贫乏范畴，故思维必包括存在。第二，思维（例如一百元钱的观念）与存在（例如真正的一百元现款）虽有区别，但可通过实践努力，使思维实现为存在（这一论证仅见于《哲学史讲演录》论述康德一章中）。以上两点，前面业已评论过，这里不再重复。第三，黑格尔认为只有"上帝的概念即包含它的存在。这种概念与存在的统一构成上帝的本性"，因为上帝"这一对象便与一百元钱的对象根本不同类"。② 所以黑格尔认为从上帝的概念可以推出（或过渡到）上帝存在，而单从一百元钱的概念就推不出一百元钱的真实存在。他说，这因为"其实，事物在时空中的存在与其概念的差异，正是一切有限事物的特征，且系唯一的特征"。③ 他还说过意思与此相同的话："唯有上帝才是概念与现实的真正符合。但一切有限事物，皆自在地都具有一种不真实性，因为凡物莫不有其概念、有其存在，而其存

① 《小逻辑》，第51节。
② 同上。
③ 同上。

在总不能与其概念相符合。"①

可分两点来批评：第一，黑格尔说，"上帝的概念即包含它的存在"，只有从上帝概念才能推出它的存在来，或者只有上帝的概念才与它的存在统一或符合。这就是对于上帝存在的本体论证明。这个证明无非是说，上帝即是概念，而且是最丰富、最完善的概念，因此必然包含存在。与此相反，我们说，概念应是客观存在的反映，上帝既然没有客观存在，只是人们的迷信和头脑中的幻想，故上帝的概念也不是客观存在的反映，因而是最空洞、虚无、贫乏的概念。其次，说到有限事物的存在与它们的概念不相符合。这里的"概念"是"本性"的偷换。这无非是说，有限事物的本性本来先天地是完善的，而它们的存在永远不能完善实现其本性，因此这种概念与存在、本质与现实的矛盾，就成了"一种推动力量"。每个有限事物（譬如人）都须不断努力以实现其完全的本性。我们承认事物是有本质或本性的，但概念应是事物的本质的反映，它本身不是事物的本性。认识事物的本性须从它们的生活和发展规律、外部内部的联系等种种方面着手，我们不能先验地形而上学地预先肯定事物有永恒不变的完善的本性。每个事物有其一定的目的、任务、使用、作用，这随具体时间、地点、情况、岗位而有不同，脱离具体条件、而谈事物的本性，脱离阶级和社会条件而谈人的本性，不惟是唯心主义的，而且是形而上学的思想。

（五）批判黑格尔论通过主观性与客观性之相互过渡和双重扬弃以达到思维与存在的统一

此外黑格尔还提出由主观过渡到客观，由客观回复到主观的

---

① 《小逻辑》，第 24 节附释二。

辩证过程以论证思维与存在的统一。他认为科学和哲学除了凭借思想以克服主观性与客观性的对立外，没有别的职责。知识的目的即在于排除掉那与我们对立的客观世界之生疏性，换言之，即在于达到主观与客观的统一。他指出，这有两个过程：一方面，"我们应该说主观性自身既是矛盾发展的，它就会突破它的限制，通过推论（作过渡、推移解——引者注）以展开它自身进入客观性"。① 又说，"那最初仅是主观的概念，无须借助于外在的物质或材料，按照它自身的活动，即可向前进展以客观化其自身"。② 这是主观性要向客观性过渡以达到主客观统一的过程。另一方面，"同样客体也并不是死板的，没有变动过程的。反之，它的过程即在于证实它自身同时是主观的，并形成到理念的进展"。③ 所以他认为主观性与客观性本身有向对方过渡的必然趋势，这也就是要求思维与存在的统一的趋势。

黑格尔把主观性与客观性相互过渡的根源放在作为概念的"目的活动"和意欲活动里。他指出目的活动的主要特点，"乃是两极端的否定。……一方面否定了表现在目的里的直接主观性，另一方面否定了表现在手段里或假定的客体里的直接的客观性"。④ 他进一步指出，"意欲确信主观性仅是片面的、没有真理的，同样客观性亦是片面的、没有真理的。……因为意欲的活动扬弃了这种片面的有限性，并扬弃了主观的便仅仅是并永远是主观的，客观的便仅仅是并永远是客观的这种坚执的对立性"。⑤ 我们看到，黑格尔从目的和意欲活动来谈主客观统一，实即是从

---

① 《小逻辑》，第 192 节附释。
② 同上书，第 194 节附释一。
③ 同上。
④ 《小逻辑》，第 204 节。
⑤ 同上。

实践来解除主客观的矛盾，而且在目的和意欲活动中，不仅是主观意欲和目的之满足，复有必须否定片面的主观性的一面，这都可以说是合理的因素，不过唯心主义者所注重的能动性是没有反映论做基础的，而且是"无须借助于外在物质或材料"的实践和能动性，因此只能是"抽象地发展了"的东西，是不能同辩证唯物主义所了解的现实的、革命的科学和社会实践混为一谈。

黑格尔还指出，目的活动对于主客观矛盾是一个不断克服、不断产生的无穷尽的矛盾过程，他说，"有限目的的活动……即是一种矛盾，将其在活动过程里所扬弃的主客观对立，又重新产生出来"。不过单就"目的之实现的本身所产生的结果"而言，则"片面的主观性与那貌似独立在外与主观对立的客观性，两者皆被扬弃了"。①

特别值得注意的是，黑格尔看到在认识过程里，通过扬弃片面的主观性与片面的客观性的双重运动，不唯达到主观与客观的统一，而且可以达到理论活动与实现活动的统一。我们引证下面一段重要的话："认识的过程一方面由于接受了存在的世界于自身内，于主观的观念和思想内，而扬弃了理念之片面的主观性。……另一方面，它又扬弃了客观世界的片面性，反过来，将客观世界仅当作一假相，仅当作一堆偶然的事实虚幻的形态之聚集而已。并凭借主观的内在本性（这本性现在被当作真正的客观性），以决定并陶冶这聚集体。前者就是……理念的理论活动。后者就是……意志或理念的实践活动。"② 这一段为唯心主义体系和唯心主义名词所笼罩的话里，却包含有合理的东西。首先，黑格尔虽然认为客观性或客体与存在有很大的区别，

---

① 参见《小逻辑》，第 212 节。
② 《小逻辑》，第 225 节。

后者是最低最贫乏的范畴，而前者则是概念论中的范畴。但我们可以肯定说，他关于主观与客观矛盾统一的学说，正是论证思维与存在统一这个中心思想的一个方面，甚至一个最重要的方面。其次，他认为认识活动包含着双重扬弃的辩证过程：不扬弃片面的主观性，便不能正确认识和反映客观世界，不扬弃客观世界的片面性，便不能按照意志和目的陶冶客观世界。因此可以说，他认为不扬弃片面的主观性，就不能克服主观唯心主义；不扬弃片面的客观性，就不能达到客观唯心主义。这种双重扬弃的理论也是服务于他的客观唯心主义的。当黑格尔说"由于接受了存在的世界于自身内，于主观的观念和思想内，而扬弃了理念之片面的主观性"时，他已为他要求主客统一的辩证法所逼迫在一定程度内承认了反映论。但也只是在"一定程度内"，或在"一定范围内"达到了反映论的近似，他的理念自己认识自己的唯心主义体系，是绝不容许与唯物主义反映论相混的。通过对于主观性的片面性和客观世界的片面性的双重扬弃而达到的主观性与客观性的统一，可以说是在唯心主义的基础上达到了主观与客观、思维与存在的对立统一、辩证统一，而不是两者的抽象等同一或模糊混一。诚如，黑格尔自己所说，"理性出现在世界上，具有绝对信心以建立主观性和客观世界的同一，并有能力以提高这种确信使成为真理"。①

最后必须指出，黑格尔这个从主观性过渡到客观性、从客观性回复到主观性的说法，仍不外是"主观—客观—主观"这个唯心主义公式。至于所谓理念对于它的主观性的片面性和客观世界的片面性的双重扬弃与克服，实际上他是把主观性与客观性看成是包括和统摄在理念（主观性、思维、理性）里面的两个相

---

① 《小逻辑》，第224节。

互过渡、互相扬弃的环节。最后他所谓理念的理论活动和理念的实践活动统一，而这种统一就是他所谓绝对理念。所以他说，"绝对理念首先是理论的和实践的理念的统一"。① 换言之，他从主客观的统一，进一步还企图达到知与行、即理论与实践的统一。然而知与行，即理论与实践也只是统摄在绝对理念之下的两个环节。他这种讲法是根本违反《实践论》的原则的。他所讲的统一，与毛泽东同志从唯物主义的认识论、实践论出发所达到的主观和客观、理论和实践、知和行、具体的历史的统一有很大差距，与毛泽东同志所指出的"实践、认识、再实践、再认识，这种形式，循环往复，以至无穷"的认识的辩证过程，也有不小距离的。我们应该掌握毛泽东思想的武器，去批判黑格尔的客观唯心主义和唯心辩证法。

（原载《哲学研究》1960 年第 4—5 期）

---

① 　参见《小逻辑》，第 236 节附释。

《精神现象学》译者导言

一 《精神现象学》一书的写作经过
和作者当时的政治态度

《精神现象学》一书是黑格尔于 1805 年冬天开始动笔写，于 1806 年 10 月 13 日耶拿大战前夕的深夜最后完稿的。这书的长序是 1807 年 1 月写成的。全书除最末论绝对知识部分是根据他几年前的旧稿①补充整理而成之外，基本上可以说是在一年时间内一气呵成的。也就是由于这种情况，这书前几部分写得较从容，分析也较细致，及写到末后部分时，因拿破仑进攻普鲁士的战争快要爆发，又因与出版家订有合同，必须在 10 月中旬交完全部稿件，不然，印数就将由 1000 册减到 750 册，稿费也将随之减少，所以本书后一部分是在这样紧迫的情况下写出的，因而分析较少，纲要式的话较多，有时特别晦涩费解。

这书虽是匆匆一年内写成，不过也还是经过相当长时间的酝

---

① 这部分的旧稿原稿，被荷夫麦斯特收进他所编的《黑格尔的现实哲学片断》中，见该书第 1 卷，第 259—268 页。

酿。黑格尔早在 1802 年就计划要写出一部系统的著作，在当时给友人的信中还约言打算在 1805 年秋天出版。事实上他酝酿很久，迟至 1805 年他升任耶拿大学副教授时才开始写。他原来预计要写一部叫做《一个思辨哲学的体系》，这个体系共包含四个部分，即：（1）精神现象学；（2）逻辑学；（3）自然哲学；（4）精神哲学。他预定以"精神现象学为这个体系的第一部"，而以"逻辑学和两门具体的哲学科学：自然哲学和精神哲学为第二部"。① 所以在 1807 年初版的《精神现象学》封面上印有"科学的体系，第一部，精神现象学"等字样。由于他的《逻辑学》（即《大逻辑》）后来写成时，部头很大，独立成书，而 1817 年在海岱山大学任教期间他才刊行他的《哲学全书》，包含逻辑学（即《小逻辑》）、自然哲学、精神哲学三大部门，这才完成了他当时计划要完成的体系。

由于按照黑格尔原来的计划，《精神现象学》是整个体系的第一部。这就提供我们一个线索，以了解《精神现象学》与《逻辑学》和其他部分的关系，以及它在黑格尔整个体系中的地位。由此我们可以看出来黑格尔的《精神现象学》具有海谋所说的三重意义，即"作为整个体系的导言、作为整个体系的第一部，并且作为一个自身的全体"。②

黑格尔《精神现象学》出版时，年 37 岁。在黑格尔生前没有出过第二版。当他于 1831 年正开始修订这书，仅改正了三十多页时，就因感染霍乱病去世，到 1832 年才出第二版。《精神现象学》虽未经过他的修订，但他在任纽伦堡中学校长时于

---

① 《逻辑学》，第一版序。
② 海谋：《黑格尔和他的时代》，1857 年柏林版，第 253—254 页。这是最早以资产阶级观点对黑格尔哲学给予全面批评介绍的有名著作。海谋对黑格尔主要持反对态度，也常有中肯可取的说法。

1808—1811 年为高中学生所讲的《哲学纲要》（原编者称为《哲学入门》）中，有短短的十多页，叫做"精神现象学纲要"。此外在 1817 年出版的《哲学全书》，第三环节："精神哲学"中（即第 413—439 节），黑格尔又对"精神现象学"作为主观精神的一个环节，加以短简的概述。这两处所谓"精神现象学"都只概括地重述了意识、自我意识和理性三个阶段的一些主要环节，省略了详细的分析，也省略了一些意识形态的阐述，根本没有把精神或主观精神各个环节以及宗教和哲学列入精神现象之内。但内容简明扼要，线索清楚，可以作为研究和了解此书的参考。但是我们反对有些讲黑格尔哲学的人因此就把 1807 年出版的这一巨册作为整个体系的第一部的《精神现象学》附在《精神哲学》内作为其中的一个环节来讲，同时我们也反对认为"精神现象学"与"精神哲学"没有差别的看法。

黑格尔的《精神现象学》是当时时代精神的反映，同时也通过哲学的方式表达了他自己在那个时期内的政治态度。黑格尔这时很关心政治局势，据说，他经常阅读当时政治中心巴黎和伦敦的报纸，在这书中他分析法国革命的"绝对自由和恐怖"是由前一阶段注重抽象理智、抽象的自由平等和个人权利的启蒙运动必然发展而来的，而绝对自由和恐怖又必然会过渡到它的反面，无自由、武力镇压和个人专制。因此他对于主观任性的自由和各式各样的个人主义，都在分析批判意识形态发展过程中指出其应该受到扬弃的历史发展过程，而强调伦理的国家和全体。但由于他这时还不是"官方哲学家"，当时德国也还没有一个真正统一的政府，他没有表示突出拥护普鲁士君主和贵族的保守思想。所以他采取比较接近资产阶级民主自由的态度。他不像费希特那样从道德家的立场，对当时的社会和人物之自私自利，采取诅咒和痛骂的态度（大家记得，费希特称当时为"罪恶完成的时代"，并痛斥当时的德国统治阶级说："年龄愈长的人，自私愈甚；地位愈高的人，道德愈卑"），而只是冷静地分析个人主义在意识形态上的来源，及其必然的后果和逐渐克服的过程。他对当时拿破仑征服德国的态度，可以从他于耶拿战争爆发的当天（1806 年 10 月 13 日），写给他的好友尼塔麦信中，看得很清楚。他说："我看见拿破仑，这个世界精神，在巡视全城。当我看见这样一个伟大人物时，真令我发生一种奇异的感觉。他骑在马背上，他在这里，集中在这一点上他要达到全世界、统治全世界。"①他幽默地和具有远见地称拿破仑为"马背上的世界精神"，这话包含有认为拿破仑这样的叱咤风云征服世界的英雄人物，也只不过是"世界精神的代理人"，他们的活动不只是完成他们的特殊意图，而是完成世界精神的目的。"当他们的目的达到以后，他们便凋谢零落，就像脱却果实的空壳一样。"②另一方面，也含有讽刺拿破仑的武力的意思，认为他只不过是"马背上的世界精神"。他暗示还有从别的方面体现世界精神的英雄人物。

此外，黑格尔对当时政治局势的态度和对德国前途的乐观展望，特别表现在 1807 年 1 月他给一个叫蔡尔曼的学生的信里。他写道："只有知识是唯一救星。唯有知识能够使我们对于事变之来，不致似禽兽一般，木然吃惊，亦不致仅用权术机智以敷衍应付目前的一时。惟有知识才可以使我们不至于把国家灾难的起源认作某某个人智虑疏虞的偶然之事，把国家的命运认作仅系一城一堡之被外兵占领与否，且可以使我们不致徒兴强权之胜利与正义之失败的浩叹。法国人经过革命的洗礼，曾经从许多典章制

<hr/>

①　黑格尔：《通信集》第一卷，1952 年荷夫麦斯特版，第 119 页。
②　黑格尔：《历史哲学》，三联书店 1956 年版，第 70 页。

度里解放出来……这种死的制度压迫法国人及其他民族的精神，有如枷锁。尤其值得注意的，就是法国的个人，在革命震动期间，曾经破除畏死之心，洗掉礼俗的生活，因为生死的念头在当时代大变革的时候，对于个人已没有什么意义。所以法国人所表现出来以反对其他民族的伟大力量，都是由于为这种精神所鼓舞。因此法国人就胜过了那还在朦胧中没有发挥出来的日耳曼精神。但是如果这些日耳曼人一旦被迫而抛掉他们的惰性，就会激励起来奋发有为。因而在他们接触和战胜外界事物的过程中，仍能保持其内心生活，也许他们可以超过他们的老师。"[①]

黑格尔这一大段话可以说是集中表明了他在著《精神现象学》这一段期间内的政治态度。第一他把"知识"当作"唯一救星"，这是与"精神现象学"以寻求"绝对知识"为意识发展的最后目的的思想相符合的。对于国家的灾难的来临，既不惊惶，也不悲叹，既不归咎个人，也反对用权术机智去敷衍应付。而主要只是依靠他从客观唯心主义出发所发现的一点历史发展的必然性和对世界精神，具体讲来，即日耳曼民族精神的认识与激发。对法国革命的解放意义，他不是从资产阶级革命的角度，而只是从发扬民族精神、洗掉礼俗生活的角度，有了一定程度的认识。但对日耳曼人革命解放的途径，却并无具体指示，只是抽象地说："如果这些日耳曼人一旦被迫而抛掉他们的惰性，就会激励起来奋发有为。……可以超过他们的老师。"这充分反映当时德国资产阶级的软弱性和虚伪性。虽然主观上对法国革命有所向往，但在实践上既不敢触动君主和贵族的阶级利益，也害怕人民群众的真正从"朦胧"中觉醒起来，因此他对日耳曼前途也只能表示一些唯心主义的乐观，只是相信渺茫的日耳曼精神，而没

---

① 黑格尔：《通信集》第一卷，第137—138页。

有现实的和实践的基础。

　　在此以前，在 1802 年他所写的《论德国的宪法》[①]一文中，他强调，真正的（资产阶级）国家，须有"共同的国家权力"，而国家的权力和国家的健康与团结力量的试金石不在太平安静的时候，而在对外战争的时候。他指出，当旧的日耳曼人太自由散漫，"个人隶属于全体只是在风俗、宗教、看不见的精神和一些主要的利益方面。在其余的地方，他不容许他自己受全体的限制"。他认为"一个国家要求一个共同的中心，一个君主和代议机构，把关于对外关系、战争和财政的权力集中起来。这样的中心又必须具有必要的权力以指导这些事务，以执行它的决定，以维系各个部门使从属于它"。而他指出，事实上"日耳曼的政治机构只不外是各个部门从全体中取走的权利和利益之总和罢了"。因此黑格尔断言，"按照国家的概念和国家权力范围的科学考察来加以规定的话，就可以看见，德国不能够真正地被称为一个国家"。

　　黑格尔认为，在过去，习俗、教育、语言、特别是宗教曾经是人民团结的主要纽带，而现在却被认作偶然的、不必要的方面，它们的分歧不能妨碍把人民群众组织成一个国家。因为"那些歧异的因素在近代国家中可以依靠政治组织的技术设法把它们保持在一起"。

　　他看见德国各邦的散漫，经不起对外战争的考验，甚至明确指出"德国不能真正地被称为一个国家"。他也认识到单靠旧时封建社会那种风俗习惯、宗教、教育、语言文字的统一，作为一个近代（资本主义时代）的国家是不够的，国家的统一主要要

————————————

　　① 以下各引文都引自：《黑格尔哲学选集》，1953 年纽约近代丛书本，第527—539 页。

靠政治、军事、财政权力的集中领导、执行的统一。因此他站在资产阶级立场鼓吹部分从属于全体，国家要有一个权力中心。他要求"这个权力的中心必须受到各族人民的尊重而得到稳定，必须在一个不变动的君主身上得到保证"。

在写《精神现象学》前后，黑格尔的政治见解和态度主要就是这样。这些政治见解和态度主要可以归结为三点：（1）对拿破仑表示一定程度的尊重，称他为"马背上的世界精神"。（2）对法国革命的"绝对自由和恐怖"，他当作客观精神所表现的一种意识形态予以辩证分析，指出其必然过渡的过程，并且对法国革命唤醒民族意识和个人从旧制度旧礼俗中解放出来有所认识。（3）对德国，承认当时"德国不能够真正被称为一个国家"，主张德国不能单独依靠风俗习惯、宗教、教育、语言的统一，要求在政治、军事、财政方面建立一个有领导、有权力的统一的君主政府。这些政治见解和态度仍然反映了当时德国资产阶级的软弱性，当然不是革命的，但和他晚年作为官方哲学家，应用他的一套逻辑去论证君主立宪，把普鲁士国家看作"地上神物"的保守态度，是有很大区别的。

二 "现象学"的来源和意义

《精神现象学》不仅是黑格尔本人的全部著作中最有独创性的著作，而且是在整个西方哲学历史上最富于新颖独创的著作之一。但是它不是从天而降的，它也有其来源和继承、发展过程。

最早提出"现象学"一词的，是代表德国启蒙思想、受过培根影响的一位哲学家朗贝尔特（J. H. Lambert 1728—1777）。他把 1764 年出版的著作《新工具》一书的第四部分，叫做《现象学或关于假象的学说》。"现象学"的目的据他说在于"系统化假象的种类（注意培根在《新工具》一书中将假象或偶像分为四种）借以避免错误，认识真理"。朗贝尔特认为假象还不是错误，假象中混杂着真理和错误。因此假象也不纯全是主观的。朗贝尔特虽首先提出"现象学"这个名词，但他的现象学只是"假象学"，还不是显现真理、显现本质的现象学。

　　其次，德国文学家和文学批评家赫尔德（Herder 1744—1803）在他的《批评的丛林》第四卷（1767）一书中曾说过："真正讲来，既然可见的美不外是现象，那么也就应该有一个关于美的现象的充实的伟大的科学：一个美的现象学，这门科学有待于第二个朗贝尔特来完成。"以后在 1778 年赫尔德又曾说过："视觉是最艺术的和最哲学的官能。这个官能是可以通过最细致的练习、推论、比较而得到改进和校正的。……因此只有在这意义下我们才会有一个正确的美和真的现象学。"这些话对于黑格尔的"精神现象学"都是有所启示的。

　　此外康德所著《自然科学的形而上学基础》（1785）一书，共分四章，即（1）运动学，（2）动力学，（3）机械力学，（4）现象学。不过这里所谓"现象学"是指把物质的运动作为现象或经验的对象来研究而言，与黑格尔的"精神现象学"没有什么关系。最重要的是当康德在 1770 年 9 月 2 日与朗贝尔特通信时，他初次提到"在形而上学之先，看来必须有一个特殊的、虽说仅仅是消极的科学'现象学一般'（phänomenologis generalis），以规定感性原则的有效性和限度。庶可以使得感性原则和关于纯粹理性对象的判断不致混淆起来"。① 他并且指出，这门科学只是一种初步的"入门的训练（propädeutische Disziplin）"。稍后，在 1772 年 2 月 21 日给马库斯·黑尔兹的信中，康德更具体地说到："现

---

　　① 《康德全集》第 9 卷，费利克斯·迈勒尔出版社版，第 71 页。

在我计划写一本书，这书的题目可以叫做：'感性与理性的界限'。我想这里面包含有两部分，一是理论的部分，一是实践的部分。前一部分包含有两编：1. 现象学一般。2. 形而上学：它的性质和方法。第二部分也分为两编：1. 情感和感性欲望的普遍原则。2. 伦理的最初根据。"① 很显然康德这里提到打算写的书。已经包含有他在很久以后才写成的《纯粹理性批判》（1781）和《实践理性批判》（1788）的雏形。《纯粹理性批判》中某些消极的、预备性的、划分感性和理性的界限的部分，当时康德打算划在"现象学一般'之内来处理。这就使得康德的"现象学"与黑格尔的"精神现象学"直接联系起来了。两者都涉及认识论，两者都有准备和导言的性质。但康德认为现象学的主要任务是划分感性与理性的界限，规定感性原则的有效性和限度，是从不可知论出发，是要限制经验知识的范围，把它限制在现象界，不许它过问本质或物自身。而黑格尔的精神现象学则是从现象与本质的统一性出发，目的在于通过现象认识本质，最后达到绝对知识。这就使得黑格尔的现象学根本不同于康德的现象学。而且康德到他后来《纯粹理性批判》一书定稿时，根本放弃了"现象学一般"这一术语。关于他所说的现象学材料只散见于《纯粹理性批判》中"先验直观学"和"先验辩证论"部分之内。

最后，还须论述一下费希特关于"现象学"的思想。在1804年的《知识学》中，费希特指出，知识学作为真理的学说和理性的学说，还须补充一种"现象学、现象学说或假象学说"作为第二部分。费希特的意思是说，知识学论证意识、自我是一切事实的本源，而现象学则应从意识或自我里派生出事实或推演

---

① 《康德全集》第9卷，费利克斯·迈勒尔出版社版，第100页。

出现象世界来。这个意思在费希特 1812 年的《伦理学说》里尤其明白，叫做“自我的现象学说（Erscheinungslehre des Ich）”。他问道：“当自我真正地、实际地在那里时，自我必须如何表现其自身？对这一问题的答复是：有一个自我的现象学说……你表现为这样，那么你就是这样；你没有表现为那样，那么你事实上就不是那样。”① 他又说：“真正的自我必须是一个客观化的、表现在定在中的概念，像圣经所说的，道变成肉身。”② 费希特指出现象学的任务是：“揭示出真我下降到形体世界的现象的完备形象，亦即提示真我的完备的现象学说。”③ 由这些材料看来，费希特所谓“自我的现象学说”与黑格尔所谓“精神现象学”意思已很接近。而且认为本质与现象、自我与自我的表现或现象是统一的，费希特与黑格尔也基本上相同。其次，现象学在费希特那里是由自我派生现象，或由“道”之变成“肉身”，“现象学”是“知识学”的补充，现象学是由本质到现象的研究，研究本质、自我之如何体现在现象界；这一点黑格尔也吸收过来，认为精神现象学是研究精神的自我显现的过程。不过黑格尔比较强调现象学是从现象去寻求本质；由普通意识达到绝对意识的过程和阶梯，现象学是导入逻辑学或本体论的导言或阶梯。而且，费希特只是看到了现象学的重要性，提示其性质和任务，而并没有像黑格尔那样把“精神现象学”发挥论证出来，形成一个大的体系。

　　“现象学”的意义在黑格尔看来，就是由现象去寻求本质。当人们观察事物时，总是由外以求知其内，由表现在外的现象以

---

① 《费希特选集》，1912 年莱比锡，哲学丛书本，第 6 卷，第 35 页。
② 同上书，第 36 页。
③ 同上书，第 40 页。

求把握其内在本质，这就是现象学的研究。黑格尔于规定现象学的性质时，强调意识在其自我发展或提高的过程中，意识使其自身的现象和它的本质相同一。他说："作为意识的精神其目的就是要使得它的这个现象和它的本质同一。"① 又说："意识在趋向于它的真实存在的过程中。"（按即由意识的现象趋向于它的本质的意思）它将"摆脱"它的异化或外化的形式，它"将要达到一个地点……在这地点上，现象即是本质"。这就是说，意识经过矛盾发展过程，达到它的现象和本质的同一。而人们研究、描述、分析意识由现象达到与本质的同一的过程，亦即由现象到本质的过程的学问就是精神现象学。

"现象学"另一个说法就是从事物在时间内的表现去认识本质。黑格尔说："精神必然表现在时间内，而且只要精神还没有掌握住它的纯粹概念（即本质），它就表现在时间内。"② 很明显，黑格尔所了解的精神现象学就是研究表现在时间内力图掌握自己的本质，但尚未达到对自己的概念理解的过程的科学。这也就规定了精神现象学具有研究精神或意识在时间中的发展史的性质。

马克思于批评黑格尔《精神现象学》一书时说到人的"最内在的潜伏着的本质……首先由于哲学按照人的存在、自我意识的异化的现象去加以研究，才揭示出来。那掌握这种知识的科学因而就叫做现象学"③。马克思这番话也明白告诉我们，从精神或自我意识的异化现象、人的实际存在去研究人的或自我意识的内在本质的科学就是现象学。换言之，现象学就是由现象去研究

---

① 《哲学全书》第 416 节，论"精神现象学"。

② 《精神现象学》，荷夫麦斯特本，第 558 页。

③ 马克思：《黑格尔辩证法和哲学一般的批判》，人民出版社 1956 年版，第 16 页。

本质的科学。

　　为了进一步了解黑格尔所谓现象学，还必须把"现象学"（phenomenology）与"现象主义"（phenomenalism）区别开。现象主义是一种主观唯心主义，它把本质与现象割裂开，它只研究现象，不研究现象所表现的本质，或者根本否认本质、物自体、实体的存在，或者只承认现象可知，不承认本质可知。休谟、康德、马赫主义者都是现象主义的代表，也是不可知论的代表。这种以主观唯心主义、不可知论、形而上学为特征的现象主义与黑格尔建立在客观唯心主义上的由现象认识本质的现象学是有显著区别的。

　　此外，指出黑格尔的精神现象学与现代以胡塞尔（E. Husserl，1859—1938）为创始人的资产阶级主观唯心主义流派"现象学"的区别有其现实的意义。首先，胡塞尔的现象学[①]是主观唯心主义的，他自称他的现象学为"先验的、现象学的唯心主义"，他认为"现实世界诚然存在，不过就本质来说，它的存在是相对于先验的主体性，只有作为先验主体性的意谓和意向的产物它才具有意义"。他的现象学是马赫派的纯经验说和新康德主义的概念的效准说的杂拌。而黑格尔的精神现象学则是属于批判发展康德而来的客观唯心主义，区别于"回到康德"的形而上学方法和不可知论的新康德主义。

　　其次，胡塞尔的现象学是先验的，而黑格尔的精神现象学则是从经验、从自然意识出发的，故他常自称为"意识的经验

---

　　① 本节关于胡塞尔现象学的讨论主要根据墨塞尔（A. Messer）：《德国现代哲学》，1931 年莱比锡版，第 89—94 页；华伯尔（M. Farber）：《现象学》一文，见儒尼斯（Runes）主编：《活着的哲学学派》，1958 年版，第 300—324 页；及费尔姆（Ferm）编，《哲学体系史》，1950 年纽约版，第 353—364 页。凡有引号的话都是从这些文章中引来的。

学"。而胡塞尔的现象学则自称为先验的"本质的科学"以与经验的"事实的科学"相对立。胡塞尔攻击"心理主义",提倡脱离经验、心理事实的"直观本质"或"洞见本质"的所谓现象学方法,而黑格尔则把心理学的和历史的考察与逻辑的发展联系起来。胡塞尔现象学方法有两个方面:一为"本质的还原",在对象方面排除特殊事实,还原到本质或本质联系。这就是有普遍性的、不在时空内、不依靠特殊事物的本质或共相。这些本质或共相是理想的客观的东西,有效准,但据说不同于柏拉图的理念,没有实在性。一为"先验的还原",即用淘汰或排除的方法,使个别意识的主体,去掉一切旧的成见、权威、信念等,还原到所谓"纯意识",先验意识,或先验自我。用这种先验的纯意识去直观或洞见那独立、永恒、普遍的本质,就是胡塞尔所谓"直观本质"("直观"这里是动词,意同于"洞见",亦可译作"直觉")。

第三,胡塞尔的现象学无疑地是形而上学的,是反辩证法的,反对对于事物的历史考察的,与黑格尔对精神现象的辩证的历史的考察(虽说是从唯心主义出发的考察)正相对立。它是脱离时间、空间、现象事实而直观本质的形而上学方法,与承认现象与本质的统一,通过现象去把握本质的黑格尔的精神现象学也是正相反对的。胡塞尔现象学派的人宣称,"现象学对历史的发展,对任何意义的知识的起源,不感兴趣",对于"现实的经验不感兴趣"。他们认为重要的是研究先验的本质和本质结构。作为反辩证法的形而上学方法,现象学派的人认为现象学与几何学是类似的科学,他们宣称"几何学和现象学都是研究纯粹本质的科学,不是研究现实存在的科学"。具体举例来说,例如:"一切物体都是有广延的"、"全体大于部分"、"知觉必定是对于某物的知觉"、"判断是没有颜色的"等等所谓"先验的"、"自明的"命题，就是胡塞尔式的现象学用直观本质的方法所得来的命题。

胡塞尔所谓现象学其实不是现象学，应该说是"先验的本质学"，或者说"直观本质之学"。他所谓"现象"，并不是在时空中的自然现象或意识现象，因为他反对心理主义和以"自然态度"来观察事物，他所谓"现象"是加引号的"现象"，是把自然和心理事实或现象加以抽象化，使脱离时空作为先验意识所直观的对象。黑格尔的精神现象学是要考察世界精神或绝对精神在时间中的显现阶段或形态，而胡塞尔的现象学是要使事物脱离时空，而先验地直观其本质。

所以一般讲胡塞尔现象学的人和讲黑格尔精神现象学的人很少把两者加以对比或联系起来看。不过胡塞尔的现象学派是现代哲学各流派中相当大而且有广泛影响的学派，其内容也相当复杂。特别是现代资产阶级哲学中的存在主义学派也受过现象学派很大的影响。有许多存在主义者和新黑格尔主义者都企图把存在主义与黑格尔主义结合起来以反对马克思主义。混淆黑格尔的精神现象学与胡塞尔的现象学，亦即混淆从客观唯心主义出发的、贯穿着辩证法的精神现象学和从主观唯心主义出发的、以先验的、形而上学方法为特征的现象学的企图，已逐渐出现。例如联邦德国的新黑格尔主义哲学家希林（Th. Haering），他在第三届黑格尔会议中所宣读的《精神现象学产生史》一文中，即认为黑格尔的"精神现象学只是某种预备性的东西。它的本质只包含一种接近于胡塞尔意义的对于精神的直观本质"。① 我们希望上面这一番关于胡塞尔现象学与黑格尔精神现象学的差别的考察，有助于驳斥希林这种混淆两种根本不相同的现象学的企图。

---

① 转引自卢卡奇：《青年黑格尔》，第515页。

三 "现象学"作为逻辑学的导言

前面已经提到，黑格尔最初把"精神现象学"当作他所谓"科学体系"的第一部分，并且提到现象学对逻辑学来说有其准备性或导言性的特点，这是黑格尔与康德对现象学的一个共同了解。因为以研究现象为对象的现象学和以研究本体、本质、实在为对象的逻辑学对比起来，当然前者只应是引导到后者的导言或准备。在《精神现象学》初出版时，黑格尔于 1807 年 5 月 1 日给谢林的信中，首先提到这书"作为第一部分，真正讲来只是导言"。不过，在黑格尔看来，他的"精神现象学"作为准备性或导言性的科学本身也就是一门科学，本身还可以成为完整的体系。黑格尔曾明白说过："这条到达科学的道路本身已经就是科学。"① 这正如学习游泳的过程已经就是游泳。黑格尔反对像康德那样，把现象学仅仅作为准备或导言，而不能作为逐渐达到本质、真理或绝对知识的阶梯。就"精神现象学"本身已经就是"科学"而言，它自己就是具有逻辑性、科学性的体系，而且是这个"科学体系"的第一部。这是黑格尔从现象与本质的统一出发，本质即表现在现象之中，通过现象的认识即可把握本质。所以现象学既是逻辑学的导言，它自身也是一个科学体系和科学体系的一部分。

黑格尔论证认识是一个发展的过程。一方面由最低级的知识即普通感性知识达到绝对知识或真正的哲学知识时，这"最初的知识必须经历一段艰苦而漫长的道路"②；另一方面认识的

---

① 《精神现象学》上卷，中文版，第 62 页。
② 同上书，第 17 页。

"个体却又有权要求科学至少给他提供达到这种立足点所用的梯子"①。这里所说的"立足点",就是指科学的立足点、绝对的知识而言。"精神现象学"之所以具有导言或入门的性质,就因为它的任务是提供一把"梯子"以引导那最初知识、普通常识或一般求知的人通过艰苦而漫长的道路,逐渐达到科学的立足点,达到绝对知识。现象学只是指出由低级知识达到绝对知识的矛盾发展过程,并且把"绝对知识"作为精神的一个现象、一种形态加以描述,而"逻辑学"则把"绝对知识"当作系统研究的唯一对象。在这意义下,故可以说精神现象学是逻辑学的导言。

　　"精神现象学"可以当作逻辑的导言来看,黑格尔在《小逻辑》中尤其有明白提示。他说:"在我的《精神现象学》一书里,我是采取这样的进程,我从最初、最简单的精神现象,直接意识开首,进而从直接意识的矛盾进展逐步发展以达到哲学的观点,完全从意识矛盾进展的历程以指示哲学观点的必然性。(也就因为这个缘故,当那书出版的时候,我把它认作科学体系的第一部分)……因为哲学的观点本身即是最丰富最具体的观点,乃是经过许多历程而达到的结果。所以哲学知识须以意识的许多具体的形态,如道德、伦理、艺术、宗教等为前提。"② 很清楚,这里所说的"哲学观点"、"哲学知识"就是精神现象学中最后最高阶段那种"绝对知识"。而哲学观点或绝对知识是从直接意识的辩证发展逐渐地必然地达到的,而且"须以意识的许多具体的形态,如道德、伦理、艺术、宗教等为前提",这就表明精神现象学何以是他所建立的"科学体系"(实即"哲学体系"亦即《哲学全书》的体系)的第一部分,因而可以把精神现象学

---

　　① 《精神现象学》上卷,中文版,第16页。
　　② 《小逻辑》,第25节。

作为逻辑学，以及整个《哲学全书》的体系的导言。不过，这样的导言在哲学史上讲是很别致的、独特的罢了。因为它本身就是一个体系，又是哲学体系的一个重要环节。

四 精神现象学作为意识发展史

在精神现象学中，黑格尔运用辩证的方法和发展的观点来研究分析人的意识、精神发展的历史过程，由最低阶段以至于最高阶段分析其矛盾发展的过程。精神现象学可以被认作"意识发展史"这一特点，恩格斯说得最为简单、明白、扼要。恩格斯说："精神现象学也可以叫做和精神胚胎学和精神古生物学类似的学问，是对个人意识各个发展阶段的阐述，这些阶段可以看做人的意识在历史上所经历过的诸阶段的缩影。"[①]

说到这里，必须区别开黑格尔对"意识"和"精神"这两个名词的狭义和广义的用法。狭义的意识只是精神现象学的最初阶段。它只是指"关于对象的意识"[②] 而言；就意识"关于它自己的意识"[③] 而言，则是自我意识。所以狭义的意识不仅和精神不同，而且和自我意识也有区别。但广义的意识则包括一切意识的活动，如自我意识、理性、精神、绝对精神都可以说是意识的各个环节。当黑格尔说"意识发展史"、说"意识的诸形态"，或者说精神现象学是"关于意识的经验的科学"时，都是指的广义的意识。至于狭义的"精神"则只是精神现象学中的第四个大阶段所论述的精神，这主要是指社会意识、时代精

---

① 《马克思恩格斯选集》第 4 卷，第 215 页。
② 《精神现象学》上卷，中文版，第 59 页。
③ 同上。

神、民族意识等群体性的意识而言。简言之，狭义的"精神"一般是指"客观精神"，而广义的精神，则包括意识、自我意识、社会意识、绝对精神等环节在内。贝利的英文译本，把"精神现象学"译成"心灵现象学"，把德文的 Geist（精神）一般译成 mind（心灵），意思就在于强调"精神"这名词的广义用法。广义的"精神"与广义的"意识"在许多地方是可以互用的。

诚如恩格斯所说："伟大的历史感"是"黑格尔思想方法……的基础"。① 黑格尔用历史方法研究意识的发展，把精神现象学当作"意识发展史"来研究。海谋在他的《黑格尔和他的时代》一书中，曾最早提到。海谋指出："犹如生理学提供由种子发展成果实、由卵子发展成有生命的存在的发展史。同样，精神现象学则企图提供由自然的意识，即类似胚胎的意识提高到高度有教养的、高度成熟的意识一个这样的发展史（Enturicke-lungsgeschichte）。"② 在这一点的认识上，海谋和恩格斯的看法很接近。不过海谋由于不懂得精神现象学的历史的东西与逻辑的东西统一的意义，他曾提出了一个错误的然而很著名的批评，他指责黑格尔意识发展史的研究把历史与心理学混淆不清了。他说："精神现象学是被历史混淆和搅乱了的心理学和被心理学搅乱了的历史。"③ 殊不知，一切心理现象、意识现象都同是意识的经验、经历和历史，都是本质的表现，都在寻求与自己的本质相统一。重要的是意识的经历和历史是有规律的、与逻辑的东西统一的。

---

① 参见马克思：《政治经济学批判》，人民出版社 1955 年版，第 179 页。
② 海谋：《黑格尔和他的时代》，第 236 页。
③ 同上书，第 243 页。

　　黑格尔本人在《精神现象学》的序言和导论中都曾说：
"精神现象学所描述的就是一般的科学或知识的形成过程。"①
又说："意识在这条道路上所经过的它那一系列的形态，可以
说是意识自身向科学发展的一篇详细的形成史。"② 这就更明
确说出精神现象学所论述的是意识获得科学或知识向科学发展
的发展史或形成史。黑格尔又把精神现象学概括为"关于意
识的经验的科学"③。他在这里以及本书中许多地方所谓"经
验"都是指"经历"或发展过程而言。换言之，"关于意识的
经验的科学"也可了解为"关于意识的形成史或发展史的科
学"。

　　黑格尔所以能够发挥出"意识发展史"这门学问也还是在
前人提倡号召的基础上提高发展而来的。最早，德国浪漫文艺理
论家希勒格尔（Fr. Schlegel, 1772—1829）曾提出"对人的精神
的真正的发生发展的研究实际上应该是哲学的最高任务"④ 的号
召。

　　席勒在他的《人的审美教育通信集》的第 24 封信里，把人
及人类的发展分为"三个不同的环节或阶段"。他提出这些阶段
"既是个人也是整个人类按照一定次序所必须经过的阶段。……
由于偶然的原因或由于外部事物的影响或由于人的自由任性，经
过这些阶段的期间，有时可以拖长，有时可以缩短，但没有人可
以完全蹦等越过，而且经历的次序既非自然、也非人的意志可以
使之颠倒"。这三个阶段是："人在他的自然状态中单纯忍受自
然力量的压迫；在审美状态中他把自己从自然力量中解放出来；

① 《精神现象学》上卷，中文版，第 17 页。
② 同上书，第 55 页。
③ 同上书，第 62 页。
④ 转引自荷大麦斯特本：《精神现象学》，出版者导言，第 XVII 页。

在道德状态中他支配自然力量。"① 据格罗克纳考据②，黑格尔在1795年曾读过席勒这书，在1805年冬着手写《精神现象学》的同时，又曾重读这书一遍。席勒这种认个人以及人类都按阶段次序必然发展的看法，显然对黑格尔的"精神现象学"作为人的"意识的发展史"是有所启发的。

费希特1804年到1805年冬在柏林所做的《当前时代的基本特点》讲演中，把人的"世间生活"或"人类逐渐教养的过程"分为五个时代，也可以说是"理性发展史"的五个时代："1. 理性无条件地受本能支配的时代：人类天真的状态。2. 理性的本能变成外在的强制的权威的时代：即确立礼教和典章制度的时代，所要求的是强制、盲目信仰和无条件地服从。这是走向罪恶的时代。3. 解放的时代：直接从统治的权威，间接从理性的本能和一般的任何形态的理性权威中解放出来。这是对于一切真理绝对漠不关心、完全无拘束、没有任何指导的时代；这是罪恶完成的时代。4. 理性科学的时代：在这时代里人们认识到真理是最高的东西，对真理有了最高的爱好。这是走向善的状态。5. 理性艺术的时代：在这时代里人们以确定无误的步伐正确地实现理性。这是善的完成和圣洁的状态。"③ 费希特企图描绘出人类的教养和理性发展的阶段，其提出的任务与黑格尔的精神现象学有相同之处。他的粗疏简略的"理性发展史"也恰好为黑格尔较系统的"意识发展史"开辟道路。

谢林在他的《先验唯心主义体系》里也说过："全部哲学应看成自我意识前进着的历史……为了确切和充分制定这个历史，

---

① 席勒：《审美通信集》，第24封信，见全集本第5卷，第450页。
② 格罗克纳：《黑格尔》第二卷《黑格尔哲学的发展与命运》，第406页。
③ 《费希特选集》，1912年莱比锡哲学丛书本，第5卷，第405页。

主要在于对历史的个别时期及每一时期中的个别环节，不仅要加以明确划分，而且又要表明它们彼此的次序，庶可见得任何有必然性的环节是不可以被躐等越过的，而这样就提供全体以一个内在的联系。"①

　　费希特和谢林都同黑格尔一样曾经揣想到要在唯心主义的基础上提出一个类似"精神现象学"的东西，或者叫做"理性发展的各个时代"，或者叫做"自我意识的前进历史"，或者叫做"意识发展史"。但是，费希特、谢林所以不能完成像"精神现象学"这样的体系，主要因为他们缺乏黑格尔的"历史感"和系统的辩证方法。所以尽管在黑格尔以前或同时，提出要研究意识发展史的任务的人很多，但都没有系统地发挥出来，而黑格尔的"精神现象学"体系的出现，又一次证实了他自己的有名的一段话："那在时间上最晚出的哲学系统，乃是前此一切系统的总结……将必是最丰富、最渊博、最具体的哲学系统。"②

　　我们知道，早在黑格尔以前，近代自然科学家就开始运用历史方法进行研究。黑格尔把精神现象学提出来作为"意识发展史"研究，也正是就当时德国思想界、哲学界的代表人物所提出的号召和任务给予比较系统的完成。从这一角度来看，黑格尔"精神现象学"的出现，运用了辩证法，发挥了历史观点，初步地发挥出逻辑的东西与历史的东西统一的理论，完成了当时哲学界提出的任务，是有其进步的意义和重大的功绩的。而且尽管从唯心主义出发的"意识发展史"与从历史唯物主义出发的"社会发展史"根本相反对，但我们还是可以说，在马克

---

　　① 《谢林选集》，1907年莱比锡版，第2卷。
　　② 《小逻辑》，第13节。

思主义以前，"意识发展史"的研究，对于"社会发展史"的
研究也有一定的启发作用。还必须指出，直到现在，对于人的
意识加以发生、发展的研究也仍然是必要的。不过像黑格尔那
样，脱离社会根源、物质基础，从意识决定存在的唯心主义前
提出发来研究"意识发展史"，把人的意识发展看成"作为实体
的普遍精神"的"自我意识"、"自我发展"和"自身反映"①，
而不是自然的、社会的客观现实发展的反映，这是不可能达到
真正有成果的科学的知识的。只有在历史唯物主义指导下和社
会发展史研究的基础上来作意识发展史的研究才会有正确的方
向。黑格尔精神现象学所提供的只是从意识到意识的发展，具
体说来，从意识到自我意识，从自我意识到理性，从理性到精
神，从精神到绝对精神的发展史，或者像他自己所说，只是普
遍精神自己认识自己的自我发展史。精神现象学中所包含的历
史发展方法和辩证方法是其合理内核，而它的唯心主义基础是
我们所要坚决反对的。

五 精神现象学作为意识形态学

德文"Ideologie"一字一般译作"意识形态"，也常有译作
"思想体系"或"观念体系"的。这个字不见于黑格尔的著作
中。但是精神现象学中所最常见的一个术语，就是"意识形
态"（die Gestalten des Bewusstseins，形态二字常以复数出现，
直译应作"意识诸形态"）这一名词。每一个精神的现象就是
一个意识形态，因此精神现象学也就是意识形态学，它以意识
发展的各个形态、各个阶段为研究的具体对象。用辩证方法从

---

① 参看《精神现象学》上卷，中文版，第18页。

发展观点来研究意识形态，这样就把意识形态学与意识发展史结合起来了。脱离了辩证法和发展史当然也可以用现象罗列的方式，根据心理的事实来研究意识形态，但这就不成其为"现象学"了。这样黑格尔的精神现象学既不是孤立地、现象罗列地研究诸意识形态，也不是单纯地从时间上去研究人的意识或心理生活的历史，而找不出它发展过程的阶段性和独特典型的形态。在这个意义下"意识形态学"所研究的意识现象既是独特的、个别的，又是典型的、有代表性的、体现了许多个人意识的共性，因此每一意识形态（gestalt）也就是一个典型的、代表一个类型（typus）的意识形态。或者像恩格斯所指出那样，意识形态"可视作人的意识在历史上所经过的诸阶段的缩影"。"缩影"二字生动地表明了每个意识的典型性。这种对于精神现象、意识形态和发展阶段的辩证的历史发展的研究，也就是历史与逻辑（辩证法）相结合、相一致的研究，使得精神现象学不同于单纯研究意识形态和意识现象的心理学，也不同于一般的心灵生活的历史研究。但是精神现象学必须取材于心理学和历史、特别是哲学史的资料（据传记材料，我们知道黑格尔在撰写《精神现象学》那一年内，同时第一次在耶拿大学讲授哲学史的课程）。所以书中谈到意识发展的形态和阶段包含有不少心理学材料，也自由利用了不少哲学史和历史的材料，由于贯穿着辩证的、历史的方法，就自成精神现象学的体系。因此我们不能同意海谋的批评，说黑格尔把心理学和历史搅乱了。

黑格尔自己在许多地方明确谈到意识形态是精神现象学研究的对象，我们可以引证来说明问题。在"序言"里黑格尔写道："精神自身既然是在意识因素里发展着，它既然把它的环节展开在意识因素里，那么精神的这些环节，就都具有意识的上述两方面的对立（指认识的主体与对象的对立），它们就都显现为意识形态。叙述这条发展道路的科学就是关于意识的经验的科学。"① 这就是说，精神现象学就是"关于意识的经验的科学"，而意识经验学的任务就是叙述精神的各个环节或者意识形态的发展和开展的道路。而且这表明精神发展或展开其自身的每一环节。每一阶段就是一个意识形态。所以黑格尔说："（精神发展过程的）全体的各个环节就是意识的各个形态。"② 在"导论"里黑格尔又指出："意识在这条道路上所经历的它那一系列的形态，可以说是意识自身向科学发展的一篇详细的形成史。"③ 从这句话看来，精神现象学作为"意识形态学"和作为"意识发展史或形成史"就结合起来了。

黑格尔还说道："这个意识形态系统，作为精神生命依次排列的整体（即上面所提到的精神发展各个环节的全体），就是我们在本书中要考察的那个系统。"④

现在我们有了充分的材料可以肯定地说，黑格尔的精神现象学所研究考察的是意识形态、意识形态的系统，也就是精神发展的诸阶段或诸环节。现在问题是黑格尔在精神现象学里所研究考察过的有多少种意识形态，或者有多少个精神发展的阶段呢？它们辩证发展的次序是怎样的呢？我们可以说：第一，有一些地方黑格尔自己也弄得不很清楚，第二，研究精神现象学的人，意见也很不一致。我们拟采取下列的分法：

第一，精神现象学可分为五个大阶段：（一）意识，（二）自我意识，（三）理性（以上三者属于主观精神的三个环节），

---

① 《精神现象学》上卷，中文版，第 23 页。
② 同上书，第 62 页。
③ 同上书，第 55 页。
④ 《精神现象学》，荷夫麦斯特本，第 203 页。

（四）精神（即客观精神），（五）绝对精神（绝对精神在本书中只有宗教和绝对知识两个环节，但按照《精神哲学》则绝对精神有艺术、宗教、哲学三个环节）。这个分法的好处，第一在于基本上符合精神现象学原来的分法，第二，把"精神现象学"的五阶段与"精神哲学"中的三阶段的分法，大体上结合起来了。[①] 困难只在于同黑格尔自己所制订的精神现象学目录表小有出入。因为目录表上既未出现主观精神、客观精神、绝对精神三大阶段，而且又把宗教和绝对知识与理性、精神并列起来。[②] 但是从黑格尔阐述精神现象发展的线索，并结合他较晚的"精神哲学"来看，我们这个分法，同这书的具体内容和逻辑发展的线索是符合的。

在谈到"宗教"这一阶段或意识形态时，黑格尔概括前面各意识形态的发展阶段时说："在前此所讨论过的诸（意识）形态里，这些形态大致区别为意识、自我意识、理性和精神，无疑宗教也曾经出现过作为绝对本质一般的意识。"[③] 从这段话里，可以明确看出黑格尔认为在"宗教"这一意识形态出现以前，精神发

[①] 我们这个分法基本上和苏联近来研究黑格尔精神现象学的同志很一致。请参看 М. Ф. 奥符襄尼科夫著《黑格尔哲学》，莫斯科 1959 年版，第 52 页，及 1959 年俄文本《精神现象学》Ю. Н. 达维多夫序第 XXX 页。

[②] 必须指出黑格尔的目录表，有许多麻烦和费解的地方。他用（A.）、（B.）、（C.）标明意识、自我意识、理性三阶段。同时又用（AA.）来表明理性本身，用（BD.）、（CC.）、（DD.）分别标明作为精神的理性，作为宗教的理性，作为绝对知识的理性。这样也有一定道理，即把理性当作精神现象学的中心，把后三者，都当作从属于理性的环节，但却不能表达在这里潜伏着的，在"精神哲学"中明白提出的客观精神与绝对精神的阶段性和差别性。拉松及荷夫麦斯特多少看出了这种困难，他们在所校订的版本中，除沿用黑格尔所用的拉丁字母标章节外，又用拉丁数目字 Ⅰ. Ⅱ. Ⅲ. …Ⅻ 等标成八章（本册译本的目录表也还是照样译过来的）。把两种不同的标章节的方法兼采并用，在我们看来，也还是有困难的。因此，我们这里划分阶段不纯以目录表为准。

[③] 《精神现象学》，荷夫麦斯特本，第 473 页。

展的阶段主要是：（一）意识、（二）自我意识、（三）理性、（四）精神（即客观精神）四大阶段。以后，他一方面把宗教和绝对知识当作精神发展的最后两个阶段或形态，另一方面，他又把宗教和绝对知识当作体现或实现绝对精神的两个环节。他说，宗教是绝对本质一般的意识，又说，在宗教里"表象的内容是绝对精神"①。这意思是说，宗教是通过表象（表象包括想象、神话、象征、形象思维等）去把握绝对精神，绝对精神只是通过表象体现在宗教里，而绝对知识、哲学则是通过纯概念去把握绝对精神，或者说，绝对精神是通过概念体现在绝对知识或哲学里。所以黑格尔写道："精神（这里应了解为绝对精神）的最末一个形态……就是绝对知识。绝对知识是在精神形态中自己认识自己的精神。"② 因此我们有充分材料足以表明黑格尔认为，精神发展的最后一个阶段是绝对精神，而宗教和绝对知识是体现绝对精神的两个环节或形态。在这里，逻辑或哲学所研究的中心内容或对象绝对知识也仍然是精神现象学所描述的意识形态之一。

明确了精神现象学主要分为五个大阶段后，至于每个阶段中又分作若干环节和意识形态，黑格尔自己也有分辨得不够清楚的地方，而且有的详细、有的简略、有的重、有的轻，也很不平衡。而且他于描写这一意识形态到另一意识形态的过渡也多矫揉造作的地方。解释黑格尔的人也从来没有一致的看法。布洛赫（Ernost Bloch）在他的《主体—客体》③ 一书中，勉强机械地把精神现象学分成十四个发展阶段，依次一一加以列

① 《精神现象学》，荷夫麦斯特本，第549页。
② 同上书，第556页。
③ 布洛赫：《主体—客体》，1952年柏林版，第72—100页。

举，也无可取之处。我们现在也暂不去研究。现在只谈三点：
（1）黑格尔在《小逻辑》里，明白指出："哲学知识须以意识
的许多具体的形态如道德、伦理（属于客观精神的形态）、艺
术、宗教（属于绝对精神的形态）等为前提。"① 足见道德、
伦理、艺术、宗教等都被黑格尔认作意识形态，都被认作可以
导至哲学或绝对知识的前提。至于"精神现象学"中黑格尔何
以没有把艺术提出来作为"绝对精神"的三个环节之一，这有
两个解释：第一从"精神"的最末阶段道德过渡到宗教，逻辑
上和文化发展上比较顺便。第二则因黑格尔在耶拿时期还未发
挥出他的美学思想。直至 1817 年在海岱山时，他才第一次讲
授"艺术哲学"。（2）第一阶段"意识"的发展有感性确定
性、知觉、知性三个环节。这三个环节固然可以被认作三种意
识形态，但它们都与后面各种意识形态如道德、伦理、宗教等
很不相同，因此，黑格尔很少称它们为"意识形态"，而称为
"意识的诸方式：意谓、知觉和知性"②。（3）《精神现象学》
书中描写某些意识形态特别突出鲜明，对于矛盾的分析也较成
功，如对相等于奴隶社会的"主人与奴隶"关系的转化的分
析，对代表近代思想的如浮士德式的追求快乐的意识形态
（"快乐与必然性"），对堂吉诃德式的改革家的意识形态（"德
行与世界行程"）的分析，此外，如对自身异化的精神的分析，
像狄德罗在《拉摩的侄儿》小说中所描写的分裂意识以及对启
蒙运动的意识形态的分析，都是比较著名的篇章，值得特别注
意。

---

① 《小逻辑》，第 25 节。
② 《精神现象学》，荷夫麦斯特本，第 120 页。

六 《精神现象学》作为"黑格尔哲学的真正起源和 秘密"——马克思对《精神现象学》的批判

马克思特别注重黑格尔的《精神现象学》，曾称"精神现象学是黑格尔哲学的真正起源和秘密"①。在《德意志意识形态》中又曾称精神现象学是"黑格尔的圣经"②。马克思这些意味深长的断语应该怎样解释呢？

我们认为，说"精神现象学是黑格尔哲学的起源和秘密"与说"精神现象学是黑格尔的圣经"意思基本上相同。所谓精神现象学是黑格尔哲学的"秘密"，意思是说，精神现象学是理解黑格尔哲学的关键，是打开黑格尔哲学的奥秘的钥匙。什么是这种关键和秘密呢？这就是马克思所指出的黑格尔精神现象学的"最后成果"，这也就是"作为推动原则和创造原则的否定性的辩证法"③。④

---

① 马克思：《黑格尔辩证法和哲学一般的批判》，人民出版社 1955 年版，第 10 页。

② 参见《马克思恩格斯全集》第 3 卷，第 163 页。

③ 马克思：《黑格尔辩证法和哲学一般的批判》，第 14 页。

④ 值得注意的是，以写一册厚书叫做《黑格尔的秘密》（1865 年初版）的英国新黑格尔主义的创始人斯特林所发现的秘密和马克思所发现的秘密——"作为推动原则和创造原则的否定性的辩证法"——根本相反。斯特林写道："发现黑格尔的全部秘密"在于"十分清楚明晰地看见他的整个体系从康德的起源和生长"（第 80 页），新黑格尔主义者和马克思主义奠基人都要去发现黑格尔的秘密，马克思批判地找到黑格尔的秘密和合理内核在于他的辩证法。而斯特林却无批判地把黑格尔从康德那里发展出来的唯心主义体系作为黑格尔的"秘密"！顺便提一下马克思在给恩格斯信中曾两次提到斯特林：第一次，马克思意在说斯特林胆大，说"斯特林君不仅在书本中而且在报刊上敢对公众提及'黑格尔的秘密'——连黑格尔自己一定也不懂得——那你会理会到詹·哈·斯特林君可算作大思想家"。（《马克思恩格斯通信集》第四卷，第 67 页）其次，在另一封信里马克思评论道："斯特林……吸收了黑格尔的宗教神秘和意识神秘。……不过他认识黑格尔的辩证法，使他能够指正赫胥黎的弱点。"（同上书，第 352 页）这就是说，斯特林多少认识一点黑格尔的神秘的、唯心的辩证法，运用它从右边同进化论者、害羞的唯物主义者赫胥黎争论。

　　所谓"否定性的辩证法"表现在贯穿着"精神现象学"的"异化"或自我意识的异化这一概念上。马克思指出：精神现象学就是"按照实际人的存在、自我意识的异化的现象去加以研究"，因而"掌握这种知识的科学"①。换句话说，精神现象学就是研究自我意识的异化的现象的科学。马克思也洞见到精神现象学作为研究意识形态的科学，也就是以研究人或自我意识异化的各种不同形态为对象。他写道："人的异化所出现的各种不同的形态，也就只是意识和自我意识的不同的形态。"②

　　由于马克思抓住了精神现象学中所表达的"异化"——"否定性的辩证法"作为黑格尔哲学的秘密、关键和合理内核，他还进一步肯定"精神现象学里面包含有'批判的成分'"。尽管马克思指出精神现象学中"已经潜伏着黑格尔后来的著作中的无批判的实证主义和同样无批判的唯心主义"的"萌芽"，尽管马克思指出，"精神现象学是潜蕴着的、自身还不明白的和神秘化的批判"，但是他却独具只眼地发现了里面的批判成分说道："但是，只要精神现象学坚持人的异化，纵使人只表现为精神的形态——则在它里面便潜伏着批判一切的成分，并且常常就会准备着并发挥出远超过黑格尔观点的方式。"③ 这就是说，"异化"的概念、否定性的辩证法是包含有批判成分的，加以吸收、改造、颠倒、剥掉其神秘的外壳，就可以"发挥出远超过黑格尔观点的方式"。这就预示着发挥出他自己的批判的、革命的唯物辩证法的道路了。精神现象学中的批判成分，在于黑格尔分析各种意识形态时，即指出其矛盾，往往把后一意识形态看成对前

----

① 马克思：《黑格尔辩证法和哲学一般的批判》，第 16 页。
② 同上书，第 14 页。
③ 同上书，第 18 页。

一意识形态的批判，把前一意识形态看成由于自身矛盾而向后一意识形态过渡。马克思曾具体指出："'苦闷的意识'，'正直的意识'，'高尚和卑劣意识'的斗争等等，这些特殊篇章包含着整个范围的批判的成分。"① 我们应重视精神现象学中的批判成分，同时还须批判其神秘化和无批判的唯心主义。

马克思于抓住"作为推动原则和创造原则的否定性的辩证法"是"黑格尔精神现象学的最后成果"，亦即是"黑格尔哲学的真正秘密"时，立即肯定"精神现象学和它的最后成果……的伟大的地方……在于黑格尔把人的自我创造认作一种过程，把人的对象化认作对立化，认作外在化和对这种外在化的扬弃，在于他认识到劳动的本质，把对象化的人——现实的、所以是真实的人——了解为他自己的劳动的结果"②。黑格尔精神现象学中的"否定性的辩证法"的这种"伟大的地方"只有"远超过黑格尔观点"的辩证唯物主义奠基人才能揭示出来，同时才能立即揭露和批判"黑格尔的片面性和局限性"③，在于"黑格尔所认识的并承认的劳动乃是抽象的精神的劳动"④。换言之，黑格尔虽说"把劳动认作本质，认作人的自行证实的本质"，但他所了解的"劳动"乃只是思维的过程，乃只是自我意识自身异化又克服异化的精神活动，而不是辩证唯物主义所了解的革命的实践，自然斗争和社会斗争的实践。

马克思于批判黑格尔片面的"自我意识的异化"的唯心主义原理时，还积极地提出了辩证唯物主义的原理。马克思揭穿黑格尔所讲的自我意识的自身异化又克服异化的过程，乃是一种

① 马克思：《黑格尔辩证法和哲学一般的批判》，第14页。
② 同上。
③ 同上。
④ 同上书，第15页。

"思辨的创世说"。马克思认为，对象、自然、事物不是片面的自我意识的创造或主体的异化。马克思在唯物主义基础上提出了主体与对象、精神与自然是对等的或者相互的异化。这就是说，对象是主体的异化，主体也是对象的异化；自然是精神的异化，精神也是自然的异化。归根到底，一切都是自然、客观存在的相互异化、相互建立。这世界是客观世界、对象的世界，也就是存在与存在、对象与对象相互异化、相互建立、相互联系的世界。譬如，以太阳和植物的关系来说，可以说"太阳是植物的对象……同样植物也是太阳的对象"①。再譬如，就我的自我意识与对象的关系来说，马克思指出："只要我有了一个对象，则这个对象就以我为它的对象。"② 这就是说，对象是我的异化，我也就是对象的异化。"一个没有对象的存在（亦即一个不异化其自身的存在）就是一个不真实的、非感性的、只是空想的或虚构的存在，一个抽象的存在。"③ 马克思进一步取消"自我意识"作为第一性的地位，而建立以自然、客观存在作为第一性的唯物主义观点，他写道："客观的存在能创造、建立对象，只因为它是被对象建立起来的，因为它原来就是自然。"④ 换言之，一个人、主体、自我意识，如果他能异化他自己，创造、建立对象，这只因为他是被第一性的东西、对象世界、自然建立起来的，也只因为他是"实际的、肉体的、站立在坚实稳固的地球上的、呼吸着一切自然力量的人"⑤。因为"一个存在（包括人、自我在内），如果没有它外在的自然，就不是一个自然的存在，它就

①　马克思：《黑格尔辩证法和哲学一般的批判》，第 20 页。
②　同上。
③　同上。
④　同上书，第 19 页。
⑤　同上书，第 18 页。

没有参加在自然的存在里。一个存在，如果在它自身之外没有对象，就不是一个客观的存在"。① 这样马克思就彻底批判了黑格尔唯心主义的自我意识异化说，而建立起以自然、客观存在为第一性的存在、对象相互建立、相互异化说。这就是马克思批判黑格尔对于人的自我创造活动、人的劳动本质和自我异化活动在唯心主义基础上形成的抽象的理解，而取得的积极的成果。这是马克思批判吸收黑格尔的异化原理、否定性的辩证法中的合理内核而摧毁其唯心主义、神秘化的体系的关键性的例子。因此费了较多的篇幅，也可能对马克思的理解有不恰当的地方。

我们主张把精神现象学作为黑格尔哲学的真正起源与作为黑格尔哲学的秘密分别开来谈。说精神现象学作为黑格尔哲学的秘密是指其异化原理和否定性的辩证法，前面已略加剖析。说精神现象学是黑格尔哲学的真正起源（起源德文原文为 Geburtsstadt，直译为"诞生地"，也有泉源的意思），据我们的理解，是说精神现象学已经包含着后来黑格尔全部哲学的雏形、萌芽和主要的观念，也就是说，黑格尔以后的著作都是精神现象学某些思想的发挥、发展，都可以在精神现象学中找到它们的源头。

首先前面已说过，精神现象学可以认作他的逻辑学和整个哲学体系的导言，而《精神现象学》的导言就有人认作黑格尔全哲学体系的宣言。这篇序言写于《精神现象学》全稿完成后两三个月，总结了精神现象学的观点和方法并启示了当时业已在望的逻辑学的观点和方法。譬如，思维的内容与形式的统一、概念的自身运动和"真理按照它的本性是自己运动的"等逻辑学中的观点，都在《精神现象学》序言中就已经明确提出来了。

大家都承认《精神现象学》已经包含有作为《哲学全书》

① 马克思：《黑格尔辩证法和哲学一般的批判》，第20页。

的一个环节的"精神哲学"的主要轮廓。即由主观精神发展到客观精神、绝对精神的三大阶段。差别在于"精神现象学"是先于逻辑学作为导至逻辑学的导言,而"精神哲学"则后于逻辑学,是作为"应用逻辑学"而出现的。"精神现象学"贯穿着历史事实,而"精神哲学"则与历史发展较少联系。

很多人(包括费尔巴哈及海谋)都说"精神现象学"与自然哲学无关。但是仔细摸索内容,就可看出,黑格尔在开首谈感性确定性时就接触到"这里"和"这时"等空间和时间范畴。在论"知性"一节里,又谈到物质、运动、力的交替和自然的内在核心等问题。在"观察的理性"一题下,黑格尔费了很长篇幅讨论到生理学、生物学把自然当作有机整体的观点,并曾批判了当时流行的相面学和头盖骨学。而且由量变到质变的飞跃原理,也曾在序言中鲜明地提出来,并应用来说明精神现象学的转化过程。这些都是有关自然哲学的重要材料。

在讨论"理性",特别是"精神"部分时,结合到历史发展,涉及许多道德伦理问题和由希腊、罗马到近代文艺复兴、启蒙运动和法国革命的世界史问题,因此可以说是他后来的"法哲学"和"历史哲学"的诞生地或泉源。所不同的,道德、伦理和历史事变在"精神现象学"中是作为在发展过程中的意识形态来处理,被当作过渡到哲学或逻辑学的前提,而在"法哲学"和"历史哲学"中就是作为逻辑学的应用和"补充"(马克思语)。

《精神现象学》在美学上受到德国当时浪漫文艺思潮的感染和浸润,复超出了美学上的浪漫主义。对有一些意识形态的分析批评都是以当时一些重要文学名著为根据的。很多地方表现了歌德、席勒对他的影响。当讨论到希腊的伦理世界时,黑格尔首次提出悲剧起于片面性伦理观念的冲突的理论并接触到希腊悲剧中的"命运"问题。于讨论"道德"时，黑格尔论述了"美的灵魂"这一意识形态，而"美的灵魂"这一理想则是出于席勒。他这时虽还没有提出认艺术为绝对精神的一个环节的看法，但当他谈到艺术的宗教时，区分出抽象的艺术品、有生命的艺术品和精神的艺术品，和他后来在"艺术哲学"中，把艺术的发展分为象征的艺术、古典的艺术、浪漫的艺术三个阶段有密切联系。可以简单说，《精神现象学》有许多地方体现了黑格尔很深的文学艺术修养，表现了许多文学家对他的影响，而且《精神现象学》中某些描写典型的意识形态的篇章还饶有文学趣味。

最后，须指出的就是《精神现象学》涉及宗教的地方很多。著名的论"苦恼意识"的章节是对中世纪出世的宗教意识形态的深刻的分析批判。第七章专论"宗教"一章，其轮廓分为自然宗教、艺术的宗教和天启的宗教与黑格尔死后出版的《宗教哲学演讲录》中所提出的宗教发展三个阶段：1. 自然宗教；2. 精神的个体性的宗教（艺术的宗教列为其中的一个环节）3. 绝对宗教（即天启宗教）是大致相同的。

根据以上这些材料看来，《精神现象学》实在可以说是黑格尔整个哲学体系和哲学著作的源泉或诞生地。这就是说，他整个哲学体系的重要的萌芽思想和基本纲领大都可以在《精神现象学》中找到。在这个意义上我们基本上同意海谋如下的一些说法："看来精神现象学同时包含体系的一切部分。""黑格尔的体系后来发挥成为许多环节的全体只是包含在现象学中的东西之展开与完成。"① 同时，我也大体上同意新近一位英国资产阶级黑格尔研究者芬德莱（J. N. Findlay）所说的话："研究精神现象学主要报酬在于看出：黑格尔以后体系的每一个概念和

---

① 海谋：《黑格尔和他的时代》，第 253、255 页。

原则没有不是在精神现象学中可以找得到的，而且常常是在更透彻、更有启发性的形式中找到。"① 这表明《精神现象学》内容很丰富，有启发性，可以引导人进一步钻研他的其他著作。同时也就由于许多线索的思想涌现并挤紧在一本书里，但还没有达到体系成熟、概念严密明确的境地，因此表现出文字生硬晦涩、各个阶段和意识形态的过渡和联系常常显得武断勉强等种种缺点。

最后还须指出，精神现象学之所以能成为黑格尔以后哲学的泉源，启发并导向以后的哲学体系，还由于它是前此黑格尔的思想和著作的总结、总汇和集中表现。我们知道在撰写《精神现象学》以前，黑格尔已写成但没有发表的著作有：《早期神学著作》②、《耶拿逻辑学、形而上学和自然哲学》③、《耶拿实在哲学》④、《黑格尔的政治和法律论著》⑤（内有《论德国宪法》和《伦理学体系》等著作）。而迄 1806 年黑格尔已发表的著作还有《费希特、谢林异同论》⑥ 及另外在他和谢林合办的《哲学评论杂志》上发表的五六篇文章。因此可以说，《精神现象学》是黑格尔在特定的个人生活和新的时代形势的鼓舞下，第一次宣布有自己独特的哲学方法和体系，总汇他过去的哲学思想，启导他后来的哲学体系的一本带关键性的著作。

---

① 见芬德莱：《黑格尔：一个重新检查》，1958 年伦敦版，第 148 页。

② H. Nohl 于 1907 年初次整理出版，包含有《耶稣传》在内。已在"文化革命"前由贺麟译出，并已交北京商务印书馆，在付印中。

③ 1923 年拉松初次整理出版。

④ 1931 年荷夫麦斯特初次整理出版，共两卷。

⑤ 1923 年拉松初次整理出版。

⑥ 见《黑格尔全集》第一卷。

七　新黑格尔主义者克朗纳等对《精神现象学》的歪曲与利用

黑格尔的《精神现象学》在 20 世纪以前很少受到资产阶级哲学家和哲学史家的重视：或者（如鲁一士）说"这书文字粗拙晦涩无法了解"，或者（如文德尔班）说"能了解精神现象学的那一代人已经死去了"。在所有早期英美新黑格尔主义者中，除鲁一士在其死后才出版的《近代唯心主义演讲》中有三章①专讲《精神现象学》外，很少有人提到这书。自从狄尔泰于 1906 年发表了《黑格尔的青年史》一书后，一般讲黑格尔哲学的人才开始重视《精神现象学》以及黑格尔青年时期写成的但迄未出版过的早期著作。但也就从狄尔泰起开始了把黑格尔的精神现象学朝着生命哲学、反理性主义、浪漫主义的方向歪曲的趋势。这种趋势的代表人物有德国的新黑格尔主义者克朗纳、格罗克纳和美国的鲁文贝格。另一方面，一些黑格尔研究家又利用马克思主义的词句去夸大精神现象学的合理因素，把它和唯物辩证法混淆起来。这后一趋势以卢卡奇为代表。

克朗纳（R. Kroner）从他一贯地把黑格尔和黑格尔的辩证法加以反理性主义的歪曲出发，说什么"黑格尔是反理性主义者，因为他是辩证法家……因为辩证思维是理性—反理性的思维"②。他进一步强调《精神现象学》的浪漫主义性质和神学性质，加以推荐。他认为"精神现象学的总的精神是使得浪漫主

---

①　见鲁一士：《黑格尔学述》，商务印书馆 1936 年版，第 42—122 页。

②　克朗纳：《从康德到黑格尔》下卷，1924 年图宾根版，第 272 页。

义成为合理的"①。又说："黑格尔的精神现象学猛烈地反对浪漫
主义，但无疑的是黑格尔所有著作中最富于浪漫主义的著作。"②
不过他是从右边、从神学观点去了解浪漫主义，把它了解为对于
上帝的向往与追求。克朗纳说："现象学可以叫做心灵向往上帝
的旅程。对上帝或绝对者的知识就是这个航行的最后目标。"③
事实上，正如在"逻辑学"中，"关于绝对观念的整整一章，几
乎没有一句话讲到神"（列宁：《哲学笔记》），在《精神现象
学》中，关于"绝对知识"一章也同样没有一句话讲到神。而
且黑格尔认为哲学高于宗教，"扬弃了的宗教等于绝对知识"
（马克思语）。此外我们知道，黑格尔紧接着德国文艺思想上伟
大的"狂飙运动"之后，对于浪漫主义有所感染、吸收，但主
要的是他"猛烈地反对浪漫主义"的一面，他超出了、扬弃了、
批判了浪漫主义而不是合理化了浪漫主义。而且黑格尔所感染的
浪漫主义也绝不是主要地"追求向往上帝"，而是从现象寻求本
质、从有限寻求无限，亦即以现象与本质、有限与无限的统一的
客观唯心主义为基础。

克朗纳对黑格尔关于中世纪宗教生活之"苦恼意识"这一
意识形态的描写，加以永恒化、绝对化，说"悲剧是一个形而
上学的（即本体上的）范畴，不仅是表现生活的一种戏剧方式。
心灵按本性就是悲剧性的，因为心灵自己与自己相对立，自己是
自己的对方、自己是自己的反对者"。④ 这种说法与法国存在主
义者让·瓦尔（Jean Wahl）在他的《黑格尔哲学中的苦恼意识》

①　《黑格尔早期神学著作》英译本克朗纳所作的序，1948 年芝加哥版，第 43
页。
②　同上书，第 48 页。
③　同上书，第 44 页。
④　同上书，第 50 页。

一书中，对"苦恼意识"加以存在主义的歪曲，并且把这一个别的特定时期的意识形态夸大为精神现象学的中心思想的看法，一鼻孔出气；另一方面又与格罗克纳（H. Glockner）大肆宣扬《精神现象学》中的所谓"泛悲剧主义"相互唱和。这都表明了在帝国主义没落时期，反映悲观绝望的资产阶级没落情绪的主观唯心主义者企图把黑格尔的精神现象学加以反理性主义化，加以存在主义的歪曲。因为他们认为矛盾是非理性的、是悲剧性的，他们认识到生活、存在、心灵免不了矛盾，因而就硬说它们是非理性的、悲剧性的。克朗纳还进一步抬出黑格尔来同基尔凯戈尔争建立存在主义的创始权。克朗纳写道："不是基尔凯戈尔，而是他的老师黑格尔才是存在主义哲学的创始人。"①

格罗克纳为了要否认黑格尔是一个"肤浅的乐观主义"哲学家，而大谈"黑格尔的泛悲剧的世界观"，捏造出黑格尔的"泛悲剧主义"以反对"泛逻辑主义"的旧提法。格罗克纳所了解的泛悲剧主义的内容是："没有无自我牺牲的个人自由，没有无限制的具体形态，没有无断念的意志，没有不在时间中消逝的时间中的存在，没有无死亡的生命。"② 换言之，格罗克纳把矛盾与悲剧等同起来，把矛盾的普遍性了解为悲剧的普遍性或泛悲剧主义，而看不见矛盾的统一的积极意义，把正常的矛盾统一、矛盾的发展规律赋予没落阶级的反理性主义的悲观情调。

另一方面，也有美国的资产阶级黑格尔研究者鲁文贝格（J. Loewenberg），在他所发表的《黑格尔精神现象学中的直接性的喜剧》论文和他在《黑格尔选集》中所写的序文（这篇序文

---

① 《黑格尔早期神学著作》，第46页。

② 格罗克纳：《黑格尔哲学的发展和命运》，1958年斯徒加尔第2版，第566—567页。

差不多全在谈精神现象学）中，却又在大谈黑格尔辩证法的喜剧性。鲁文贝格的论点是："辩证法在于抓住每一个典型的态度或信念的片面性，而使得它逻辑上显得可笑。""精神现象学应该算作艺术作品，它的突出的特性是戏剧式的和喜剧的。"① "正如有关于人物的喜剧，也有关于观念的喜剧。……观念和信念也有太自负的、学究气的、虚幻的、古怪的、狂诞的、不配合的、盲目的、嚣张的、咆哮如雷的、颠倒错乱的。所谓辩证逻辑真正来讲就是喜剧的逻辑。它是通过揭示观念或信念的内在矛盾让它们鞭挞它们自己的逻辑。"② 鲁文贝格看见了喜剧中有辩证法，看见了黑格尔对于意识形态、观念、信念的矛盾的分析，有一定程度的幽默感。但是他毫无根据地把观念加以人格化，把精神现象学说成是"哲学的喜剧"③，甚至把整个黑格尔哲学说成是"一种神圣的喜剧"④，并且把辩证法说成是"喜剧艺术的巧妙工具"⑤，把黑格尔尊崇为"第一流的喜剧天才"⑥，这就陷于片面的夸大并把辩证法庸俗化。鲁文贝格认为矛盾是可笑的、喜剧式的，也就是认为矛盾是错误的、主观的、不合理的，他看不到矛盾和矛盾发展是必然的客观的发展规律。我们知道，矛盾不是简单地像鲁文贝格所说那样是可笑的，可供有闲阶级欣赏的东西，而是要通过长期艰苦经历才能克服的、必须严肃对待的东西，尤其是推动事物运动和发展的内在力量。足见肯定黑格尔辩证法的喜剧性的鲁文贝格与肯定黑格尔辩证法的悲剧性和泛悲剧主义的

---

① J. 鲁文贝格编：《近代学生丛书》本。
② 同上书，第 XXⅠ 页。
③ 同上书，第 XLⅡ 页。
④ 同上书，第 XLⅠ 页。
⑤ 同上书，第 XLⅡ 页。
⑥ 同上。

克朗纳和格罗克纳表面上好像正相反对，但都同样从反理性主义出发，只知道主观辩证法，也都同样未把握住黑格尔的合理内核——辩证法。

用马克思主义词句，站在存在主义立场去歪曲黑格尔精神现象学，在法国近来出现了不少的代表人物。如让·瓦尔（Jean Wahl）所著《黑格尔哲学中的苦恼意识》（巴黎，1929），耶稣教会的神学家比果（P. Bigo）所著《马克思主义与人道主义》（巴黎，1953），卡尔威兹（J. Y. Calvez）所著《卡尔·马克思的思想》（巴黎，1956）等书。最重要的代表为《精神现象学》法文本译注者天主教的一位神父伊波利特（Jean Hypolite），他写了一系列的著作，似乎都有把"精神现象学"、马克思主义及存在主义混搅在一起的倾向。他的著作有《黑格尔精神现象学的生长与结构》（1946），论文《人在黑格尔精神现象学中的地位》（1947），以及《黑格尔的历史哲学导论》（1948），《关于马克思和黑格尔的研究》（1955）等等。对于这些看法，法国加罗第等人曾于1958年合写了一本小册子，叫做《马克思主义者对天主教批评家的答复》。我们因限于篇幅，这里不打算评论。

八　卢卡奇对精神现象学的歪曲与利用

卢卡奇（G. Lukács）是匈牙利人，生于1885年，是当代研究德国古典哲学、美学，特别是黑格尔哲学的颇有影响的代表人物。他的主要著作有：《歌德和他的时代》（1947），《现实主义论文集》（1948），《文艺史家马克思和恩格斯》（1948），《青年黑格尔》（1948），《美学史》（1954）。除1962年出版的《美学特征》外，在《理性的毁灭》（1954）里，卢卡奇强调"反理性主义是帝国主义时期一个普遍的国际现象"。对形形色色的反理性主义作了一个全面的批评（共 675 页）。

卢卡奇于 1954 年增补再版他的巨著《青年黑格尔》（柏林版，共 656 页）。这书企图用马克思主义观点来阐述黑格尔早期的思想，特别是《精神现象学》的思想，企图对资产阶级哲学家特别是新黑格尔主义者对黑格尔早期思想的歪曲提出批判。但是卢卡奇这一巨册著作对资产阶级唯心主义哲学的批判，却只是片面地反对反理性主义。反对对于黑格尔的存在主义和反理性主义的歪曲，而忘记了现代哲学战线主要是唯物主义反对唯心主义的斗争。其次他对于黑格尔的解释，已经脱离了马克思主义奠基人抛弃黑格尔唯心神秘的体系，批判吸收黑格尔辩证法中的合理内核的原则性指示，而陷入片面地歌颂黑格尔，把黑格尔说成是"马克思主义的直接先驱"，而看不见马克思批判、改造、颠倒黑格尔辩证法的艰巨工作。也看不见，而且他从来也没有提到辩证唯物主义与黑格尔客观唯心主义根本相反的一面。他把黑格尔尊崇为对法国革命、拿破仑的统治、英国的工业革命和亚当·斯密的经济学给予辩证法和哲学的总结的哲学家，换言之，他把黑格尔描写成体现法国革命和英国工业革命的"世界精神"的"左翼"的思想家，而看不见黑格尔的立场和观点受经济政治落后的状况的影响，表现出资产阶级软弱性的一面，而且对黑格尔用辩证观点批判法国革命的缺点、反对没有正确领导的人民群众暴力革命的危害性的思想，也未能正确总结出来。

下面我们试列举并摘录我们认为是卢卡奇在解释精神现象学方面的片面的、错误的论点：

1. 卢卡奇认为"关于劳动问题，黑格尔完全与他所掌握的英国材料和英国经济学的知识分不开。黑格尔所增加的是把在经济对象中所认识到的辩证法提高到自觉的哲学水平"。① 又说，"黑格尔把亚当·斯密经济学中客观地包含着的特定范畴提到远超过斯密水平的辩证法高度"。② 照这些话看来，英国的政治经济学成了黑格尔哲学的主要来源之一，用哲学辩证法去总结、批判英国政治经济学的人不是马克思，而首先应该是黑格尔。他完全忘记了马克思对于黑格尔劳动观念的批判，即"黑格尔所意识的并承认的劳动乃是抽象的精神的劳动"③。最奇怪的是，卢卡奇说"经济学、哲学的结合……是真实地克服黑格尔唯心辩证法的前提"。④ 而卢卡奇认为，黑格尔在某种意义上已经把英国的经济学提高到辩证法的、哲学的水平，亦即已经把经济学和哲学结合起来了，而且卢卡奇还责备"费尔巴哈一点也不懂得包含在黑格尔'异化'观念中的经济和哲学的结合"，⑤ 那么，黑格尔自己就已经"克服"了他的唯心主义了。无怪乎卢卡奇会得出这样的结论，说"马克思对黑格尔的批判"只在于马克思"对于经济事实本身有较正确、较深刻的理解"⑥ 罢了。换言之，没有唯物论反对唯心论的根本差别。谁都知道，资产阶级哲学家中，企图把经济学与哲学结合起来的人很多，最著名的如出自新康德派的麦克思·韦伯、实证主义的政治经济学家约翰·穆勒等。须知经济学和哲学结合与否决不是克服唯心主义的关键，要克服黑格尔的唯心论唯一的办法是摧毁他的客观唯心主义体系，把他的头脚倒置的体系与方法颠倒过来。

---

①　卢卡奇：《青年黑格尔》，建设出版社 1954 年版，第 380 页。
②　同上书，第 374 页。
③　马克思：《黑格尔辩证法和哲学一般的批判》，第 15 页。
④　卢卡奇：《青年黑格尔》，第 625 页。
⑤　同上书，第 624 页。
⑥　同上。

2. 卢卡奇好像认为黑格尔超出了德国政治经济的落后状况，摆脱了德国资产阶级的软弱性，因而断言："黑格尔的历史观点……不是当时贫困的德国状况的反映，而是最具发展形式的资产阶级社会的反映——是法国革命和英国工业革命的产物。"① 这种看法也是不够全面的。他说："黑格尔特别赞同和拿破仑的统治相联系的政治和社会幻想。……他从这里所获得的充分乐观的情调、一个世界更新的情调、世界精神的一个新形态的情调，在精神现象学中得到它的完备的表达。"② "以精神现象学为代表的黑格尔早期思想是以法国革命及拿破仑为中心。"③ 他并且进一步认为，《精神现象学》中"对其自身具有确定性的精神、道德"一章代表"黑格尔的乌托邦，即悬想在拿破仑统治下的德国。德国古典作家的诗歌和哲学为拿破仑时期最高的思想形式，为世界危机的解决"。④

把拿破仑当作精神现象学的中心。精神现象学的中心始终是客观唯心主义的绝对精神、绝对知识、世界精神。黑格尔承认拿破仑是世界精神的体现——所谓"马背上的世界精神"，承认法国革命是世界精神的一个新形态，但是他是站在德国的资产阶级立场、用客观唯心主义去承认的，黑格尔根本就没有什么乌托邦，因为他不是理想的浪漫主义者。黑格尔谈"道德"的章节只是在把康德、费希特的道德观点，和席勒的"美的灵魂"作为发展过程中的诸意识形态而加以评论，目的是由道德过渡到宗教，最后发展到哲学——绝对知识。谁也看不出黑格尔把它们作为"拿破仑时期的最高思想形式、世界危机的解决"。卢卡奇忘

① 卢卡奇：《青年黑格尔》，第 372 页。
② 同上书，第 422 页。
③ 同上书，第 523 页。
④ 同上书，第 557 页。

记了马克思所说的话，"德国古典哲学是法国革命的德国版"。
由于是"德国版"所以就不可避免地受到德国社会经济、文化
种种条件的制约。

3. 卢卡奇搜索了种种理由，千方百计想"证明"黑格尔的
宗教思想是进步的、接近无神论的。他首先把费尔巴哈与黑格尔
的宗教观混同起来。他认为费尔巴哈之反对宗教、揭露宗教，其
目的在于要求新的纯化的宗教，这与黑格尔相同。又认为费尔巴
哈过分估计宗教的历史意义，好像把宗教的变革看成人类发展的
转折点似的，这也是黑格尔与费尔巴哈相同之点。[1] 此外，卢卡
奇看见黑格尔论述启蒙运动时提到：启蒙运动认为"信仰看做
绝对本质的那种东西，只是信仰本身的意识的存在，只是信仰本
身的思想，只是某种由意识产生的东西"，便不顾别的条件，单
从字面去看，因而断言，黑格尔在解释宗教时"几乎达到了费
尔巴哈的批判的水平"。[2] 他完全不从主要方面去看费尔巴哈的
人本学、唯物主义、无神论思想与黑格尔的客观唯心主义和为宗
教奠定哲学基础、以哲学代替神学的企图根本对立。费尔巴哈哲
学中诚然还残存着宗教伦理的杂质；但费尔巴哈对黑格尔的批
判，认"黑格尔哲学是神学的最后避难所和最后的理性支柱"，
这是主流，也是有效的。所以我们认为，卢卡奇混同费尔巴哈与
黑格尔的宗教思想，可以说他是一贯地抹杀唯物主义与唯心主义
的根本对立，以便替黑格尔辩护。

此外卢卡奇还引证（但没有指明出处）并歪曲费尔巴哈的
话，说"黑格尔哲学中无神论与神学的倾向是混杂的"。又援引
布鲁诺·鲍威尔及海涅的话，说黑格尔对外是基督教，对内是无

---

[1] 卢卡奇：《青年黑格尔》，第 39 页。
[2] 同上书，第 564 页。

神论。并援引弗里德里克·希勒格尔的话，说黑格尔的辩证法比
无神论更坏，简直是一种魔鬼主义。① 卢卡奇又着重提出基尔凯
戈尔从存在主义、主观唯心主义、反理性主义来复兴宗教，坚决
反对黑格尔的宗教观，借以反证黑格尔的宗教见解是"客观的、
与客观现实性的认识不是对立的"②，因而断言"黑格尔的宗教
哲学是德国启蒙运动的最后的哲学的表现"。③ 但是事实不容否
认，黑格尔虽然受过启蒙运动很深的影响，但在《精神现象学》
中，他认为"启蒙运动的后果是唯物主义、不可知论和纯粹的
功利主义"④，加以坚决反对，而提出"思辨的创世说"去代替。
所以他的宗教思想始终是企图超出启蒙运动的，是建筑在客观唯
心主义上面的后启蒙运动或反启蒙运动的思想。

　　卢卡奇企图用斯宾诺莎对德国启蒙运动的泛神论影响，用莱
辛、赫尔德、歌德等人的泛神论倾向来论证"黑格尔哲学具有
一个突出的泛神论环节——尽管黑格尔自己反对泛神论"⑤，因
为"泛神论是客客气气的无神论"⑥，所以他就想由肯定黑格尔
的泛神论，进而肯定黑格尔是客客气气的或含羞的无神论。他完
全忘掉了马克思在黑格尔《精神现象学》中所找到的"思辨的
创世说"⑦。建立客观唯心主义体系、持思辨的创世说、认绝对
理念即是上帝的黑格尔，他的宗教思想跟启蒙运动和无神论是沾
不上边的，而且和认"自然就是上帝"、"除自然外没有上帝"、
"凡违反自然的东西就是违反上帝的东西"的斯宾诺莎式的泛神

---

① 卢卡奇：《青年黑格尔》，第 600 页。
② 同上书，第 602 页。
③ 同上书，第 603 页。
④ 参看《精神现象学》下卷"启蒙的真理性"部分。
⑤ 卢卡奇：《青年黑格尔》，第 605 页。
⑥ 同上书，第 606 页。
⑦ 《马克思恩格斯全集》第 2 卷，第 179 页。

论也有本质上的不同。

卢卡奇贯穿在《青年黑格尔》全书的总的观点主要在于认为辩证唯物主义和历史唯物主义是青年黑格尔思想的直接继承和发展，他根本抹杀了马克思唯物主义与黑格尔唯心主义之间是两个阵营、两条道路的不可调和的斗争，也抹杀了辩证唯物论与辩证唯心论的根本差别。

在谈到《精神现象学》的方法论建筑在人类历史的发展和逻辑范畴的辩证发展的次序的"深刻的内在联系"上面时，卢卡奇立即颂扬道，"黑格尔这种历史主义的特性，这种哲学之彻底的历史化"（其实不应说黑格尔历史化哲学，而应说他哲学化历史，即把哲学的范畴和联系强加给历史，把历史事实作为哲学理论的例证）在一定程度上就成为历史唯物主义的先驱。他表面上交代一下，尽管"马克思与黑格尔有方法论上的对立"，尽管"黑格尔的唯心辩证法有加以唯物主义的改造和颠倒的必要"。然后着重地说："但是不看见黑格尔的历史观是如何多地趋赴于历史唯物主义的方向，乃是错误的。"[1] 他片面强调和夸大黑格尔的历史观是历史唯物主义的先驱，而看不见黑格尔历史观的本质、主流是唯心主义的，是与历史唯物主义根本相对立的精神史观。

卢卡奇恭维黑格尔把亚里士多德所说的"人是社会的动物"这一伟大真理，在《精神现象学》中加以具体化，表明"人是历史的动物"。并且强调"黑格尔这一观点的突出的重要性"。[2] 但是他没有具体理解，黑格尔的历史观是理性与历史一致的观念，只是以历史事件作理性原则的补充和注释的观点。其次，即

[1] 卢卡奇：《青年黑格尔》，第533—534页。
[2] 同上书，第365页。

使《精神现象学》中包含有"人是历史的动物"的思想（虽说黑格尔自己没有明确这样说过），而他所了解的人是历史的动物，主要是指"人是精神的、文化教养的、思维的动物"，与历史唯物主义所了解的"劳动创造世界"，"人民群众是历史的主人翁"的观点毫无共同之处。恩格斯曾恰当地赞扬了黑格尔的"伟大的历史感"。但绝不能像卢卡奇这样放松批判他的唯心主义基础。不摧毁黑格尔的唯心主义基础，我们是不能吸取他的合理的"历史感"和他的"历史与逻辑统一"的原理的。

卢卡奇企图把黑格尔装扮成一个辩证唯物主义者或者唯物辩证法的"直接先驱"道："从上面的叙述就可以看到，在那样唯心的神秘化范围内，何以并且为什么黑格尔却能够不仅给予经济和历史而且给予一般客观现实的辩证联系以现实的和本质的规定，何以黑格尔的辩证法却能够成为唯物辩证法的直接先驱。这关键，我以前已经反复着重说过，即在于黑格尔认为劳动是人、人类的自我创造过程。"①（重点引者加的）他过分片面夸大黑格尔的劳动观，看不见黑格尔是从唯心主义出发，所谈的劳动，只是抽象的、思维的劳动。他直接否认列宁的原则性指示，"黑格尔在概念辩证法中天才地猜测到了事物的辩证法"，而说什么黑格尔给予经济、历史和一般客观现实的辩证联系以现实的和本质的规定。他混淆唯物辩证法与唯心辩证法的界限，好像两者没有矛盾、斗争和根本对立，唯物辩证法就直接地继承了唯心辩证法，黑格尔的唯心辩证法没有经过批判、改造、颠倒就直接地成为唯物辩证法的先驱。

卢卡奇在黑格尔研究，特别是在《精神现象学》研究方面所表现的抹杀唯物、唯心界限，用马克思主义词句去颂扬黑格

---

① 卢卡奇：《青年黑格尔》，第 630 页。

尔，把历史唯物主义和唯物辩证法看成黑格尔的历史观点和唯心辩证法的直接继承和发展显然是欠妥的。因此对卢卡奇的考察与批评，于进一步深入学习马克思列宁主义和正确评价黑格尔是有一定现实意义的。

（此文写成于 1960 年，1962 年《精神现象学》上册出版时，

载在书首作为"译者导言"。1979 年下册与上册一起出版时，

又作了修订和补充）

关于黑格尔自然哲学的评价问题

关于黑格尔自然哲学的评价有两个比较重要的争论问题：

第一，黑格尔的自然哲学是不是他整个体系中最薄弱的一个环节？

第二，应如何理解恩格斯所说的"黑格尔不承认自然界有时间上的发展"这一论断的意义？

本文拟对这两个问题进行讨论。

一

过去几十年内，各国新黑格尔主义者一致贬低甚至全盘否定黑格尔的自然哲学，认自然哲学是黑格尔体系中最薄弱的一个环节，亦即合理因素最少，最不值得重视的一个环节。由于这些情况，新黑格尔主义者大都缺乏自然科学的基础，丢掉了黑格尔的辩证法，特别丢掉了自然哲学中的辩证法，企图从右边去发展黑格尔的精神哲学，从而更倒向主观唯心主义，所以他们贬低和全盘否定黑格尔的自然哲学是无足怪的。值得注意的是现在竟有自称为马克思主义者的人，在他们的黑格尔研究中，也跟随着新黑格尔主义者之后宣称"自然哲学是黑格尔体系中最薄弱的一部分"，他们甚至根据恩格斯所说黑格尔不承认自然界在时间中有发展这一论断来全盘否定黑格尔的自然哲学。这种从两个不同的方面都把黑格尔的自然哲学看成"死狗"的趋势，就不能不引起我们的警觉和思考了。

新黑格尔主义者贬低甚或全盘否定黑格尔的自然哲学，其理由，可归结为如下三点：

第一，"继子论"，即认为黑格尔之对待自然哲学有如后母之对待前娘的儿子，是有偏心的、不公正的。这一说法可以举出尼可拉·哈特曼为代表。哈特曼在他的《德国唯心主义哲学》第二卷《黑格尔》一书中说："在另一意义下，自然哲学成了黑格尔的一个继子，虽说在讲演里他曾详细地讨论过它。对精神哲学家说来，自然作为'精神的外在存在'必然是居于一种从属的地位。"[①] 哈特曼强调黑格尔是一个精神哲学家，不是自然哲学家。作为精神哲学家的黑格尔故轻视自然，轻视自然哲学。

第二，"糟粕论"，即认为"自然哲学"是黑格尔最糟糕、最薄弱的著作。这一说法可以举出鲁一士（Josia Royce）为代表。鲁一士在他的《近代哲学的精神》一书中写道："自然哲学——这是黑格尔最不完备、最薄弱的著作。"又说："黑格尔哲学上和体系上的大错误，不在于用逻辑以解释感情，而在于误认感情的逻辑为唯一的逻辑。因此我们要想研究黑格尔对于外界自然、科学、数学以及其他同感情或精神生活稍远的理论题目的学说，总难免失望而得不到满足。……他的体系，作为体系，是倒塌了，但是他对于人生的活生生的理解是不朽

[①]　《德国唯心主义哲学》，第二卷《黑格尔》，1929 年柏林版，第 283 页。

的。"① 鲁一士从新黑格尔主义立场出发，把辩证法加以神秘化，把它说成是"感情的逻辑"，也正如另外一位英国的新黑格尔主义者鲍桑凯把辩证法说成是"爱的逻辑"一样，认为辩证法只可以应用来解释人的感情和精神生活，分析人的意识活动。如果应用辩证法或他所谓"感情的逻辑"来研究自然和自然科学，那就达不到满意的结果。他认为黑格尔最大的错误就在这里；黑格尔的自然哲学之所以在其整个体系中最为糟糕、最为薄弱，也在这里。黑格尔体系之所以倒塌，也由于这点。换言之，他强调黑格尔的哲学只应是精神哲学。

第三，"过时论"，即认黑格尔的自然哲学局限于他当时自然科学的水平，这是"过时论"的根据。持"过时论"者说，自从黑格尔死后近一百多年来，自然科学又有了很大的进步，这就使得黑格尔的自然哲学过时了，不中用了。这个说法比起"继子论"和"糟粕论"两论比较有说服力，持此说的人也较多一些。我们现在举当代英国的新黑格尔主义者缪尔的话，作为代表。缪尔写道："一个熟悉近代科学的读者，如果他记住黑格尔是在思考 19 世纪初年的科学，而不是在思考 20 世纪中叶的科学，则黑格尔自然哲学中最初令他感到可笑的荒谬性，就会消失不少了。"② 当然缪尔是想用黑格尔局限于当时自然科学的水平来原谅他的自然哲学中荒谬可笑之处，但这也反映了他们认为黑格尔的自然哲学由于以后科学的重大进步，的确变得荒谬了，过时了。

由于这些论点占据了黑格尔研究的讲坛，所以很少有研究黑格尔自然哲学的专著出版，迄今还没有《自然哲学》的英文译

---

① 《近代哲学的精神》，1892 年波士顿和纽约版，第 226—227 页。
② 《黑格尔逻辑学研究》，1951 年牛津版，第 359 页。

本出现。①

　　我认为哈特曼的"继子说"，是不能成立的。第一，黑格尔所谓"自然是理念的他在或外在存在"这一说法，当然是一个客观唯心主义的命题；但并不是僧侣式地轻蔑自然的观点。这个命题的具体意义不外是说，理念潜伏在自然里，或理念不自觉地体现在自然里。黑格尔曾说："直观着的理念就是自然"，"存在着的理念就是自然"。② 所谓"存在着的理念就是自然"（列宁在《哲学笔记》中摘录了这话）就是说，不在精神中而外在化为直接存在着的理念，就是自然。也就是列宁在《哲学笔记》中从《逻辑学》末一页所摘录的"理念……把自己列入存在的直接性……就是自然界"③ 的意思。这些话都是"自然是理念的他在"的另一说法。这句话辩证的意义不外是说，理念自己异化或外在化自己而过渡到自然。所以列宁对这一命题，评价很高，认为这是"逻辑观念向自然界的转化。唯物主义近在咫尺"。④ 与此相联系，在另一个地方，列宁还说，"黑格尔的绝对唯心主义和人以外的地球、自然界、物理世界的存在是相容的，它只是把自然界看成了绝对观念的'异在'。"⑤ 我们同意列宁这种逻辑和评价。说自然是理念自身的他在，就是说自然虽通过理念，才取得存在，但它却不是通过人的主观意识、观念或经验而取得存在的。黑格尔关于自然的观点表示着他的客观唯心主义向唯物主义的转化的趋向。

---

　　① 按：黑格尔《自然哲学》的英文译本已于 1970 年由米勒尔译出，伦敦、牛津出版。其中文译本已于 1978 年由梁存秀、薛华、钱广华等译出，由商务印书馆于 1980 年出版。

　　② 《小逻辑》，第 244 节。

　　③ 《哲学笔记》，人民出版社 1960 年版，第 252 页。

　　④ 同上。

　　⑤ 《列宁全集》第 14 卷，第 65 页。

还必须指出，"自然是理念的他在"这一命题在黑格尔自然哲学里也并不是绝对化了的。他明白地说："自然作为潜在的理念……并不永远是顽冥不灵或石头化了的东西，而乃是能叫嚣的、能扬弃自身进到精神的石头。"① 所以在黑格尔看来，自然不是永远静止地固定地是理念的他在，而是永远在矛盾发展之中的。黑格尔写道："自然在理念中潜在的是神圣的；不过像它存在着那样，它的存在和它的概念是不相符合的；可以说，自然是一个没有解决的矛盾。"② 这就是说，主观与客观、思维与存在、精神与自然的矛盾在自然里是没有得到解决的。自然乃是一个力求解除自身矛盾的过程。从上面引语看来，黑格尔不是片面地轻视或贬低自然，而是企图达到思维与存在、主观与客观、精神与自然的矛盾统一。所以他说："精神之所以是精神全凭自然作为中介。"③ 黑格尔在他的客观唯心主义观点的笼罩下，竟然承认自然的中介作用，精神与自然的相互依存关系，这是值得注意的。

黑格尔对精神与自然的关系问题曾作了生动的比喻。他说："精神具有像亚当看见夏娃那样的自信力，宣称：你是我的血肉、我的骨髓。所以自然是一个新娘，精神要求同她结婚，不过自然是一个脾气很坏（具有偶然性、无理性一面）的新娘罢了。"④ 从引用亚当和夏娃的故事来比喻精神和自然的关系的作法来看，我们只能看到黑格尔爱自然，看不出他轻视自然的中世纪僧侣式的态度。

在《自然哲学讲演录》的结尾，黑格尔明确指出："这些讲

① 《黑格尔全集》第9卷，格罗克纳本，第50页。
② 同上书，第54页。
③ 《小逻辑》，第187节。
④ 《黑格尔全集》第9卷，第48页。

演的目的在于提供一个自然的图像，以便制服这个千变万化的怪物；在这种外在性里只是发现我们自己的一面镜子，在自然中看见精神的一个自由的反映：认识上帝不在精神考察中，而在它的直接的有限存在（自然）中。"①

至于"继子论"者，认为黑格尔由于轻视或贬低自然，因而不重视自然哲学，所以他关于自然哲学方面讲得少，写得少。我们可以摆出大量事实以表明这种评论是不符合实际的。黑格尔关于自然哲学的著作很多，晚年也常讲授自然哲学课程。他在1801年初到耶拿大学的第一次讲演，作为他任讲师的就职论文，题目叫做《行星轨道论》。这是一篇用拉丁文写的，批判牛顿物理学中的形而上学思想的文章。这当然是一篇关于自然哲学的论文。黑格尔在耶拿时期的重要手稿，20世纪初整理出版的著作《耶拿逻辑学、形而上学和自然哲学》一书的内容里，自然哲学占了一半。他的逻辑学中讲"量"、讲"无限"、讲"因果"、"交互关系"部分，形而上学中讲客观性的部分，都引用了丰富的自然哲学材料。此外荷夫迈斯特在拉松本《黑格尔全集》中刊行了黑格尔的《耶拿实在哲学》两卷，其中"自然哲学"讲稿占一半以上的篇幅。

现在我们读到的格罗克纳本的黑格尔的《自然哲学》一书，加上学生笔记，在《哲学全书》中篇幅最多，比重最大。自1820年到1830年间，他共讲授了六次自然哲学。这都表明，黑格尔是非常重视自然哲学的。那种认为黑格尔轻视自然哲学，比为"继子"的看法完全是站不住脚的。

同时黑格尔的《逻辑学》和《小逻辑》不仅是其中"有论"讨论量的部分（在《逻辑学》中讨论量的篇幅占第一卷的

---

① 《黑格尔全集》第9卷，第772页。

大半），"概念论"讨论客观性及生命部分均与自然哲学有关，
尤其重要的是按照恩格斯的说法，"他（黑格尔）的真正的自然
哲学包含在逻辑学的第二部分即本质论中，这是全部理论的真正
核心"。① 则自然哲学无论就篇幅分量之多和内容意义的重要性
来说，在逻辑学（无论《逻辑学》或《小逻辑》）中已占了第
一位。

此外，在《精神现象学》中，论意识一章，讨论"力和知
性"部分，论理性一章讨论"观察自然的理性"部分，论宗教
一章讨论自然宗教部分，都是关涉到自然哲学的重要材料。《美
学》中有讨论自然美的章节，《宗教哲学讲演录》中有讨论自然
宗教的章节，都是有关自然哲学的材料。特别是在《哲学史讲
演录》中，黑格尔除了像列宁所指出的，在"着重地寻求辩证
法的东西"外，还阐述了各个哲学家的自然哲学，寻求各个哲
学家的自然观，对于许多重要哲学家他都分成逻辑学（有时称
辩证法，有时称形而上学）、自然哲学（有时称物理学）和精神
哲学（有时代之以道德学）三大部门来论述。他论述早期希腊
自然哲学家，以及论述柏拉图、亚里士多德、伊壁鸠鲁、斯多葛
学派，近代的布鲁诺、波墨、牛顿、笛卡儿、斯宾诺莎、谢林等
人的篇章，均有不少自然哲学的重要资料。

列宁提到"费尔巴哈有一次嘲笑道：黑格尔把自然界放逐
到注释中去了"，② 这确是事实，但这并不表示费尔巴哈有嘲笑
黑格尔不重视自然哲学的意思。因为《逻辑学》中正文涉及自
然哲学的量不少，而注释中特别多。在正文中他只陈述一般的认
识论和逻辑学原理，而在注释中则列举自然事例来解释原理。所

---

① 《马克思恩格斯书信选集》，人民出版社 1962 年版，第 183 页。
② 《哲学笔记》，第 127 页。

以在《逻辑学》中"注释"很多，而且篇幅特别长。例如，论
"有与无的统一"一节，正文不到半页，附有四条注释，占去二
十余页。又如论"量的无限性"占有差不多一百页。可见这并
不能说明黑格尔不重视自然哲学。

总的说来，在整个哲学史上，我们很少能看到某一哲学家的
著作中自然哲学部分，有如黑格尔那样占到相当大的比重，具有
丰富的自然哲学材料，因此我们不能不说，所谓"继子说"是
片面的或表面的看法，是不符合事实的。

鲁一士所代表的"糟粕论"，实际上是在神秘化、主观化了
黑格尔的辩证法之后，反对把辩证法应用于研究自然科学的一种
错误观点，在这一观点中，把黑格尔自然哲学中的辩证法因素看
成是糟粕。鲁一士对黑格尔自然哲学的评价，根本与辩证唯物主
义者的评价正相反对。然而这一套说法，在当代资产阶级哲学
中，却最有力量，为资产阶级哲学家和新黑格尔主义者，甚至修
正主义者，用来反对马克思主义自然辩证法的重要论点。因此不
能不予以揭露和批判。

我们看到，缪尔已由反对黑格尔自然哲学中的辩证法因素
而公然攻击马克思主义的自然辩证法了。缪尔说："马克思对
黑格尔的颠倒直接否认了我们认辩证法本质上是绝对精神在人
类经验中的自身显现的看法。"① 他的意思很接近鲁一士，无非
是说，只有精神、只有人类经验才有辩证发展，人类的经验以
外没有自然界，也没有辩证法。他已经把黑格尔认"自然是绝
对精神外在化"的说法加以主观唯心主义的修改，只承认人类
经验是绝对精神的自身显现，因而也不承认自然界是精神的显
现。

---

① 《黑格尔逻辑学研究》，第 349 页。

所以缪尔说："自然科学的世界明显地是非精神的。承认哲学的自然辩证法就必须包含一些已经为或将要为科学所摒弃的观点。"① 照他看来，科学有了新的进展，科学的旧假设被抛弃，自然辩证法的许多观点也就会过时或被抛弃。他已由认黑格尔自然哲学过时而发展为认自然辩证法过时了。

缪尔归结到"自然科学的进步乃因他所看见的非历史的自然"。② 这表明他接受了黑格尔认自然在时间中没有发展的说法，故反对黑格尔在自然科学研究中运用辩证法。

如果说，缪尔由反对黑格尔运用辩证法来研究自然，因而进一步反对马克思主义的自然辩证法，那么法国存在主义者萨特尔就在他的《辩证理性批判》一书里直接攻击恩格斯的自然辩证法，从而间接地反对黑格尔的自然哲学。

萨特尔从资产阶级唯心主义的人道主义出发，认辩证理性纯粹是人类历史的一门逻辑。他诬蔑恩格斯同黑格尔一样把历史和社会里的辩证法强加在自然上面。他说："恩格斯责备黑格尔把思维的规律硬加在自然界上面。其实他自己也是这样做的，因为他硬要自然科学来证明他在社会领域中所发现的一种辩证理性。我们将会看到，只是在历史的和社会的领域里，才真有辩证理性的问题；把这种理性搬到自然里，那就是生拉硬栽。"③ 萨特尔这种片面强调精神辩证法，攻击恩格斯的自然辩证法的主观唯心主义观点，在他的同伙们那里说得更为简单明了。J. 爱戈尔指出："萨特尔抱怨马克思主义哲学没有用意识的辩证法去代替自然辩证法。因为只有意识辩证法才能够阐明人和他的同类及世界

①《黑格尔逻辑学研究》，第 359 页。
② 同上。
③《辩证理性批判》，1960 年巴黎版，第 128 页。

的关系。"① R. 吕以埃说："萨特尔痛切地批评恩格斯曾两度杀害辩证法，先把辩证法放在自然里，其次把这个所谓自然辩证法移植到人的领域。"并断言："谈辩证的物理学或辩证的化学就是在这两门自然科学上产生出许多可惜是劳而无功的作品。"② 萨特尔等人这些看法已经与六七十年前鲁一士反对把"感情的逻辑"应用来研究自然如出一辙，不过其矛头是针对恩格斯罢了。

简言之，萨特尔以唯心的主观辩证法代替客观辩证法；以意识辩证法或者人和人的存在的辩证法代替自然辩证法，根本否认自然辩证法，否认主观的意识的辩证法是客观辩证法、自然辩证法的反映。

由此，我们可以看到，第一，反对黑格尔运用辩证法来研究自然哲学，认黑格尔自然哲学中的辩证法是黑格尔哲学体系中的糟粕，不是简单地评价黑格尔问题，实质上是反对唯物主义的自然辩证法的序幕。所以，他们就进一步明白反对恩格斯的自然辩证法。须知一抛弃了自然辩证法和客观辩证法，则这些新黑格尔主义者和存在主义者所谓的"感情的逻辑"、"意识的辩证法"就是脱离了现实的自然和历史基础的主观的神秘的直觉和幻想罢了。

此外，美国实用主义哲学家悉德尼·胡克在他的《从黑格尔到马克思》一书第一章中从伪装的马克思主义角度来反对自然辩证法。胡克强调"马克思本人从来没有提到过自然辩证法"。胡克根本否认矛盾的普遍性，认为马克思把辩证原理限制

---

① 参看法国《哲学研究》1961 年第 1 期，爱戈尔著《萨特尔辩证理性批判简介》。

② 参看法国《形而上学和道德评论》1962 年第 1—2 期合刊，吕以埃著《辩证理性的无稽之谈》一文。

在历史的意识和阶级行动方面，只有恩格斯才首先把辩证法扩大来解释自然现象。他妄称"只有唯心主义者才会说，独立于人之外的自然具有只存在于人类意识和社会中的辩证法"。他诬蔑恩格斯"作为一个自然主义者吸收了黑格尔里面太多的东西，以致不能好好地消化"。这表明他别有用心地想分裂马克思与恩格斯，并且由反对恩格斯的自然辩证法，而否定黑格尔自然哲学中的辩证法。

关于黑格尔的自然哲学是否随科学的发展而变为过时问题，我们可以说，黑格尔自然哲学的唯心主义观点和神秘的胡说与谬论，诚然是过时了，但贯穿于其中的辩证法观点和方法不惟没有过时，还值得根据辩证法唯物主义的观点和方法予以进一步的挖掘和批判改造。

我们知道，黑格尔当时的自然科学分工还不那么琐细，与别的知识部门还不那么太隔绝，因而与哲学和其他部门的科学有较多的联系（例如大诗人歌德能够对颜色学和植物解剖学有那样深的研究），而黑格尔也有兴趣和机会熟悉当时自然科学进展的情况，使得他能赶上自然科学的新进展。（他在《自然哲学》中常常讨论到从自然科学的教授朋友交往中而得到的一些自然科学家研究的新成果。）这些都提供了发展自然哲学的有利条件。

此外，黑格尔被认为是普鲁士政府的官方哲学家，他公开宣称："哲学主要是或者纯粹是为国家服务的。"[1] 他的精神哲学，或者关于政治、伦理、宗教和历史方面的著作，直接与当时政治的联系特别显著，因此保守的言论也特别多。而他的《自然哲学》由于与当时实际政治不易直接联系，不便于直接利用来达到他的保守的阶级目的，因而他可以比较没有拘束，自由发挥他

---

[1] 《法哲学原理》序言。

的思辨的和科学的议论，以及作出大胆的猜测。他的《自然哲学》里诚然有不少废话和臆说，譬如，他说，"光本身是冷的"①，"红是带有君王气概的颜色，红表示严肃和尊严、尊敬和高兴"②，"植物倾向阳光，应该说光是植物的上帝"③ 等类似这样的话，你可以说是废话或主观臆说，但也止于是可笑的臆说，谁也不能说它在政治上有什么反动的作用。当然譬如当他说，在地球上欧洲是理性的部分、是中心，而德国又是欧洲的中心时，④ 这些话当然既是胡说，在政治上也有民族偏见，不过像这样的话是极少的。

　　对所谓"过时论"的驳斥，最重要的是在于指出黑格尔由于运用了辩证法来考察自然界，曾有过一些走在自然科学前面的预言和猜测，而且近代自然科学的许多范畴也可以说是黑格尔的某些逻辑范畴之"正面的证明"。这个有力论据应该说是第一次由恩格斯提出来的。恩格斯在 1865 年给朗格的信说："现代自然科学关于自然力相互作用的学说，不过是用另一种说法表达了，或者更正确些说，是从正面证明了黑格尔所发挥的关于原因、结果、相互作用、力等等的思想。"⑤ 恩格斯又指出黑格尔的"自然哲学吐露了好多天才的思想和预见到了好多后来的发现，但也有过不少废话和胡说"。⑥ 在《自然辩证法》里，恩格斯曾经在不同的地方指出很多条黑格尔对后来科学发现的猜测：如说，"黑格尔所发现的自然规律，是在化学领域中取得了最伟大的胜

①　《黑格尔全集》第 9 卷，第 262 页。
②　同上书，第 350 页。
③　同上书，第 500 页。
④　同上书，第 468 页。
⑤　《马克思恩格斯书信选集》，人民出版社 1962 年版，第 183 页。
⑥　《马克思恩格斯文选》第 2 卷，第 388 页。

利"，① "自然科学……还在黑格尔那时已经处于这种朴质的发展阶段，而黑格尔已经很正确地攻击当时流行的把什么都叫做力的做法"，② "黑格尔和法拉第的基本思想到底是相同的"，③ 又如说，"黑格尔——他对自然科学的（……）概括和合理的分类是比一切唯物主义（按主要是指庸俗唯物论——引者）的胡说八道合在一起还更伟大的成就"。④ 根据恩格斯对于黑格尔自然哲学的这些肯定（当然我们也不要忘记恩格斯对他的批判），我们可以说，黑格尔的自然哲学中有许多重要的见解，并不随自然科学后来的发展而完全过时。

我之所以要肯定黑格尔的自然哲学并没有完全过时，仍有其值得挖掘的合理内核，当然主要是从学习恩格斯对黑格尔自然哲学的评价而得出来的结论。但最近一二十年来，西方资产阶级的黑格尔研究者和新黑格尔主义者之中发展出一个重新估价或重新发现黑格尔的自然哲学的新趋势，这个趋势的真实意义和具体内容不是这里所能详细考察和评判的，这里只能作一个简略的评述，但至少可以表明，从另外一个立场和角度出发，也达到了黑格尔的自然哲学并不完全过时的结论。

柯林伍德（R. C. Collingwood，1889—1943）是一个受过克罗齐影响的英国牛津大学的黑格尔哲学研究者，在他死后才出版的《自然的观念》（1945 年牛津版，我读到的是 1957 年的第 4 版）一书中称现代资本主义世界最重要的自然哲学家怀特海（A. N. Whitehead），在总结自然科学新成就的基础上"重新发现"了黑格尔的自然观。柯林伍德指出："今天的物理科学达到

---

① 《自然辩证法》，人民出版社 1971 年版，第 49 页。
② 同上书，第 64 页。
③ 同上书，第 97 页。
④ 同上书，第 182 页。

了关于物质和力的一种观点，这种观点是那样地与黑格尔的自然理论相一致，以致哲学家兼科学家像怀特海那样能够重新表述黑格尔的理论（虽说他不知道那是黑格尔的理论，因为就我所知，他似乎不曾读过黑格尔），并且尽量让那个理论来引导他。"① 这是说，怀特海不期然地接近了并重新表述了黑格尔的自然观，他还进一步指出，由于"黑格尔接受了柏拉图—亚里士多德的自然观"，② 故能脱离 17、18 世纪的机械的自然观，因此他说，"黑格尔是一个革命者。他的自然观有意识地导致关于科学研究的正确方法的革命的结论，他想要从伽利略多多少少直接到爱因斯坦"。③ 所以照柯林伍德看来，黑格尔的自然哲学走在他当时科学家的机械自然观的前面，而预先引向着爱因斯坦的新观点，当然不能说是已经过时。

柯林伍德对黑格尔自然哲学的这番评价，立刻得到英国另一位新黑格尔主义者缪尔的赞同。缪尔写道："柯林伍德《自然的观念》第 124—132 页，对黑格尔自然哲学的评释很有价值。他关于黑格尔与怀特海的比较尤特别有兴趣。"④ 不过缪尔于说明黑格尔之所以在科学上有预见时立刻就露了他反对辩证法的马脚。他说："当黑格尔废弃了他的辩证法，率兴肆意于用独立的哲学洞见时，却达到了可喜的预见。"⑤ 尽管柯林伍德和缪尔都肯定黑格尔的自然哲学有一些走在时代前面的天才揣测，不过缪尔认为这是由于废弃了辩证法，用洞见或直觉得来的，因此是反对用辩证法来考察自然的。必须指出的是，柯林伍德之肯定黑格

① 《自然的观念》，1957 年英文版，第 127—128 页。
② 同上书，第 124 页。
③ 同上书，第 129 页。
④ 《黑格尔逻辑学研究》，第 359 页。
⑤ 同上。

尔，是因为黑格尔的自然哲学接受了柏拉图—亚里士多德唯心主义的自然观，它与怀特海的唯心主义（他自己主要称他是"新实在论者"）的自然观有一致之处，他不承认黑格尔的自然观中的合理内核是辩证法。当然，尤必须指出，真正重新批判地发现黑格尔的自然哲学的人不是怀特海，而应推恩格斯。

另外，当今一位企图从逻辑实证论的观点去解释黑格尔的英国黑格尔哲学研究者芬德烈（J. N. Findlay）在他的《黑格尔：重新检查》一书中（1958年伦敦版），明确反对许多黑格尔主义者主要由于《自然哲学》所依据的科学业已过时，就以为应该完全无视他的体系的这一部分。① 他还说："说黑格尔所依据的科学业已过时，这是不相干的。……黑格尔告诉了我们他当时的科学，并且同时还告诉了我们，他对当时科学的解释。……他所说的话里面有许多是可以用来说明我们今天的科学的，或者有许多东西加以重新改造是可以启发将来的科学的。"② 他又说，黑格尔的自然哲学"同亚里士多德或者同最近怀特海的关于自然的见解一样，仍然是值得研究，并且值得加详细的学术性的注释的"。③ 虽然他这样明确地反驳了"过时论"，但他也和柯林伍德一样，把黑格尔的自然哲学与古代的亚里士多德和现代的怀特海相提并论。在我们看来，芬德烈对黑格尔自然哲学过时论的驳斥，是有可取之处的。但他从唯心主义观点出发，企图把黑格尔与怀特海结合起来以反对马克思主义的自然观和自然辩证法，这是我们必须加以揭露和批判的。芬德烈在《黑格尔的现实》④ 的

① 《黑格尔：重新检查》，1958年伦敦版，第266页。
② 同上书，第267—268页。
③ 同上书，第268页。
④ 这是芬德烈1959年9月在伦敦召开的"现代英国哲学座谈会"的报告，曾发表在法国《哲学文库》1961年7月—12月号第3—4期合刊上面。

一篇报告里，他通过肯定黑格尔的自然哲学而直接攻击马克思和恩格斯，并胡说什么"在黑格尔有一种……实在论和唯物论的基础"，这不可能由马克思和恩格斯把它倒转过来，加以唯物主义的改造了！我们不妨引证他下面这段谈话：

> 在黑格尔那里有一种十分值得注意的实在论和唯物论的基础。那些研究黑格尔的人专门钻研《精神现象学》和《逻辑学》，却不曾看出这一点。我们必须强调，要注释黑格尔，彻底研究《自然哲学》是十分重要的。作为科学，它可能是陈旧过时了——虽然他并不像人们通常所说的那样陈旧——可是其中有些篇章，对了解黑格尔主义是关系重大的。在本书中表现出黑格尔对于地质上的过去和最早的化石是完全熟悉的；在那里，他主张一种相当奇怪的理论，即生命和精神出于拥有它们在无机界中的一切手段，犹如弥纳尔佛从犹比德的头中产生一样。黑格尔又承认在这一决定性的事件以前，已经有了一个存在，却无数千千万万年没有发展。谁主张这一点便不是主观主义者，并且也不可能由卡尔·马克思把他倒转来脚立地。事实上……黑格尔的被马克思和恩格斯对他所假定的改造，只是在其内容的无限丰富中的一种——往往是可笑的和肤浅的——选择。一个辩证唯物主义者，即使只研究新的范例，也不能有比阅读黑格尔的《自然哲学》更好的办法了。

芬德烈承认黑格尔的《自然哲学》的重要性，没有完全过时，且有某些唯物的因素，这是超出早期新黑格尔主义者的地方。不过由此我们生动地认识到：当唯心主义者反对黑格尔的自然哲学时，他们的目的在于通过反对和贬低黑格尔以反对马克思主义的自然辩证法，而当他们吹捧黑格尔的自然哲学时，他们便把黑格尔扮装成为一个唯物论者，想要在他的自然哲学中去找寻什么唯物主义的"新范例"，借以代替辩证唯物论，而否认有对黑格尔加以批判改造，把他头脚倒转过来的可能和必要。他们对黑格尔以及对黑格尔自然哲学的评价可以根本相反，但其反对马克思主义哲学，以达到他们反对无产阶级革命的目的则始终相同。黑格尔自然哲学是以理念和理念的自我发展为基础，亦即以唯心论为基础，而绝不具有像芬德烈所说的什么"唯物论的基础"。芬德烈把马克思和恩格斯根本否定黑格尔的唯心体系，批判改造黑格尔的辩证法的合理内核的革命变革，诬蔑为"可笑的、肤浅的选择"，这只表明新黑格尔主义者如缪尔、芬德烈之流仍死抱住黑格尔的唯心主义体系不放，抛弃了黑格尔的辩证方法，并进一步反对唯物辩证法和自然辩证法罢了。

此外美国的哈利·威尔斯在他 1950 年出版的《过程与非实在》一书中（纽约版），从另外一个角度出发，不仅把黑格尔与怀特海的自然哲学相提并论，而且企图用黑格尔来改造怀特海，最后他还想用马克思、恩格斯来改造黑格尔。怀特海的中心著作名《过程与实在》，威尔斯则用《过程与非实在》的书名，以表示怀特海缺乏辩证法，从而把怀特海的过程错误地理解为非实在了。

威尔斯赞扬他的老师怀特海反对机械论、反对各式各样的割裂自然的二元论的自然哲学，特别赞扬认自然是一个过程（事变之流）和自然事物间存在着内在联系的看法，他批评怀特海的方法，受传统逻辑的支配，是非辩证法的，因而又复陷于"事变与客体的二元论"，[①] 陷于"方法与内容的冲突"。[②] 他说："当认世界为静止的观点已被近代科学、特别物理学改造成为本

---

① 《过程与非实在》，1950 年纽约版，第 11 页。
② 同上书，第 111 页。

质上是在变化过程中的观点，这时还保留住旧的静止的方法，这就会导致方法与内容间的绝对对立。而怀特海恰好陷于这样的境地。如果怀特海直接阅读过黑格尔的著作，特别关于逻辑学的著作，他也许会认识到这个问题（矛盾），并且会认识到采取另一种代替方法（指辩证法）的必要。"①

威尔斯在《过程与非实在》中多次反复重申他对怀特海的惋惜，惋惜怀特海没有直接阅读过黑格尔的著作，只是通过与新黑格尔主义者如布拉德雷等人而间接接触到黑格尔的体系，而未接触到他的方法。他写道："当黑格尔甚至在他当时科学的阶段，就是寻求一个新方法，以适合于处理知识的新内容，而怀特海却只局限在新的核物理科学的基础上建立一新的世界观，却没有认真对传统的方法加以批判的考察。我的看法是，如果怀特海直接研究黑格尔，而不是通过新黑格尔主义者从第二手去接受黑格尔，那么他就会认识到这问题，并被激发来试图解决（方法与内容）的矛盾。"② 威尔斯复断言："我的中心论点是黑格尔所努力解决的问题。"③ 这充分表明威尔斯对怀特海未直接向黑格尔学习，未抓住黑格尔的辩证法，未能像黑格尔那样解决方法与内容相矛盾的问题，不胜其惋惜和责备。这就是说，他企图用黑格尔来改造怀特海。

最后，威尔斯还想站在唯物辩证法的立场来指责怀特海。他说，即使怀特海直接阅读黑格尔，并接受新的方法作为批判旧方法的基础了，"他（怀特海）还应该改造黑格尔的神秘的辩证法成为一个彻底的科学的辩证法"。④

① 《过程与非实在》，1950 年纽约版，第 111 页。
② 同上书，第 102 页。
③ 同上书，第 103 页。
④ 同上书，第 114 页。

我们不能同意不去考察怀特海自然观和形而上学方法产生的时代和阶级根源，而幻想只要怀特海直接研究黑格尔，就可以解除方法与内容的矛盾。我们也反对不从恩格斯的《自然辩证法》出发、不从列宁对马赫主义的批判出发（因为怀特海是离开内在矛盾斗争，反对革命变革的，其次怀特海自称是新实在论者，其世界观中是有马赫主义倾向的），而绕一个大弯，先集中全部力量用黑格尔来改造怀特海，然后附带交代一下，还须对黑格尔的神秘辩证法加以唯物主义的改造，这样便显得对黑格尔的改造是软弱无力的、形式的。

尽管我们不同意威尔斯这书的许多论点，看来威尔斯还处在想要摆脱黑格尔主义还未摆脱掉，想要采取辩证唯物主义观点又还未达到的境地。但是我们从他关于黑格尔与怀特海的讨论中，可以看出，他虽然与柯林伍德、缪尔、芬德烈等人相同，把黑格尔与怀特海的自然哲学相提并论，不过他超出他们的地方在于充分认识到辩证法在形成科学的自然观中的极端重要性，还在于他表示了要进一步改造黑格尔的唯心辩证法为唯物辩证法的愿望。同时，威尔斯这番讨论，也表明了黑格尔的自然哲学贯穿了辩证法。这辩证法虽说是唯心的，须加以批判改造，但有其合理的部分，没有完全过时的因素。

<h2 style="text-align:center">二</h2>

对黑格尔不承认自然有时间上的发展的观点的理解和批判，也直接关涉到对他的自然哲学的评价。以下分三点来谈：

（一）黑格尔否认自然有时间上的发展的论点及其具体内容。

（1）黑格尔首先从发展的定义——当然是唯心主义的定

义——出发来论证自然在时间中没有发展。他根本认为："概念的运动就是发展。在发展中，唯有潜伏在其本身中的成分，才得到发挥和实现。"① 这就含有离开概念的运动，亦即离开按事物本性的运动（因为黑格尔是经常把概念和事物的本质或本性等同起来的），单纯在时间、空间中的运动，不能叫做发展的意思（这种目的发展论的观点，显然是从亚里士多德那里承继来的）。

（2）黑格尔从区别开"就存在来说的变化和就概念来说的变化"这两种意义来论证自然在时间上有无发展问题。② 前一种变化，当然是指在空间和时间中的变化；后一种变化，是"从一种性质到另一种性质的推移"③，这里，黑格尔显然认后一种变化才是发展，才是概念的变化。他指出，孤立地来看，"每一件东西在性质上都是独立的，但这只不过就存在来说；若就概念来说，它们是通过彼此的联系才能存在的。这就是内在的必然性"。在黑格尔看来，概念的变化或发展是指有内在联系、有内在必然性的辩证的变化而言。在时空中的机械的运动变化，不能说是发展。

这表明黑格尔的唯心主义观点：认概念的变化为第一性，概念的变化不是存在的变化的反映。同时也表明了黑格尔自然哲学中所存在的形而上学观点。把就概念来说的变化与就存在来说的变化分割开，也就是把事物质的变化与存在时间、空间中循环重复的变化分割开，从而抛弃了他自己一贯坚持的思维（概念）与存在的统一，概念的、逻辑的东西的变化与时间上历史的东西

① 《小逻辑》，第 161 节。
② 参看《哲学史讲演录》中译本，第 1 卷，第 362—363 页。
③ 同上。

的变化的统一的辩证观点。

（3）由自然界的单纯时间变化的重复循环，来贬低时间变化，抽象地强调精神是变化的动力。由于分割开存在的变化与概念的变化或发展，黑格尔便得出"自然的变化（这指上面所说存在的变化）只是一些重复，它的运动只是一个循环的过程"的看法。①

在《历史哲学》中，黑格尔更明确宣称："自然界所发生的变化虽有无穷尽的多样性，但其中所显露出来的却只是永恒的循环。在自然界里，真是在太阳下面没有任何新东西。因为这种关系，自然形态多种花样的演变，使人感到厌倦。只有精神领域中所发生的变化，才会出现新的东西。"②"自然界所发生的变化"就是指存在的变化而言，只是重复循环，没有新东西，也就是说没有他所谓的质变、"发展"。"在精神领域所发生的变化"就是指"就概念来说的变化"而言，才有质变，才出现新的东西，才有他所谓"发展"，或概念的辩证运动。前一种变化只是时间中的变化，是机械的、没有发展的。后一种变化才是辩证的，才是有发展的。这不仅表明他形而上学地把两种变化分割开，没有达到时间的发展与逻辑发展的统一，而且也表明了他还没有摆脱机械的自然观的影响。他的辩证法从根本上说，因受了唯心主义体系的束缚，所以不能得到彻底的贯彻。但不能因此就说黑格尔否认自然在时间中有变化。

在《自然哲学》里，黑格尔对于"只有概念的变化，才是发展"的看法，有更为详细的阐述。他写道："自然必须被看成许多阶段构成的体系，其中一个阶段是它所自出的前一阶段的真

---

① 《哲学史讲演录》，导言。
② 《历史哲学》中译本，第94页。

理（例如动物界是植物界的真理）。但是这不是说，一个阶段是自然地从另一个阶段产生出来，而是从内在的构成自然界的根据的理念产生出来。形态变化（或进化）只属于概念本身，因为只有概念的变化才是发展。"

（4）通过反对进化观来反对时间的发展。黑格尔反对自然在时间上的发展是与他反对进化论的观点密切相联系的。他进一步写道："把从一个形式或范围到一个较高的形式范围的进展和过渡完全看成一个外在的现实的产生——这乃是古代人以及近代自然哲学的一个不适当的看法。人们依据这种看法，虽说想把事情弄明白些，却反而引回到过去的晦暗，自然正是真正的外在性，各种差别落到自身之外，并且这些差别以互不相干的独立的存在而出现。那引导各阶段向前的辩证概念是各阶段的内在的东西。那些基本上模糊不清的感性表象，特别是例如认植物和动物从水里产生出来，然后又认较发展的动物机体是从较低级的东西产生出来等等看法，必须从思维的考察中排除掉。"①

黑格尔这里把引导各阶段向前的辩证概念的发展与时间上的发展、生物的进化、或他所谓"外在的现实的产生"，对立起来，斥之为模糊不清的感性表象，认为应该从哲学思维的考察中排除掉。实质上就是从唯心辩证法出发去反对当时已经萌芽的进化论的自然考察。

他明白批评进化观点道："进化的过程从不完善的、无形式的东西开始，认为最初有水气和润湿的东西，从水中产生植物，水螅，软体动物，后来就产生了鱼，后来又产生陆地上的动物，最后从动物里产生了人。人们把这种逐渐的变化叫做说明和理解。由自然哲学提出的这种看法现在还流行着；不过这种基于量

---

① 《黑格尔全集》第9卷，第58—59页。

的差别的说明，虽说最容易了解，其实什么东西也没有说明。"
并且他还说，"这种进化过程是片面的，肤浅的"。[①] 他的理由是
只从时间上的变化和量的差别而不从质的变化和概念的变化来谈
自然的发展、生物的进化，是不够的，不能说明问题的。

黑格尔进一步利用创世说来反对进化论道："关于世界创造
的故事，迄今还是摩西的说法最好。他朴素地说道：今天产生了
植物、今天产生了动物、今天产生了人。因为人不是从动物发展
而来，正如植物不是从动物发展而来一样。每种生物都一开始就
完全像它现在这样。在这些个体里也有进化；当它最初产生出来
时，它还不完善，但它已经是具有它可以变成的东西的一切真实
可能性。"[②] 这段话的前一部分，利用创世记的神话来否认时间
的发展或进化论；后一段话，肯定事物种性或族类性不变，亦即
概念不变，发展只是亚里士多德式的由可能性到现实性，或潜在
的本性充分发展。换言之，只承认逻辑的发展，不承认时间的发
展。他明确地反对进化论的观点。

黑格尔只承认同一族类或类型的生物之形态变化，"例如毛
虫、蛹和蝴蝶是同一个体之不同的变形"。因此他说，"在个体
里发展诚然是时间性的，但是就族类来说，发展就不同了。如果
族类在某种方式下存在的话，则同时必须设定存在的他种方式。
譬如水存在，必须同时设定空气、火等也存在"。[③] 这就是说，
只承认个体生物的形态变化和在时间上的发展，而不承认族类有
进化、有时间的发展；因为族类只能依照其本性有概念的发展。

概括讲来，第一，黑格尔从唯心主义体系出发，认为逻辑的

---

① 《黑格尔全集》第9卷，第60—61页。
② 同上书，第466页。
③ 同上书，第61页。

发展是第一性的，只有概念的发展才是真正的发展，而个体的变形和时间的发展只能从属于逻辑的发展。在族类不变的前提下，才有可能。他的这种唯心主义观点是应该坚决否定的。第二，尽管黑格尔反对把进化论了解为只有量的差别、没有质的变化、反对离开概念的发展而孤立地谈时间的发展，有一定辩证的合理因素，并有助于纠正庸俗进化论，但是他公开反对进化论的自然观和自然考察的方法，对创世说加以思辨的解释，坚持种性不变说，这应说是他的形而上学和反科学的一面。

（二）恩格斯对黑格尔否认自然在时间上有发展的错误观点的揭露和批判。恩格斯的揭露近来许多新黑格尔主义者如克罗齐、柯林伍德和缪尔等人也不得不承认。不过他们都认为黑格尔这种看法是无足怪的，因为凡是从自然科学的角度来考察的自然甚或人类，都是没有历史的（如克罗齐）。或者说，"自然科学取得进步，乃因他所看见的是非历史的自然"（如缪尔）。可以说他们都是从主观唯心主义和形而上学、机械论的观点来肯定黑格尔的错误观点的。

与此相反，恩格斯首先批判黑格尔没有用历史发展方法来考察自然。恩格斯指出，当时"对自然界的非历史的观点是不可避免的。根据这一点大可不必去责备18世纪的哲学家，因为连黑格尔也有这种观点。在黑格尔看来，自然界只是观念的'外化'，它在时间上不能发展"。[①] 他的意思是说这种非历史的观点妨碍了用历史发展的方法去研究自然界，这是形而上学和机械论的残余，这是与贯彻辩证法于自然研究相违反的。

同样的意思还可以在《反杜林论》中找到。恩格斯说："旧的自然哲学，特别是当它处于黑格尔形式之中的时候，具有这样

---

① 《马克思恩格斯选集》第4卷，第225页。

的缺陷，就是它不承认自然界有任何时间上的发展……这种观点，一方面是由于黑格尔体系本身造成的，这个体系把历史的不断发展，单单归于'精神'——另一方面，也是由于当时自然科学的总的状况造成的。"① 这后一层意思还可以用恩格斯如下的话加以补充说明，即："在十八世纪法国人那里，以至在黑格尔那里，统治着的是这样的自然观，以为：自然界是一个永恒不变的，运行于有限的循环之中的整体，有永恒的天体（如牛顿所说的），有不变的有机体的物种（如林耐所说的）。"② 由于当时科学水平的局限，黑格尔未能用历史观点或者在时间上发展的方法来考察自然，——这是恩格斯对黑格尔的第一点批判。

恩格斯又说："黑格尔把发展是在空间以内、但在时间……以外发生的这种谬论强加于自然界，恰恰是在地质学、胚胎学、植物和动物生理学以及有机化学都已经建立起来，并且在这些新科学的基础上到处都产生了预示后来的进化论的天才猜测（例如歌德和拉马克）的时候。"③ 这显然是在批评黑格尔未能顺应当时自然科学中进化论萌芽的有利条件而发挥出时间发展的历史观点于自然哲学中。指出黑格尔的反对进化论的观点，这是恩格斯对黑格尔的自然界无时间发展的第二点批判。根据上面所陈述的黑格尔公开反对进化论的一些说法，恩格斯这一批判是完全正确的。

最后，恩格斯追究黑格尔所以不能把时间发展或历史的观点贯彻在自然考察中的原因是由于他的唯心主义体系妨碍了方法的贯彻。所以恩格斯指出，"体系要求这样，因此，方法为了要迎

---

① 《反杜林论》，第二版序言，人民出版社 1974 年版，第 10 页。
② 同上书，第 24 页。
③ 《马克思恩格斯选集》第 4 卷，第 225 页。

合体系就不得不背叛自己"。① 恩格斯又说："这样的观点（指不承认自然界在时间上有发展的观点——引者注）一方面是依据黑格尔体系本身而来的，这体系把历史的前进发展单单归之于精神。"

恩格斯进一步把对黑格尔唯心主义体系的批判归结到时间上的发展，历史的东西应该是第一性的东西，精神理念的发展应该是第二性的东西，前者是后者的基础，后者是前者的反映。"头脑的辩证法只是现实世界（自然界和历史）的运动形式的反映。"② 黑格尔把二者头脚倒置了。这是黑格尔唯心主义的所在，也是体系与方法的矛盾之所在。所以恩格斯于批评黑格尔自然在时间上无发展时，特别强调时间"是一切发展的基本条件"。③ 这就是说，黑格尔所吹嘘的逻辑的发展，精神、概念的发展都要以时间的发展为基本条件，而不是相反。恩格斯更明确指出，"最后，在我说来，事情不能在于把辩证法的规律，从外注入于自然界中，而是在于在自然界中找出它们，从自然界中阐发它们"。④ 因此，他指出像黑格尔这类的自然哲学，其缺点是"……用理想的、幻想的联系来代替尚未知道的现实的联系，用臆想来补充缺乏的事实，用纯粹的想象来填补现实的空白"。⑤ 简言之，把精神、理念的逻辑发展看做第一性，把时间上历史的发展看做第二性，把唯心辩证法的规律从外面强加给自然界，——这是恩格斯对黑格尔的不承认自然在时间中有发展的唯心观点的第三个批判。

① 《马克思恩格斯选集》第 4 卷，第 225 页。
② 《自然辩证法》，人民出版社 1971 年版，第 181 页。
③ 《马克思恩格斯选集》第 4 卷，第 225 页。
④ 《反杜林论》，人民出版社 1956 年版，第 9 页。
⑤ 《马克思恩格斯选集》第 4 卷，第 242 页。

　　恩格斯对黑格尔这些经典性批判，主要是由抓住了黑格尔方法与体系的矛盾出发，驳斥了唯心主义的辩证法不彻底，形而上学思想的残余，来贯彻历史东西与逻辑东西统一的观念。恩格斯并且告诉我们，黑格尔所以有这种缺陷，除了唯心主义体系使然外，还由当时科学的总状态还充满了形而上学和机械论观点。从对黑格尔的批判中，恩格斯发展出唯物主义的自然辩证法。

　　可见，恩格斯对黑格尔自然哲学的批判和评价是全面的，不能把恩格斯对黑格尔这些批判了解为全盘否定黑格尔的自然哲学。

　　譬如，恩格斯批判了黑格尔的时间内无发展，但又肯定"黑格尔的（最初的）分类：机械论、化学论、有机论，在当时是完备的"，并论述其发展次序的合乎事实。[1]

　　又如，恩格斯批判了黑格尔反对进化论观点，但在个别的地方，他又肯定了黑格尔论生命那一部分说："在这里已经有了进化论的萌芽。"[2] 并且还说："必须指出，达尔文学说是黑格尔关于必然性和偶然性的内在联系的论述在实践上的证明。"[3]

　　又如，恩格斯批判了黑格尔的唯心主义、唯心辩证法和以幻想的联系代替真实联系的从外面注入辩证法于自然的作法，但另一方面他又肯定："黑格尔在几百个地方都懂得：要从自然界和

---

　　[1]　《自然辩证法》，第228页。
　　[2]　同上书，第285页。
　　[3]　同上书，第282页。
　　另外，普列汉诺夫也曾说过："在有发展思想的地方、在心理学、物理学、地质学等等上，到处他必然和黑格尔主义有许多共同之处，即在每个关于发展的新学说中必然重复着黑格尔的某些一般的论点。"又说"他们（现代进化主义者）的理论还是黑格尔主义的新的图解"。（《论一元论历史观之发展》，见普列汉诺夫著作选集，第一卷，第642页）我认为普列汉诺夫这些话是和恩格斯的意思相契合的。我们批判黑格尔自然哲学中反进化论一面，同时也要看到它有助于进化论一面。

历史中，举出最恰当的例子来确证辩证法规律。"①

　　这并不是恩格斯的话有什么矛盾，而是因为要对黑格尔予以科学的评价，必须首先批判他的唯心主义体系，拯救、颠倒、改造他的唯心辩证法中的合理因素，并肯定其自然哲学中许多的天才的思想和猜测。恩格斯对黑格尔自然哲学的批判和评价，给我们提供了批判研究德国古典哲学的一个典范。

　　恩格斯对黑格尔认自然在时间中没有发展的批判的根本意义，总的讲来，仍在于批判黑格尔的方法与体系的矛盾。

　　首先，恩格斯批判黑格尔的辩证法不彻底；在自然哲学中片面地谈逻辑的发展，精神、概念的发展，否认时间上的发展，未曾把逻辑发展与时间发展结合起来，没有贯彻他自己认逻辑的东西与历史的东西统一的原理。恩格斯之批评黑格尔没有采纳和吸收当时已在萌芽中的进化论、或时间发展的观点和方法，也是从方法论着眼，由于受当时自然科学的总的情况的局限，因而表现出黑格尔唯心辩证法的不彻底性和形而上学的局限性。

　　其次，恩格斯把黑格尔辩证法不彻底之故，主要归结为：为了唯心论体系，方法不得不背叛自己。这就是强调其方法与体系的矛盾。黑格尔片面地认为精神、概念才是发展的动力，只承认概念的发展，不承认自然自身有时间上的发展，并且把逻辑的发展看成第一性的东西，把时间的发展看成从属于概念发展的第二性的东西，因而把主观的、概念的联系强加到自然界，以代替客观的真实联系。恩格斯对黑格尔批判在于把唯心辩证法倒转过来，解除了方法与体系的矛盾，所以强调指出"时间是任何发展的基本条件"。逻辑的发展，概念的辩证法应该是时间的发展，现实世界的运动形态在人的头脑中的反映。

----

①　《自然辩证法》，第46—47页。

现在附带谈一下恩格斯由批判黑格尔自然哲学的唯心主义实
质和以主观臆想的联系去代替现实联系，因而提出自然哲学没落
了①或者"现代唯物主义，本质上说来都是辩证的，而再不需要
任何站在其他科学之上的（自然）哲学了"②的说法。依我个人
的理解，恩格斯的意思是要教人在自然科学本身的研究中去找辩
证联系，而不要把自然哲学看成先验逻辑原理的应用或主观臆想
的联系之强加于自然现实的联系。恩格斯要求自然科学家成为自
觉的辩证法家；要求哲学家谈自然哲学时须以对自然科学本身的
研究为基础，要从自然在时间中的辩证发展出发，不要从先验的
逻辑概念或逻辑发展出发。这当然不排斥"如果（先）有了辩
证思维规律的领会，进而去了解自然科学事实的辩证性质，那就
可以更容易地到达上述这种（对自然界的辩证）理解"。③总之，
恩格斯认为辩证法唯物主义所不需要的乃是"任何站在其他科
学之上"或之外的自然哲学，这并不意味着根本否定或取消自
然哲学的研究（当然取消"自然哲学"这个名词，代以其他名
词如"自然观"，"自然辩证法"也未尝不可），更不意味着否定
黑格尔自然哲学中的辩证法。

譬如，当恩格斯斥责那些想借"忽视哲学或侮辱哲学"以
便"从哲学的束缚中解放出来"的自然科学家时，他实在是深
深惋惜他们"大多数都作了最坏的哲学的奴隶，而那些侮辱哲
学最厉害的恰好是最坏哲学的最坏、最庸俗的残余的奴隶"。恩
格斯替自然科学家们所指引的道路，并不是不要哲学或根本丢掉
自然哲学，因为"不管自然科学家采取什么样的态度，他们还

① 参见《自然辩证法》，第 32 页。
② 《反杜林论》，第 24 页。
③ 同上书，第 11 页。

是得受哲学的支配"。① 所以，当牛顿说，"物理学，当心形而上学呵！"时，恩格斯主张"是在另一种意义上"。② 事实上恩格斯的意思在我们体会起来，只是说"物理学，当心着坏的、不自觉的、非辩证的形而上学（或哲学）呵！"

所以恩格斯之提出"自然哲学也就没落了"或者"不需要站在其他科学之上的自然哲学"时，一方面是希望自然科学家不要受坏的、不自觉的、唯心的、非辩证的哲学的支配，而另一方面则是在积极的条件下提出来的，即要求"只有当自然科学和历史科学接受了辩证法的时候"，③ 或者说，"只要辩证式地，即根据事物自身联系来观察一下自然研究所得的结果就是以制成一个现代令人满意的自然界体系"④ 的情况下，换句话说，只有当自然科学家都用辩证法来考察自然并能制成基于辩证观点的自然体系的时候，只有自然科学家都成为自觉的辩证法唯物主义者的时候，那么，唯心的、形而上学的、根据主观臆想和抽象逻辑体系从外面强加给自然研究的旧的自然哲学就会告终了。

（三）必须检查一下由于不正确地理解恩格斯对黑格尔的批判，因而错误批判黑格尔，甚至全盘否定黑格尔自然哲学的一些错误看法：

（1）一般人多误认黑格尔否认自然在时间中的发展，就是根本否认了自然在时间中的运动和变化，因此竟有用马克思主义观点来研究黑格尔的人，宣称"照黑格尔的见解，自然本身是不变的"。上面我们已经说过，黑格尔有"存在的变化"的说法，也说过黑格尔承认"自然界所发生的变化有无穷尽的多样

---

① 《自然辩证法》，第187页。
② 同上。
③ 同上书，第188页。
④ 《马克思恩格斯文选》两卷集，第2卷，第388页。

性"，和"自然形态多种多样的演变"，不过他认为就其只是自
然的存在的变化，不是概念的变化而言，这些变化和多样性只是
循环重复令人厌倦罢了。大家都知道，黑格尔自称全盘接受了赫
拉克利特的见解，声称"没有一个赫拉克利特的命题，我没有
纳入我的逻辑学中"。① 赫拉克利特的自然观即基本上是持循环
说，然而他的自然却是变化不息的。况且我们还不能简单地说，
黑格尔整个自然观是循环论。因为第一，黑格尔自然观是唯心的
概念发展观或逻辑的发展观，不是循环说。第二，他所说的循环
重复，没有新发展的自然是指机械的自然而言。第三，他所谓自
然形态多种花样的演变令人感到厌倦，乃是指机械的陷于坏的无
限的自然变化，他所要求的自然变化乃是辩证的，有质的变化的
好的无限。因此，我们不惟不能说，黑格尔的自然在时间中是不
变的，也不能简单地说，他的自然是循环变化的。

（2）克罗齐曾说，黑格尔"认为跟人类相类的自然是没有
历史的"。② 这话也不完全合于事实。事实上黑格尔认为物质与
运动不可分，物质的运动无始无终，不能说有历史。但黑格尔明
确指出："地球就整个来说是有生命的，无生命的东西即是无历
史的，地球有了历史，因此表明他是有生命的。"③ 黑格尔认为
"地球是太阳系的真理"。④ 地球有了历史，则人活动于其中的自
然界也有历史。事实上，黑格尔只是不承认机械的、无生命的物
质运动有历史，他所反对的只是脱离概念的发展去谈自然在时间
上的发展，他的缺点只在于认为在研究自然问题上，历史方法应

---

① 《哲学史讲演录》第 1 卷，中文本，第 295 页。
② 《黑格尔哲学中的活东西与死东西》，商务印书馆版，第 90 页。
③ 《自然哲学》第 339 节以下"论自然的历史"部分，即《黑格尔全集》第 9
卷，第 457—468 页。
④ 《黑格尔全集》第 9 卷，第 60 页。

从属于逻辑方法，颠倒了历史的东西与逻辑的东西的次序，并不是根本否认自然有历史，更不是否认地球——人的主要的自然环境有历史。

（3）有些号称马克思主义的黑格尔研究者甚至说："根据黑格尔的唯心主义，连自然界也是存在于时间之外的。"这是误解恩格斯，也是不了解黑格尔的时间论的错误说法。恩格斯责备黑格尔"将这种在空间以内、但在时间……以外发展的谬论强加于自然界"，意思是斥责黑格尔脱离时间的发展去谈逻辑的或概念的发展，亦即斥责黑格尔"不承认自然界有任何时间上的发展"。发展或概念的发展、质的变化，在黑格尔那里与存在有显著的区别，恩格斯并没有说黑格尔的自然界存在于时间之外。请试看黑格尔如下的话："人们常常从物质开始，并且把空间和时间看作物质的两个形式。这个看法的正确之处在于认物质是空间和时间中的真实的东西。但是由于空间时间的抽象性，必须指出物质是空间、时间的真理。"① 足见黑格尔在一定意义下承认空间、时间是物质的两个形式这一唯物主义的根本命题，因为他认为物质或运动是空间、时间的真理，空间、时间是物质或运动的两个环节。所以他接着说："空间和时间是为物质所充满的……正如没有无物质的运动一样，也没有无运动的物质。"这句话是恩格斯在《自然辩证法》中赞许地引证过的。② 什么是运动呢？黑格尔说，"运动的本质是空间和时间的直接统一"。③ 又说，"运动是从时间过渡到空间、从空间过渡到时间的过程；而物质是空间和时间作为静止的同一性的联系"。④ 既然黑格尔明确承

---

① 《黑格尔全集》第9卷，第93页。
② 参见《自然辩证法》，第213页。
③ 《黑格尔全集》第9卷，第91页。
④ 同上书，第93页。

认物质与运动不可分，又承认物质或运动是空间和时间的统一，怎么能够把自然界在时间中没有运动、自然界存在于时间之外的想法硬栽在黑格尔头上呢？这些诬枉与恩格斯对黑格尔的批判又有什么相干呢？

（4）还有自称用马克思主义观点研究黑格尔的人说，"照黑格尔的见解，自然本身是死的，自然事物之间原来就没有联系和转化，因为他们只是观念的死痕迹"。这种说法简直把黑格尔解释成为简单的机械论者，显然忘记了机械性或机械论只是黑格尔自然哲学的最初亦即最低阶段，这个阶段是在以后的物理性（或化学性）及有机性等较高阶段中被扬弃了的。而且这种说法显然对黑格尔"自然是理念的他在"，和列宁对这一命题的评语，以及恩格斯对黑格尔的评价和批判都缺乏应有的理解。黑格尔明白地说过："自然是一个没有解除的矛盾。""自然并不永远是理念的他在，永远是顽冥不灵的东西，而乃是叫嚣的、能扬弃自身到精神的东西。"刚才已经提到，黑格尔认为地球是一个有机体，是有历史的。黑格尔还说过："自然自在地是一个有生命的全体。"因为无机的、非生命的阶段在黑格尔看来必从属于有机的、有生命的较高阶段。所以生命、概念的矛盾进展就成为自然界发展的主导力量，因而建立他的有机的自然观，以与机械主义和形而上学的自然观相对立。尽管黑格尔的这种自然观是唯心的，是我们所不能接受的，但是他所包含的反机械主义、反形而上学的辩证因素，仍然是值得予以肯定的。所以认黑格尔的自然是死的、是理念的死痕迹的看法，还表示对黑格尔的自然观缺乏基本的理解。这是对黑格尔自然哲学的辩证法因素的全盘否定，也是对恩格斯对黑格尔的批判的严重歪曲和修正。

结　语

根据以上的讨论可以看出，关于黑格尔自然哲学的评价，还有许多有待于澄清的问题：

1. 对于资产阶级唯心主义者之否定、贬低黑格尔的自然哲学，我们要加以反对和批判。因为他们不仅缺乏事实与理论的根据，而且他们之否定黑格尔，其目的和后果都在于直接间接否定马克思主义的自然辩证法。

2. 对于资产阶级之肯定或所谓"重新发现"黑格尔的自然哲学，我们也要提高警惕，因为他们从唯心主义出发，搞黑格尔—怀特海联盟，目的是用黑格尔、怀特海的唯心主义自然观来代替唯物主义的自然辩证法。

3. 我们应该认真学习和体会恩格斯对黑格尔自然哲学的全面的、正确的、深刻的批判和评价。恩格斯揭露并批判了黑格尔认自然在时间中没有发展的错误观点，恩格斯的批判着重在批判黑格尔的唯心主义体系、辩证法的不彻底、方法与体系的矛盾，以致"为了体系之故，方法不能不背叛自己"。

4. 我们反对曲解或误解恩格斯对黑格尔的批判，从而误认黑格尔否认自然在时间中的运动和变化，简单地否认自然有历史；或者误认黑格尔认为自然界存在于时间之外，认为自然是死的等等。因为这些说法在对黑格尔自然哲学的评价问题上，既抛弃了黑格尔自然哲学中的合理内核，也脱离了恩格斯的自然辩证法。

（1963 年冬在第三次学部委员扩大会议上的报告，
主要部分曾发表于《新建设》1964 年第五期）

黑格尔著《法哲学原理》一书评述

  黑格尔《法哲学原理》是他任柏林大学教授的第三年（1821 年）出版的。据库诺·费舍报导，黑格尔自 1818 年到柏林大学任教以后直到 1831 年死时，他总共讲授了《自然法与国家学或法哲学》6 次，自 1821 年后，即以出版的《法哲学原理》一书作为教本。[①] 这是他晚年在柏林任教期间所正式出版的唯一著作。此外他在这期间所发表的都只是一些短篇的论文，而他的许多重要的哲学讲演录，都是他死后才由门人整理出版的。

  黑格尔在 1817 到 1818 两年内，原任海岱山大学教授，由于他的几种重要著作《精神现象学》（1807），《逻辑学》（两册，1812—1816），《哲学全书纲要》（1817 初版）陆续出版，受到普鲁士政府重视，1818 年 10 月，才由国王把他调任柏林大学教授的。他任大学评议会委员，参与了评定、审查新任教师的职称。1830 年，被选为柏林大学校长。

  1818 年 10 月 22 日，黑格尔在柏林大学的开讲辞中说："今

---

  ① 参看库诺·费舍：《黑格尔的生平、著作和学说》第 1 卷，海岱山 1911 年版，第 147—149 页。

天我奉了国王陛下的诏命，初次到本大学履行哲学教师的职务。……我能有机会在这个时刻承担这个有广大学院效用的职位，我感到异常荣幸和欣愉。"① 由此足见黑格尔以奉国王诏命提升进柏大任教授，感到异常光荣欣幸。看来就因作为哲学家的黑格尔受国王知遇之恩感激图报，他才在《法哲学原理》一书中，明确提出"哲学主要是或者纯粹是为国家服务的"思想。把哲学应用来替普鲁士政府服务，这就使得他的《法哲学原理》成为表现他的政治观点和立场的保守著作。

　　黑格尔政治上的根本立场，他自己讲得很清楚，就是主张"人民与贵族阶级的联合"②，当然，他这里所谓的"人民"主要是指资产阶级，而不是指工人和农民。恩格斯指出，"当黑格尔在他的'法哲学'中宣称君主立宪是最高最完善的政府形式时，德国的哲学……也已经宣言赞助中等阶级了。换言之，黑格尔就是宣称德国中等阶级取得政权的时候快要到了"。③《法哲学原理》一书充分表现了黑格尔的"资产阶级与贵族阶级联合"专政的根本政治立场，也就表现他在德国当时"半封建半官僚的专制政治"④ 的条件下，多少吸收了一点英国的君主立宪制度，来"赞助中等阶级"，亦即赞助当时德国新兴的、比较软弱的资产阶级的倾向。

　　黑格尔在这书中保守的政治见解、唯心主义的世界观受到马克思主义奠基人深刻系统的批判。但同时其中所包含的合理的东西也得到相应的肯定。这主要是书中所表现的辩证法，因为他一贯运用辩证法来讨论政治、社会、伦理问题，这是有一定的启发

① 黑格尔：《小逻辑》，开讲辞。
② 同上。
③ 参看恩格斯：《德国革命与反革命》，人民出版社1953年版，第19页。
④ 同上书，第17页。

性的。正如马克思在批判《法哲学原理》时所指出那样："黑格尔的深刻之处也正是在于他处处都从各种规定的对立出发，并把这种对立加以强调。"①

谈到"法哲学"与"逻辑学"的关系，诚如马克思很恰当地指出的，黑格尔的"整个法哲学只不过是对逻辑学的补充"。② 黑格尔自己也承认，"自然哲学和精神哲学，似乎就是居于应用逻辑学的地位"。③ 因此法哲学作为客观精神的哲学只是他整个体系的一个环节，亦即只是他的逻辑学的应用与补充。

按照黑格尔的唯心主义体系，逻辑学是研究理念自在自为的科学，这是他体系的中心。自然哲学是研究理念的他在或外在化的科学，精神哲学是研究理念由他在而回复到自身的科学。两者他认为都可以叫做"应用逻辑学"。

黑格尔又把"精神哲学"分为三大部门，第一，主观精神，分灵魂、意识、心灵三个环节；第二，客观精神，分法、道德、伦理三个环节；第三，绝对精神，分艺术、天启宗教、哲学三个环节。我们可以看到，《法哲学原理》也分为：第一篇，抽象法；第二篇，道德；第三篇，伦理三大部门，而且其中的纲目也大致与"客观精神"相同。事实上黑格尔的《法哲学原理》基本上就是他的《哲学全书》中第三环节《精神哲学》一书中的第二篇，论"客观精神"部分的发展、发挥和补充。

法哲学既然是关于客观精神的哲学，而客观精神总的讲来，就是社会意识，包括群体意识、民族精神、时代精神等，其范围

---

① 《黑格尔法哲学批判》，《马克思恩格斯全集》第 1 卷，第 312 页。
② 同上书，第 264 页。
③ 黑格尔：《小逻辑》，第 24 节附释二。

很广，不仅仅讲法、权利，也讲道德、法律和伦理，特别着重讲到社会和国家。最后还涉及"世界历史"，作为发展到"历史哲学"的准备。

一

黑格尔于 1820 年 6 月给这书写了一篇序言，这篇序言相当重要，其中有几个常被引证的著名论点，首先应给以批评的考察。

（一）黑格尔说，"我们不像希腊人那样把哲学当做私人艺术来研究，哲学具有公众的即与公众有关的存在，它主要是或者纯粹是为国家服务的"。① 在这里他反对为哲学而哲学，反对"把哲学当作私人艺术"的看法，肯定哲学是社会现象，是"与公众有关的存在"，并公开明白说出哲学"是为国家服务的"政治目的。这些话表现了他的爱国思想，大体上是我们可以同意的。哲学既然不是"私人艺术"，因此哲学家应该做当时的普鲁士政府和人民的代言人。其次，他的意思是说普鲁士的哲学教授是受政府任命的公职，是应该为"政府"办事的。马克思在《黑格尔法哲学批判》中曾引证这段话，以简单扼要的评语道："可见，连哲学在'本质上'也得依靠国库。"② 这就是说，哲学教授从国库取得薪俸，哲学也就应该是与国库有关的存在，故应该纯粹是为国家服务的。

（二）合理性与现实性相等同的公式，即"凡是合乎理性的东西都是现实的，凡是现实的东西都是合乎理性的"③ 这一著名

① 《法哲学原理》"序言"，商务印书馆 1961 年版，第 8 页。
② 《马克思恩格斯全集》第 1 卷，第 367 页。
③ 《法哲学原理》，第 11 页。另参看《小逻辑》，第 6 节。

公式首先在这篇序言里着重地提出来。后来在《小逻辑》导言第六节里又曾加以发挥。① 我们必须遵照恩格斯关于这个公式的批判解释来理解它。如果把这个公式的后一命题作为主导，那么这个命题是保守主义的公式，是对旧的典章制度和政治设施加以美化，加以精神化、合理化的公式。黑格尔自己也明白说过："国家应是一种合理性的表现，国家是精神为自己所创造的世界……人们必须崇敬国家，把它看做地上神物。"② 根据这些来看就可以说黑格尔这一公式是要想论证当时的普鲁士王国既是现实的，也是合理性的。所有新黑格尔派的保守主义，认为资本主义国家的典章制度、风俗仪文等都是伦理观念的体现，都是具有精神性的，都是从右边继承和发展黑格尔这一命题的。恩格斯指出："这显然是把现存的一切神圣化，是在哲学上替专制制度、替警察国家、替王室司法、替书报检查制度祝福。"③ 这的确指出了这一命题是会受到许多反动派和保守主义的欢迎和赞许的。

至于从逻辑的范畴关系来说，则现实性乃是一个有必然性的范畴。诚如恩格斯所说，"在他（黑格尔）看来，现实的属性仅仅属于那同时是必然的东西……但是必然的东西归根到底会表明自己也是合理的"，④ 这里合理的东西应指有其发展过程，合乎规律的东西而言。照恩格斯这样从辩证唯物主义出发加以解释和改造，则这个命题是有其合理因素的。

至于恩格斯所说："按照黑格尔的思维方法的一切规则，凡

① 按：《小逻辑》出版于1817年，"法哲学"出版于1821年，《小逻辑》提到这个公式那一段，大概是在1827年第二版中补进去的。
② 《法哲学原理》，第286页。
③ 《马克思恩格斯选集》第4卷，第211页。
④ 同上。

是现实的都是合理的这个命题，就变为另一个命题：凡是现存的，都是应当灭亡的。"① 这乃是从左边去解释、批判、改造、扬弃黑格尔的公式所得出的革命的结论。

（三）另一点值得注意的就是在"序言"中黑格尔对于哲学与时代的关系的看法。他说："每个人都是他那时代的产儿。哲学也是这样，它是被把握在思想中的它的时代。妄想一种哲学可以超出它那个时代，这与妄想个人可以跳出他的时代，跳出罗陀斯岛，是同样愚蠢的。"② 这段话承认时代决定个人，个人是时代的产物，承认哲学是它的时代或时代精神在思想中的反映或把握，可以说是有一定的唯物主义因素的。

从哲学不能超出它的时代出发，黑格尔又进一步得出哲学的产生总是后于时代，因而不能给世界以任何教导或指导的悲观的看法。下面是常被研究黑格尔哲学的资产阶级学者引证的著名的一段话：

关于教导世界应该怎样……无论如何哲学总是来得太迟。哲学作为有关世界的思想，要直到现实结束其形成过程并完成其自身之后，才会出现。……当哲学用灰色的颜料绘成灰色的图画的时候，这一生活形态就变老了。对灰色绘成灰色，不能使生活形态变得年青，而只能作为认识的对象。密纳发的猫头鹰要等黄昏到来，才会起飞。③

他认为哲学的出现总是在时代潮流、世界事变已经结束完成之后，因此总是迟到，要黄昏时才出现。譬如希腊、罗马的哲学要到希腊、罗马衰落解体时期才出现，因此对希腊、罗马的世界

① 《马克思恩格斯选集》第 4 卷，第 212 页。
② 《法哲学原理》"序言"，第 12 页。
③ 同上书，第 13—14 页。

已不能给予教导，挽回其青春。这显然表示黑格尔对哲学的任务的一种悲观情调。资产阶级哲学史家大都一致推崇黑格尔这个看法，库诺·费舍甚至称颂上面引证的这段话为"崇高而美丽的说话"。①

黑格尔只是片面地看到了哲学是时代、世界进程在思想中的表现、把握和总结，以及哲学作为思想意识落后于客观现实这一面，他根本看不到真正的或先进的哲学有预见、指导、推动、改造客观现实的一面，他也看不见哲学总结世界进程发展的规律正是依靠这些规律为改造世界铺平道路。在这里我们看见，黑格尔的这种看法是有片面性的。

只有马克思主义奠基人才是一方面总结了旧社会特别是资本主义制度发展的规律，另一方面科学地预见到社会主义、共产主义社会发展的规律和远景，不断地通过实践认识世界，又通过实践改造世界。它自创立的年代起，即通过革命的实践斗争不断地发展丰富，永远保持青春和活力。

二

黑格尔的《法哲学原理》包含三大部分或环节，即（一）抽象的法，（二）道德，（三）伦理。这三个环节中每一个都是特种的法或权利，都在不同形式上和阶段上是自由的体现，较高的阶段比前一阶段更具体、更真实、更丰富。黑格尔从意志自由来谈法，认为在抽象法的阶段，只有抽象的形式的自由；在道德阶段就有了主观的自由；伦理阶段是前两个环节的真理和统一，也就是说，意志自由得到充分具体的实现。

---

① 库诺·费舍:《黑格尔的生平、著作和学说》第 1 卷，第 146 页。

　　黑格尔首先说："法的基地一般说来是精神的东西，它的确定的地位和出发点是意志。意志是自由的，所以自由就构成法的实体和规定性。"① 黑格尔用抽象定义的方式指出，"自由是意志的根本规定，正如重量是物体的根本规定一样。……自由的东西就是意志。意志而没有自由，只是一句空话"②，亦即不是意志。既然人人都有意志，那么人人都有自由，也就人人都有其伴意志自由以俱来的权利。按照黑格尔自己的说法，法就是"自由意志的定在"③（"定在"这里作实现或体现解）。这种不经过矛盾斗争，人人都一般地、自在地享有的权利就叫做"抽象的法"。"法"字在这里主要应作"权利"解，因为德文原字 Recht，具有法、权利、正当三个不同的意思。这里"抽象的法"主要是抽象的权利的意思。

　　抽象法或形式的法有如下的特点：（一）因为抽象法基于人的意志自由，所以它的命令是："成为一个人，并尊敬他人为人。"④（二）在抽象法中，"人格中的特殊性尚未作为自由而存在，所以关于特殊性的一切东西（如我的特殊利益，我的意志的特殊动机、见解和意图等）在这里都是无足轻重的"。⑤（三）"在抽象法中，只存在着禁令"，"即不得侵害人格"。⑥

　　抽象法作为自由的直接体现，也包含有三个环节：（一）对于物的占有或所有权，因为只有自由的人才有占有物的权利，而物是非精神的、不自由的，即被占有的。（二）转让所有权的自

① 《法哲学原理》，第10页。
② 同上书，第11—12页。
③ 同上书，第29页。
④ 同上书，第46页。
⑤ 同上书，第47页。
⑥ 同上。

由或权利，这就是由于依据共同意志并在保持双方权利的条件下将所有权由一方转让于他方而获得实存。这就是契约。（三）自由意志作为特殊意志与自身本来的意愿相殊异、相反对，而侵犯了他人的权利。这就是不法和犯罪。[①]

黑格尔从永恒化合理化私有财产出发，大肆宣扬"所有权（即财产，按德文 Eigentum 一字有所有权及财产二义），所以合乎理性不在于满足需要，而在于扬弃人格的纯粹主观性。人唯有在所有权（或财产）中才是作为理性而存在的"。[②] 他并且强调"财产是自由最初的定在（或实现），它本身是本质的目的"。[③] 他斥责柏拉图的理想国"侵犯了人格的权利"，因为"它以人格没有能力取得私有财产为普遍原则"。[④] 这些话充分表明他看不见私有财产本身所包含的矛盾，反以"理性"、"自由"、"人格"等美名去替私有财产制度辩护的资产阶级的观点和立场。

谈到所有权的转让问题，他只承认物品、财产通过契约，可以转让，他强调"我的整个人格、我的普遍的意志自由、伦理和宗教"，"是不可转让的"。[⑤] 他指出，"割让人格的实例有奴隶制、农奴制……割让理智的合理性、道德、伦理、宗教则表现在迷信方面"。[⑥]

照黑格尔看来，婚姻不是契约行为。同样国家也不是建筑在契约上面的。因为契约主要是从任性出发，契约是可以订立，也是可以解除的。[⑦] 在我们看来，说婚姻和国家都不是契约关系，

---

① 《法哲学原理》，第 40 页。
② 同上书，第 50 页。
③ 同上书，第 54 页。
④ 同上书，第 55 页。
⑤ 同上书，第 66 页。
⑥ 同上书，第 74 页。
⑦ 同上书，第 75 页。

而是道德的理性的关系，说婚姻和国家不是建筑在契约上面，比旧的民约说进了一步，而且肯定国家有其道德和理性的本质，是有一定的合理性的。

黑格尔关于不法和犯罪的辩证分析特别值得注意。他把不法分为：（一）无犯意的不法，这是在承认法、希求法、盼望得到法的基础上而做出的不法行为，一般是不规定处罚的。（二）欺诈，即假借法的名义而做不法的事，在这里特殊意志虽被重视，而普遍的法却没有被尊重。对欺诈就得处以刑罚，因为这里的问题是法遭到了破坏。（三）犯罪，即进而丢掉了法的名义或假象，公开用暴力犯罪，不仅是"犯法"，而乃是根本上否定了法。

黑格尔从刑罚是法和正义这一概念的自身回复，亦即法或正义之恢复与维护的唯心主义观点出发，他否定关于刑罚的预防说、惩戒说，威吓说、矫正说等，显然是有片面性的。他从辩证法出发来分析，认为不法是法的否定，刑罚是对于不法（否定法的东西）的否定。同样，犯罪是一种暴力的强制（他叫做第一种强制），刑罚就是对强制之强制（他叫做第二种强制）。所以刑罚是一种否定之否定。通过刑罚对于不法和犯罪的否定，法、正义就得到恢复和维护。由法的建立而过渡到不法、犯罪，再过渡到对不法、犯罪的否定或刑罚，这就是他认为自由之定在的法的自我辩证运动。他只是说明罪名，处罚不是外加给的，而是自作自受，基于内因。我们知道，这些问题如果不从社会和阶级根源来分析，是只会有利于反动统治，而得不到解决的。

黑格尔还认为施用刑罚不是个人主观上从外面去处罚犯人，而是按照犯人行为自己的逻辑，或他自己的法的观念，他就应该得到处罚。所以他说，"刑罚既被包含着犯人自己的法，所以处罚他,正是尊敬他是理性的存在。"① 换言之,在处罚犯人的过程中,同时也唤醒了他自己原来的意志和自由。所以黑格尔不仅赞成"对犯人处刑必须得他的同意",而且进一步指出,"犯人自己的意志都要求自己所实施的侵害应予扬弃"。② 因此黑格尔断言,"犯罪的扬弃是报复,因为从概念说(按即从辩证法说),报复是对侵害的侵害"。③ "报复只是指犯罪所采取的形态回头来反对它自己。"④ 从刑罚的报复说出发,他不主张废除死刑。他说,"报复虽然不能讲究种的等同,但在杀人的场合则不同,必然要处死刑",因为"生命是无价之宝","刑罚……只能在于剥夺杀人者的生命"。⑤ 不过黑格尔也承认,"死刑变得愈来愈少见了;作为极刑,它应该如此"。⑥

黑格尔虽然主张刑罚是一种报复,但他却把报复(Vergeltung)与复仇(Rache)区别开,要求避免无休止的复仇。他认为在法的最初步最原始的表现中,"犯罪的扬弃首先是复仇,由于复仇就是报复"。但是"复仇由于它是特殊意志的肯定行为,所以是一种新的侵害。作为这种矛盾,它陷于无限进程,世代相传以至无穷"。⑦ 他并且指出,"在无法官和无法律的社会状态中,刑罚经常具有复仇的形式,……在未开化民族,复仇永不止息"。⑧ 他认为这不是表现法和正义的真正形式。要解决这个矛

---

① 《法哲学原理》,第 103 页。恩格斯在《反杜林论》(人民出版社 1956 年版,第 104 页)中曾引证了黑格尔这句话,并反对杜林对黑格尔这一学说的歪曲。

② 《法哲学原理》,第 104 页。

③ 同上。

④ 同上书,第 106 页。

⑤ 同上书,第 106—107 页。

⑥ 同上书,第 104 页。

⑦ 同上书,第 107 页。

⑧ 同上。

盾就"要求从主观利益和主观形态下，以及从威力的偶然性下解放出来的正义，这就是说，不是要求复仇的而是刑罚的正义"。① 如果用黑格尔辩证法的术语来说，复仇就会陷于永无休止的"坏的无限"，而刑罚所表现的正义的报复，乃是否定之否定，是"自食其果"，是犯罪行为自身的辩证法，是真正的法，亦即代表普遍意志的公正或正义的体现。这样，就由法的辩证发展，由法到犯罪，由犯罪到得到惩罚，正义伸张，这一否定之否定的过程，于是就由"法"的阶段进展到"道德"的阶段了。

三

在黑格尔看来，道德是由扬弃抽象形式的法发展而来的成果，道德是法的真理，居于较高阶段，道德是自由之体现在人的主观内心里。因此"道德的观点就是自为地存在的自由"，② 因为他认为道德意志是他人所不能过问的，而人的价值是应该照他的内部行为、自我规定或道德意志来评价的。道德，在黑格尔看来，也是法的一种，一种具有特殊规定的内心的法，亦即"主观意志的法"。

自由意志借外物（特别是财产）以实现其自身，就是抽象法。自由意志在内心中实现，就是道德。自由意志既通过外物，又通过内心，得到充分的现实性，就是伦理。

只有主观的道德意志的表现才算是真正的行为。始终贯彻在行为中的就叫做目的，目的要通过一系列的道德行为或阶段才能最后达到。目的是主观意志和自由观念的统一。当然只有在伦理

---

① 《法哲学原理》，第 108 页。
② 同上书，第 111 页。

阶段目的才能真正完成。因此在道德这一阶段包含一种不断的要求，包含着一种不断的应然，因而在道德意志与外部世界之间就存在着不断的紧张状态和一定的距离。

道德意志只承认对出于它的意向或故意的行为负责任。因此道德责任基于意识着的意向或故意。① 例如在希腊悲剧中欧狄普斯事实上杀了他的父亲；但因他完全不知道他所杀的人是他的父亲，所以在道德上他就没有责任，也就不能指控他的杀父罪，因为他还没有超出天真境界，达到反思，区别开一般行为与道德行为、外部事件的发生与出于故意和对情况的知识，也没有对后果的分析。②

一个思维着、意愿着的主体绝不能故意做一件事或设想一个目的，而不把他的故意和目的普遍化并因而加以提高。因为要设想一个目的就不能不考虑到手段和后果，也不能不考虑到这行为对自己的福利、对别人的福利，最后对一切人的福利，这样故意就成为"意图"（Absicht，也有译作"动机"的）。

于是道德就由"故意与责任"的阶段，发展到黑格尔认为较高的第二阶段"意图与福利"。这也就是由多少还涉及法律的故意与责任问题进展到纯道德上的动机（意图）与后果（福利）问题。在这个问题上，黑格尔比康德进了一步，他否定了片面的主观唯心论的动机说，而主张动机与结果的统一。黑格尔特别强调动机与结果、主观内部的意志与客观外部的行为的统一，他说："主体就等于它的一连串的行为。如果这些行为是一连串无价值的作品，那么他的意志的主观性也同样是无价值的；反之，如果他的一连串的行为是具有实体性质的，那么个人的内部意志

---

① 《法哲学原理》，第 117 页。
② 同上书，第 120—121 页。

也是具有实体性质的。"①

从动机与行为、后果的统一出发，黑格尔一方面批判了以单纯的动机纯洁来为罪恶行为辩护的看法，另一方面批判了所谓"心理史观"。这种心理史观用揣测"行为主要意图和有效动机"去"鄙视和贬低一切伟大事业和伟大人物"。② 例如说，马丁·路德之倡导宗教改革，其动机是为了想要与尼姑结婚，或者说某一历史事件或一场大战之发生，则由于某些伟大人物之好荣誉或有野心等。黑格尔认为像这种所谓"心理史观"，"就是佣仆的心理"，而对佣仆说来，"根本没有英雄，其实不是真的没有英雄，而是因为他们只是一些佣仆罢了"。③ 这是黑格尔常常谈到的题目，他否定单纯的主观动机或意志，肯定："人就是他的一系列行为所构成的"④，"单纯志向的桂冠就等于从不发绿的枯叶"。⑤ 并且根据"内外统一"的原则，宣称"伟大人物曾志其所行，亦曾行其所志"。⑥ 黑格尔这里所提出的"内外统一"，动机与行为、后果统一的原则是有其合理因素的。但是，他认为伟大人物的行为是世界精神的体现，把伟大人物当作世界精神的代言人，而不从社会存在决定个人意识，不从个人行为对社会、对人民的利益和后果去评判历史人物，因而仍然是根本与历史唯物主义的看法正相反对，是不能根本解决内与外、主观与客观统一的问题的。

道德发展的第三阶段，黑格尔叫做"良心与善"。在这个阶

① 《法哲学原理》，第126页。
② 同上书，第127页。
③ 同上书，第127—128页。
④ 《小逻辑》，第140节附释。
⑤ 《法哲学原理》，第128页。
⑥ 《小逻辑》，第294页。

段道德不是达到别的目的的手段，道德自身即是目的。它所追求的不是福利，而是善。从主观方面说，道德意志已不表现为故意和良好动机，而是作为具有普遍性和无限性的道德的自我意识或良心。黑格尔在这里批评了康德的纯义务的良心观。他反对康德那种为义务而义务的道德形式主义，他认为不能把福利或欲望的满足与尽义务对立起来。他说，如果完全反对为了满足欲望而尽义务，难道人们就要否定一切欲望而尽义务才对吗？所以他驳斥那种认善之实现为彼岸、为不可能，把善当作不断的"应然"，亦即不断的"未然"的说法，因而他说，"善就是被实现了的自由，世界的绝对最终目的"。①

黑格尔把良心区分为"形式的良心"与"真实的良心"，前者只是主观的普遍性，是"内部的绝对自我确信，是特殊性的设定者、规定者和决定者"，而后者则是主观与客观的统一，特殊与普遍的统一。前者属于道德范围，后者属于较高的伦理范围。因此真实良心已不复单纯是个人主观独自的良心，而是客观精神的体现，已进入伦理范围。把道德与伦理严格分开，这是黑格尔伦理思想的特色。优点在于强调良心不纯是直接的，而有其中介的社会因素。

抽象的、形式的良心一方面把主观、抽象的普遍性作为原则，另一方面即把自己的任性和特殊情欲当作是有普遍性的东西，这样良心就会转化为恶。所以他说，"良心如果仅仅是形式的主观性，那简直就是处于转向作恶的待发点上的东西"。② 这里他批判了康德的形式主义的良心观，但重要的，是要分析出良心的社会和阶级的内容。

---

① 《法哲学原理》，第132页。
② 同上书，第143页。

　　黑格尔随即谈到善与恶的辩证关系。照黑格尔看来，自由是与意志和知识不可分的东西。人有了自由意志，他能自由为善，也就能自由作恶。这叫做"恶的根源一般存在于自由的神秘性中"①（"神秘性"可作唯心意义的"辩证性"了解）。所以他说："唯有人是善的，只因为他也可能是恶的。善与恶是不可分割的。"② 他又说，"恶也同善一样，都是导源于意志的，而意志在它的概念中既是善的又是恶的"。③ 善恶相互依存，有对立同一的辩证关系，这是合理因素。

四

　　抽象的、形式的法是客观的，道德是主观的，只有伦理才是主观与客观的统一，才是客观精神的真实体现。黑格尔这种说法其意思在于表明个人的权利、个人的道德自由，均以社会性的、客观的伦理实体为归宿、为真理。所以他说，"善和主观意志的这一具体同一以及两者的真理就是伦理"④，"主观的善和客观的、自在自为地存在着的善的统一就是伦理"。⑤ 他认为，法和道德单就本身来说是没有现实性的，它们必须以伦理为基础，作为伦理的体现者而存在。他不懂得法、道德、伦理作为上层建筑，都应从经济基础、社会阶级根源来说明。

　　就个人与伦理的关系来说，伦理作为客观精神是自由的具体实现。伦理的规定就是个人的实体性或普遍本质。伦理是个人的

---

①　《法哲学原理》，第 143 页。
②　同上书，第 144 页。
③　同上书，第 145 页。
④　同上书，第 161 页。
⑤　同上书，第 162 页。

第二天性。个人对伦理的规定或伦理的力量说乃是偶然性与实体的关系。"个人存在与否,对客观伦理说来是无所谓的,唯有客观伦理才是永恒的,并且是调整个人生活的力量。"① 另一方面,个人之所以有自由,之所以具有真实性,即因为他体现了伦理的实体。

就伦理与民族的关系来说,黑格尔认为"国家是自觉的伦理的实体",或者说"国家是具体自由的现实性"。

脱离了伦理之物质和社会的基础,黑格尔从客观唯心主义出发,把伦理看成一个精神性的、活生生的、有机的世界,认为它有其自己生长发展的过程。并把它的矛盾发展过程分为三个阶段:第一,直接的、或自然的伦理精神——家庭;第二,市民社会——这是伦理精神丧失了直接的统一,进行分化,而达于相对性的观点。市民社会是各个成员作为独立的单个人的联合,因而也就是在形式普遍性中的联合,这种联合是通过成员的需要,通过保障人身和财产的法律制度,和通过维护他们特殊利益和公共利益的外部秩序而建立起来的。第三,伦理精神通过分化、中介而完成的统一就是国家。② 市民社会表示直接或原始伦理精神的解体,靠法律来维持市民个人需要的满足,人身和财产的保障,以及特殊利益和公共福利和秩序的维持,这种"市民社会"只能算是"外部国家"。必定要伦理精神或实体充分实现、完成并回复到它自身的辩证统一,这才是国家。

家庭的基础是婚姻,婚姻既不仅只是两性的关系,也不仅只是市民契约的关系,而是一种"精神的统一","实质是一种伦理的关系"。这种自我意识的统一就是爱,而这种爱是"具有法

---

① 《法哲学原理》,第 165 页。
② 同上书,第 173—174 页。

的意义的伦理性的爱，这样就可以消除爱中一切倏忽即逝的、反复无常的和赤裸裸的主观的因素"。① 从法的意义说，家庭是一个人格，作为人格来说，家庭就在财产中有其外部的实在性。这财产是作为家庭的遗产而延续下去，但通过遗产延续下去的不是家庭，而乃是宗族。家庭的生命必然是有时间性的，不仅是由于父母的死亡，而且也为儿女的长大成为独立的人格所决定。在教育子女中家庭完成了它的使命。这样也就正好解除它自己的工作，而过渡到市民社会。

市民社会是诸个人、诸家庭的聚集，是作为特殊性与差别性的阶段，所以首先显现为伦理的丧失。即使着重伦理和普遍，也是为了作为满足特殊利益的手段。但伦理性、普遍性归根到底是支配着市民社会的，所以最后在国家中又回到伦理的充分体现。

市民社会的发展又分为三个环节：第一为"需要的体系"，在这个范围内，有劳动及分工的方式；与此相联系就形成了各个等级。第二为司法。在市民社会中，财产关系和契约关系都有法律来规定和维系。市民的财产和人格都得到法律的承认，并具有法律的效力，所以犯罪不再是侵犯了个人主观的东西，而是侵犯了社会公共的东西。于是犯罪的行为就被看成具有社会危险性。一方面这种看法增加了犯罪的严重性，另一方面，由于社会本身的稳定性，罪行的损害就获得了较轻微的地位，而刑罚也就成为较轻微。② 第三为警察和同业公会，这是一种预防社会危险和保护生命财产的措施。黑格尔指出，在市民社会中，"好的法律可以使国家昌盛，而自由所有制是国家繁荣的基本条件。但是，因为我是完全交织在特殊性中的，我就有权要求，在这种联系中我

① 《法哲学原理》，第 177 页。
② 同上书，第 218 页及补充。

的特殊福利也应该增进。我的福利、我的特殊性应该被考虑到，而这是通过警察和同业公会做到的"。①

黑格尔于讨论资产阶级的市民社会时，并进一步论证了资本主义的发展——殖民主义。黑格尔首先指出："市民社会的这种辩证法，把它……推出于自身之外，而向外方的其他民族去寻求消费者，从而寻求必需的生活资料。"②

他尽力替德国的民族扩张和称霸海上鼓吹和打气。他以激励德国资产阶级的语气写道："对工业来说，激励它向外发展的自然因素是海。""河流不是天然疆界，这是近代人对河流的看法；其实应该说，河流和湖海是联系人群的。""奋发有为的一切大民族，它们都是向海洋进取的。"③

他尽力替新兴资本主义国家的殖民政策辩护道：这种通过工业商业与遥远国家进行贸易的"扩大了的联系也提供了殖民事业的手段。成长了的市民社会都被驱使推进这种（殖民）事业——零散的或系统的"。"零散的殖民事业尤其见之于德国。殖民者移民美国或俄国，而与祖国一直没有联系，这种殖民对本国并无益处。第二种殖民事业与前一种完全不同，它是有系统的。它由国家主持，国家有意识地用适当办法来加以推进和调整。"④ 其实头一种只是自然的"移民"，第二种才是帝国主义性质的侵略性的殖民主义。黑格尔居然特别主张后一种，足见他的《法哲学原理》已经为德国转变成帝国主义预先铺平理论的道路。

---

① 《法哲学原理》，第 237 页。
② 同上书，第 246 页。
③ 同上书，第 247 页。
④ 同上。

五

现在进而谈黑格尔的国家观，首先要就如下几点加以批判：

（一）"国家是伦理理念的现实"①，这就是说，国家是伦理精神的体现，这抹杀了剥削阶级的国家是残酷地剥削本国人民、侵略压迫他国和其他民族的机器的大量事实。这种国家观与马克思列宁主义认国家为阶级统治的机关，为一个阶级压迫另一个阶级的机关的看法是根本相反的。

（二）"国家是绝对自在自为的理性东西"②，这就是说，国家是独立自存、永恒的、绝对合理的东西。照这样说来，资产阶级国家也是神圣的东西，资产阶级国家作为阶级统治的机器和工具，也是不应该打破、推翻的东西，从而国家也就是永不会消亡的东西。很显然，黑格尔的国家学说，其目的在合理化、神圣化、永恒化资产阶级国家机器。

（三）"由于国家是客观精神，所以个人本身只有成为国家成员才具有客观性、真理性和伦理性。"③ 这就是说，个人如果脱离国家，不接受资产阶级国家的统治，他就失掉了"客观性、真理性和伦理性"，换言之，他就丧失了自由和作为市民的种种权利。后来的新黑格尔主义者根据此说来反对天赋人权说，认为不接受资产阶级国家的统治，就没有人权。这种理论，是导源于黑格尔的国家观。

在谈到国家制度时，黑格尔从拥护君主立宪制度的保守立场

① 参看《法哲学原理》，第253页。
② 同上。
③ 同上书，第254页。

和唯心辩证法三一格式出发，把孟德斯鸠所提出的立法、司法、行政三权鼎立的民主思想，予以加工改造成王权（单一）、行政权（特殊）和立法权（普遍）相结合的政治制度。他把司法划归行政范围，特赋予君权以独特重要的地位。在黑格尔看来，国家中的君主正是逻辑上的"绝对理念"，宗教上的"上帝"的体现。逻辑理念包含有单一、特殊、普遍三环节的统一，而国家制度既是逻辑理念的体现，所以也应该包含君主权（表示单一）、行政权（表示特殊）和立法权（表示普遍）三环节的统一。这样的国家制度就是他要论证的君主立宪制。这正如马克思所批判那样："国家制度的理性是抽象的逻辑……不是思想适应于国家的本性，而是国家适应于现成的思想。"① 这就是反对黑格尔把《法哲学原理》作为逻辑学的应用和体现。

黑格尔关于王权的理论完全是"朕即国家"说的逻辑的加工。他认为王权是"意志最后决断的主观性的权力"，王权"把被区分出来的各种权力集中于统一的个人，因而它就是整体即君主立宪制的顶峰和起点"。② 王权因而成为黑格尔设计的政治制度中的主要环节。

他强调王权做最后决断的主观性，这显然以从主观出发的唯心主义为基础的。他看不到人民的意志，也看不见时代历史发展的客观规律，只好满足于把国家大事的最后裁决，寄托在君主个人意志的主观性上。他说，古代决定国家大事，常常采取求神谕、占卜的办法，这是缺乏主观性的，因此王权的决断就比神谕或占卜高明，因为它有了能体现现代精神的"主观性"。所以他认为君主的决断是最高的、最后的，是"没有根据的"，这就是

---

① 《马克思恩格斯全集》第 1 卷，第 267 页。
② 《法哲学原理》，第 287 页。

说，他不提供理由和论证的。在这里，我们看见黑格尔理性主义的法哲学体系，却以一个非理性的、无根据的王权的主观性为根本。他认为国家的大臣或咨议机关应该提供材料、提供意见、展开辩论，为了使辩论不致相持不下，最后由君王作出主观性的最后决断（类似封建帝王的所谓"宸衷独断"），这样廷争停止，一律服从王权。他所谓君王的决断并不是基于总结群众的意见，并予提高，而是基于个人独裁的武断。最妙的是，黑格尔说，如果君王的决断作错了，君王不负错误的责任，因为"只有这些咨议机关及其成员才应该对此负责，而君主特有的尊严，即最后决断的主观性，则对政府的行动不负任何责任"。[1] 他为了照顾君王的面子或尊严，片面地以咨议的机关和人员为替罪的羔羊，竟得出做最后决断的主观性对他的决断不负责任的结论！

黑格尔主张君主世袭制，他认为君主世袭不单是可以"预防王位出缺时，发生派系的倾轧"，主要的哲学理由是，由于君主的来源是"没有根据的直接性"，是不能用选举的方法产生的。他说："君主选举制倒不如说是各种制度中最坏的一种。"[2]

黑格尔特别强调君主有"赦免罪犯的权力"。在宗教上，上帝"可以在精神上化有罪为无罪"，而"在尘世中"，"只有这个主宰一切的权力才有权实现这种化有罪为无罪"。[3] 这足见，他用上帝在宗教中的地位来比拟君主在政治上的地位，因而赋予政治以马克思所谓"精神的芳香"，这就是替剥削的统治者擦粉。君主有任免大臣的权力，本来就是这样的，但是黑格尔为了神秘

---

① 《法哲学原理》，第 306 页。
② 同上书，第 304 页。
③ 同上书，第 282 页。

化君主的这种特权，强调君主最后决断的主观性，他偏说，"任免负责这些事务的人员（指国家最高咨议机关及其成员）是君主无限任性的特权"。① 君主一般都有颁布国家的制度和法律的权力。然而黑格尔偏要说，"国家的制度和法律"是"自在自为的普遍物"，"从主观方面说，就是君主的良心"。② 这就把法律制度放在君主主观任性的基础上。

批判黑格尔论王权的章节特别重要，因为这不仅表明了他政治上的保守主义、尊君思想，也足以表明他的理性主义、泛逻辑主义的体系原来建筑在非理性的、无根据的、非逻辑的、任性的最后的主观性之上。谨记马克思对于黑格尔王权说的批评是有教益的。马克思说，在黑格尔那里"任性就是王权"或"王权就是任性"；③ 又说："黑格尔力图在这里把君主说成真正的'神人'，说成理念的真正化身。"④ 因为黑格尔自己也说："国家是在地上的精神。"⑤ 国家是"神（上帝）自身在地上的行进"⑥，很显然，君王就是精神、上帝在地上、在国家中的化身。

王权属于政治制度中单一性环节，而行政权则属于特殊性环节。行政权使特殊从属于普遍，也就是"执行和实施国王的决定"，亦即"贯彻和维护已经决定的东西，即现行的法律、制度和公益设施等等"。黑格尔论行政权的主要之点在于主张"行政权包括审判权和警察权"。⑦ 这一点得到马克思的好评说："黑格尔的独到之处只在于他使行政、警察、审判三权协调一致，而通

---

① 《法哲学原理》，第 306 页。
② 同上书，第 285 页。
③ 《马克思恩格斯全集》第 1 卷，第 269 页。
④ 同上书，第 273—274 页。
⑤ 同上书，第 258 页。
⑥ 同上书，第 259 页。
⑦ 同上书，第 308 页。

常总是把行政权和审判权看成对立的东西。"①

黑格尔谈到国家行政人才的选拔问题时，他认为"个人之担任公职，并不由本身的自然人格和出身来决定"（像君主那样），而是依靠"客观因素即知识和才能"来决定。这种对有知识和才能之人的选拔，一方面满足国家对行政人才的需要，另一方面也使每个市民都有可能担任公职，献身于国家事务。黑格尔承认担任公职所需的知识和才能并不是像在艺术里那样基于天才，例如一个大艺术家、演员、歌手有其独特的天才，他的职务是不能随便代替更换的，而在选拔公职人才方面黑格尔认为则有其主观性与偶然性的一面，由于有才能、知识的人很多，国家的官职较少，任命选拔时不可能得到绝对准确、公平。为了解决争职位问题，黑格尔煞费苦心又抬出国王这一"做最后决定和主宰一切的国家权力的特权"② 来解决困难。他最后还是归到君主的主观任性来裁决，再也找不到其他合理的办法。

黑格尔强调"担任公职不是一种契约关系"。也就是说，不是雇佣关系，而有其伦理和精神的意义。因为替公家服务是"内在的东西"，是有其"自在自为的价值"的，或者说是公民自己自由本性的实现，因此它要求个人的献身精神。③

黑格尔谆谆谈到"官吏的态度和教养"，关系到民众对政府满意与否、信任与否，以及政府计划的实施或削弱、破坏。因此他主张必须对官吏进行政治教育，这种政治教育可以减轻或抵消技术性的行政工作之机械性，而引起公职人员奉公守法，公而忘私的习惯和态度。他说："为了使大公无私、奉公守法及温和敦

---

① 《马克思恩格斯全集》第 1 卷，第 295 页。
② 《法哲学原理》，第 312 页。
③ 同上书，第 294 页。

厚成为一种习惯，就需要进行直接的伦理教育和思想教育，以便
从精神上抵消因研究本部门行政业务的所谓科学、掌握必要的业
务技能和进行实际工作等等而造成的机械性部分。"①

这些话都表示黑格尔在替普鲁士王国教育公职人员，促其效
忠国家。这都是为改善普鲁士的官僚统治着想。马克思揭穿得
好：事实上刚刚相反，"正是官僚的'官场'知识和'实际工
作'的'机械性'在'抵消'他的'道德和理智的教育'。"②
我们可以再引证马克思一句话，作为对黑格尔讨论行政权的主要
章节的总评："黑格尔关于'行政权'所讲的一切都不配称为哲
学的分析。这几节大部分都可以原封不动地载入普鲁士法。"③

黑格尔关于立法权的讨论，包含着他《法哲学原理》中最
保守的成分。立法权本应是三权中比较最足以推进民主和改革
的因素，诚如马克思所指出："立法权在给叛乱奠定基础。"④
然而黑格尔却以最保守的态度去处理立法权。马克思说，"正因
为国家在立法权中获得了最高的发展，政治国家本身无法掩饰
的矛盾才在立法权中表现出来"。⑤ 所以立法权应是揭露国家矛
盾的地方，而黑格尔却强调立法权的中介作用，借以调解阶级
矛盾。

马克思特别重视立法权，认为"国家在立法权中获得了最
高的发展"，而黑格尔却尽量贬低立法权的地位。

黑格尔把立法权定义为"规定和确立普遍物的权力"。按照
黑格尔自己的逻辑来讲，代表普遍性的立法权应该较优越于代表

---

① 《法哲学原理》，第 314 页。
② 《马克思恩格斯全集》第 1 卷，第 310 页。
③ 同上书，第 298 页。
④ 同上书，第 358 页。
⑤ 同上书，第 360—361 页。

单一性和特殊性的王权与行政权。然而政治上的保守立场却使他处处在贬低立法权。

首先黑格尔认为，"立法权本身是国家制度的一部分，国家制度是立法权的前提"。"国家制度本身是立法权赖以建立的、公认的、坚固的基础，所以它不应当由立法权产生。"① 这样国家制度另有其超立法的独立自存的基础，不是立法权所能过问，反之，立法权必须以国家制度为前提、为基础。这样立法权就被剥夺掉建立国家根本大法——国家制度的最本质的任务，因而其地位和权限受到很大的贬抑和限制。

黑格尔所设计的立法权或议会包括三个等级：（一）贵族地主等级，他又叫做实体性的等级。（二）普遍等级，这就是行政官吏的代表，因为他赞成英国的制度，主张政府成员、内阁大臣同时任国会议员。（三）私人等级，即工商业的代表。在这三个等级中，他特别重视贵族地主等级，因为他们参加立法"只是由于他们的出生，并非取决于选举的偶然性"②，可以作君王和市民社会的中介。他把贵族地主等级看成"王位和社会的支柱"。③ 行政官吏等级黑格尔认为他们最"精明干练"，"就是不要各等级（即是说，不要议会），他们同样能把事情办得很好"。④ 而工商业等级则被他贬斥为私人等级，认为"他们都是由单一性、私人观点和特殊利益产生的，所以他们总想利用自己的活动来达到牺牲普遍利益以维护特殊利益的目的"。⑤ 因此在黑格尔的立法权里不惟听不见工农劳动人民的呼声，甚至连工商

① 《法哲学原理》，第 315 页。
② 同上书，第 325 页。
③ 同上。
④ 同上书，第 319 页。
⑤ 同上书，第 320 页。

业者也没有充分的发言权，这鲜明地反映了当时德国资产阶级的
软弱性。

黑格尔限制立法权或议会作用的另一个理论，就是他根本反
对与政府相对立的党派，他要人民绝对信任统治阶级的政权，绝
对相信"国家权力的其他环节（指王权和行政权）从来就为国
家着想，并献身于普遍目的"。① 不许怀疑反动统治者的"善良
意志"。他斥责说："政府好像是受邪恶的或不大善良的意志所
支配这一假设是出于贱民的见解和否定的观点。"② 黑格尔要求
资产阶级与贵族合作的君主立宪制，他又不允许议会代表人民说
话，对统治阶级起监视和约束作用，而坚决认为"政府并不是
与其他党派对立的党派"，说什么"政府对各等级（即议会各阶
层代表）的关系，在本质上不应当是敌对的，相信这种敌对关
系不可避免，是一种令人丧气的错误"。③ 黑格尔是煞费苦心地
在消除立法权中的革命因素和"叛乱基础"，但是这种观点是违
反现实的，因为普鲁士政府与各等级以及与人民的关系本质上是
有阶级矛盾的，是敌对的，这种敌对关系不可避免地要反映到立
法权中。所以马克思一语破的地批判了黑格尔，说政府与各等级
的敌对关系之不可避免不是"一种令人丧气的错误"，"其实应
该说：是'一种令人丧气的真理'"。④ 马克思也指出，"事实却
恰恰（与黑格尔所说）相反"⑤，反动的政府正是与其他党派对
立的党派。

黑格尔似乎也意识到立法权的伸张与群众力量、人民力量以

---

① 《法哲学原理》，第 320 页。
② 同上。
③ 同上。
④ 《马克思恩格斯全集》第 1 卷，第 327 页。
⑤ 同上。

及舆论力量的伸张有着密切的关系，所以他就在贬低立法权的同时发出了他反对人民群众、轻视舆论的最保守的言论。他首先否认人民、甚至否认人民自己了解什么对他们最为有利，什么是他们的真正需要，并否认人民自己有"实现这种最美好东西的不可动摇的意志"，说："人民就是不知道自己需要什么的那一部分人。知道别人需要什么，尤其是知道自在自为的意志即理性需要什么，则是深刻的认识和判断的结果，这恰巧不是人民的事情。"① 他诬蔑人民自己不知道他们自己的需要和利益，只有少数骑在人民头上的哲学王、资产阶级寡头、行政官吏才具有所谓"深刻的认识和判断"，真正知道人民的真意或黑格尔所谓"理性需要"。显然，他这里神秘化了人民的需要，也神秘化了少数统治者的"深刻的认识和判断"。其实人民要求土地、要求生活、要求革命、反对剥削，人民不特自己知道，且常表现为农民起义、工人罢工的行动，这是谁都知道的事情，就是黑格尔恭维为有"深刻的认识和判断"的反动统治阶级偏偏不知道，偏偏要反对。这就可以充分看出，黑格尔的政治立场不是站在人民一边，而是站在贵族与资产阶级的联合一边，所以在黑格尔提到人民时，我们读到的都是他反人民、反群众、反民主的最保守的词句，说什么"作为单个人的多数人（人们往往喜欢称之为'人民'）的确是一种总体，但只是一种群体，只是一群无定形的东西。因此，他们的行动完全是自发的、无理性的、野蛮的、恐怖的"。② 这的确反映了被法国大革命吓坏了的德国资产阶级的意见。

最后黑格尔对于公共舆论的态度也一方面表现了他崇拜伟大

---

① 《法哲学原理》，第 319 页。
② 同上书，第 323 页。

人物的唯心主义历史观，另一方面也表示他轻视舆论和反民主的保守思想。他说："在公共舆论中真理和无穷错误直接混杂在一起……可是实体性的东西是不能从公共舆论中找到的。"① 他又说，"公共舆论又值得重视，又不值一顾。不值一顾的是它的具体意识和具体表达，值得重视的是在那具体表达中只是隐隐约约地映现着的本质基础"。② 他认为，舆论本身不值得一顾，值得重视、恭维的乃是能够在同错误搅在一起的舆论中发现其真理的"伟大人物"。因为据他说，"公共舆论中有一切种类的错误和真理，找出其中的真理乃是伟大人物的事。谁道出了他那个时代的意志，把它告诉他那个时代并使之实现，他就是那个时代的伟大人物"。③ 须知伟大人物在舆论中发现的真理已不是舆论，而是伟大人物的天才睿智、"深刻的认识和判断"，在黑格尔看来，伟大人物不是从舆论中、从群众中逐渐成长起来的，他是高于群众，亦即脱离群众，站在群众之上的天才，所以黑格尔所了解的伟大人物就表现出轻蔑群众，藐视群众的一面。他以崇拜脱离群众的天才英雄的语气说："脱离公共舆论而独立乃是取得某种伟大的和合乎理性的成就（不论在现实生活或科学方面）的第一个形式上条件。"又说："谁在这里和那里听到了公共舆论而不懂得去藐视它，这种人决做不出伟大的事业来。"④ 所以，黑格尔谈舆论，其目的不是教人尊重舆论，重视民主，而是教人藐视舆论，崇拜"伟大人物"；再则黑格尔谈立法权，不是教人重视立法权，发扬民主，而是教人更信任王权，更信任"精明干练"、"有深刻的认识和判断"的官吏和官僚集团。立法权只是

---

① 《法哲学原理》，第333页。
② 同上书，第334页。
③ 同上。
④ 同上。

在三位一体的逻辑上聊备一格，以资点缀而已。这里我们又读到马克思对黑格尔论立法权的精辟的总结式的批评。马克思说，在黑格尔那里，"各等级的代表（即指议会代表）只是一种纯粹的奢侈品。所以各等级的存在，究其实不过是一种形式而已"。①又说，"黑格尔之所以要等级要素（议会，立法权）这一奢侈品，只是为了迎合逻辑"。②

六

以上着重评述了黑格尔关于王权、行政权、立法权的论述，三权亦即"对内主权"，被认作属于"内部国家制度本身"。和国家对内主权相对应的他叫做"对外主权"。国家在诸国家之中也是一个个体。一个国家对别的国家的关系也是个体对个体的关系，都具有"排他性的自为存在"，都是"独立自主的"。国家的独立自主被他看成"现实精神的自为的存在，在这种独立性中达到了它的定在，所以独立自主是一个民族最基本的自由和最高的荣誉"。③据此黑格尔论证爱国主义说，为了保卫国家的独立、自由和荣誉，牺牲个人的利益和权利，乃是"肯定个人的绝对个体性"（这他又叫做"实体性的个体性"），而所放弃的乃是"个人的偶然和易变的个体性"。因此个人对国家就"有义务接受危险和牺牲，无论生命财产方面，或是意见和一切天然属于日常生活的方面，以保存这种实体性的个体性，即国家的独立和主权"。④

----

① 《马克思恩格斯全集》第 1 卷，第 323 页。
② 同上书，第 324 页。
③ 《法哲学原理》，第 339 页。
④ 同上书，第 340 页。

黑格尔不惟从资产阶级保守主义的立场出发，来宣扬资产阶级的民族主义和爱国主义，他还进一步提出他著名的学说，所谓"战争的伦理性"，替资本主义世界的国际战争辩护。他大肆宣扬"战争的伦理性因素"。说"战争不应看成一种绝对的罪恶"。他论证了战争的必然性，认为战争不是基于"纯粹外在的偶然性"。他认为战争的发生不是偶然地出于"当权者或民族的激情，不公正的事由，或任何其他不应有的事"。① 换言之，战争，在他看来，不惟是必然的，而且是应然的。他不具体分析战争的社会根源、历史条件或种种基于客观条件的必然性，而唯心主义地从伦理出发去宣扬一般战争的必然性与应然性。他也不区别正义战争与非正义战争，而漫无差别地宣扬战争有保持民族伦理生活的健康、防止长期和平会使民族腐化堕落的作用，② 这显然是替资本主义国家的军事冒险和殖民主义扩张提供理论的基础。当然，当黑格尔歌颂战争的伦理意义时，他心目中也许是想到拿破仑战争曾导致普鲁士王国复兴，似乎增进了日耳曼民族的所谓"伦理的健康"。这显然表示黑格尔只是片面地、孤立地、表面地看问题，对拿破仑战争缺乏科学的、历史的分析，才会得出这种唯心的错误的结论。我们看到，黑格尔的后人两次发动世界大战，为全世界、为欧洲人民，特别为德国人民带来重大灾殃，已讽刺地用历史事实驳斥了黑格尔认战争有保持伦理健康和防腐作用的荒谬思想。

黑格尔绝对化了国家，把国家看成自在自为的东西。他强调："作为国家的民族，其实体性的合理性和直接的现实性就是

① 《法哲学原理》，第 340 页。
② 同上书，第 324 页。

精神，因而是地上的绝对权力。"① 每一个国家因此都有其特殊意志，于是国与国的关系就"处在自然状态中"，亦即互相争战中，国与国的关系和权利，没有"超国家权力的普遍意志"来予以规定。所谓"国际法的那种普遍规定总是停留在应然上"，不能得到有效的实现。因此，照黑格尔看来，"如果特殊意志之间不能达到协议，国际争端只有通过战争来解决"。② 足见他不惟论证了国际战争的不可避免性，他还指出战争是解决国际争端的惟一手段或惟一的仲裁者。这种说法不仅表示黑格尔的国家哲学没有出路，也反映了整个资本主义世界没有出路。

然而黑格尔绝不会承认自己的国家哲学没有出路。为了结束他的《法哲学原理》，为了粉饰除了用战争外，国际争端无法解决，最后提出他的"世界精神"来拯救困难。于是他说："国与国之间的关系是摇摆不定的，也没有裁判官来调整这种关系，唯一最高裁判官是普遍的绝对精神，即世界精神。"③ 这就是说，把国际争执的解决，战争的胜负、和平的实现一概推到空洞遥远的人类历史、世界精神那里去了。

他认为世界精神就是历史哲学研究的对象，世界精神就是贯穿在世界历史进程里的理性力量。这样"法哲学"的结束就过渡到历史哲学的领域了。

七

以上我们按照原书次序简单地评述了黑格尔《法哲学原理》

---

① 《法哲学原理》，第 346 页。
② 同上书，第 348 页。
③ 同上书，第 351 页。

一书的主要内容。由于阶级的限制，由于时代的限制，特别是由于从客观唯心主义体系和晚年特别保守的政治立场出发来论述《法哲学原理》，使得这书成为他的保守的政治思想的集中表现，而他的唯心主义体系之应用来论证《法哲学原理》，其危害的后果，尤其显著地暴露出来。

马克思的《黑格尔法哲学批判》，充满了批判的、革命的哲学的天才光芒，有深刻、丰富的内容值得我们深入学习挖掘。除于上文中已多处引证了马克思的批判观点外，现在简单综述一下马克思批判此书，由破而立的几个主要论点，以作结语。

第一，就政治上说，马克思从革命民主的立场，驳斥了黑格尔主张的君主制。

在批判黑格尔君主制的同时，马克思正面提出民主制的优越性说："民主制是君主制的真理，君主制却不是民主制的真理。……从君主制本身不能了解君主制，但是从民主制本身可以了解民主制。"① 又说："正如同不是宗教创造人而是人创造宗教一样，不是国家制度创造人民，而是人民创造国家制度。"② 针对黑格尔把宗教和君主制，把上帝和君王联系起来的看法，马克思是把反宗教与反君主制结合起来的。

第二，从经济上说，马克思从反对私有制的立场驳斥了黑格尔对私有财产的崇拜。

黑格尔尽管把国家说成是"伦理理念的现实"，但是结合到黑格尔对于财产的看法来分析，却揭露了"伦理理念的现实在这里成了私有财产的宗教"。③ 马克思痛切指斥黑格尔

---

① 《马克思恩格斯全集》第 1 卷，第 280 页。
② 同上书，第 281 页。
③ 同上书，第 373 页。

之替私有财产制辩护，正是出卖伦理或"转让伦理"，抹杀人的意志自由。马克思说，在黑格尔那里"私有财产成了意志的主体，意志则成了私有财产的简单谓语"。① 马克思又说："凡私有财产不可转让的地方，'普遍的意志自由'和伦理却可以转让。……私有财产的'不可转让'同时就是普遍的意志自由和伦理的'可以转让'。……在这里我的意志已经不在支配客体（私有财产），而是意志本身在受客体的支配。"② 这些话已经说明了在阶级社会的私有财产制度下，像黑格尔那样的唯心主义者大谈其"伦理实体"或"意志自由"就显得是太空洞抽象了。

第三，在批判"法哲学"的过程中，马克思从根本上有力地摧毁了黑格尔的客观唯心主义体系。

马克思首先批判了黑格尔把"法哲学"当成"逻辑学"的补充与应用，或者把国家制度当成伦理理念的实现这一根本唯心主义出发点。马克思说："在这里，注意的中心不是法哲学，而是逻辑学。……在这里具有哲学意义的不是事物本身的逻辑，而是逻辑本身的事物。不是用逻辑来论证国家，而是用国家来论证逻辑。"③ 这里正好把黑格尔颠倒过来，我们认为第一性的东西是"事物本身的逻辑"即现实事物发展的规律，而黑格尔认为第一性的东西却是"逻辑本身的事物"，即理念、概念之类。我们要求用逻辑（唯物辩证法）来分析国家的矛盾，来研究、论证国家现实发展演变的规律，而黑格尔所要求的是完成自己的唯心主义体系，把国家的制度、现象当作说明、体现逻辑理念的谓

① 《马克思恩格斯全集》第 1 卷，第 370 页。
② 同上书，第 371 页。
③ 同上书，第 263 页。

语或工具。马克思更明确指出,黑格尔的"整个法哲学只不过是对逻辑学的补充。十分明显,这一补充只是对概念本身发展的(某种附加的东西)"。① 马克思根本与黑格尔的客观唯心主义相反,认为"法哲学"不应是"逻辑学的补充"、"概念发展的附加",反之,逻辑、概念应该是反映、说明、论证法律、政治、社会、国家的现实发展的东西。

马克思反复批判在黑格尔那里"理念变成了独立的主体"的客观唯心主义观点说,"现实性不是被看做这种现实性本身,而是被看做某种其他的现实性"。② 这就批判了黑格尔不把现实性看做第一性的东西,而把它看做"某种其他的"即理念的现实这种本末倒置的唯心观点。譬如在马克思看来,"政治情绪是国家的主观实体,政治制度是国家的客观实体"。③ 但是诚如马克思所指出那样,"黑格尔在任何地方都把理念当做主体(实体),而把真正的现实的主体,例如'政治情绪'(或政治制度)变成了谓语"。④ 这是马克思抓住了黑格尔颠倒主体或实体与谓语,亦即存在与思维的根本关系的唯心主义观点,而给予反复着重的批判,从而在破黑格尔客观唯心主义的同时,建立并发展了辩证唯物主义。

第四,关于辩证法问题,马克思指出了"黑格尔深刻之处正在于他处处都从各种规定的对立出发,并把这种对立加以强调"。⑤ 这表明他对于黑格尔辩证法的合理内核有所批判吸收颠倒运用,具有重要意义。

----

① 《马克思恩格斯全集》第 1 卷,第 264 页。
② 同上书,第 250 页。
③ 同上书,第 254 页。
④ 同上书,第 263 页。
⑤ 《马克思恩格斯全集》,第 312 页。

黑格尔在他早年 1807 年所写的较富于自由精神的《精神现象学》序言中，曾明确提出精神世界的变化，有"打断那单纯增长过程的渐变性"，而产生"质的飞跃"的说法，并且把飞跃过程描写成"这种并不曾改变全体的面貌的逐渐碾磨为日出所中断，这是一道闪电，在顷刻之间就表现出新世界的形相"。①但是在他晚年较保守的《法哲学原理》中提到国家制度时，却只看见他强调"一种状态的不断发展从外表看来是一种平静的觉察不到的运动。久而久之国家制度就变得面目全非了"。② 黑格尔这里显然模糊了"飞跃"、"连续性中断"的意义，而强调逐渐的量变。马克思针对这点，从坚定的革命的唯物辩证法的立场予以批判道："诚然，在许许多多国家里，制度改变的方式总是新的要求逐渐产生，旧的东西瓦解等等，但是要建立新的国家制度，总要经过真正的革命。" 又说，"逐渐推移这种范畴从历史上看来是不真实的，这是第一。第二，它也不能说明任何问题"。③ 马克思这里不仅反对了改良主义、庸俗进化论，也有力地反对了黑格尔有保守意味的唯心辩证法。

其次，马克思还严肃地批判了黑格尔利用"中介"这一辩证法概念来调和国家制度中不可调和的矛盾的保守主义和唯心辩证法思想。黑格尔在《法哲学原理》第 302 节的补充中说："国家制度在本质上是一种中介体系。"马克思除了讥讽这种中介体系"重演了夫妻吵架医生劝解的故事"外，又指出"这一中介体系还采取这样一种形式：一个人想打败自己的敌人，同时又不得不保护自己的敌人免遭别的敌人的打击；由于这种双重的地

---

① 《十八世纪末——十九世纪初德国哲学》，商务印书馆 1960 年版，第 203 页。
② 《法哲学原理》，第 316 页。
③ 《马克思恩格斯全集》第 1 卷，第 315 页。

位，他的打算全部落空了"。① 马克思尖锐地提出了资本主义国家制度中不可调和的矛盾说，反击了黑格尔所谓"中介体系"说。马克思还进一步指出，黑格尔"把这种中介作用说成是逻辑的思辨奥秘，是合乎理性的关系，是推论。真正的极端之所以不能被中介所调和，就因为它们是真正的极端。同时它们也不需要任何中介，因为它们在本质上是互相对立的"。② 从这段深刻的批判里，我们体会到抹杀或调和阶级对立的唯心辩证法是与肯定"不能被中介所调和"的本质对立、阶级矛盾、坚持革命的唯物辩证法是根本相反的。

马克思在他的天才的经典著作《黑格尔法哲学批判》里，对于黑格尔政治上的保守思想、君主制、私有财产制思想，对于黑格尔的客观唯心主义和唯心辩证法，没有丝毫放松，以坚强的党性予以严肃的致命性的批判。这是我们批判资产阶级古典哲学的典范。在我们不断深入学习中可以吸取无穷的教益。黑格尔的《法哲学原理》是古典唯心哲学的重要著作。我们试运用马克思列宁主义作为武器去进一步批判研究黑格尔的著作，将不难获致新的收获。

（1961 年 4 月）

---

① 《马克思恩格斯全集》第 1 卷，第 354—355 页。
② 同上书，第 355 页。

黑格尔著《哲学史讲演录》评介

一　马克思列宁主义奠基人对黑格尔的
《哲学史讲演录》的评价

黑格尔的《哲学史讲演录》（一般简称《哲学史》）是一部重要的古典哲学著作。这书的德文原本共三厚册，译成中文分为四册，将陆续由商务印书馆出版。这书只有在新中国的条件下才能够提早以集体的力量翻译出来。其第一卷经过很久的酝酿在最近才得以出版（这书的英文译本出版于1892—1895年，俄文译本出版于1932—1936年）。这书中文译本的出版对于我们从哲学史的角度去了解辩证唯物主义是有帮助的，对于我们从辩证唯物主义的观点去批判和研究哲学史也是有帮助的。

马克思列宁主义的奠基人很重视此书，马克思在他最早的著作《博士论文》的简短序言中，一开头就肯定地说，黑格尔的哲学史有着惊人的、宏伟的计划，最初一般地奠定了哲学史的基础（当然马克思也立即指出由于黑格尔偏重思辨的思想妨碍了他去认识德谟克里特、伊壁鸠鲁等唯物论体系在希腊哲学史和希腊思想方面的巨大意义）。马克思在《德意志意识形态》中曾多次引证了黑格尔的《哲学史》，特别是引证了第三卷的内容。同样，恩格斯在许多著作和通信里也都提到了黑格尔的《哲学史》，特别在《自然辩证法》里对黑格尔《哲学史》中论述希腊古代哲学部分作了摘要和评述。当第一次欧洲大战期间（即1915年），列宁在瑞士时，于百忙中抽暇读了黑格尔三大巨册《哲学史》，并作有笔记。马克思主义经典作家们对黑格尔《哲学史》所作的摘要和评述，提供了批判改造黑格尔哲学史观点的典范；在那些摘要和评述里，改造并吸收了黑格尔哲学史里的辩证法观点；同时也无情地揭露并驳斥了黑格尔对哲学史的唯心论的解释。

马克思主义经典作家之所以重视黑格尔的《哲学史》，首先是因为他们认识到哲学史研究对于哲学研究的重要性。马克思本人的第一部著作，即他的《博士论文》，就是发扬希腊哲学史上唯物主义路线的著作，后来他还有过亲自着手撰写一部哲学史的计划。[1] 恩格斯也曾说到学习哲学史的重要性："理论思维仅仅是一种天赋的能力。这种能力必须加以发展和锻炼，而为了进行这种锻炼，除了学习以往的哲学，直到现在还没有别的手段。"[2] 列宁从来不满足于报刊、教科书对过去哲学体系的介绍；他还深入研究哲学巨著，通常都是直接研究原著。凡是读过列宁的《哲学笔记》的人都可以看得出来的。

其次，是因为黑格尔的《哲学史》贯穿着精湛的历史观和辩证法。恩格斯于评价黑格尔的哲学史，称其为第一次用辩证发展的观点来处理哲学史时说，黑格尔"是所有时代中最有学问的人物之一。他是第一个想证明历史中有一种发展、有一种内在

----

① 参看拉法格·李卜克内西著：《回忆马克思》，人民出版社版，第17页。
② 《自然辩证法》，人民出版社1971年版，第27页。

联系的人。……在《现象学》、《美学》、《哲学史》中，到处贯穿着这种宏伟的历史观"。① 恩格斯并指出："如历史哲学、法哲学、宗教哲学、哲学史、美学等等，——在所有这些不同的历史领域中，黑格尔都力求找出并指出贯穿这些领域的发展线索；同时，因为他不仅是一个富于创造性的天才，而且是一个学识渊博的人物，所以他在每一个领域中都起了划时代的作用。"②

尤其值得注意的，是黑格尔在他的哲学史中特别阐述了辩证法的发展史。任何一个或一派的哲学家只要其中有丝毫辩证法的因素，都被黑格尔挖掘出来加以着重的阐明。黑格尔不仅强调阐述了芝诺、赫拉克利特、柏拉图、亚里士多德的辩证法，而且对毕达哥拉斯派、智者派、怀疑派、甚至新柏拉图派以及对近代斯宾诺莎、康德、费希特的陈述，也都特别阐述了他们的辩证法。诚如列宁所扼要指出的："黑格尔在哲学史中着重地探索辩证的东西。"③ 也正如日丹诺夫所指出的："哲学史，因为有了马克思主义的辩证的方法，所以它本身必须包含辩证法形成的历史。"④ 辩证法形成的历史当然是经过斗争过程的，所以哲学史除了主要的是唯物论对唯心论的斗争史外，还包含有辩证法克服形而上学思想方法的斗争历史。因此，虽然黑格尔这部哲学史是从唯心论的观点来阐述辩证法的发展史，但是他对于我们从唯物论的观点来研究辩证法发展史仍然是有着一定参考价值的。

第三，是因为黑格尔的《哲学史》引证大量的历史材料作出了批判性的陈述和阐发。

黑格尔的哲学史，对于各家各派哲学的叙述，都是根据原始

① 《马克思恩格斯选集》第 2 卷，第 121 页。
② 《马克思恩格斯选集》第 4 卷，第 215 页。
③ 《哲学笔记》，人民出版社 1960 年版，第 273 页。
④ 在关于亚历山大洛夫著《西欧哲学史》一书的讨论会上的发言。

材料，特别是引证各哲学家的原著，运用发展观点，加以分析阐述的。在黑格尔的哲学史中，除了对中古一段讲得比较简略、采用原始材料较少以外，都是以他那广博的学识根据原始的材料来作陈述的，特别对于古代希腊哲学及自培根以来的近代哲学是如此的。读者试看他这书中小注之繁多，引证原文原著之渊博，就可以知道他是如何的深入钻研和大量掌握原始材料的。这是一方面。

同时另一方面，黑格尔的哲学史本是他自己整个庞大的客观唯心论体系的一个组成部分，是他的哲学体系的中心思想在哲学史方面的一种发挥，也可以说是他的《逻辑学》的一种注释和说明。所以我们读他的《逻辑学》，如果感到艰深、抽象、不易了解时，那么这部哲学史就可以提供我们一些具体的历史的说明材料。诚如恩格斯所说："由于黑格尔的每一个范畴都是哲学史上的一个阶段（他在多数情况下也指出这种阶段），所以您最好把《哲学史讲演录》（最天才的著作之一）拿来作一比较。"[1]

也就是因为黑格尔要把哲学史的发展同《逻辑学》中逻辑范畴的发展联系起来看，要把哲学史当作绝对理念的发展史，当作他自己所主张的客观唯心论的发展史来看，所以他对于哲学史上出现的各式各样的主观唯心论、不可知论、二元论、机械唯物论、形而上学思想方法，也就用了发展的观点、辩证的方法，一一予以批判，绝不放过一家一派。因此，黑格尔的哲学史又是一部从自己的哲学体系出发的批判性的哲学史。列宁对于黑格尔哲学史中这种批判性的成果曾经作了适当的评价："黑格尔以此打击辩证唯物主义以外的一切唯物主义！"[2]在《唯物主义与经验

---

① 《马克思恩格斯选集》第 4 卷，第 494 页。
② 《哲学笔记》，人民出版让 1960 年版，第 307 页。

批判主义》一书中，列宁还指出："很明显，恩格斯在看到德国的和英国的时髦哲学重复黑格尔以前的康德主义和休谟主义的旧错误时，甚至认为转向黑格尔（在英国和斯堪的那维亚各国）也会有好处的，因为他希望这位大唯心主义者和大辩证论者能帮助人们看出浅薄的唯心主义和形而上学的谬误。"[①] 根据列宁这一指示，我们知道，黑格尔哲学史中的批判部分，对于批判机械唯物论和庸俗唯物论，对于揭露主观唯心论、形而上学的谬误是有帮助的，至少是可供辩证唯物主义者参考或改造利用的。

可是，尽管如此，我们必须指出：黑格尔对于哲学史的基本观点是与我们根本相反的。他把哲学史当成唯心论对唯物论的斗争的史，当成自己的客观唯心论体系发生与发展的历史。因此，我们必须掌握辩证唯物主义的武器，用批判的眼光，去对待黑格尔的《哲学史》。

二　黑格尔的《哲学史讲演录》第一卷内容的简单评价

黑格尔的《哲学史》，由于是讲演的记录，比起他的其他著作来易于读懂。但它本身仍然是一部艰深的著作。为了帮助读者了解其要点和线索，我们特别做一些提纲式的批判性的介绍。做得不够和不妥当的地方，希望读者多提意见。

书首的开讲辞相当重要，其内容与《小逻辑》的开讲辞大体相同；主要的是他相信理性的精神，反对当时流行的不可知论。他说："只有理念以及经过理性证明了的事物才有效准"；"人应该自视能配得上最崇高的东西"；"宇宙的本质并没有力量

[①]　《唯物主义与经验批判主义》，人民出版社 1960 年版，第 339 页。

可以抵抗求知的勇气"。

书中长篇导言，大部分是根据黑格尔写成的手稿印出的；目的在于从辩证发展的观点来说明哲学史的性质，同《小逻辑》中"概论逻辑学性质"那一部分可以互相印证。

在导言中，黑格尔强调哲学史应该描述客观思维的普遍性，"个人人格和个人的性格并不十分渗入它（哲学史）的内容和实质"。① 这种说法是和他认为哲学史乃是"思想自己发现自己的历史"② 的客观唯心论观点相联系的。

黑格尔注重历史的连续性，认为"我们之所以是我们，乃是由于我们有历史"③，"每一世代对科学和对精神方面的创造所产生的成绩，都是全部过去世代所积累起来的遗产"④，"同时，这样接受来的传统（或遗产），复被降为一种现成的材料，由精神加以转化。……而且那经过加工的材料（遗产）因而就更为丰富，同时也就保存下来了"。⑤ 换言之，他认为文化遗产的继续保存，在于予以转化和加工，保存中有扬弃，肯定中有否定。

黑格尔哲学史整个导言的中心思想在于正面阐述如何用辩证发展的观点来处理哲学史；反面摧毁认为哲学史是纷无定论的各式各样的哲学体系的罗列与记录的旧观点。他首先指出，凡认为哲学史是"哲学意见的罗列和陈述"、"纷歧意见的堆积"⑥、"各式各样意见的罗列"或"意见的展览"⑦ 等等，都是错误的

---

① 《黑格尔全集》第 13 卷，第 12 页。本文中所标的页数是指中文译本印书边上的米希勒本第一版的页数。（下同）
② 同上书，第 15 页。
③ 同上书，第 12 页。
④ 同上书，第 13 页。
⑤ 同上书，第 14 页。
⑥ 同上书，第 23 页。
⑦ 同上书，第 24 页。

和具有危害性的见解。因为这样就会以为哲学是"意见和意见的产物",就会否认"哲学是关于真理的客观科学,是对于真理之必然性和对于真理之概念式的认识的科学"①,同时这样就会导致怀疑理性的不可知论,其至根本认为哲学无用。

黑格尔斥责"缺乏头脑"的哲学史家"把一堆毫无秩序的意见,罗列在不知理念的人的眼前","浅薄的哲学史将一系列的哲学系统表现成一系列的单纯意见、错误和思想游戏"。② 为了从理论上彻底给予意见罗列的哲学史以致命的打击,他提出了矛盾统一的"具体"观念和辩证的"发展"观念。他说:"我们掌握住'具体'和'发展'的原理,那么……关于哲学派别纷歧性的说法,就好像那样杂多的学说是固定的、死板的、彼此互相排斥似的,一下子就被打倒了。"③ 他又说:"真理或理念本身是具体的,是不同的规定之统一。"④ 这就是说,真理是具体的,是对立的统一,是复多的统一,是一全体。"如果真理是抽象的,则它就是不真的。健康的人类理性趋向于具体的东西。……哲学是敌视抽象的,它引导我们回到具体。"⑤

每一个哲学系统都是具体发展的产物。"每一哲学系统即是一个范畴,但它并不因此就与别的范畴互相排斥。这些范畴有不可逃避的命运,这就是说,它们必然要结合在一起,并被降为一个整体中的诸环节。"⑥

而且"发展",在黑格尔看来,乃是由自在到自为,由潜在

---

① 《黑格尔全集》第 13 卷,第 24 页。

② 同上书,第 44 页。

③ 同上书,第 47 页。

④ 同上书,第 37 页。

⑤ 同上书,第 47 页。参看列宁《哲学笔记》,人民出版社 1960 年版,第 271 页。

⑥ 同上书,第 48 页。

到现实的一种逐渐深化的过程。因此，"最初期的哲学是最贫乏最抽象的哲学"①，"而最晚出的、最年轻的、最新近的哲学就是最发展、最丰富、最深刻的哲学"。② 这里黑格尔否定了复古的思想，同时也教人注意新生的思想，不要动辄加以"时髦的哲学"徽号而轻视之。

总之，用"具体"和"发展"来看哲学史，则纷歧杂多的哲学体系、哲学范畴皆在矛盾发展的过程中具体包含在较深刻丰富（逻辑上较深较富、较发展，时间上较晚、较后）的哲学体系中了，而较后者则必然集前面各体系的大成，前面各体系必然各得其所地降为较后的体系中之不同的环节。

这里让我们把上面所包含的黑格尔两个重要内容，即他的历史观点及哲学历史的体系的发展与逻辑范畴的发展两者统一的原则，这两个内容，加以比较详细的介绍，是有必要的。

（一）在反对唯心论的历史观点上，有下列几点内容：

（1）否认哲学思想出现的偶然性，而承认其发生发展之必然性和合理性。他说："哲学史的事实（并不是一些偶然的事实），迷途的骑士的漫游事迹之聚集。……同样也不是这里异想天开地想出一个东西，那里又主观任性地想出另一个东西，而是在思维精神的运动中有本质上的联系的。精神的进展是合乎理性的。"③ 又说，"时间较晚的进一步发挥出来的哲学乃是思维精神的先行工作所获得的主要结果；它为较早的观点驱迫着前进，并不是孤立地自己生长起来的"，因此我们不应该"妄自骄傲于我们自己时代的哲学"。④

----

① 《黑格尔全集》第 13 卷，第 54 页。
② 同上书，第 55 页。
③ 同上书，第 32 页。
④ 同上书，第 56 页。

（2）对各家哲学，还它以哲学上的本来地位，不要加以主观的涂抹。"我们须忠于历史去进行工作，对于过去的哲学我们只应归给它那些直接给予我们的材料。大多数的哲学史都在这上面犯了错误。""我们太容易倾向于拿我们的思想方式去改铸古代哲学家。"① 列宁称这种态度为"卓绝地坚持哲学史中的严格的历史性"。② 但是必须指出，黑格尔本人并不能严格地依照他这个标准做。

（3）黑格尔站在客观唯心主义立场上来考察思想、哲学所由产生的客观条件时，还说出了一些富于启发性的历史观点，他说："每一个哲学都属于它的时代，受它的时代的局限性的限制，即因为它是某一特殊发展阶段的表现。个人是他的民族、他的世界的产儿。个人无论怎样为所欲为地飞扬伸张，——他不能超越他的时代、世界。因为他属于那唯一的普遍精神，这普遍精神就是他的实质和本质。"③ 又说："哲学作为一个时代的思维和认识，无论怎样先验的东西，本质上却也是一种产物；思想是一种结果，被产生出来的，思想同时是生命力、活动力，自身产生其自身。"④ "哲学与它的时代是不可分的，所以哲学并不站在它的时代以外，它就是对它的时代的实质的知识。"⑤ 在他的整个哲学史中类似这样的话很多，这种思想当然是客观唯心论的，但也是列宁所再三提到的，是黑格尔历史观点中的"历史唯物主义的萌芽"。

（二）黑格尔不仅认为思想、意识、哲学为时代所决定，复

---

① 《黑格尔全集》第 13 卷，第 57 页。
② 《哲学笔记》，人民出版社 1960 年版，第 272 页。
③ 《黑格尔全集》第 13 卷，第 59 页。
④ 同上书，第 66 页。
⑤ 同上书，第 69 页。

认为历史事物在时间中的发展是有规律、有节奏、合逻辑的，——这就是他的逻辑与历史统一的原理，也就是恩格斯所说的"黑格尔的每一个范畴都是哲学史上的一个阶段（他在多数情况下也指出这种阶段）"[①]。黑格尔是这样说明他的这一原理的："全部哲学史是一有必然性的、有次序的进程。这进程本身是合理性的，为理念所规定的。……概念的发展在哲学里面是必然的，同样，概念发展的历史也是必然的。这种发展的主导力量是各种多样性的形态之内在的辩证法则。"[②] 列宁摘录了下面这一长段："历史上的那些哲学系统的次序，与理念里的那些概念规定的逻辑推演的次序是相同的。如果我们能够对哲学史里面出现的基本概念，完全剥掉它们的外在形态和特殊应用，我们就可以得到理念自身发展的各个不同阶段的逻辑概念了。反之，如果掌握了逻辑的进程，我们亦可以从它里面的各主要环节得到历史现象的进程。不过我们当然必须善于从历史形态所包含的内容里去认识这些纯粹概念。"[③]

关于历史与逻辑统一的观点，列宁有正确的评价和唯物论的改造。列宁引证了黑格尔下面一段话，"哲学在历史上的发展必须与逻辑哲学的发展相一致"，并评论道："这里有一个非常深刻、正确、本质上是唯物主义的思想（现实的历史是意识所追随的基础、根据、存在）。"[④] 列宁的意思是说，历史与逻辑虽说一致，但前者是存在，是第一性的基础，而意识、逻辑的理念是第二性的，必须跟随并反映现实的历史。

---

① 《马克思恩格斯选集》第 4 卷，第 494 页。

② 《黑格尔全集》第 13 卷，第 50 页。

③ 同上书，第 43 页。参看《哲学笔记》，人民出版社 1960 年版，第 271—272 页。

④ 《哲学笔记》，第 292 页。

此外黑格尔还有一点基于历史的连续性的看法，认为"各派哲学的原则是被保持着的，那最新的哲学就是所有各先行原则的结果，所以没有任何哲学是完全被推翻了的。那被推翻了的并不是这个哲学的原则，而只不过是这个原则的绝对性、究竟至上性"。① 换言之，被推翻了的是这一哲学系统、原则之片面性和夸大性。他进而指出，"哲学史上的英雄们的著作（他们的思想原则），却不随着他们在时间里的生活而俱逝"，"哲学的工作实在是一种连续不断的觉醒。因此，哲学工作的产物并不是寄存在记忆的庙宇里，作为过去年代的古董，而他们现在仍然同样地新鲜、同样地生动如它们初产生时一样"，"哲学史所研究的是不老的、现在生动的东西"。② 这也是黑格尔强调研究哲学史的重要性和意义的一个理由。不过他抹杀哲学史是阶级斗争的反映，他只强调哲学史中新鲜的不老的一面，而忽略了新鲜的东西与陈旧的东西斗争，进步的东西与落后的东西斗争的一面。

最后黑格尔还用了很长的篇幅谈"哲学与其他部门知识的关系"，其主要目的是在宣扬他一贯的客观唯心论原则，即"哲学与其他文化部门有一共同的根源——时代精神"，"时代精神是贯穿着所有各个文化部门间的特定本质或性格"。黑格尔认为哲学不同于并高于各特殊科学。特殊科学是以有限的事物和现象为研究的对象，而哲学研究的则是无限的对象。各特殊科学的方法"假定了逻辑和一般思维的范畴和原则"。③ 他又认为艺术、宗教、哲学皆以绝对或无限者为对象，不过哲学也不同于并高于艺术和宗教。"哲学与艺术，尤其是宗教皆共同具有完全普遍的

---

① 《黑格尔全集》第 13 卷，第 51 页。
② 同上书，第 52—53 页。
③ 同上书，第 71 页。

对象作内容。艺术和宗教是最高理念出现在非哲学的意识——感
觉的、直观的、表象的意识中的方式。"① 换言之，黑格尔认为
哲学高于宗教和艺术的地方，在于哲学是用概念去把握绝对理
念。这是他的《精神哲学》中一贯的中心的理论，因为他认为
哲学的本质和任务是要批评一切科学和文化部门的前提，为它们
奠定哲学的基础。

黑格尔把宗教的地位放得很高，认为仅次于哲学，同是绝对
理念的表现，只是方式有所不同而已；甚至认为绝对理念就是上
帝。这就表示了他的唯心论之基于宗教的思想根源和为统治阶级
用以麻痹人民的宗教的阶级根源。

黑格尔为了要拥护宗教，曾经费了很长篇幅讨论哲学与宗教
的关系，诚如列宁所说："冗长累赘、空洞无物、枯燥乏味地谈
论哲学和宗教的关系。"②

对于东方哲学，黑格尔虽宣称应排斥在哲学史以外③，但是
客观事实终于迫使他写了一章"东方哲学"；而且关于东方哲学
的教材，到他晚年还有增加。本册译本中所附加的荷夫麦斯特的
关于东方哲学的材料，主要都是他晚年讲授时增入的。

黑格尔谈"东方哲学"，显然从文化方面表露出他对东方思
想的民族偏见，也受到西方资本主义向外扩张潮流的影响；他在
《历史哲学》中就有这样的荒谬滥调："在东方只是一个人自由
（专制君主），在希腊只有少数人自由，在日耳曼人的生活里，
我们可以说，所有的人皆自由。"④

黑格尔对于东方哲学的知识的不足、缺点和错误有其时代和

---

① 《黑格尔全集》第13卷，第77页。
② 《哲学笔记》，人民出版社1972年版，第272页。
③ 《黑格尔全集》第13卷，第114—117页。
④ 同上书，第118页。

阶级的局限性，这里拟不加论述，希望专门研究中国哲学和印度哲学的人用马克思主义的武器，予以认真的实事求是的批判。黑格尔对东方思想有一个总的意见，即认为东方哲学中缺乏他的唯心论哲学中所谓"思辨的理念"，也就是缺乏所谓有具体内容的有辩证统一的普遍概念，因而也就缺乏了主观性和自由观念。这种看法显然是很片面的，他根本不愿意也不可能看见东方哲学中的辩证法观点。他认为东方哲学，特别印度哲学的主要缺点，是一方面沉溺在客观性或实体性中，只有一种"天人合一"、与自然打成一片的神秘境界，而一方面谈起理论来又陷于抽象死板的推理形式，没有"按照理念加以理解"①，换言之，他认为东方思想注重神秘的直觉境界和注重抽象枯燥的理智是一件事情的两面。这显然是有其夸大性与片面性的。

黑格尔费了特别多的篇幅（约占全书的三分之二）来讲希腊哲学，显然太不平衡，但他也说了一些理由。不过黑格尔自己所提出的那些理由都是不对的，他说，"哲学史本来只应该分成两个时期：希腊哲学和日耳曼哲学"，因为"罗马人并没有产生过真正的哲学"。② 这是从民族主义出发，想抬高希腊哲学借以抬高德国哲学的地位。他又说，"一提起希腊这个名字，在有教养的欧洲人心中，尤其在我们德国人心中，自然会引起一种家园之感"，因此"转向希腊人，就像回到自己家中，享受自己的家园"。③ 这乃是一种神秘的说法，也不能成为理由。我们认为对于希腊哲学应加重视，在哲学史中应给予适当多的篇幅，只有恩格斯所提到的两点，才是有科学性的理由，即：（一）"古希腊

---

① 《黑格尔全集》第 13 卷，第 183 页。
② 同上书，第 119 页。
③ 同上书，第 171 页。

的哲学家都是天生的自发的辩证论者。"①"如果说，在细节上形而上学比希腊人要正确些，那么，总的说来希腊人就比形而上学要正确些。"②（二）"在希腊哲学的多种多样的形式中，差不多可以找到以后各种观点的胚胎、萌芽。"③

黑格尔讲希腊哲学，一开始就提出了唯物论与唯心论的对立；并且站在唯心论的一边说："在东方（指伊奥尼亚的哲学家如米利都学派及赫拉克利特）是感觉的物质的一面占优势；而西方（指意大利的毕泰戈拉学派及爱利亚学派）是思想占优势。……绝对的实在的规定属于这一边（伊奥尼亚），绝对之理想的规定则属于意大利那一边。"④

恩格斯在《自然辩证法》中对黑格尔《哲学史》从泰勒斯到毕达哥拉斯这一时期作了很好的评述，我们这里略加摘要引证如下：

恩格斯根据黑格尔所引证的亚里士多德的材料，指出最初的哲学家们主张有作为万物的最初根源和最后归宿的始终如一的本体存在，万物都是这唯一本体的变形，"在这里已经完全是一种原始的、自发的唯物主义了"。⑤他并且特别摘录了其中的一个引证："这些较早的哲学家都设想原初本质是某种物质：空气和水（也许阿那克西曼德设想是空气和水的某种中间物）；后来赫拉克利特设想是火……"⑥

恩格斯指出黑格尔从哲学思想内容鉴别哲学史料的判断力

---

① 《马克思恩格斯选集》第3卷，第416—417页。
② 《自然辩证法》，人民出版社1971年版，第30页。
③ 同上。
④ 《黑格尔全集》第13卷，第192页。
⑤ 《自然辩证法》，第164页。
⑥ 《黑格尔全集》第13卷，第216—217页。见《自然辩证法》，第165页。

说："西塞罗说：'泰勒士这位米利都派……断言水为万物之始，而神则是用水创造万物的理性。'黑格尔非常正确地宣称这是西塞罗加上去的。"① 又说："阿那克西曼德认为，'人是由鱼变成，是从水中到陆地上来的。'在他看来，本原和原始元素是无限的东西，他没有把它规定为空气或水或其他什么。黑格尔正确地把这个无限的东西表达为'未规定的物质'。"②

恩格斯还注意到黑格尔所举出的丰富的古代自然科学史材料，这些材料说明了古代的希腊哲学家同时也是自然科学家：泰勒士是几何学家，又是天文学家；阿那克西曼德是日晷和地图的创造者；毕达哥拉斯是数学家，发现了几何学上的毕达哥拉斯定理，并且发现了音乐的和音之间的关系，又是天文学家，发现了晓星和昏星是同一颗星，月球是从太阳取得它的光，并且把火放在中央，而把地球看作环绕这个中心体旋转的一颗星，它的火虽不是太阳，这种看法却是关于地球运行的第一个预测。③

恩格斯更注意到黑格尔对古代辩证法思想的陈述，他摘录了第208页的一节："说磁石有灵魂（泰勒士）比起说磁石有吸引力是要好一些；力是一种性质，性质是被认为一种可以与物质分离的宾词的——而灵魂则是磁石的这种运动，是与物质的本性同一的。"④ 又摘录了第218页："亚里士多德关于这一切哲学家说得很正确：他们没有说明运动的起源。"⑤

黑格尔用大量的篇幅陈述了毕达哥拉斯派的思想，指出毕达哥拉斯派以数为基本原理："数为万物的本质，整个有规定的宇

---

① 《黑格尔全集》第13卷，第209页。参见《自然辩证法》，第164页。
② 《自然辩证法》，第165页。
③ 同上书，第166页。
④ 同上书，第257页。
⑤ 同上书，第165页。

宙的组织就是数以及数的关系的和谐系统。"① 恩格斯认为："黑格尔正确地指出：'这样一些话说得大胆的惊人，它把一般观念认为存在的或真实的一切东西，都一下子打倒了，把感性的实体取消了。'并且把它认作思想，虽说这思想是很狭隘和片面的。数服从于一定的规律，同样，宇宙也是如此。于是宇宙的规律性第一次被说出来了。"②

黑格尔正确地指出了柏拉图哲学吸收了毕达哥拉斯派的学说，前者的唯心论是后者的承继和发展。③ 关于数与实际事物的关系，黑格尔批评了毕达哥拉斯派的模仿说，也批评了柏拉图事物分有理念的说法，认为两说其实是一回事，只是用字不同。他企图说明个别与普遍的辩证关系。④

恩格斯也注意到黑格尔所陈述的毕达哥拉斯派缺乏辩证思想的那一面，认为"亚里士多德又正确地责备毕达哥拉斯派：用他们的数，'他们并没有说明运动是怎样发生的，没有说明没有运动和变化怎样会有生成和灭亡，或天体的状况和活动'"。⑤

黑格尔认为毕达哥拉斯派的数的概念只是"枯燥的、无过程的、不辩证的、静止的规定"。⑥ 列宁在《哲学笔记》中曾经指出这些规定正是"辩证法的反面的规定"。⑦ 但是另一方面列宁也指出黑格尔在毕达哥拉斯派关于数的思想中"探索辩证法"。以下两段是有关对立统一的例子：

"一是奇与偶的统一，兼有二者的性质。因为'一加到偶数

---

① 《黑格尔全集》第 13 卷，第 237 页。
② 《自然辩证法》，第 166 页。
③ 《黑格尔全集》第 13 卷，第 236 页。
④ 同上书，第 344—345 页。
⑤ 《自然辩证法》，第 167 页。
⑥ 《黑格尔全集》第 13 卷，第 244 页。
⑦ 《哲学笔记》，第 273 页。

上便成奇数（2 + 1 = 3），加到奇数上便成偶数（3 + 1 = 4）'；一既然有了造成偶数的性质，所以它本身必须是偶性。因此单元（一）本身包含着不同的特性。"①

　　"对立之被认作'绝对'的主要的一环，一般说来，是起源于毕达哥拉斯派。……这些对立被定为十个（十在毕达哥拉斯派也是重要的数目），一切事物都可还原为十个对立：1. 限度与无限。2. 奇与偶。3. 一与多。4. 左与右。5. 男与女。6. 静与动。7. 直与曲。8. 明与暗。9. 善与恶。10. 正方形与平行四边形。"②

　　黑格尔复引证了毕达哥拉斯派观察事物的三种方式或基本规定：（一）按照殊异或杂多来看，亦即孤立看事物，每一事物各个独立，和他物无相互关系。（二）按照对立来看，一物与他物正相反对。在对立中，其一的发生，即另一的消灭。当运动消失时，静止即产生；反之亦然。（三）按照关系来看，对象被认作相对的东西，独立于对方，同时又与对方发生关系。其一只有从其他得到了解。在关系中则相反的双方同时生，同时灭。如果有了其一，也就有了另一。黑格尔评价说："在这个说明里表示出注意到了普遍的逻辑范畴，这些范畴现在并且永远有重要性；并且在一切观念中，在一切存在中，它们都是重要的环节。"③ 黑格尔在他的《逻辑学》（参看《小逻辑》第116—120节）里把"异"这一范畴的发展分为三个阶段：（一）杂多或形式之异；（二）对立或本质之异；（三）矛盾或自己与自己相异，显然是吸收了毕达哥拉斯派这些他所谓"永远有重要性的普遍的逻辑

---

① 《黑格尔全集》第13卷，第246页。参看《哲学笔记》，第273—274页。
② 同上书，第248页。
③ 同上书，第249—251页。

范畴"。

黑格尔反复强调指出毕达哥拉斯派有辩证意味的"三元"论：

"三元是一个最高的重要范畴。"三被认为是第一个圆满者。"一切的一切都是由三元决定的。"因为全体的数有终点、中点和起点；这个数就是三元。"我们称二为双，而不为全；说到三，我们才说到全。"换句话说，三元是圆满的、是持续的、自身同一的；可分为各不相等的，其中包含有对立，并且有对立的统一。①

在这里我们看见了黑格尔自己体系中正反合三个一组的范畴的胚胎。

最后关于毕达哥拉斯派，黑格尔还有几点重要的评语："值得注意的是，他们把灵魂了解为一个系统，这系统是天体系统的一个摹本。"② 这主要是因为天体系统和灵魂都是数的谐和。黑格尔批评了毕达哥拉斯派的小集团或盟会，而提倡客观唯心论观点的"普遍"和集体，说："盟会是任意的存在、任意的产生，没有经过全体所批准、所承认。作为一个教师，他（毕达哥拉斯）是孤立的，和学者们一样。"③ 又说："道德的本体是普遍'，这是一个伟大的思想。人在国家中受教养，它是最高的权力。孤立隔绝的盟会在好的国家是不能存在的。人不能脱离国家，虽然他想脱离，他仍然不知不觉地存在于这普遍中。"④

黑格尔对于毕达哥拉斯派数的世界观的总评语是："数乃是

---

① 《黑格尔全集》第 13 卷，第 256—257 页。
② 同上书，第 270 页。
③ 同上书，第 275 页。
④ 同上书，第 276 页。

一种纯粹空洞的规定方式，在哲学里应该讲的是实在。"①

到了这里可以概述一下黑格尔对于哲学史发展阶段的看法：1. 米利都派认绝对本质为感性直观的对象，如水、空气等。2. 毕达哥拉斯派认绝对本质为数，黑格尔认为"数"是"抽象的直观"，"是在表象、直观方式内的概念"，是介于感性事物与概念之间的东西。3. 爱利亚派把绝对本质"表现为纯粹概念"。所以，黑格尔认为爱利亚派纯粹概念或"纯有"的思想乃是从米利都派起由具体到抽象的发展所"必然要到来的次一阶段"，"是在哲学里面必须出现的必然的环节"。② 黑格尔认为逻辑学或哲学开始于概念，而第一个抽象的逻辑概念或范畴是"有"，所以他说："真正的哲学思想从巴门尼德起始。"③ 在《小逻辑》里他也说："逻辑开始之处实即真正的哲学史开始之处。我们知道，哲学史开始于爱利亚学派，或确切点说，开始于巴门尼德的哲学。因为巴门尼德认'有'为绝对。"④

黑格尔对巴门尼德"论自然"一诗的残篇，特别对其寓言式的导言评价甚高。"这个导言是雄伟的，揭示给我们时代的面貌，和一个完全坚强有力的灵魂，这灵魂在与本质搏斗，力求掌握它并说出它。"⑤ 他进一步指出，"真正的哲学从巴门尼德起始了。在这里可以看见，哲学提高到思想的领域。一个人使自己从一切的表象和意见里解放出来，否认它们有任何真理，只有必然性，只有'有'（存在）才是真正的东西"。⑥

---

① 《黑格尔全集》第 13 卷，第 278 页。
② 同上书，第 280—281 页。
③ 同上书，第 297 页。
④ 《小逻辑》，第 816 节附释二。
⑤ 《黑格尔全集》第 13 卷，第 293 页。
⑥ 同上书，第 297 页。

黑格尔承认巴门尼德是唯心论者，他认为巴氏对于感觉与思维的解释，"正是唯物论的反面"。①

芝诺这一章谈辩证法特别多。列宁对这章作的摘录并评论也最多，为了深入了解这章所阐述的辩证法，必须参照列宁的《哲学笔记》。

黑格尔首先指出爱利亚派辩证法的两个特征，列宁总结如下：（1）"思维在概念中的纯粹运动"；（2）"在对象的本质（自身）中（揭露）（发现）它（这本质）自身所具有的矛盾（本来意义上的辩证法）。"②

黑格尔宣称："芝诺的出色之点是辩证法。……他是辩证法的创始者。"③

黑格尔指出了爱利亚派论证"有就是有，不能为非有"的形而上学的抽象的缺点："同一律就是这种抽象论证的根据。"④在这种抽象的辩证法里有与无、动与静就不能统一。因此其缺点就是"思辨地认为变化完全不存在"，其推论的"一贯性虽说使我们惊佩，却仍是一个很大的抽象"。⑤

但主要的是，"我们在芝诺这里同样看到真正的客观的辩证法"。⑥芝诺的辩证法的特点在于反驳对方的思想时，"不是通过别的东西去指出对方的不真，而是即从它自身去指出它的不真"。⑦黑格尔认为在这种辩证法里，人的思想已不逃避对方，主观地片面地坚持自身，而乃能面对对方，"坚强到能在敌人的

---

① 《黑格尔全集》第13卷，第300页。
② 《哲学笔记》，第277页。
③ 《黑格尔全集》第13卷，第302页。
④ 同上书，第306页。
⑤ 同上书，第308页。
⑥ 同上书，第309页。
⑦ 同上书，第310页。

领土内作战了"。①

　　在这里黑格尔提出了外在辩证法或主观辩证法与客观辩证法的重要区别。（1）外在的辩证法是"于考察对象时，我们对它提出一些理由和方面，借此使我们原来当作固定不移的东西都摇动起来的方法"，"这种从外在的理由去论证的主观辩证法是没有多大价值的"；（2）客观辩证法"乃是对于对象之内在的考察；这是就对象本身来考察，没有前提、理念、应当，不依照外在的关系、法则和根据。我们使自己完全钻进事实里面，即就对象而加以考察，即依它自己所具有的那些规定去了解它。在这样的考察里，于是这对象自身揭示其自身的矛盾：即它自身包含有相反的规定，因此自己扬弃自己；这种辩证法我们主要地在古代哲学家那里见到"。②

　　黑格尔指出"芝诺特别地对运动曾加以客观的辩证法的研究"，并指出"辩证法：所以首先向运动攻击，其原因即在于辩证法本身就是这种运动，或者运动本身就是一切存在者的辩证法。一个东西，作为自身运动者，具有辩证法于自身内，而运动就是自己成为对方，自己扬弃自己"。③

　　以下黑格尔根据亚里士多德的材料和批评详细阐述了芝诺否定运动或指出运动的矛盾性的四个有名的论证。这里限于篇幅不加引述。但须说明两点，第一，黑格尔指出，就感官方面确信有运动，像有那样，"芝诺可以说是从未想到过要否认运动。问题乃在于考察运动的真理性，但运动不是真的，因为它是矛盾的"。④ 正如列宁用唯物论的方式所解释："问题不在于有没有运

①　《黑格尔全集》第13卷，第310—311页。
②　同上书，第311页。
③　同上书，第313页。
④　同上。

动，而在于如何在概念的逻辑中表达它。"① 同时黑格尔认为对于芝诺的论证的反驳，也不能用感性知识，像弟奥吉尼那样用"走来走去"的行动去证明运动的存在，因为"教师既然用理由来辩争，学生也只有用理由去反驳才有效准"。② 换言之，造成困难的是形而上学的思维，而克服困难的应该是辩证法的思维。③

第二，芝诺的贡献在于"他曾经掌握了我们空间和时间观念所包含的诸规定……把它们提到意识前面，并且在意识里揭露出它们的矛盾"。④ 对于这些矛盾循着唯物论辩证法的解决，应如列宁所指出，"运动是时间和空间的本质。……运动是（时间和空间的）不间断性与（时间和空间的）间断性的统一。运动是矛盾，是矛盾的统一"。⑤

黑格尔在结论中把芝诺与康德相比，认为爱利亚派的总观点"只有太一是真的，一切其他的东西都是不真的"⑥，是基本与康德相同。"太一"相当于康德的"物自体"，"一切其他的东西"相当于康德的"现象界"。所不同的，芝诺认为现象界本身就是不真的，有矛盾的，而康德认为现象界之所以不真实，乃由于我们的思维活动、认识范畴有以使然。换言之，黑格尔是在批评不信任理性、思维能力的不可知论和主观唯心论，而是想把芝诺解释成客观唯心论，因而说，"芝诺的辩证法的意义比起（康德）这种近代的辩证法还有较大的客观性"，"不过芝诺的辩证法还

---

① 《哲学笔记》，人民出版社 1980 年版，第 281 页。
② 《黑格尔全集》第 13 卷，第 314 页。参看《哲学笔记》，第 281 页。
③ 同上书，第 322 页。
④ 同上书，第 326 页。
⑤ 《哲学笔记》，第 283 页。
⑥ 《黑格尔全集》第 13 卷，第 314 页。参看《哲学笔记》，第 326 页。

只局限在形而上学内"。①

黑格尔最后指出爱利亚派影响了原子论者留基波,不过原子论者对概念的抽象性"作了一个与意识相反的物理学应用"。爱利亚派的有形而上学的局限性的辩证法在智者派那里得到广泛的应用。

在讲赫拉克利特时,黑格尔一开始就提出三个意义的辩证法:(1)外在辩证法,即达不到事物内在本质的反复推论。(2)关于对象的内在的辩证法,但陷于主观的静观。"芝诺的辩证法抓住了存在于内容本身中的那些规定。这种辩证法还只能称为主观的辩证法"。②(3)赫拉克利特的客观辩证法,即"认辩证法本身为原理",亦即"把绝对本身了解为这种过程。了解为辩证法本身"。③照这样说来,前两个意义的辩证法都应是主观辩证法,因为"巴门尼德和芝诺的形式推理只是抽象的理智",只有赫拉克利特才有客观的辩证法,因为"赫拉克利特进到了'变'这个范围。这是第一个具体者,是统一对立者在自身中的绝对"。④这样就好像和上面第309页所说的"在芝诺那里看到真正的客观辩证法"的话有了出入。显然这里区别得更细致,对前面的话作了一些修正和补充。

黑格尔对赫拉克利特的哲学表示了很大的欢迎道:"这里我们看见了岸,没有一个赫拉克利特的命题,不被我采纳入我的逻辑学中。"⑤"这个勇敢的精神第一次说出了这样深刻的话:'有不比无多',它是同样的少;或者:'有与无是同样的',本质是

---

①　《黑格尔全集》第13卷,第327页。参看《哲学笔记》,第286页。

②　《黑格尔全集》第13卷,第328页。

③　同上。

④　同上。

⑤　同上。

变。真理只有被认作对立的统一。"① 黑格尔对赫拉克利特的解释可以帮助我们了解他的逻辑学所谓 "变是有与无的统一" 的思想。

以下两段说明了赫拉克利特已有了对立统一和对立转化的原理，并说明了赫拉克利特所了解的对立，乃是在一定范围内的对立，或自己的对方：

> 这个统一是实在的东西与思想的东西的统一，是客观的东西与主观的东西的统一；主观的东西只能是过渡到客观的东西的变化过程，否则它就没有真理性；客观的东西乃是过渡到主观的东西的变化过程。真实的东西是这种变化的过程。②

> 主观性是客观性的对方，不是一张纸的对方，——如果是后一种情形，那就完全是无意义的事；它必须是它的对方，而这当中恰恰有着它们的同一性。这样每一个都是对方的对方。这就是赫拉克利特的伟大原理。③

列宁评价说："非常正确而且重要：'他物' 是自己的他物，是向自己的对立面的发展。"④ 毛泽东同志在《矛盾论》中用 "石头不能转化为鸡子" 的例子以阐明 "矛盾在一定条件下的同一性"，实际上已经具体而生动地包含了赫拉克利特这一伟大原理。

黑格尔指出了赫拉克利特具有丰富内容的、以时间为形式的无限的自然观，"时间是在直观中的纯粹的生成。时间是纯粹的变化，……时间是有而立即无，是无而立即有，换句话说，时间

---

① 《黑格尔全集》第 13 卷，第 332 页。
② 同上书，第 335 页。
③ 同上书，第 337 页。
④ 《哲学笔记》，第 288 页。

是由有而无的转变"。① 而赫拉克利特所谓"火"是"作为过程的实在形式","火是物理的时间；火是这种绝对的不静止"。②

赫拉克利特唯物观点所了解的"自然"就是这种过程的本身。"自然就是这种绝不静止的东西，万有都是从这个到那个、从分裂到统一、从统一到分裂的过渡"。③ "赫拉克利特是第一次说出了'无限'的性质的人，亦即第一次把自然了解为自身无限的，即把自然的本质了解为过程的人"。④

黑格尔认为赫拉克利特把真理和必然性结合起来了。他提出赫拉克利特不在"感性确信"中而在"必然性"中看见了真理性。⑤

值得注意的是黑格尔特别称赞赫拉克利特"遵循普遍"以反对个人的私智和意见：

"我们依照对神圣理智的分享而作一切事，想一切事。所以我们必须仅只遵循这个普遍的理性。许多人生活着，好像他们有一种自己的理智；但是理性不是别的，只是对于宇宙的安排（结构）的方式之解释阐明。所以只要我们分享关于它的知识，我们就是在真理中；但是只要我们有着特殊的东西——（个人特有的东西）——我们就是在错误中。"多么伟大而重要的字句啊！人们不能比这更为真实、更为朴素地来表现真理了。……因此错误只在于思想的个别化，——罪恶与错误是由于与普遍分离。⑥

① 《黑格尔全集》第 13 卷，第 338—339 页。
② 同上书，第 339—340 页。
③ 同上书，第 341 页。
④ 同上书，第 346 页。
⑤ 同上书，第 348 页。
⑥ 同上书，第 351—362 页。

关于恩培多克勒，黑格尔指出他和毕达哥拉斯派没有什么关系，"他是否属于毕达哥拉斯盟会是可疑的；他的哲学并无毕达哥拉斯派的模样"①，并指出"在他那里似乎思想更深入了实在性，而对于自然的认识有了更多的展开和广度"。②黑格尔这个说法是不错的，与我们把恩培多克勒认作唯物论者的观点是一致的。

黑格尔认为在恩培多克勒的哲学中开始出现了"化合或综合"的概念，"作为化合来说，我首先呈现了对立物的统一"③，并认为"恩培多克勒关于综合的概念至今还有效准"。④

黑格尔指出：关于恩培多克勒所提出的使四元素联合与分离的"友谊与仇恨"的原则，亚里士多德想在里面去找到目的因，不过他认为"恩培多克勒仅讷讷不清地说到了它的'目的因'"。⑤

黑格尔认为原子论者留基波和德谟克利特继续了爱利亚派⑥，但他只片面强调其继续性，而抹杀了德谟克利特的唯物论路线根本与爱利亚派的唯心论相对立。

黑格尔是这样来看从爱利亚派到留基波的发展的：

（1）爱利亚派："只有有存在，非有不存在。"中心范畴为"有"。

（2）赫拉克利特："有与非有是同一的。"中心范畴为"变"或"生成"。

---

① 《黑格尔全集》第 13 卷，第 356 页。
② 同上书，第 357 页。
③ 同上。
④ 同上书，第 364 页。
⑤ 同上书，第 359 页。
⑥ 同上书，第 364 页。

（3）留基波："有（原子）存在，非有（虚空）也同样存在。"中心范畴为"自有"或"自为之有"。

照黑格尔看来，哲学史上这三派发展的过程，恰好与逻辑学中由有到变、到自有、范畴的发展过程相平行一致。这就是他建立逻辑的东西与历史的东西是统一的这一原则之具体例证。他认为原子是一，是自为之有。他说，"自为之有是一基本的必然的思想范畴。原子论的原则并不是已经过时了，从这方面看来，它应当永远存在的"。①

黑格尔因为看见留基波注重抽象思维，于是硬把他向唯心论阵营拖拉道："他的哲学完全不是经验论的，……原子和虚空并不是经验中的事物。留基波说过，我们借以认识真理的并不是感官；这是较高意义的唯心论，不是主观唯心论。"② 无怪乎列宁要斥责他为"唯心论者的牵强附会"了。他的曲解，甚至是一贯的曲解，在于把反映客观世界规律的抽象思维，认作第一性的东西，也就是把反映物质世界由感性到理性的深化过程认作是发展到唯心论的过程。

他批评原子论的机械主义说："只要人们把原子、分子、细小部分等等认作是独立自存的东西，则它们的联合就只是机械的；被联合者总是彼此外在，它们的结合只是外在的——一种凑合。"③

他承认原子论取消了创世说，肯定了自然之自在性道："原子论反对认世界是由一个外在的存在所创造和保存的那种观念。……因为如果自然被表象为被另一个东西所创造和保存，则

---

① 《黑格尔全集》第 13 卷，第 367 页。
② 同上书，第 370 页。
③ 同上书，第 372 页。

自然就会被表象为不是自在之物，它的概念在自身之外。……但
是在原子论的观念里，我们有了自然之自在性的观念。"① 但是
他不愿意宣布原子论是无神论和唯物论，其目的无非想抹杀唯物
论的价值。

他也承认原子论中有辩证法因素，如说，"原子所借以运动
的原则是虚空，与肯定相反的否定。这原则和他的进程是值得高
度重视的"。②

黑格尔关于唯物论体系的建立者，唯物论阵线的创始人德谟
克利特叙述得特别少，只占了两页多的篇幅。这种明显反对唯物
论的偏见，正当地受到了列宁的斥责。他把原子论的思想完全写
在留基波账上，使得叙述德谟克利特的篇幅相对减少。

黑格尔批评德谟克利特认原子与虚空为真理，认色声香味为
意见的思想说："这样一来又同时为坏的唯心论打开了大门，这
种唯心论对于与意识相联系的对象，便以为只消说一声，那是我
的感觉，那是我的，于是就把那对象解决了。"③ 黑格尔这里又
一次指斥主观唯心论为"坏的唯心论"，他这种批评是恰当的，
列宁亦认为这里已包含有反马赫主义的意思了。不过黑格尔对德
谟克利特第一次提出"任何事物皆有必然原因"的充足理由律，
第一次建立唯物论体系，以及他有进步意义的民主、自由的启蒙
思想，他皆避不涉及，而单强调批评其感觉论为主观唯心论打开
大门，显然是有意贬低德谟克利特在哲学史上应有的地位。

阿那克萨戈拉是第一个雅典的哲学家，当培里克勒的繁荣灿
烂时期，他住在雅典讲学约三十年。所以黑格尔讲阿那克萨戈拉

---

①　《黑格尔全集》第 13 卷，第 373 页。
②　同上书，第 378 页。
③　同上书，第 380 页。

哲学时，先介绍了一番雅典的文明和制度。他指出"雅典之成为科学和美术的所在地，必须归功于它的制度和它的整个精神的特质"，① 值得注意的是，他并没有强调天才人物的作用。他花了较长的篇幅叙述雅典民主制度的特征及其自由精神，强调"个人与全体的和谐"。"在雅典人那里也有民主，并且是比斯巴达更纯粹的民主。每个公民都感到实质上与法律、与国家处于和谐中；但同时允许个体性精神、个人的思想去自由选择、表现、发展"。②

黑格尔的根本出发点是把阿那克萨戈拉解释成客观唯心论的萌芽，而批评其唯心论不彻底。这恰好和辩证唯物论者对阿那克萨戈拉的看法正相反对。我们认为阿那克萨戈拉基本上是唯物论者，不过有其不彻底的地方。

黑格尔把阿那克萨戈拉的有物质性的"心灵"说成是"思想自身，是自在自为的，是没有对立的普遍者，在自身中包含着一切，这就是实体"。③ 于是他就认为"思想自身"成为阿那克萨戈拉的"原理"或第一性的东西了。他又说，阿那克萨戈拉的"心灵"是"完全客观的思想，普遍者、主动的心智；它是宇宙以及自然中的理性。……这个理性本身是内在于自然中，是自然的本质；自然不是从外面形成的，像人们制椅子一样"。④ 像这类有唯物论意识的思想，他都加以客观唯心论的曲解。

相当重要的是黑格尔提出两种意义的变化：（1）就存在来说的变化，指一般所了解的机械的、化学的变化而言；（2）就

---

① 《黑格尔全集》第 13 卷，第 384 页。
② 同上书，第 386 页。
③ 同上书，第 381 页。
④ 同上书，第 381—382 页。

概念来说的变化，指有机体的变化或基于本质的内在联系的变化。"自然只能在统一性中存在，正如脑子只能在与其他器官的统一性中存在一样"①，这种有唯物意义的自然统一性原理，黑格尔认为是基于从概念来说的变化得来。他的唯心论立场使他看不见，就概念来说的变化只是就存在来说的变化在人的头脑中的反映。

黑格尔复用目的论的观点来说明阿那克萨戈拉的心灵或理性。他否定了主观目的论或外在目的论——即认"草生长是为了给动物吃，而动物存在并吃草，是为了我们能够吃动物。树的目的是长出果子来给人吃，并供给我们木柴取暖"②。他认为阿那克萨戈拉的目的论是"内在目的论"，所谓内在目的"不仅在实现之前先行存在于臆想之中，而且也存在于实在里面"③，"最终目的乃是内在于世界的"④。他认为阿那克萨戈拉"理性内在于自然中"的说法不是像唯物论所了解那样，规律即内在于自然中，而是一种客观唯心论者所了解的目的论。

最后必须指出，黑格尔不依时间次序，把阿那克萨戈拉（约公元前500—前428年）安排在晚生四十年、思想体系较发展的德谟克利特（约公元前460—前360年）之后作为古代希腊初期哲学终点，其目的显然想要表示哲学史的发展愈来愈走向唯心论，并把德谟克利特的唯物论看成被克服而过渡到唯心论的阶梯。我们必须揭露黑格尔这种歪曲，我们认为阿那克萨戈拉不是在德谟克利特之后的唯心论者，而是在德谟克利特之前的不彻底的唯物论者。希腊初期哲学的伟大成就不是黑格尔

---

① 《黑格尔全集》第13卷，第404页。
② 同上书，第411页。
③ 同上书，第412页。
④ 同上书，第415页。

所了解的阿那克萨戈拉的目的论而是德谟克利特唯物论体系的建立。

　　以上是对黑格尔哲学史中文译本第一卷内容的简单评介，以后其他各卷译本出版时，当再做出这样的评介。

　　　　　　　　　　　　　　　　（原载《哲学研究》1956 年第 3 期）

布拉德雷逻辑思想

布拉德雷（F. H. Bradley）是英国新黑格尔学派最重要的一个代表。英美资产阶级哲学界把他捧得很高。他在他的著作的序言里，一再说他的学说没有什么创见，自称如果说他有创见的话，也只是由于他吸收别人的智慧特多。[①]但是英国的资产阶级哲学家却称布拉德雷为英国当时"最有独创性的著作家"。[②]

在以理论脱离实际为特点的资产阶级唯心主义哲学家中，布拉德雷的生活是最与现实的社会、政治生活相隔绝的。由于健康不佳，他在牛津大学毕业后，自 1876 年起即任牛津麦尔敦学院的研究员，终身都是过的隐居养病的生活，不仅没有参加过社会、政治活动，连教学和学术演讲的工作都没有参加过。但是这种脱离实际的生活，以及他的著作之绝少直接接触到政治、社会和经济问题，却不能掩饰他的唯心主义哲学替英国资产阶级的统治服务的阶级实质。到他晚年，英王曾颁发给他一枚哲学家很少得到的"功绩勋章"（Order of merits），以表扬他对英帝国主义

[①] 布拉德雷：《逻辑原理》，1922 年第 2 版序言。

[②] 缪尔黑德主编：《现代英国哲学》第 1 卷，1924 年纽约版，第 316 页。

服务的"功绩"，这绝不是偶然的。

现在我们要看一看这位得"功绩勋章"的、被英美资产阶级哲学界吹捧为"最有独创性的著作家"、"第一流的人物"（缪尔黑德语）、"现代哲学中的芝诺"①、"锐敏的辩证法家"②、"哲学家中之哲学家"③的布拉德雷，究竟他的哲学有一些什么内容是值得我们进行批判的考察的。

我们先对布拉德雷的主要著作作一个概括的检阅，然后进一步批评介绍他的《逻辑原理》一书中的主要思想。布拉德雷的著作除了一小册《格言录》外，共有下列五种，兹分别加以简略的评介。

（一）《伦理研究》，1876 年出版，1927 年第二版，新版附有注释，共 344 页。这书用意在反对英国当时盛行的功利主义伦理学，从黑格尔的观点出发，批评并发展康德的伦理思想，提倡自我实现说。本书第一章讨论道德责任及自由与必然问题，认为自由与必然在道德生活中并不矛盾。对于人的性格和行为的必然性能作出合理的预测，正足以表示这人的意志是自由的，应对他的行为负一定的道德责任。反之，一个失性发疯的人，他的行为就没有规律可以预测，这正表明他的意志不自由。布拉德雷把意志的自由建立在人的主观的性格和行为之合理的可预测性上，而不建筑在对于客观现实发展规律的反映与依靠上。第二章解答"我为什么应该有道德？"一问题，提出他的自我实现说，他认为道德的目的在于实现自我，而实现自我就是"实现理想之我"、"实现作为全体的自我"、"实现无限之我"，完全是神秘

---

① 梯利：《西方哲学史》下册，商务印书馆 1979 年版，第 326 页。
② 韦伯及培黎：《哲学史》，英文版，第 544 页。
③ 亨勒：《唯心主义哲学》。

的、唯心的、麻痹人们阶级意识的道德说教。第三章批评"为
快乐而快乐",对于英国传统流行的快乐主义和功利主义提出了
一些有趣的批评论证。第四章批评康德的"为义务而义务"的
纯义务说和纯动机说,从唯心主义观点来主张动机和结果统一
说。第五章亦即书中最重要、最有名的一章叫做"我的岗位和
义务",教人在剥削社会中谨守自己的"岗位",克尽厥职,实
践自己的"义务"。据说这篇很有感人能力,有助于替英国资产
阶级社会教育出安分守法的公民。正如一切唯心主义者最后都是
信仰主义者那样,布拉德雷也把道德引向宗教。他说。"信奉宗
教是一个道德义务,有道德修养是一个宗教义务。"[①] "道德最后
完成于与上帝为一的神秘境界中。"[②]《伦理研究》是布拉德雷最
早的著作,也是黑格尔主义色彩最浓厚最显著的著作。在这书中
他曾引证黑格尔的话作为卷头语。但是他讨论伦理学问题时不曾
用历史方法,即没有发展观点,这就表明他只抓住黑格尔死的唯
心主义体系,丢掉了他的方法。

(二)《逻辑原理》1883年出版,共两卷,1922年出第二版
增订版,共739页。在第二版中,作者对原书正文基本上没有作
什么修改,但加了许多"增补附注",每章有时多至六七十条。
他又附有"书末论文"十二篇,这十二篇东西,牵涉到逻辑、
方法论和认识问题,范围很广。在这些书末论文和附注中,可以
看出布拉德雷的用意,是想把他的《逻辑原理》和他后来的中
心著作《现象与实在》联系起来看,常常用后书的话来纠正或
补充《逻辑原理》书中的话。稍后,另外一位英国新黑格尔主
义哲学家鲍桑凯所著两卷本《逻辑——知识的形态学》及《涵

---

① 《伦理研究》,1927年第2版,第335页。
② 同上书,第342页。

蕴与直线的推理》二书，是布拉德雷这书的直接继承与发展。

《逻辑原理》一书的内容，拟俟下文讨论。

（三）《现象与实在》，1893 年第一版，1897 年第二版增加了一个附录，共 628 页。这是奠定了布拉德雷在英美现代资产阶级哲学中的重要地位的中心著作。这书的副题是"一篇形而上学的论文"。他对形而上学的理解不惟充分表明了他的唯心主义观点，而且表明了他的神秘主义的实质。他说："形而上学是寻找一些坏的理由来为我们本能所信仰的东西作辩护，而寻找这些理由也仍然是一种本能活动。"① 他明言："新的时代要求新的哲学，正如新的时代要求新的诗歌一样，虽说新的哲学较逊于旧的哲学。"② 这表示他死心塌地要为他的资产阶级的本能信他作辩护的保守和反动的态度。

他运用希腊哲学家芝诺式的消极辩证法来讨论哲学上的重要范畴。他对这种方法的运用使他博得"现代芝诺"的徽号。他依次分析初性、次性、时间、空间、运动、变化、因果、自我、物自体等范畴，认为它们都是自相矛盾的，因此它们都不是实现，只能是现象，只能是第二性的东西。这样他就把唯物主义者认为是客观现实的第一性的许多东西，一概贬斥为"仅仅的现象"他对康德有唯物论因素的"物自体"的批评，最足以表明他运用近于诡辩的方法来反对唯物论的手法。他说"物自体"不是有性质，即是没有性质。如果物自体有性质，则它便与他物有关系，便在时空之内，因而便是现象。如果物自体没有性质，则它便是无性质、无关系的空虚。这里他显然形而上学地割裂了物自体与现象。

---

① 《现象与实在》，1897 年第 2 版序言，第 14 页。
② 同上书，第 6 页。

　　布拉德雷承认所谓"绝对"或"绝对者"为最高实在，因此一般人都认布拉德雷为客观唯心主义者或绝对唯心主义者。他也采纳黑格尔的词句，认为"绝对"是"不自相矛盾的"、"谐和的全体"。但他的实在观的最突出之点在于放弃了黑格尔"绝对理念"和"绝对精神"，而提出"绝对经验"，表面上好像更注重实际经验，更少抽象，更多接近现实。显然，布拉德雷所谓"经验"，正是列宁所揭露的对于经验的唯心主义了解，也就是毛主席的指斥的唯心主义"内省经验"。而且事实上，他是把黑格尔更神秘主义化了，由客观唯心主义而转入主观唯心主义。他强调"实在是感性经验"。他断言"在通常所称为心灵存在之外没有任何存在和事实"。① 他想开脱主观唯心论的嫌疑，他辩解道："说实在是感性经验，并不意味着实在是主观的，因为感性经验的概念是先于主体与客体的区别的。"② 这就使得他自己陷于马赫主义泥坑。他与从自然科学出发的马赫不同，他所强调的"感性经验"和"绝对经验"乃是一种神秘的主观情意生活和文化生活的经验或体验，实际上是一种"神秘境界"。他说："我们必须相信，实在满足我们整个存在。我们主要的欲求——对于真理和生命，对于美和善的欲求——必须完全得到满足。这种最高的满足必定是某种经验，并且是完整的个体经验。宇宙中的每一个成分：感觉、情感、思想和意志，必定包含在一个无所不包的感性经验之内。"③ 他的"宇宙"中的成分，原来只是"感觉、感情、思想、意志"等主观的东西！什么是主观唯心主义的宇宙观，这里找到一个显著的例子。他这里所讲的"最高满

---

　　① 《现象与实在》，第 144 页。
　　② 同上书。参看《真理与实在论文集》，1914 年牛津版，第 315 页；参看韦伯、培黎：《哲学史》，1925 年纽约版，英文本，第 545 页。
　　③ 《现象与实在》，第 159 页。

足"、"完整的个体经验"和"无所不包的感性经验",就是东西方一切神秘主义者所感到陶醉的"精神体验"、"禅悦境界"。

布拉德雷认为事物与事物间的关系根本上是内在关系,即两物发生关系后彼此互相影响,互起变化。他提出"内在关系说",目的在于反对基于形而上学观点的多元论和机械论,本来多少有一些注重有机统一的辩证法因素。他的内在关系说也曾引起持多元论的詹姆斯及持外在关系说的罗素、摩尔等新实在论哲学家的热烈辩争。然而由于布拉德雷完全从唯心主义和神秘主义出发来谈内在关系,而不懂得唯物的辩证观点,不是从事物的内在矛盾和内在的矛盾统一和联系来谈内在关系,就使得他的内在关系说陷于严重的神秘主义,如说"一切关系必定以统一或全体为背景,脱离全体即失其存在",好像唯恐各殖民地脱离大英帝国的全体而瓦解似的,他不愿意承认内在关系或内在联系与内在矛盾不可分。他又指出"外在关系"说的缺点首先在于不能说明"感觉与感情中无关系的复多体之直接的统一这种显明的事实"。换言之,他认为神秘经验、感觉或感情中模糊混沌的直接统一,就是所谓"内在关系"。他进一步认为我们的经验首先是"低于关系的"(below relational)或"非关系的"(nonrelational)的境界,这就是绝对经验。他认为在关系之中的经验是不稳定的,只是现象,而不是实在,只能说是真而不实的。所以照他这种神秘主义观点看来,在感觉、感情中,在绝对经验中都是没有关系的,亦即没有矛盾的,只有在现象世界中才有关系,才有相互影响和作用,而这种关系是不稳定的,亟须加以超出、避免,以达到超关系的绝对经验和神秘境界。这种神秘的无矛盾的内在关系说,不唯与辩证唯物主义所讲的内在关系无丝毫共同之点,就是与黑格尔在唯心主义观点下所提出的内在关系说,也有一定的距离。诚如列宁所指示:对立的统一是辩证法的核心。

我们在这里可以看出，像布拉德雷这样脱离对立的统一而谈内在关系，必定陷于神秘主义。反之，像他的反对者那样脱离对立的统一而谈外在关系，必陷于形而上学、多元论、机械主义。

布拉德雷《现象与实在》一书中还提出真理与实在皆有等级的说法，以偷换真理与实在的发展观点。他不是从客观实在自身发展的规律出发，也不是从人类反映客观实在的认识过程（即由低级到高级、由不完备到完备的发展）出发，而空洞抽象地提出"全面性和不矛盾性"或"无所不包性与自身一致性"作为评判真理和实在的等级的标准。他说："有两个现象在这里，那个较广阔或较和谐的现象就是较真实的现象。因为它比较接近单一的、无所不包的个体（即绝对）。换句话说，为了补救它的缺陷，我们只须对它做一些较小的改造。真理和事实于转变成绝对时，如果需要比较少一些重新调整和补充，就是较实的事实，较真的真理。这就是我们所谓实在和真理的等级的意思。"①

在《现象与实在》一书的末尾，他又归结到黑格尔，并且明白说出评判实在等级的标准原来只是"精神性"。他写道："于是我们可以顺便用坚持'实在是精神性的'这个原则来结束这一著作。有一句黑格尔说过的伟大的话，这句话太为人们所熟知了，而这句话不经过一番解释，我并不愿意赞同。但是我将要用与黑格尔的指示没有什么差异的几句话，也许更确定地表达黑格尔的主要指示的几句话来结束这书：在精神之外没有、也不可能有任何实在，并且任何东西具有精神性愈多，那么它就是真正地实在的。"② 这表明作为新黑格尔主义者的布拉德雷，只知道抓住黑格尔的唯心主义的结论，而丢掉了他的唯

---

① 《现象与实在》，第 364 页。
② 同上书，第 552 页。

心辩证法和发展观点。

（四）《真理与实在论文集》。这本论文集出版于 1914 年，共 480 页，收集了布拉德雷自 1907 年以来五六年内大部分已经发表过的有关认识论与本体论的文章，但多少用一种系统著作的形式排列，全书共分十六章，书首有导言，书末有结语。较重要的几章，还附有多篇附录、补注，而这些长篇附录和补注也大都是已经发表过的论文。

这一厚册关于"真理与实在"的论文集，可以说是布拉德雷的中心著作《现象与实在》一书的发挥、补充和辩护。从这书可以看得出围绕着《现象与实在》一书所展开的批评、反对和辩难的情况。书中和美国实用主义者詹姆斯辩论的文字最多。第四章论真理与实践，以及第五章论真理与模写，第五章的三篇长附录："论实用主义意义的含混"、"论詹姆斯教授著《真理的意义》一书"、"论詹姆斯教授的'彻底的经验主义'"，都是直接与詹姆斯论战的文字。第十章"对与罗素先生的学说有关联的一些问题的讨论"以及第九章的第二和第三补注，都是直接与罗素论战的文字。此外，书中批评和辩难所涉及的当时资产阶级哲学家，有美国新黑格尔主义者鲁一士和实用主义者杜威，英国的持多元论的人格唯心主义哲学家华尔德和心理学家斯陶德等。

书中与认识论密切结合讨论逻辑问题，足以发挥、补充《逻辑原理》一书，对读《逻辑原理》有参考价值的，有下列诸章：第三章论漂浮的观念与想象的观念，第五章论真理与模写，第七章论真理与贯通，第八章论贯通与矛盾，第九章论现象、错误与矛盾，第十章至十三章都涉及逻辑问题，而第十二章论记忆与推论，第十三章论记忆与判断尤直接有关。简单讲来，书中涉及逻辑与认识论的篇章，中心思想在于树立唯心主义的"贯通说"，而坚决地与唯物主义认识论的模写说做斗争。对他早年在《逻辑原理》有接近"模写说"的论调在这书中都予以"纠正"。

　　书中讨论真理与实在问题的篇章，主要趋势在于神秘主义成分愈来愈重，愈来愈趋向于主观唯心主义，愈来愈接近马赫主义，而且最有趣的，亦可说是自然而必然的趋势就是布拉德雷以攻击实用主义的武士的身份出台，而到后来，竟公开表示与詹姆斯握手言和。

　　他对实用主义的批评，不惟是唯心主义内部争吵，而且也表示两者愈争吵愈接近。布拉德雷批评实用主义主要强调两点：第一，他反复指出实用主义并不"新颖"，没有什么"创见"，更够不上什么"哲学上的革命"。意思是说，实用主义中某些主要的论点，"古已有之"，他并不反对。他欣赏詹姆斯的"意识之流"和先于主客的"纯粹经验说"。詹姆斯赞赏布拉德雷的"直接经验说"，说这是一反康德以来唯心主义的传统的"创见"。布拉德雷坚决声明他的"低于关系"和"超出关系"的直接经验是出于黑格尔，而詹姆斯之说也没有超出黑格尔。并且称"黑格尔早就是最优秀的实用主义者"。[①] 这就是发展黑格尔哲学中之主观唯心主义和神秘主义成分来和詹姆斯携手。第二，他着重批评实用主义意思的含混或歧义。他的意思是说，实用主义有些说法不彻底，有些名词概念分析欠清楚。若对概念分析清楚了，按照某种较"深刻精确"的解释，他对实用主义也未始不能赞同。他只是惋惜詹姆斯著书，"写得太匆忙，发表得太快"，因而许多概念分析得不够清楚。他首先肯定詹姆斯"对生活上最高的问题引起了讨论，刺激起兴趣，对哲学带来好处"。并且

————————

① 《真理与实在论文集》，1914 年牛津版，第 69 页。

承认"詹姆斯教授对心理学的贡献是无可怀疑的"。[①]

在这本书第 241 页的一条重要的小注里，他明白说：他最初以为詹姆斯所宣扬的观点与他自己的观点极端相反。后来才发现詹姆斯所坚持的正是他自己曾经尽力辩护以反对詹姆斯的观点。最初他以为詹姆斯认为外在关系是绝对的，现在才使得他感到，詹姆斯之相信外在关系是相对的并不比他自己为少。布拉德雷又举出，詹姆斯虽自称是多元论者，但在他看来，他实际上是一个一元论者，或者至多是一个二元论者。至于詹姆斯所持的实用主义的意志自由说，与他本人自 1876 年以来所宣扬的意志自由说之间的差别在哪里，他自己也不能找到。他说类似这种意见相同之处还可以列举许多。于是他归结说："詹姆斯教授和我自己之间的事情，在我看来，所需要的是解释远较多于争论。也许我们的差异总的讲来与我们契合的幅度比较起来要小些。"[②]

布拉德雷与詹姆斯愈争论愈接近，这说明唯心主义内部的争吵，终归是一丘之貉。另一方面也说明布拉德雷本人愈到晚年愈趋向主观唯心主义，愈接近马赫主义，并且神秘主义成分愈浓。列宁早已揭露过，"马赫主义事实上正在为那些广泛流行的反动资产阶级哲学流派所利用"，并指出实用主义就是这样一个例子。列宁又指出："从唯物主义的观点看来，马赫主义和实用主义之间的差别，就像经验批判主义和经验一元论之间的差别一样，是微不足道的和极不重要的。"[③] 由此可以看到，布拉德雷与正在利用马赫主义、同马赫主义的差别微不足道的实用主义愈靠愈拢，即是愈来愈接近马赫主义。作为新黑格尔学派的布拉德

---

① 《真理与实在论文集》，1914 年牛津版，第 148—149 页。
② 《真理与实在论文集》，第 241 页。
③ 《列宁全集》第 14 卷，第 361 页。

雷也是事实上正在利用马赫主义的一个反动资产阶级哲学流派。布拉德雷所提出先于主客差别、低于关系的直接经验和超出关系的绝对经验，即是马赫派的经验一元论的思想。与詹姆斯的"纯粹经验"说或所谓"彻底经验主义"和罗素所提出的"中立一元论"（即提出一个非心非物的、先于心物区别的中立的感性经验作为第一性的东西），都是马赫主义的货色，同时是主观唯心主义。

最后，必须指出，《真理与实在》一书，比《现象与实在》一书讨论问题较为集中，如对理论与实践问题、直接经验问题、内外在关系问题以及反对模写说、主张"贯通说"都有比较集中的讨论和比较细致透彻的分析，在引起唯心论内部辩论上，曾起过一定作用。因此，从唯物主义观点去批判他，也特别便利。批判布拉德雷对批判黑格尔、新黑格尔主义以及主观唯心主义都可以有帮助。

（五）《论文集》，分上下册，共 708 页，1935 年出版。从 1874 年到 1924 年布拉德雷逝世时止五十年内发表及未发表过的论文差不多全部都搜集在这部《论文集》里面。这两册主要是关于伦理学和心理学方面的论文。论文集中前两篇是布拉德雷在 19 世纪 70 年代期间发表过的早已绝版的小册子。一篇题目叫《批判的历史的前提》，可以说是历史哲学的导论，是 1874 年初出版的。另一篇题目为《西吉威克先生的快乐主义》，批评功利主义伦理学家西吉威克的名著《伦理学的诸方法》一书，初出版于 1877 年，可以说是发挥并补充他在 1876 年出版的《伦理研究》书中对功利主义的批判。此外书中有六篇涉及伦理学问题并结合着从心理学去讨论的文字。有《自我牺牲是否不可理解的?》、《有无纯粹的恶意?》、《同情与兴趣》、《人能否明知故犯?》、《惩罚杂谈》、《个人的和国家的自我牺牲的界限》，其次有二十篇左右涉及心理学问题的论文，论《主动的注意力》的论文就有三篇。有一篇关于《联想与思维》的论文，有一篇论记忆的论文，有三篇文章讨论詹姆斯关于简单相似的学说，有四篇文章涉及梦、灵魂、心灵状态诸题目。有一篇论苦乐、欲望及意愿，一篇涉及意力（Volition），一篇讨论意志的分裂，三篇专论意志的定义。有两篇是从前没有发表过的文章：《论文学中对于两性问题的处理》和《论关系》，后者是他临死那一年没有写完的残篇。最后还有六篇比较短的《对于批评的答复和声明》。书末编者附有布拉德雷生平和全部著作、小册子、论文的详细目录，依年代排列。

以上简略地介绍布拉德雷的诸种著作，只是提供一些批判研究这位新黑格尔主义者的资料，并且希望对于批评和了解他的《逻辑原理》一书可以多少有一些帮助。

＊　　　　＊　　　　＊

关于布拉德雷《逻辑原理》一书的内容，为方便计，拟分下列四点加以简略的评述：

（一）论思想律

（二）论观念

（三）论判断

（四）论推论

（一）论思想律

布拉德雷《逻辑原理》一书内容的安排，显然有畸重畸轻的缺点。全部著作共分三部：第一部论判断，第二部论推理，第三部还是论推理。书中以论判断部分价值较大，影响较大，对读者启发较多，这是资产阶级逻辑学家所公认的，但篇幅尚不到全书三分之一。而且他把思想律一章放在第一部论判断中来讨论，而且把这章放在论选言判断之后、论判断的量之前，实在看不出有什么道理。

这本书没有专章讨论概念或思想的性质，只是在第一章论判断的一般性质时，有几节讨论观念。为方便起见，把"论思想律"和"论观念"两题从属于判断的章节中，挑出来分别论列。

布拉德雷根据同中有异、异中有同的"具体同一"的原则来讨论同一律。他认为"毫无差别的同一是没有的"。这种看法本来是含有辩证法因素的。但是他立刻就对向一律加以形而上学的歪曲。他认为同一律所肯定的为真理脱离时空条件的永恒性。说什么：同一律肯定"真理在一切时间都是真的，一旦是真的就永远是真的"。①

在讨论矛盾律时，布拉德雷有意识地很费力气地想用对立统一的辩证法原理来处理矛盾律，尽量避免被迫"就矛盾的原理和辩证法之中选择其一"。他所达到的也就是辩证法（事物的本性中存在着矛盾）与矛盾律可以并行不悖。他说："假定我们在事物的连续性中似乎看到矛盾归于统一，A 同时是 B 而又非一B，这种情形仍可与矛盾律的原理相调和。"又说："如果我们能够这样来理解所谓对立物的同一……那么矛盾律便可以通行有效而不至于受影响了。"② 他所了解的"对立物统一"是没有矛盾斗争的。他所了解的辩证法与矛盾律的关系只是并存平列，而没有高级与初级的分别的。

---

① 《逻辑原理》第 5 章第 5 节。
② 同上。

　　关于排中律，布拉德雷指出，它是选言结构的一个事例。①
但是它又超出了选言结构，因为它具备一种自己决定的原理为选
言结构之所无。② 他支持排中律，认为一个命题必定要有意义，
如果一个命题真的具有明确的意义，那么它必定不是真的就是错
的。③ 但是他总又想在承认排中律的基础上，保持某种意义的唯
心辩证法。他说，有时一个人提问题，强迫你答复是或否。但不
必匆忙回答，可能他的问题含有歧义，因此可能问题中正反两面
都是对的或者都是错的。④ 后来在小注中，他又企图从辩证法观
点指出排中律的"相对性"。他说："就我所理解，辩证法所要
否认的也不过是绝对、完全、终极、固定的不相容的东西的真实
性。"⑤ 又说，"如果我们采取一种观点，认为真理不一定完全真
实，错误也非单纯的虚妄——这便是我著的《真理与实在论文
集》及《现象与实在》中所持的见解——那我们就必得承认排
中律尽管是必要的和重要的，但绝非绝对的真实。"⑥ 他这里所
说的"真理不一定完全真实，错误也非单纯的虚妄"，实际上就
是我们在前面谈到他的《现象与实在》一书时所已经批评过的
东西，即企图用真理的等级说以偷换真理发展的辩证观点。他这
种关于真理不一定完全真实，错误不是单纯的虚妄的说法，不是
辩证法的真理观，并且其中还包含一些诡辩意味。

　　最后他说"双重否定"是从"双重否定即是肯定"出发，
指出否定中有其肯定的基础。从否定有肯定作为基础出发，他得

　　① 《逻辑原理》，第 5 章第 18 节。
　　② 同上书，第 5 章第 21 节。
　　③ 同上书，第 5 章第 24 节。
　　④ 同上书，第 5 章第 22 节。
　　⑤ 同上书，第 5 章第 9 条小注。
　　⑥ 同上书，第 5 章第 20 条小注。

出"实在是可知的"可知论的结论。① 这是好的。但是他讨论双重否定时，却没有与辩证法的否定之否定原理联系起来。

布拉德雷讨论思想律尽管形而上学的缺陷很大，然而他确是企图用辩证法来研讨思想律，这在当时英美逻辑史上可能还算是一件新事情，值得我们重视。

（二）论观念

布拉德雷在他的《逻辑原理》中，不谈概念，只是在第一章论判断的一般性质时，首先简短地谈了一谈观念。这意味着他不理解逻辑上所谓一般与个别相结合的具体概念。他所了解的"观念"，一方面是个别的客观的心理事实，他认为"一个观念在我们头脑里，作为我们的心理状态，便是一个确定不移的事实，恰和外界任何别的东西一样"。② 这样在他看来，观念本身就是事实，甚至是"顽强的事实"（stubborn fact），因而它本身就是第一性的事实或现实，而不是客观事实或现实的反映。这样就阉割了反映论。观念本身是给予的、个别的东西，因而就无普遍性，而且与普遍概念不相结合，这样就排斥掉具体的普遍或概念。

另一方面，布拉德雷认为逻辑意义的"观念"乃是"符号"或"记号"，有普遍性，但"没有个体性和自我存在"，只代表某种意义。布拉德雷所了解的逻辑上的观念之形而上学性和非真实性充分表现在如下的一段话里："但是一个（逻辑上的）观念，当它代表某种意义而为我们所利用的时候，便既不是自哪一方面所给予，也不是当下呈现，而是我们所选择采用的。它不能

---

① 《逻辑原理》，第 5 章第 30 节。
② 同上书，第 1 章第 3 节。

像由外面给予、当前呈现的东西那样存在着。它不可能是在时间和空间里有其一定地位的事件。它不能是我们头脑里的事实，也不能是我们头脑外的事实。就观念本身来说，它只是一个无有着落的形容词、暂失依附的寄生物、漂泊的精灵在寻找归宿、离开具体的抽象，仅是一种可能性，而单就自身来说，不是任何东西。"[①] 照布拉德雷看来，这种作为符号的观念就是人们做逻辑思维或逻辑判断所必须依据和运用的东西，"我们非到能使用符号的时候，也就不能有所谓判断"。[②] 然而在逻辑上占这样重要位置的观念，却是这样抽象、空虚、缺乏真实性的形而上学的东西。

对于布拉德雷所了解的逻辑观念之形而上学和唯心主义的实质，可以作如下的分析批评：

1. 就布拉德雷认为人的观念（或表象）不是现实事物和自然过程的复写，不是他们的模写，而是记号、符号而言，他的说法接近于列宁曾经给予致命打击的符号或象形文字论。布拉德雷关于观念符号的说法纯粹是形而上学的，反对反映论的唯心主义思想，这种思想同时也直接导向不可知论。

2. 就"观念"之不是在时空中的存在，亦不是头脑之内或头脑之外的主观或客观的事实，而是一种有意义的共相而言，则布拉德雷所说的"观念"，颇接近后来英美新实在论者所谓"潜存"的共相。这也表明何以有一些新实在论者很喜欢布拉德雷。不过必须指出，布拉德雷这里所谓观念与新实在论者所谓共相以及柏拉图所谓理念，却有很大的差别。柏拉图认他的理念为实在而不只是潜在，是事物的模型，而不只是表述事物的形容词或符

---

① 《逻辑原理》，第 1 章第 8 节。
② 同上书，第 1 章第 2 节。

号。这种所谓"潜存的"抽象观念、符号或共相的唯心主义实质在于它们不是客观现实事物的特质和运动规律的反映和模写，而只是主体用来描写事物或表述对象的抽象符号；它们既不是客观地存在于事物中，也不能主观地能动地反作用于事物、改变事物。布拉德雷关于观念的学说，由于脱离了反映论，缺乏客观现实的基础，同时也就是脱离了个别的一般，脱离了具体的抽象，因而就成为像他所说那样"无有着落的形容词、暂失依附的寄生物、漂泊的精灵、离开具体的抽象"。①

此外还须揭露布拉德雷关于观念学说的神秘主义实质。当他把观念与存在严格地割裂开来说："事实总是个别的，而观念则是普遍性；一个事实总是一个实在的东西，而一个观念则只能当作形容词来用；事实是自己存在的，而观念却属于符号性质。……其实观念的本质，我们愈深入研究，便愈显得与实在相背离。"② 在这里他并不是在辨别观念的主观性、抽象性，和实在的具体性、客观性；他仍是从神秘主义出发强调观念与实在间的鸿沟，指出观念不能反映实在，要把握实在必须超出观念。他认为实在只能是感性经验。直接的感性经验是低于观念或关系的实在，绝对经验便是超出观念，超出理智和真理，超出关系的绝对实在。这种思想与柏格森之提倡直觉、反对理智和科学同样是老一套的神秘主义（请参看上面评介《现象与实在》部分）。

（三）论判断

知道布拉德雷所谓观念，有助于批评讨论他关于判断的理论。

---

① 《逻辑原理》，第 1 章第 8 节。
② 同上书，第 2 章第 3 节。

判断论应视为他的逻辑的中心部分，我们上面所讨论的两个题目：论思想律和论观念，在他原书中都是结合着判断论来讨论的。

　　要了解布拉德雷的判断论，首先要了解他所谓"判断的主体是实在"这一根本性原理的意义。他把文法上的"主词"与逻辑上的"主体"区别开（主词和主体英文原文皆作 subject）。而这里所谓"逻辑的"实际不只是形式逻辑的，而且包含有认识论和本体论上的主体的意思。他认为文法上的主词是一个抽象的共相，而逻辑上的主体乃是"真实的主体，是究竟的实在"，亦即具体的共相。他说："判断就是对于某种事实或实在有所说明。"注意，表面上这话有点反映论味道。又说："真正的判断乃是说明 S—P 为一种实在事物 X 强加于我们心智之上。而这个实在不管它是什么东西便是判断的主词。"① 注意，这里所讲的实在事物 X，表面上有点康德所谓物自体的味道。他又说："每一个判断最后都确认主体是同一之中的差异，同时又是差异之中的同一——这个主体同时是究极的而又是特殊的实在。"② 这表明他所谓"实在"的确接近黑格尔所谓具体的普遍。但黑格尔所谓具体的普遍、异中之同或同中之异是具有自身辩证发展过程的概念或理念，而布拉德雷所谓具体共相是指超出关系、超出观念的感性经验。他这里所谓"特殊的实在"是指个别的感性经验，所谓"究极的实在"是指绝对的感性经验。他已经从黑格尔的客观唯心主义倒退为主观唯心主义和神秘主义了。因此他为了行文方便，被迫而不得不说出几句表面上貌似反映论和承认客观实在事物的话。但他曾一再纠正说，"我想我已经充分警告了我的读者，这种把实在认作常识中的'实在世界'，把真理认作

----

　　①　《逻辑原理》，第 2 章第 1 节。
　　②　同上书，第 1 章第 28 条小注。

对这种实在世界的模写的观点是不为我所接受的。"① 总之，布拉德雷"判断的主体是实在"这句话尽管相当重要，但必须指出其实质上既无反映论、唯物论的味道，也与黑格尔的客观唯心论有区别，乃是主观唯心主义和神秘主义思想。

明白主体或实在的意思，就易于懂得布拉德雷下面的话了："每一个判断都有一个主词（或主体），理想的内容即指着他而陈述。"② "判断不是观念的综合，而是理想的内容指谓着实在。"③ "理想的内容"这本书中文有时又译作"观念的内容"，英文作 ideal content。前一句话，意思是说，每一个判断都以实在为主体或主词，我们判断时所用来作为符号的观念（即理想的内容）就指谓着、陈述着、或描述着这个实在的。譬如，"这花是红的"这一判断，客观外在整个的花，严格照布拉德雷讲来，应说关于花的整个经验，就是主体，或他所谓"特殊的实在"，而花、是、红乃是一系列的观念、符号，感性经验的花是存在的，而这些观念则是抽象的、有普遍性的、理想的东西，它们不是存在于时空的事实。在判断时，我们就运用这些观念或符号来规定、指谓或描述花这个实在。花这个实在，就是这个判断的主体，而规定、描述这个主体的这些观念就是理想内容。因此，他说这些观念不是实体性的东西，而是形容词（adjectives）。这些观念、形容词或理想内容是用来规定或描述（qualify）实在的。这就是他所谓判断是用理想的内容来指谓或规定、描述实在。

判断照他这样讲来，既然是理想的内容与实在的结合，当然"判断就不是观念的综合"了。单就逻辑理论而言。布拉德雷认

① 《逻辑原理》，第三部分第二编，第 4 章第 1 条附注。
② 同上书，第 1 章第 12 节。
③ 同上书，第 2 章第 15 节。

为判断不是联念心理学所谓"观念与观念的联合或综合",而是思维、观念与具体的实在结合,这于反对逻辑上的心理主义,反对把英国传统的联念论应用在逻辑学方面,并企图使判断、逻辑认识指向具体,是有其合理因素的。但是因为布拉德雷是把认识论和逻辑联系起来讲的(在某一意义下,这是对的),而他的认识论是反反映论的,他所谓实在乃是精神性的感性经验,而非离主观独立存在的客观现实世界,这就把他表面近似合理的判断论也玷污了。此外还须补充几句,说判断是逻辑的认识活动。不是单纯心理上的观念联系,这是可以的,但不能因此便否认观念与观念、概念与概念之间有内在联系和发展过程,正如观念或概念所反映的客观现实有内在联系和发展过程一样。

以上指出布拉德雷如何从认识论来规定判断的性质,在这个基础上他又进一步来谈判断的各种形式,于是他就得出下列的一些看法:

一、一切判断都是直言判断。这因为一切判断都对实在有所肯定,都以实在为主体,根据理想内容或观念对于实在有所描述,陈述。了解他上面对实在与判断的看法,这条意思很清楚。

二、一切判断都是假言判断。这是因为布拉德雷认为没有一个判断对于真实存在所有各个成分能够描述完全。每一判断虽对实在有所描述,但只能描述其某一侧面、某一成分,而有所省略、遗漏甚或割裂。这就使得每一个判断都成为假言的。因此他说:科学里面的一切普遍定律,都应该以"如果"开始,而接着并加上一个"那么"。[①] 他并且说,凡是全称命题,如凡动物皆有死,实际上不是指一切动物或全体动物,而只是指"任何动物",因此就包含着"如果"。

---

① 《逻辑原理》,第 2 章第 57 节。

三、一切判断都是单一判断。因为每一判断所综合的基本性质是有一个实体性的实在作为基础的。

四、一切判断都是普遍判断。因为每一判断所作的综合都是超出了当前特殊的现象而有效。

五、一切判断都是抽象的。这与上面第二点"一切判断都是假言判断"密切联系着。他认为凡抽象判断都是假言的。因为判断有割裂性，脱离具体内容的关联，对于对象的复杂环境，有所挂漏。

六、一切判断都是具体的。这与上面第一点"一切判断都是直言判断"密切联系着。他认为凡是具体判断都是直言的。每一判断既是以实在为主体，都指谓丰富的感性呈现，对具体实在有所肯定，故是具体的。

七、否定的判断具有肯定的性质。当他说，"一切判断都是假言的"、"一切判断都是抽象的"时，已经包含有肯定的判断具有否定的性质的道理。《逻辑原理》第一部第3章专讨论否定判断，强调其具有肯定性质。他说：在思想发展过程里，否定较高、较后于单纯的肯定。否定判断只否定对于事实的某一观念、某一信念，并不否定真正的主体或事实本身，故有其肯定的基础。这就是说，在一切否定判断里，究极的主体仍是实在。每一否定必有一基础或根据，而这个根据却是肯定的。譬如说，甲不是乙，因为甲的本性是那样，如果甲是乙，甲就会停止是它自己。我们不能有所有定而事实上又不否定任何东西，我们也不能否定一个东西，而不有所肯定。没有肯定的知识作为基础，我们是不能否定任何东西的。双重否定的特点即在于显出了否定判断的肯定基础。①

---

① 《逻辑原理》，第一部第3章。

八、选言判断具有直言的性质。布拉德雷有一专章讨论选言判断，特别强调选言判断具有直言性质。例如或者甲是乙，或者丙是丁。或者给我自由，或者给我死。他指出选言判断是两个假言判断在直言基础上的联合，而不是单纯的两个假言判断的联合。选言判断假定我们掌握了全范围，在其中排除其一部分，就可以决定其余的部分。布拉德雷特别强调"或者"（or）一词之排他性，实即强调其直言或肯定的一面。

关于布拉德雷的判断论我们就讨论到这里。中间许多涉及专门逻辑本身的问题，希望逻辑学家去进行分析批判。他对于判断的种种说法包含着一些辩证法因素，看来是可以肯定的。他指出各种形式的判断的划分并不是绝对的，其间并没有绝对的鸿沟。他指出判断尽管有假言；直言等等区别，但在较广的意义下，可以说一切判断既是直言的，又是假言的；一切判断既是个体的又是普遍的；一切判断既是抽象的，又是具体的，似亦有助于克服关于判断形式问题上的一些片面性的看法。不过，布拉德雷在各种判断形式之间看不出发展的关系。而且他讨论假言判断和抽象判断，太强调判断之割裂（mutilate）实在，省略遗漏，见部分不见全体方面，亦即偏重形而上学的、抽象理智的判断，而对于能抓住主流、掌握本质的判断缺乏认识，遂谓真理不能全面反映实在，而诉诸神秘主义的直觉和直接经验，其路向几乎同直觉主义者柏格森之反对理智、宣扬直觉合流，这是我们要坚决反对的。

（四）论推论

《逻辑原理》中关于讨论推论的篇幅特别长，但我们只能作最短简的评述。第二、第三两部都讨论推论，第二部首先一般地讨论推论的性质，主要是破有关推论的旧说。第二部第一编特别注重破除对三段论式的许多"迷信"。第二编对于英国传统流行的从联念心理学和经验主义出发的各种逻辑理论，他都有比较有分量的批判。第二部第二编第一章是对联念论的长篇攻击。以下各章，以不能从特殊推特殊为根据，来批判穆勒约翰的归纳逻辑，认为从感性的特殊知觉出发不能推论出普遍的真理来。最后他谈到了吉芳斯的有数理逻辑萌芽的等式逻辑，表示敬佩。

第三部主要提出了他对于推论的正面主张。第三部第一编多涉及推论的各种形式和特点之较详的讨论，第三部第二编则多涉及推论的一般理论问题，如形式的与实质的推理、原因与因为、推论的效准等问题。这一编与认识论的联系较多。

最重要的是书末所附论文十二篇。这十二篇论文全是于1922年（距第一版出书将近四十年）准备出版第二版时增补进去的。这当然代表他晚年较成熟的逻辑见解，但必须警惕：他到晚年愈来愈走向神秘主义的趋势。第一第二篇书末论文总结他对于推论和判断的见解，特别重要。此外另一些书末论文还涉及绝对真理与相对真理、论涵蕴、论可能与必然、理论活动与实践活动诸范畴，都是批评、了解他的逻辑思想和认识论的重要资料。

关于布拉德雷的推论学说，现仅就其与认识论有密切联系的几点提出来说一说。首先关于由判断过渡到推论，他认为说明一个判断的原因，证明一个判断为必然真理，就使得判断发展为推论。所以他说"推论是被中介的和自身中介的判断"。[①] 其次布拉德雷提出了一个被认为新颖，而为另一个新黑格尔主义的逻辑学家鲍桑凯所大加发挥的说法，即"判断本身即包含推论"。不包含推论的判断在他看来只是单纯的抽象，不是事实。每一个判断实质上都包含一个"因为"，虽然形式上未表明出来，因此判

---

① 《逻辑原理》第 2 卷，1922 年版，第 622 页。

断是一个潜在的和尚未展开的推论，而推论也就是判断的实现与发展。

除这两种比较可以接受的说法之外，他还提出第三"推论是一个被认作实在的对象之理想的自我发展"① 的说法。前面谈判断时，他认为判断的主体是实在。现在谈推论时，他认为推论是被认作实在的对象之理想的（即在观念中的）自我发展过程。这就是说，推论对对象或实在有所肯定，在推论中，这对象只是在观念中得到自我发展。这个表面好像有辩证法意味的看法，由于不从反映论出发，由于"实在"是指一个神秘的整全的感性经验，使他走上反科学的、不可知论的、主观唯心主义道路。

所以第四，他就提出一个反科学、反逻辑的原则说："每个推论都有缺陷。"② "每个推论都是可以错误的。"③ 他的主要理由是说凡是推论都是抽象的，因而是有缺点的，是可以有错误的。换言之，他的意思是说，客观实在是全体、是实质性的，而推论是抽象的、割裂全体的、是观念性的。这就是说，实在与观念、思维、推论之间有一条不可逾越的鸿沟，思维、判断、推论不能反映实在。就他认为实在非判断、推论所能反映、把握而言，他已堕入不可知论。就他认为判断、推论必以实在为对象，必对实在有所肯定，但支离破碎，只能得到现象，惟有感性经验才可与实在合而为一言，他始终是神秘主义者。当他谈到推论的效准时，他竭力降低理智和科学知识的地位，否定判断、推论有反映、模写实在的效准，简直是与柏格森一鼻孔出气。他说：

① 《逻辑原理》第 2 卷，第 598 页。
② 同上书，第 611 页。
③ 同上书，第 619 页。

"判断和推论的这种支离破碎的性质注定他不能模写存在。推论的过程绝不能是真的，并且推论的结果绝不能表示事实。"① 又说："我们努力想要直接达到事实，但是徒劳；我们所获得的，永远是由于割裂事物而剩下给我们的人为的抽象和片断。从两方面看来，这种成果都不能达到真理：它省略许多应当模写的细节，并且它依靠许多不存在的（由主观假定的）细节。"② 他不知道，我们判断、推论主要要求通过具体事实（细节）来反映事物的本质、规律，而不是脱离本质或割裂本质与现象去烦琐地、机械地反映所有一切细节。当我们在实践中反映客观事物时，我们的认识活动也有其主观能动的一面，我们也需要范畴、原则以及别的理智工具的帮助，以便利认识和反映，而这些理智的工具并不是像布拉德雷所说的主观的"虚构"（fictions），而仍然是基于在实践过程中的不断的反映和认识的发展。简单说来，布拉德雷是反映论的死敌，他认为实在是神秘的感性经验，而神秘的感性经验是无法模写的。布拉德雷的逻辑学和认识论最后一句话是神秘主义、反唯物主义的认识论。

结　语

我们知道，在 19 世纪末 20 世纪初，英帝国主义称霸世界的年代中，英国哲学上最盛行的学派是新黑格尔主义。而布拉德雷是英美新黑格尔主义的头子，他的"声名"最高，他的影响最大。所以必须着重地予以批判。当此英帝国主义日趋衰落、反殖民主义革命愈益上升的时期，我们介绍布拉德雷的著作，以备深

① 《逻辑原理》第 2 卷，第 584 页。
② 同上。

入批判，这对于摧毁从哲学上为英帝国主义服务的思想体系，对于参加世界各殖民地人民反殖民主义、反帝国主义的运动，是有其政治意义的。

单从哲学和逻辑范围来讲，我们介绍和批评布拉德雷的这两卷逻辑著作也有多种的意义：第一，我们可以从布拉德雷的著作中看出，黑格尔的唯心主义体系，他的哲学保守、神秘、形而上学的一面如何在新黑格尔学派中得到发展，他的客观唯心主义如何过渡到新黑格尔学派的主观唯心主义。这对于批判主观唯心主义和客观唯心主义，都可有帮助。第二，布拉德雷输入德国古典唯心主义哲学（尽管是从右边去继承）以及德国陆宰、西格瓦尔特和翁德的逻辑学说以反对英国的传统逻辑思想，这种以唯心主义反对唯心主义的情况，对于唯物主义者来说，亦有其值得注意之处。第三，布拉德雷能以清晰的方式讨论逻辑上各种重要问题，他提出问题、启发批评的思想，对于研讨逻辑问题，也有一定的帮助；由他的唯心的错误的思想也可以引起唯物主义者批评借鉴的兴趣。

（本文是庆泽彭译《逻辑原理》（布拉德雷著）
上册的"代序"，商务印书馆 1959 年初版）

评缪尔的新黑格尔主义

新黑格尔主义在当前英国最重要的代表当推牛津大学麦尔敦学院院长缪尔（G. R. G. Mure）。他代表新黑格尔主义者歪曲辩证法、公开反对马克思主义、反对科学这一现代资产阶级哲学流派的共同趋势。

缪尔近一二十年来发表了三本著作：（一）《黑格尔导论》（1940）；（二）《黑格尔逻辑学研究》（1950 年初版，1959 年再版）；（三）《从真理倒退》（1958），皆牛津出版社刊行。

下面我们就分别考察这三本书，揭示缪尔的主要哲学倾向。

《黑格尔导论》一书，目的是想通过对哲学史的阐述，主要通过对亚里士多德，其次通过对康德的解释，以"引导"人了解黑格尔。他不顾历史的连续和时代与社会的背景，单纯从概念出发，认为"黑格尔思想是亚里士多德哲学的直接发展"①，并且把黑格尔观点的形成认为好像仅是"由于解决亚里士多德所遗留下来的问题"。② 他又抹杀黑格尔对康德的批判，片面强调

---

① 《黑格尔导论》，牛津出版社 1940 年版，第 15 页。
② 同上书，第 52 页。

黑格尔继承康德的一面而断言，虽说初看起来，黑格尔是康德的批判者，然而"黑格尔永远是一个康德主义者，不过还不像亚里士多德永远是一个柏拉图主义者那样深的程度罢了"。① 他企图把黑格尔往后拉向康德的主观唯心论。全书共十四章，就有六章讲亚里士多德，他自己也说，这书的名称也可以叫做《亚里士多德与黑格尔》，而且他自己也并不否认，他这书有"黑格尔化亚里士多德的倾向"。我们强调亚里士多德动摇于唯物论和唯心论之间的唯物论因素，特别重视亚里士多德对柏拉图的批判，推进了哲学史，而缪尔则既抹杀亚里士多德批判柏拉图和发展了柏拉图的地方，把亚里士多德编排成一个柏拉图主义者，又把他加以黑格尔化，而黑格尔诚如列宁所指出，又"把亚里士多德伪造成一个十八——十九世纪的唯心主义者"。② 显然这不能摆恰当亚里士多德在哲学史上的正确地位。

缪尔指出黑格尔的发展观念，无论时间上的发展和逻辑上的发展，都在亚里士多德体系中初次形成③，这话倒是很对的，但是他又说：黑格尔体系的结构和细节方面得自亚里士多德较多，而辩证法则得自柏拉图较多。④ 这表明他错误地认为发展的学说和辩证法不相干，他好像认为黑格尔只是主要在体系方面继承了亚里士多德一些东西，而对亚里士多德的辩证法思想却少有绍述。这就直接违反了列宁如下的看法。列宁说："亚里士多德的逻辑学是寻求、探索，它接近于黑格尔的逻辑学。"⑤ 并且说，亚里士多德"到处，在每一步上所提出的问题正是关于辩证法

① 《黑格尔逻辑学研究》，牛津出版社 1959 年再版，第 364—365 页。
② 《哲学笔记》，《列宁全集》第 38 卷，第 322 页。
③ 《黑格尔导论》，第 52 页。
④ 同上书，第 82 页。
⑤ 《哲学笔记》，《列宁全集》第 38 卷，第 417 页。

的问题"。① 他也违反了黑格尔自己所说过的话："在真正的思辨里面，亚里士多德是和柏拉图一样深刻的，而且比柏拉图发展得更远、更自觉；对立也获得了更高的明确性。"②

缪尔不顾历史发展次序，也不顾逻辑发展次序，把一个英国的新黑格尔主义者布拉德雷生硬武断地说成是"处于康德与黑格尔之间的（过渡的）中间地位"。③ 这不唯把费希特、谢林所处的中间地位排斥开，而反历史地塞进了布拉德雷。

在《黑格尔导论》一书中，缪尔两三次强调黑格尔的自然哲学和精神哲学与逻辑学的关系是一个急迫的关键性问题④，而始终未得到明确解决，但是他忘记了黑格尔自己在《小逻辑》第 24 节附释二中早已明白指出过，自然哲学和精神哲学是"应用逻辑学，前两者是后者的发挥与实现，后者是前两者的灵魂；在《逻辑学》中，黑格尔又曾提到"应用逻辑学"问题，列宁敏锐地指出过："任何科学都是应用逻辑。"⑤ 足见缪尔对于黑格尔体系的辩证联系缺乏理解。

在《黑格尔导论》中，有一章专谈"辩证法"，另一章专谈"辩证逻辑"，在谈到辩证法时，缪尔说，"黑格尔辩证法原理，就其形式的和表面的最显著的形态来说，是对立物的综合。"⑥这样他就把作为辩证法的核心的对立面的统一原理看成只是形式的表面的东西，不加以重视；另一方面他又把辩证法加以主观化，把辩证法说成是"思想的自我发展"，是"自我意识的自我

---

① 《哲学笔记》，《列宁全集》第 38 卷，第 417 页。
② 参阅《哲学史讲演录》第 2 卷，商务印书馆 1960 年版，第 284 页。
③ 《黑格尔导论》，第 14 页及第十三章。
④ 同上书，第 82 页及第 138 页。
⑤ 《哲学笔记》，《列宁全集》第 38 卷，第 216 页。
⑥ 《黑格尔导论》，第 115 页。

建立和自我决定的活动"。① 这样就把黑格尔全面阐述辩证法的运动规律的伟大成就说成仿佛是费希特从"自我建立自我"出发的主观辩证法了。

所以，《黑格尔导论》虽然能提出一些有关黑格尔研究的主要问题，但由于缪尔站在新黑格尔主义的立场，未能从辩证法的高度看问题，因而他的解决是不能令人满意的，在这方面也就失去了正确引导黑格尔研究的"导论"作用。如果说它也算是"导论"的话，那也就是把黑格尔哲学导向新黑格尔主义，使人们从新黑格尔主义的观点来理解黑格尔哲学，显然这是错误的。

《黑格尔逻辑学研究》一书，是缪尔自称费了十多年一再修改的中心著作，关于书中学院式地依次注解和阐释黑格尔的全部逻辑范畴的篇章，这里略去不谈，单谈他从研究黑格尔逻辑学中所发挥出来的他自己的新黑格尔主义观点。

这书开始从讨论黑格尔关于语言的理论着手来阐述黑格尔的逻辑学，实际上这正反映他受了他所要反对的逻辑实证论的影响，他自称他是采纳克罗齐所主张的"语言和直观一样，都是表现，属于艺术范围，都是先于思维先于科学"的说法来改进黑格尔。他说："在黑格尔看来，语言逻辑上是在思想之前的，虽说语言是思想的表达，并且思想消逝了，语言还可保存。"② 殊不知，黑格尔明确指出："由于语言既是思想的产物，所以凡语言所说出的，也没有不是具有普遍性的。"③ 而且按照黑格尔的体系，思想、理性在逻辑上先于一切，是一切的根本，而且又明确说，"语言是思想的产物"，他绝不可能承认语言在逻辑上

① 《黑格尔导论》，第128页。
② 《黑格尔逻辑学研究》，第16页。
③ 《小逻辑》，第71页。

会先于思想。不管黑格尔的看法对不对，缪尔是为克罗齐所误引，脱离了黑格尔。再则黑格尔认为"从广义讲来，思想活动于人类一切行为里，使人类的一切活动具有人性"，又说："宗教、法律和道德……这些领域里，思维化身为情绪，信仰或表象，一般并不是不在那里活动。"① 黑格尔又说："'我'既然同时在我的一切表象、情感、意识状态等之内，则思想也就无所不在，是一个贯串在这一切规定之中的范畴。"② 由此看来，要把黑格尔所认为"无所不在"、"产生语言"的思想，说成是逻辑上后于语言，而语言却在逻辑上先于思想，这种讲法显然是不符合黑格尔的。而且语言先于思想的说法也是违反"言为心声"的常识的。

缪尔这本书绝大部分篇幅依次逐个分析解释黑格尔逻辑学（以《小逻辑》为主）一系列的范畴。值得注意的是，西方资产阶级黑格尔学者也说他："把黑格尔认作不可辩驳的哲学家，并且照原样接受了黑格尔所有的范畴。"而他自己也说，他"整个讲来，对黑格尔的学说是采取辩护和卫护的态度"。③ 这是主要的特点或缺点。另一个特点，就是著者许多重要地方是上根据他所了解的亚里士多德、柏拉图、康德，下根据布拉德雷和鲍桑凯的逻辑学观点来解释黑格尔的。

我们记得列宁说过："黑格尔逻辑学的总结和概要、最高成就和实质，就是辩证的方法。"④ 但是与此根本相反，缪尔却说，黑格尔"整个逻辑学的结论，同时也是它的前提，就是除了精

---

① 《小逻辑》，第 39 页。
② 同上书，第 72 页。
③ 《黑格尔逻辑学研究》，第 294 页。
④ 《哲学笔记》，《列宁全集》第 38 卷，第 253 页。

神外，没有任何东西存在，而精神就是纯粹的活动"。① 这使我们清楚地看见，在对黑格尔逻辑学的解释上存在着严重的两条道路的斗争。

缪尔为了避免人们说他完全接受黑格尔的范畴和体系的嫌疑，在书末他曾勉强对黑格尔作了一些不像批评的批评。不过他一再声明，他是从黑格尔的中心思想出发来批评黑格尔，这就是说，站在黑格尔唯心论体系和框子之内来批评黑格尔，这当然无法把黑格尔的思想推进一步。

缪尔对黑格尔的第一个批评是说：黑格尔的逻辑学并不能脱离时间而谈超时间或永恒，也不能脱离空间而谈超空间，他的意思是说，任何完善的辩证法，也不能完全摆脱时空成分。这完全不是什么批评，他的目的只是想说明在黑格尔那里，时间与永恒、空间与超空间是结合着。其实，按照黑格尔"逻辑历史统一论"的观点，逻辑的东西（永恒普遍的东西）与历史的东西（在时空中的东西）当然是统一的、结合着的。所以，这不是什么批评，而只是辩护和解释。问题在于对黑格尔谈时间与永恒、历史与逻辑一致的地方，恐怕缪尔并没有透彻理解充分发挥中肯的批判。

其次，缪尔批评黑格尔说，黑格尔的逻辑学仍然受经验成分的感染，仍然没有能够完全扬弃掉经验成分，因为如果完全扬弃掉经验成分，他就不能达到他所谓形式与内容的统一、理性与现实的统一。他又说，由于黑格尔的辩证法仍然受了经验成分的感染，所以他的体系不是终极的，他也没有达到终极完善的绝对真理。这也算不得批评，其实际目的只在于表明黑格尔的体系由于具有经验主义的内容，因而黑格尔的体系不可能是终极的绝对的

---

① 《黑格尔逻辑学研究》，第293页。

真理。他不理解黑格尔的主要缺陷在于体系与方法的矛盾，不是什么受了经验成分的"感染"，好像脱离经验成分就会达到绝对真理似的。

缪尔不但没有对黑格尔作出什么真正的批评，他还对于别人对黑格尔的批判尽力加以驳斥。他否认克罗齐的提法，说黑格尔哲学中有所谓活的东西和死的东西两方面，他认为很难作出这样的划分，因为"黑格尔的体系是如此严密地交织在一起，它的优点和缺点随处都是混杂在一起的"。① 其实，缪尔的真正目的在于否认黑格尔体系中有死的东西，当然他更不承认黑格尔的体系和方法的矛盾，唯心的体系是黑格尔哲学的外壳，辩证法才是它的合理内核。

缪尔对于克罗齐关于相异者与相反者的区别，只承认相反者有矛盾，而否认相异者有矛盾。这种从形而上学观点出发对于黑格尔的批评，作了详细客观的介绍，表面上他不同意克罗齐的批评，实际上在许多地方他都跟着克罗齐走。（他恭维克罗齐为"黑格尔的最出色和最同情的近代批评者"②。）他实际上甚至于比克罗齐更反对辩证法，因为克罗齐虽不承认相异者，如真、善、美之间有矛盾，他还承认相反者，如善与恶、真与错之间有矛盾统一的关系。而缪尔却说："错误、恶和丑在一个辩证法体系中根本没有地位。"③ 这就是说，他根本抹杀对立面的统一和差异包含矛盾的辩证原则，并陷入合差异而混一的反辩证法思想。缪尔和克罗齐一样，根本不懂得"差异包含矛盾"这一伟大辩证法思想。

----

① 《黑格尔逻辑学研究》，第 294 页。
② 同上书，第 345 页。
③ 同上书，第 353 页。

　　如果说缪尔对克罗齐的批评，还抓住了一些克罗齐的问题，那么缪尔对于马克思主义的批评，则完全是出于资产阶级的狭隘观点，在这方面已不是什么批评了，而是诬蔑和攻击。下面我们比较详细地考察一下缪尔这方面的言论，可以更使我们了解新黑格尔主义对待马克思主义的态度。

　　缪尔在书中有一长段集中批评马克思的言论，下面我们就逐条加以分析批判。

　　缪尔说："马克思对黑格尔的颠倒直接否认了我们认辩证法本质上是绝对精神在人类经验中的自身显现的看法。"① 这是缪尔坚持唯心辩证法，反对唯物辩证法的中心论点。他对辩证法这种看法的特点是把黑格尔加以主观唯心主义化。因为他的意思是说辩证法只是绝对精神之自身显现"在人类经验中"。自然界是没有辩证法的。这跟黑格尔认为自然是绝对理念或精神之外化或异化的说法不符。照黑格尔看来，永恒无限的绝对理念外化在自然里，并不一定要通过人类经验。所以列宁说，"黑格尔的绝对唯心主义和人以外的地球、自然界、物理世界的存在是相容的，它只是把自然界看成了绝对观念的'异在'。"② 按照缪尔的说法，则"人类经验"以外既没有自然界，也没有辩证法。

　　其次，黑格尔本人从来没有把辩证法限制在人类主观经验中。他曾说："自然世界和精神世界的一切特殊领域和特殊形态，也莫不受辩证法的支配。"③ 足见缪尔把辩证法只限制在"绝对精神在人类经验中的自身显现"，而否认其在自然中的显现，已经取消了黑格尔建筑在客观唯心主义上面的辩证法的客观

　　①　《黑格尔逻辑学研究》，第349页。
　　②　《列宁全集》第14卷，第65页。
　　③　《小逻辑》，第179页。

性和普遍性，否认了自然界有辩证法，把客观唯心主义的黑格尔加以主观唯心主义化。

与上述论点直接联系，缪尔就提出他否认自然辩证法，反对运用辩证法及历史观点来研究自然科学的论点。他说，"自然科学的世界显明地是非精神的。承认哲学的自然辩证法就必定包含一些已经为、或将要为科学所摒弃的观点。"① 他并且否认自然研究中的历史方法说："自然科学之进步，乃因为它所看见的是非历史的自然。"② 我们知道，恩格斯在《自然辩证法》一书的序言里和其他许多地方，科学地论证了自然科学的进步乃由于近代许多先进的自然科学家采取了历史的、进化的、亦即辩证的观点来研究自然界。恩格斯的理论对于推进自然科学，对于教导自然科学家自觉地运用唯物辩证法来进行研究有很大的指导作用。与此根本相反，缪尔否认自然辩证法，否认自然界的历史发展，否认辩证法可以用来研究自然界，这不仅表明他对黑格尔的《自然哲学》缺乏理解，对自然科学的看法还停留在旧的形而上学机械主义的阶段，而且表明他坚决地反对马克思主义自然辩证法，并对自然科学本身的辩证法内容，也缺乏认识。

缪尔攻击马克思说："他（指马克思——引者注）从黑格尔那里所保留的只不过是三一公式。"并且诬蔑说："马克思却运用三一公式来给予运动以一个严格必然性的、极其虚伪的假象。"因而说："三一公式与内容不相干。"③ 所谓"三一公式"是指正反合的公式。说马克思保留了、而且仅只保留了黑格尔的三一公式，简直是毫无根据的诬蔑。事实上马克思主义奠基人从

---

① 《黑格尔逻辑学研究》，第 359 页。
② 同上书，第 363 页。
③ 同上书，第 349 页。

来没有赞许或利用过三一公式。而且当他们反对黑格尔的体系时，实际上即已经反对了黑格尔体系的架格和三一公式了。而且黑格尔正反合的三一公式同基督教三位一体的神学教条有密切联系。坚持无神论的马克思主义者当然要彻底摧毁这种神秘的、而且同时又是机械的形式的三一公式。

不过缪尔或者与缪尔有同样想法的人，可能以为唯物辩证法既然承认对立统一原理，则对立岂不是"正与反"，而统一岂不是"合"吗？换言之，对立统一原理和正反合的三一公式岂不是同样的东西吗？而且唯物辩证法既然承认否定之否定原理，则"反"岂不是"正"的否定，而"合"岂不是否定之否定吗？这种看法的根本错误在于划不清批判的、革命的唯物辩证法与神秘的、保守的唯心辩证法的界限，因为唯物辩证法的对立统一原理是强调通过对立、矛盾解除而达到统一。例如思维与存在的对立统一于存在，真理与谬误的斗争统一于真理，进步与落后的斗争、民主与独裁的斗争统一于进步和民主。[1] 这里都没有正反合的三一公式。这里所达到的统一，乃是"真的、实际的、合理的统一"。[2] 亦即具体的统一，不是折中、调合之合，也不是抽象、形式的正反合的公式。至于"否定之否定"在唯物辩证法里，着重在批判性、革命性的否定或扬弃的过程。革命发展阶段论与不断革命论就是否定之否定的具体运用。通过对立面的斗争与统一而发展，通过否定之否定而发展，本质上是具体的活生生的矛盾发展过程，这里也没有所谓抽象机械的三一公式。唯物辩证法的灵魂是具体矛盾具体分析，与三一公式根本无关。只有黑

---

① 参阅《毛泽东选集》第 2 卷，人民出版社 1966 年版，第 540—541、677—681 页。

② 同上书，第 678 页。

格尔的唯心辩证法的体系和架格是同三一格式不可分的，而马克思主义辩证法则抛弃了三一公式。

当然，马克思主义者为了总结具体的革命斗争经验，为了如实反映并概括客观事物发展的规律，也并不排斥经过千百万次重复，经过实践检验而固定下来的公式。譬如我们承认事物发展的进程一般是螺旋式的上升、波浪式地前进。讲认识论时，我们也采取"实践——理论——实践"的公式，以反对唯心主义的"理论——实践——理论"的公式。这是从辩证唯物主义出发，总结革命斗争经验的活生生的、具体的、一般与个别相结合的公式，根本不同于黑格尔从唯心主义出发的抽象的、神秘的、玄思化的三一公式。

最奇怪的是：与辩证唯物主义相反，缪尔却对黑格尔的三一公式给予特高的评价。缪尔曾一再说过："因此三一格式至少有其方法论上的价值，作为一种调整的观念，一种形式的、抽象的规范，我们可以运用它来概略地检验（经验的）内容。"① 难道还有任何一个讲唯物辩证法的人会像缪尔那样夸大三一公式的作用，竟至承认它"有方法论上的价值"吗？或者竟会像缪尔那样，把它用来作为检验经验和知识内容的规范和标准吗？可以肯定地说，即在所有各国新黑格尔主义者之中，把三一公式推尊得这样高，当数缪尔为第一人。缪尔所最尊崇的英国新黑格尔主义派的头子布拉德雷就曾斥责黑格尔的三一公式为"死范畴的摆布"。当然布拉德雷是从神秘主义和形而上学出发来反对三一公式的，与从唯物辩证法出发来反对三一公式有本质上的不同。缪尔既然被别的资产阶级哲学家认作"接受了黑格尔所有的范

---

① 《黑格尔逻辑学研究》，第351页。

畴"，① 当然不能不完全保留三一公式。他反而诬蔑批判了黑格尔的唯心论体系和唯心辩证法的马克思，只保留了黑格尔的三一公式，这岂不陷于"自相矛盾"吗？

　　缪尔说："在马克思看来，黑格尔体系中，最重要的成分是《历史哲学》。他对于经济和历史过程的叙述包含很多黑格尔的术语；但是如果在阅读它们时，我们记着他的发展观点并不以精神的内在活动为前提，则这些术语的意义就从他的字句间消散无踪了。"② 缪尔说马克思把《历史哲学》看成黑格尔体系中最重要的成分，这完全不合事实。我们知道，马克思早在 1844 年以前所写的《经济学哲学手稿》附录所载《黑格尔辩证法和哲学一般的批判》一文，主要是批判黑格尔的《精神现象学》，而他在这期间所写的重要著作是《黑格尔法哲学批判》和《黑格尔法哲学批判导言》。在此以前，马克思在 1841 年所写的"博士论文"，曾批评到黑格尔的《哲学史讲演录》。而且从 1858 年 1 月 14 日马克思致恩格斯的信里，可以看见马克思最感兴趣、一再阅读过的是黑格尔的《逻辑学》。③ 总之，我们很少看见马克思引证与评价过黑格尔的《历史哲学》。当马克思偶尔提到这书时，也只是批判它的头脚倒置的唯心论观点。马克思说："在黑格尔的历史哲学中，和在他的自然哲学中一样，也是儿子生出母亲，精神产生自然界，基督教产生非基督教，结果产生起源。"④ 他并没有肯定它的重要性。列宁对黑格尔的历史哲学作了经典性的论断："一般说来，（黑格尔的）历史哲学所提供的东西非常之少……因为正是在这门科学中，马克思和恩格斯向前迈了最大

---

① 见《黑格尔逻辑学研究》，第 294 页，引美国哲学家鲁文堡语。
② 《黑格尔逻辑学研究》，第 349 页。
③ 参看《马克思恩格斯通信集》第 2 卷，三联书店 1957 年版，第 324—325 页。
④ 《马克思恩格斯全集》第 2 卷，第 214 页。

的一步。而黑格尔在这里则已经老朽不堪，成了古董。"① 这些事实足以表明，缪尔根本看不见马克思的历史唯物主义对黑格尔唯心论历史哲学的否定关系，误以为减低黑格尔《历史哲学》的价值，就可以抹杀历史唯物主义的伟大意义。

　　缪尔说："他（马克思）认为他的辩证法的主要动力是在事物之内的一种真实的矛盾，但是矛盾除了是自我发展的精神诸方面之间的矛盾外，就只不过是一种解不开的死结。"② 缪尔这个论点，跟上面评论过的第二个论点有直接联系。缪尔只承认精神自我发展的各个方面或环节，如主观精神与客观精神的矛盾，情感意志与理智的矛盾等，而不承认物质、自然或事物内部的真实矛盾。他的意思是说，精神内部的矛盾或精神产生的矛盾，精神可以凭自己的活动予以解决，而物质或自然事物内部的矛盾则是无法解除的，是永远"解不开的死结"。我们认为，有矛盾就有运动、发展。有运动、发展，就有矛盾的解决。无论物质、生命、精神都永远是在矛盾发展中。事物矛盾发展的过程就是不断地解决矛盾的过程。任何矛盾都是在无穷的前进运动之中解决的。只有腐朽的东西，停止前进发展的东西，如反动腐朽的阶级，它的矛盾才是得不到解决，才会是"解不开的死结"。同时也只有那些盲目否认现实事物的矛盾，不能正确反映客观世界矛盾发展的规律，而妄想陶醉于无矛盾、无斗争的谐和境界里的，代表这个腐朽反动阶级的个人，他们的矛盾才得不到解决，才会是"解不开的死结"。辩证唯物论者承认事物内在矛盾的普遍性，同时也承认对于事物的矛盾，人是可以通过实践来加以解决的。

---

① 《哲学笔记》，《列宁全集》第 38 卷，第 351 页。
② 《黑格尔逻辑学研究》，第 349 页。

"黑格尔否认矛盾律,其意义只在于超越它,马克思违反矛盾律却完全没有理由。"这是缪尔批评马克思的又一个论点。很明显,这是毫无根据的,其根本出发点,在于反对马克思唯物辩证法。我们知道,不论马克思主义或黑格尔都不否认矛盾律,都不"违反"形式逻辑的矛盾律。他们在反对形而上学方法上,基本上没有很大的出入。他们都反对把对立面绝对化,认为事物"非此即彼";否认矛盾转化的形而上学思维方法。要紧的是黑格尔和马克思主义奠基人都把辩证法与形而上学思维方法严格分别开,黑格尔明确肯定辩证逻辑是理性逻辑,形式逻辑是理智或知性逻辑。各个承认其范围和作用。而马克思主义辩证法不但不违反矛盾律,并且还在辩证唯物主义的基础上,在实践的基础上发展出批判的、革命的唯物辩证法,扬弃了黑格尔的唯心辩证法。缪尔拾取了黑格尔客观唯心论基础上的辩证法加以主观唯心主义的歪曲,企图用来反对唯物辩证法,这是各国新黑格尔主义者抬出黑格尔来反对马克思主义的一贯伎俩,这种手法现在越来越不能欺骗人了。

缪尔在书中写道:"约翰·路易斯(Lewis)公允地描述马克思辩证法的运动为突创的进化,不涵蕴任何目的性,也没有设定一个指导性的精神力量。马克思的辩证法完全是'后天的',被表达为纯粹从低下的物质基础出发的一种冲力,完全缺乏任何在前面的吸引因素。但是像这样的被错误理解的发展就完全不是发展,而只是一些不可预测的突创出来的新奇东西之前后相续罢了。"①"突创进化论"是一种企图反对机械唯物主义的庸俗进化论。列宁早就指出它的创始人劳埃德·摩尔根的"'羞羞答答的

---

① 《黑格尔逻辑学研究》,第349页。

唯物主义'的那种不可知论代表。"① 缪尔要想把辩证唯物主义
奠基人早已批判过的庸俗进化论和不可知论强加在马克思辩证法
头上，简直是徒劳！缪尔要求世界一切事物的辩证运动要有
"目的性"和指导性的精神力量，这完全是目的论和唯心主义的
滥调。殊不知目的和精神力量不是绝对的，而是第二性的东西，
它们的活动与自然万物一样，也是要遵循辩证运动的规律的，也
是受物质条件的制约的。唯物辩证法从事物辩证运动的内在发展
中逐渐达到能动性的生命、思维、意志目的性等范畴，而且，在
反映客观世界的基础上，在改造世界的过程中，我们承认目的、
理想、社会远景、精神反作用物质力量的重要性和指导性。突创
进化论之所以是庸俗进化论，因为它脱离了矛盾、斗争、条件，
由量变到质变的转化过程来谈"新质的出现"，突创进化论之所
以是"不可知论"，因为它认为新质的产生，或新阶段的到来，
其原因、其条件、其前景是不可知的，是神秘不可预测的。它是
缺乏辩证发展观点和科学预见性的庸俗进化论和不可知论的变
种。它是和唯物辩证法根本不可比拟的东西。

　　马克思主义辩证法并不像缪尔所诬蔑的那样，完全是后天
的，因为后天的东西据康德所了解，是没有普遍性和必然性的。
当然它也不是先验的，因为它重视实践和经验，而又反对片面性
的经验主义。换句话说，马克思主义辩证法是逻辑与历史、理性
与经验统一的方法。它不是纯粹从低下的物质基础出发，因为辩
证法则"是自然和社会的根本法则，因而也是思维的根本法
则"。② 它没有固定的出发点，也没有固定的终极点。哪里有矛
盾，哪里就有辩证法。而"矛盾是普遍的、绝对的，存在于事

----

① 《列宁全集》第14卷，第188页。
② 《矛盾论》，《毛泽东选集》第1卷，第310页。

物发展的一切过程中，又贯串于一切过程的始终"。① 它是内在于事物，它是以物质的自身运动、事物的内部矛盾和相互联系为基础的。马克思主义辩证法也不是什么物质的、盲目的神秘"冲力"，而是事物的内在本性，而且又是与他物有相互联系的。因为事物既有内因，也有外部联系，事物的矛盾既有普遍性，也有特殊性。而事物本身的客观的辩证法，矛盾发展的过程，又是通过主观的努力，通过实践可以反映、可以认识的。甚至在一定程度内可以掌握事物发展的规律，达到科学的预见的。这是以唯物辩证法为指导的（不论自发地或自觉地）有成果的自然科学和社会科学所已经证明了的事实。

由于缪尔不了解唯物辩证法所研究的不是他所假想的纯粹的"低下的物质基础"，而是物质的自身运动、事物的内在本性和外部联系、内因和外因，因而他就不了解唯物辩证法所掌握的是客观世界的发展规律，所重视的是根据科学的知识和科学预见性去改造世界的主观能动性，所以他反对马克思主义的最后一个论点，也就完全落空了。

缪尔的最后一个论点是："马克思是那样陶醉于他的（三一）公式中，以致完全忽视了黑格尔的警告，说历史哲学不能提供预测的基础，而马克思却纵情于一系列的预言中，而这些预言并没有为历史事变所证实。"马克思不是像缪尔所揣想那样，根据三一公式来作历史的预言。前面已经说过，马克思正是摧毁了黑格尔的三一公式。马克思的许多关于无产阶级革命发展的科学预见，乃是基于对社会历史客观现实发展规律的科学的掌握和总结。缪尔坚决反对基于历史唯物论的科学预见，这正表明了垂死挣扎的帝国主义，不愿看见自己走向崩溃和社会主义革命迟早会曲折地

---

① 《矛盾论》，《毛泽东选集》第 1 卷，第 282 页。

在全世界范围取得胜利的发展前途。马克思以及马克思主义的经典作家许多关于无产阶级革命的科学预见，并不是像缪尔所否认那样"没有为历史事变所证实"。恰好相反，马克思的许多科学预见，越来越被全世界人民的革命实践证实其真理性。所以只有马克思主义的认识论，敢于提出以实践作为检验真理的标准。

缪尔从不可知论的观点，否认历史发展的规律性，来歪曲黑格尔，说什么"黑格尔警告说历史哲学不能提供预测的基础"。黑格尔的历史哲学总的讲来，虽是唯心的，并且由于阶级和时代局限性，当然对于帝国主义的没落、社会主义的兴起和亚非拉人民民族民主革命，说不上有什么科学预见，而且还有不少的偏见和胡说。但是他特别突出世界历史不是一本烂账，而是有其内在联系，有矛盾发展的规律和阶段可遵循，却有开辟人类历史辩证眼光的功绩。特别是黑格尔根据丰富的历史感，提出了逻辑的东西与历史的东西统一这个重要的辩证法原理，虽说这是在唯心主义基础上提出来的。这个原理肯定了历史是发展的，而其发展过程是有逻辑的必然性和规律性的。这个"伟大的历史感"，这个"历史与逻辑统一的原理"，完全为新黑格尔主义者所抛弃，而马克思主义却在辩证唯物主义的基础上，予以拯救、批判、改造、发展。脱离了历史感和历史方法的新黑格尔主义者缪尔，还有什么理由和根据来反对唯一使社会历史科学成为科学的伟大指导原理——历史唯物主义呢？

缪尔也没有理由把黑格尔简单伪造成历史哲学上的不可知论，借以否认历史发展规律的可知性。黑格尔历史哲学中至少有三点是很明确的。（一）"理性是世界的主宰，世界历史因此是一个合理的过程。"[①] 这话尽管是抽象的，但却表明了作为合理

---

① 黑格尔：《历史哲学》，三联书店1956年版，第47页。

过程的历史是有发展规律可以探讨的。（二）总的讲来，黑格尔是具有历史感的，认为哲学是要寻求逻辑的东西与历史的东西的统一，哲学应该吸取世界历史所给予人们的教训，但他不满足于历史哲学中提供的教训和总结，所以他说，"人们惯以历史上经验的教训，特别介绍给各君主，各政治家、各民族国家。但是经验和历史所昭示我们的，却是各民族和各政府没有从历史方面学到什么，也没有依据历史上演绎出来的法则行事。每个时代都有它特殊的环境，都具有一种个别的情况，使它的举动行事不得不全由自己来考虑、自己来决定。当重大事变纷乘交迫的时候，一般的笼统的法则毫无裨益。"① 这段话是合理的，也是列宁予以肯定并促人注意的。② 黑格尔这段话的目的是要指出狭隘地从解决实际问题出发的实用主义式的"反思的历史"之不够用，借以为他所主张的"哲学的历史研究"铺平道路。缪尔要根据类似这样的言论来反历史发展规律的可知性，来反对历史唯物主义，来伪造黑格尔的"警告"是徒劳无益的。（三）黑格尔认为"世界历史人物或英雄"的职务是"做世界精神的代理人"。③ 这就是说：历史人物是世界精神的工具，他们主观上想满足个人自己的欲望，而归根到底，却被世界精神所利用来满足它的要求。世界历史人物之所以能成为世界精神的代理人，黑格尔认为这是因为"他们的职务是在知道这个普遍的东西；知道他们的世界在进展上将取得必然的、直接相承的步骤；把这个步骤作为他们的目的，把他们的力量放在这个步骤里边。因为他们是这个时代眼光犀利的人物；他们的行动、他们的言词都是这个时代最

---

① 黑格尔：《历史哲学》，三联书店1956年版，第44页。
② 见《哲学笔记》，《列宁全集》第38卷，第343—344页。
③ 《历史哲学》，第70页。

卓越的行动、言辞"。① 虽然黑格尔整个历史哲学观点是唯心的，他提出一个抽象的世界精神，看不见劳动、生产、劳动人民在历史中的地位与作用，而在那里歌颂"世界历史人物"，但是他却合理地强调了"知道这个普遍的东西"，"知道世界进展的必然步骤"，而宣称推进时代的人物为"眼光犀利的人物"。这表示黑格尔承认世界历史人物对于历史发展的进程有一定的敏感和预见性。我们有极其充分的理由和证据，可以说领导和推进无产阶级革命的马克思主义革命家"知道普遍的东西"（指社会发展规律），"知道世界在进展上将取得必然的、直接相承的步骤"，他们是"眼光犀利的人物，他们的行动、他们的言辞都是这个时代最卓越的行动、言辞"。因此缪尔歪曲黑格尔的历史哲学的目的，只不过是想利用它来否认历史唯物主义的科学性，否认马克思主义，已越来越被革命实践所证实的科学预见，借以掩盖帝国主义不可逃避的走向死亡的命运，并否认社会主义经过矛盾曲折的进展，终将殊途同归，在全世界范围取得胜利的必然性。而事实上，黑格尔历史哲学中的有益的东西，早已被马克思主义所批判、吸收、改造，而正是"在这门科学中，马克思和恩格斯已经前进了极大的一步"。反之，缪尔却把黑格尔历史哲学中"已经老朽不堪、成了古董"的东西抬出来妄想反对马克思主义，当然只能是徒劳的。

以上我们把缪尔攻击马克思的那段论点逐条加以驳斥，总的讲来，值得注意的是：缪尔的种种论点，并不仅是缪尔个人，亦不仅是新黑格尔主义这一流派所独有，而每每同时也为其他当代资产阶级唯心主义哲学流派所共同具有。其差别只在于有些人公开反对，有些人默默反对，而反对马克思主义的特殊表现又各有

---

① 《历史哲学》，第69页。

不同罢了。譬如德国黑格尔复兴运动的成员，自称为新实在论者的尼·哈特曼强调辩证法是基于艺术家的天才创造，是不能概括为几条规律的。他所说的，与缪尔认为"马克思从黑格尔那里所保留的只不过是三一公式"，几乎是同出一辙。他们都认为马克思主义辩证法与黑格尔辩证法基本上相同，前者只不过把后者表述得更简单化、更机械，仅保留其三一公式，仅概括为三大定律，因此，不惟没有超出黑格尔的辩证法，反落后于黑格尔的辩证法。换言之，他们认为马克思对黑格尔的辩证法的颠倒，并没有成功，而且认为这种颠倒是不可能的，不可理解的。（克罗齐在他所著《马克思与政治经济学》一书即持这种看法。）因此，我们试图指出马克思的革命的唯物辩证法与黑格尔的唯心辩证法根本相反，是科学性、逻辑性与革命实践性的有机结合；并指出那落后于并脱离了黑格尔辩证法，陷入反科学、反理性、反对革命的泥坑里的各式各样的资产阶级唯心主义，包括新黑格尔主义。这种唯物主义对唯心主义的斗争，唯物辩证法对唯心辩证法的斗争，为社会主义服务的哲学对为帝国主义服务的哲学的斗争取得胜利是有好处的。

我们可以把缪尔的《黑格尔逻辑学研究》概括一下：（一）抓住黑格尔的唯心主义体系，拖向主观唯心主义的方向发展；（二）丢掉黑格尔辩证法中的合理内核，走向形而上学或神秘的无矛盾的统一；（三）坚决反对马克思主义哲学，否认马克思主义是黑格尔哲学的真正继承和批判吸收与发展的伟绩。

最后再简单谈一谈缪尔在1958年所发表的《从真理倒退》一书。这书曾在英美哲学界引起不小的冲动，许多哲学刊物上都发表了评论。首先，这书被认为"发现了愤怒的情绪反对著者所不同意的盛行于英国的哲学传统"。缪尔认为"近代哲学的真正的问题是超出康德和黑格尔前进一步的问题"。他的意思是说，德国古典唯心论哲学和英国的新黑格尔主义哲学代表"真理"，而现在流行的反正统唯心论的哲学流派，特别是盛行于英国的逻辑实证主义，只是回到休谟经验主义的旧传统，没有推进康德、黑格尔，而是从正统唯心论倒退，也就是他所谓"从真理倒退"。

所以发生这种倒退的原因，他解释说，德国派唯心论，亦即新黑格尔主义当时在英国盛行，是由于19世纪末空前的物质繁荣，而逻辑实证主义之流行乃是当前时代经济衰退，冷战和热战的产物。但是他忘记了他自己的"学说"也是经济衰退、帝国主义行将崩溃时期的产物。缪尔以轻蔑物质福利的贵族态度，认为这种注重经验和实证的趋势，乃是一种"经济的态度"，这表现了追求自己利益的个人，要在实践方面使世界从属于自己，而不是要求深入探索世界的奥秘。他并且说，经验的特点在于认为"除了实践的当事人，为了行动所看见的世界以外，没有别的世界"。① 除了假"为学术而学术"的幌子，反对实践，反对经验主义外，他还进一步替资产阶级的反动艺术和宗教招魂，直接轻蔑自然科学道："布满了星象的天空，除了对于审美的眼睛以外，曾变得越来越沉闷，越来越乏趣味。降低宗教的骄傲和无偏见地探讨宇宙——如果这叫做科学的话——并不曾产生对于神圣的天京的仰望。"② 在人类发射一系列人造卫星和宇宙飞船取得伟大成功，在星际交通有广阔展望的今天，他还在那里慨叹"天空越来越沉闷"，还在那里寻找"宗教的骄傲"，仰望"神圣的天京"，这不正好反映了垂死的垄断资产阶级的悲鸣吗？

《从真理倒退》一书第二部分批评逻辑实证主义，并特别挑

① 《从真理倒退》，牛津出版社1958年版，第20页。
② 同上书，第35页。

出罗素著《心的分析》一书，作为集中批判的对象，他认为英国经验主义的发展使得哲学越来越削弱或后退，到了逻辑实证主义已经是"从真理倒退到意谓，从事实倒退到语言"。他指出休谟派的经验主义永远不能解决主体与客体的矛盾，不是陷于客体不可知的"不可知论"，就是陷于所认知的只是自己的观念的唯我主义。为了克服不可知论和唯我主义的困难，于是索性就一面取消了客体，一面去掉了主体，干脆把认识的对象只限于经验中的现象，于是就陷于现象主义。现象主义放弃了认真的哲学研究和认识论，而剩下的只是"意谓和语言的理论"。而他们所分析的语言又不是活的有内容的语言，而是干燥的、形式的、抽象地构成文法学者、字典编纂者的语言。我们认为缪尔对逻辑实证主义的批评是有一定的道理的，因为唯心论对唯心论的批判，一般总是对唯物论有利的。不过，他的对方固然不是真理，是由批评新黑格尔主义的形而上学的"理性主义"而起家的，而缪尔自己，仍然倒退到克罗齐、布拉德雷这批死人，仍然找不到出路的新黑格尔主义。他同逻辑实证论的争吵，仅只是资产阶级哲学流派内部的争吵，归根到底是互相妥协调和的。所以缪尔虽然好像以愤怒的情绪批判对方，而最后归结到只是批评罗素的子孙，对罗素表示尊敬，因为他认为罗素还没有从真理倒退到意谓，还没有放弃体系的观念，而陷于"迷惑人的把戏"。并且对逻辑实证主义的创始人之一维特根斯坦，特给予同情的对待，称其为"盲人中独具只眼的人"。[①]

缪尔这书的第三部分正面提出他自己的唯心主义的观点，可简单分三点来报导，第一，为反对科学，轻蔑自然现象和经济现象提出理论解释。在所有资产阶级唯心论哲学家中，像缪

----

① 《从真理倒退》，第156页。

尔这样明目张胆地突出地反对科学，的确罕见。他说："真理除非是关于有本身价值的对象的真理，就没有本身价值。"又补充说："除了心灵的自我意识的活动之外，没有本身的善或恶。"① 他的意思是说，只有"自我意识的活动"才有本身价值，自然科学和经济科学的真理无本身价值，因为自然事物、经济现象只有实用的工具的价值，没有本身价值。什么是他所了解的本身价值呢？那就是指的"为真理而真理"、"为艺术而艺术"或"神圣的宗教"一类的所谓超实用、超阶级的"真善美"，或所谓精神生活或宗教生活。他的目的在于反对逻辑实证主义，但他不集中反对其不可知论、主观唯心主义和突出其形而上学方法，因而打错了方向，把矛头指向经验主义（而他又分辨不出唯物的经验主义与唯心的经验主义，对培根、洛克与贝克莱、休谟漫无区别地放肆攻击），指向"经济的态度"，甚至指向基于经验的自然科学和经济科学。这些荒谬的"理论"，甚至引起了许多资产阶级哲学家的驳斥。他们说："自然科学也同样寻求纯粹真理。数学家也可以与艺术家相比拟。"他们说："缪尔既承认真理有等级，则经验主义、科学知识亦有其一定等级的真理性。"

　　第二，缪尔从人性论出发，袭取前期新黑格尔主义者鲍桑凯的说法，认人的本性是自我超越。他认为人有无限与有限两面性，人的自我超越，永远不能完成。他从新柏拉图主义的神秘观点出发，不把自然和物质认作基础，反而认作渣滓和残余。所以他又说，人永远不能摆脱自然和物质。在人最高尚的经验中，总有低级经验的残余，因此他必须永远进行自我超越。

　　缪尔进一步指出，只看见现象（指人的有限性一面）不看

---

　　① 《从真理倒退》，第 178 页。

见本体（指人的无限性一面），或者只看见本体、绝对，不看见现象，都是错误的。要避免这两方面的错误，一个哲学家必须承认真理是有等级的，现象还不是实在，但是实在决不会在现象之外（这纯粹承袭前期新黑格尔主义者布拉德雷的思想——笔者）。他必须把他的全部哲学建筑在人性的这种（有限与无限的）矛盾上面，因为矛盾使得他成为他那样。① 他这里所谓"矛盾"，指人的有限与无限的两面性。他认为人性有了这种两面性的矛盾，故人必须自我超越、自我发展。这种贫乏、抽象、神秘、浪漫的自我超越说，只反映了资产阶级个人主义无限度的利益追求。从辩证法讲来，他否认自然的辩证法，当然也否认阶级的矛盾，而把矛盾缩小在人性的有限与无限的矛盾里面。竟把自我超越与矛盾等同起来。殊不知，缪尔尽管空谈人的自我超越的本性，但他却永远超不出他自己的时代，更超不出他自己的资产阶级本性。

除了通过实践对客观世界发展规律的反映与掌握，由能动地反映世界，并能动地改造世界，在改造世界过程中同时改造自己，提高自己之外，在主观唯心的基础上，空喊自我超越有什么用处呢？

这就导致第三点，在认识论上，他坚决反对反映论，与列宁所说的"承认理论是模写、是客观实在的近似的模写——这就是唯物主义"，根本相反，他认为："在哲学思维，而且或者在认真的历史思维里，有限的判断，就其是真的判断来说，显然不是模写任何东西或符合任何东西。"② 为什么呢？缪尔说，因为"思维显示并且实际上支持或证实那

① 《从真理倒退》，第 206 页。
② 同上书，第 233 页。

给予它以内容的客观世界"。这一套唯心论的陈词滥调，意思是说，没有思维的"显示"或所谓睿智朗照，客观世界就不存在。并且断言，客观世界不经过思维的"支持"，它就站不住脚，就要垮台，而且不经过思维的"证实"，它就不会真实存在，不会得到实现。这也就是说"实在是观念的实现"，而观念、思维却不是实在世界的反映。这种唯心主义的世界观必然会导致前面所提到的他反科学、反马克思主义、反对人类和社会进步的一套想法。

（原载《现代西方哲学讲演集》，上海人民出版社 1984 年版。

本文标题是编者加的）

新黑格尔主义批判

本文就新黑格尔主义三个方面的问题作一个总的批判。我们首先批判新黑格尔主义哲学家对哲学本身的看法,其次批判他们反动且颇有影响的政治思想,最后着重批判他们形而上学化和神秘化黑格尔的辩证法。

一 对新黑格尔主义关于哲学的看法批判

新黑格尔主义者一般强调科学与哲学有质的差别。譬如英国的一位著名的新黑格尔主义者鲍桑凯就常说:"哲学与科学不同,它自己没有新发现。哲学也不能由于科学的发现而引起革命。"另一方面,他又说,"哲学主要是关于文化的体会"①。这就是说,他认为哲学与科学无涉,哲学不能随科学之进步而进步。反之,他认为哲学只是对传统文化加以神秘的体会或体验,以便替它作辩护。而他所了解的文化当然是与自然斗争和阶级斗争无涉,而主要是指宗教,以及为宗教服务的伦理艺术等等。因

---

① 《科学与哲学》,1927 年纽约版。

此他所了解的哲学的目的就主要在于限制科学的范围以维护传统文化和宗教。

新黑格尔主义者也同黑格尔一样，注重哲学史的研究，要为哲学找"健全的历史基础"。另一位英国新黑格尔学派哲学家亨勒说："哲学训练的方法在于把健全的历史基础与对于现今每一个活生生的运动的锐敏的注意相结合。从我的教师们的实践范例里，我学习到阅读过去伟大思想家的著作，就好像他们是现代的人一样，——因为他们是在玄思的领域里，而在这个领域里伟大的思想是永不凋谢的——虽然远在多少世纪、多少年代以前令我感觉到在追求真理和智慧的道途中有一种友情把人们联结在一起。"① 这表示，他是把古人的思想从时代和社会中抽出来作为根据应用来考察和处理现代的问题，把古人当成现代人，当成亲密的朋友，实际上是使现代人退回到古人的世界中去。这种无批判的所谓"历史基础"，一定会使人反对新鲜事物，走上保守复古的道路。必须指出，这种所谓"历史基础"已经落后于并歪曲了黑格尔在唯心主义基础上的发展观点和历史方法，更与马克思主义历史唯物论的观点和方法根本相反。这种反历史主义、反发展方法的看法，在新黑格尔主义的哲学史研究上是很典型的，特别应该予以揭露和批判。

在这个问题上，鲍桑凯的态度最为固执。鲍桑凯坚决反对从进化论的观点来谈哲学。他认为无穷向前发展的学说，会把时间看成是绝对实在，并使得完善成为无意义。他讽刺说，"在我们的文艺著作和通俗哲学里，在我看来，依赖将来已成为一种实际的病症"。② 他所谓"通俗哲学"即是以轻蔑的语气指着唯物主

---

① 《现代形而上学研究》，1920 年纽约版，"前言"，第 8 页。
② 转引自［印度］哈尔达尔：《新黑格尔主义》，1927 年伦敦版，第 278—279 页。

义而言。把注重理想、远景，从发展看问题诬蔑为"依赖将来"，这正反映了英国统治阶级顽固保守的立场。

英国和美国新实在论者培里（R. B. Perry）反对新黑格尔主义者从哲学史出发研究哲学，他说，"如果都从哲学史去研究哲学，那么哲学就不会有历史"，意思是说，就不会有创造性的哲学产生。但他们注重抽象概念分析，割断历史，抛开历史，也同样陷于片面性，不能取得真正的进步。他们不知道用辩证的发展的方法来研究哲学史，更不懂得用批判的态度，从革命实践出发来研究哲学史。

布拉德雷在他的主要著作《现象与实在》里，从"人性论"出发来谈哲学的性质时曾说了一句很俏皮而且很著名的话："形而上学（即指思辨哲学）是寻找一些坏的理由来为我们本能所信仰的东西作辩护，而寻找这些理由也仍然是一种本能活动。"他又说："新的时代要求新的哲学，正如新的时代要求新的诗歌一样，虽说新的哲学较逊于旧的哲学。""坏的理由"当然指不是基于科学的反映客观规律的理由，也就是基于主观的成见的任意的理由。这就是说哲学在他看来是没有反映客观规律的科学性的。所谓"本能所信仰的东西"实际上是以人性论代替阶级观点。这些本能信仰是由旧社会传下来的，是有阶级烙印的，是典章制度和风俗习惯的集中表现。而且英国新黑格尔学派一般都认典章制度是民族精神、伦理的体现，是神圣的。说哲学的任务是为本能信仰作辩护，就是替旧社会各式各样的传统信仰、风俗习惯、典章制度作辩护。哲学的任务在他们看来不是批判地、革命地去清算本能信仰，不是用理性去揭示社会生活发展的规律，而是论证和辩护社会的传统信仰。这充分表示这一派哲学的保守性及其为统治阶级的传统信仰作辩护的政治任务。

其次，他的话还表明，哲学不是科学，而毋宁与他们所了解的诗歌相近，是表现本能信仰和主观情绪的东西。同时他也包含有认诗歌总是古典的优于现代的，尽管新诗歌不如古典诗歌，新哲学不如古典哲学，但是新时代仍然要求新的诗歌和哲学。这只是时间上的新，花样上的新，是没有辩证发展的必然性的新。他因为看不见发展，也就看不见哲学的发展和进步。这表明他落后于黑格尔认"时间上最晚出的哲学系统乃是前此一切系统的总结，故必包括前此各系统的原则在内……将必是最丰富、最渊博、最具体的哲学系统"那种发展、进步的观点。

布拉德雷在另一地方曾说，"形而上学可以错，但自己的本能不会错。"① 两处的话联系起来看，就知道，布拉德雷认为本能是原始的、第一性的东西，它是不会错的；而替本能和本能信仰作辩护的哲学、形而上学或理性思维是可以错的。这就包含着本能是主人，理性和哲学是替主人辩护的仆人这样一种反理性思想。这个思想是和休谟有名的一句话"理性是，并且应该只是情感的奴隶"，有密切联系的。休谟的说法是现代一切流派的反理性主义者所信奉的根本原则。

最主要的本能信仰当然就是宗教信仰，新黑格尔主义者都认为哲学须为宗教信仰作辩护，须以哲学代替旧的神学，而且认为哲学有调解科学与宗教的对立的任务。西方新黑格尔主义者所讲的道德、宗教，其麻醉人迷惑人时效力常常超过专门以宣扬宗教为职业的牧师、神父。他们避免在当时已经失掉威信的教会的教条和传统神学，披上从康德和黑格尔那里贩运来的新的哲学和伦理学的外衣，说什么宗教信仰是合理性的，是与科学不但不冲突而且是相辅相成的，从而想迷惑那些有科学知识和启蒙思想的人。譬如布拉德雷把宗教与道德混为一谈地说："信仰宗教是一

---

① 《真理与实在论文集》，第268页。

个道德义务，而有道德修养是一个宗教义务。"同样的意思，鲍桑凯也说："宗教的义务与道德的义务是相同的。对神的义务也同样是对人的义务。"① 布拉德雷又说，"道德完成于与上帝合一的神秘境界中"。这样不惟把道德与宗教联结在一起，把宗教伦理化、合理化，而且认为宗教还是比道德较高的境界。于是把道德引向彼岸世界，脱离社会和人间。

又如英国新黑格尔主义奠基人格林说："上帝永远是理性；上帝的告谕、上帝的启示是理性；但不是抽象理性，而是体现在并赋予生命于构成人类历史的全部经验体系中的理性。"② 他谈到科学与宗教的关系时说："科学自身的存在就是精神的东西（指神）的实在性的见证。而精神的东西，正因为它是知识的源泉，不能是科学的一个对象。科学给我们的真正教训在于不须在自然界中去寻找上帝，也不须在自然界的起点或终点去寻找上帝，而应该在人本身内去寻找上帝。"③ 换言之，他认为上帝是科学的前提而不是科学研究的对象，这是根据康德来说的，即上帝是一个理念，是科学知识的先验的条件或前提，但不是科学和理智的范畴所可认识的。所谓上帝不在自然之中、不在自然的起点或终点，意思也同康德一样是说上帝不在现象界之内，而是在本体界之内，只是人的实践理性信仰的对象。格林是新黑格尔主义者中最接近康德主义的形而上学思想的人。他把上帝说成是理性，这是替宗教粉饰。把理性绝对化为上帝，这是重复了黑格尔的思想。唯心主义者是完全没有什么理由把上帝与理性等同起来的。正如马克思所说："因为自然安排得很坏，所以上帝存在。"

① 见亨勒：《唯心主义哲学》，第250页。
② 《格林全集》第3卷，第239页。
③ 同上书，第265页。

"因为无理性的世界存在，所以上帝存在。""谁本人是无理性的，对于他上帝就存在。或换句话说，无理性就是上帝的存在。"① 因此我们应该驳斥想理性化宗教、理性化上帝的唯心主义者，上帝不是理性，上帝正是无理性，谁愚昧无知，反科学，谁就相信上帝，就像谁愚昧无知谁就相信鬼一样。

总之新黑格尔主义者无论想把宗教与道德联结起来也好，无论想把宗教与科学的矛盾加以调解也好，都掩盖不了用宗教以麻醉人民，使人民驯服地接受资产阶级的传统信仰，遵守资本主义社会的风俗习惯、礼节仪文，借以巩固资产阶级的反动统治的政治目的。

除了使哲学与宗教紧密联系外，新黑格尔主义者还企图把哲学与诗歌和艺术相联系。前面已提到，布拉德雷认为哲学与诗歌一样都是表现本能信仰和时代要求的东西。又如意大利新黑格尔主义者克罗齐曾说："黑格尔应该当作一个诗人来读。"也是想要把黑格尔哲学与诗联系在一起。克罗齐明白宣称："哲学不也跟诗歌一样是一种冥思吗？……为什么哲学的普遍不可以像美的表达一样，同时是多与一、不调和与调和、可分与不可分、固定与流动呢？"② 他并且进一步宣称诗歌是哲学的母亲，说："哲学应该从神圣的诗歌中产生出来。'因母亲美，女儿更美'。"③ 而鲍桑凯也从相同的观点企图把哲学与艺术联系起来。鲍桑凯认为一元论的哲学要求达到对立的统一，要达到一种超越一切相对的绝对。"这绝对吞噬一切矛盾"。④ 他认为不经过斗争，最能够和谐地解除矛盾达到统一的东西就是诗歌或艺术。他说："在美中

---

① 马克思：《博士论文》，人民出版社1961年版，第95页。
② 《黑格尔哲学中的活东西与死东西》，商务印书馆1959年版，第11页。
③ 同上书，第16页。
④ 《英国现代哲学家自述》第1卷，1924年纽约版，第72页。

自然和自由结合起来。在美中人是自由的但又是感性的。或者说，诗与艺术超出了现实但又保持在感性世界内。""美是普遍与特殊、自由与必然、精神与自然的统一。""美的经验把我们提高到另一世界之内，同时仍然停留在这里。""美的经验把我们带进一个新的世界，而新的世界就是最好的旧的世界。"① 显然这只是片面地强调艺术神秘的、浪漫的、和谐无矛盾的一面，而忽视了艺术反映社会上现实矛盾的一面。脱离矛盾、对立而谈统一，就是神秘主义的统一，不是真正辩证的统一。艺术与哲学，正如科学与哲学一样，是有密切联系的，但要看如何去联系。黑格尔从客观唯心主义体系出发，认为艺术与哲学同是绝对精神的体现，一用形象，一用概念去表现绝对精神。认为后者较高于前者。应该说，哲学与艺术都是客观现实的反映，人民思想感情的反映，都是受历史社会变化发展条件制约的，不是什么抽象绝对精神的体现。而鲍桑凯认为哲学要达到绝对、统一，须向艺术看齐，须以艺术经验为模型。这也是新黑格尔主义差别于黑格尔本人的思想，因而更趋于神秘主义的地方。认艺术高于哲学，为哲学之母、为哲学的模范，那就会打乱了形象思维与逻辑思维的次序。而且如果认为艺术独立于哲学之外，不受哲学、世界观的指导，就会走上为艺术而艺术的道路。说"新的世界就是最好的旧的世界"，只看见新与旧连续的一面，根本丢掉了新与旧的中断与质的差别，亦即新东西与旧东西更替的一面，这就表明了这种学说是脱离现实，相当保守的，反对革命的变革，以求维护传统统治的学说。

新黑格尔学派在唯心主义基础上把哲学与艺术结合在一起，其目的是要求达到神秘的无矛盾的和谐统一。我们要在唯物主义

---

① 《英国现代哲学家自述》第 1 卷，1924 年纽约版，第 56—57 页。

反映论的基础上寻求反映客观现实的内在联系与内在矛盾的统一，我们要通过科学和社会的实践斗争寻求矛盾的统一，同时我们要强调矛盾与统一是前浪与后浪的关系，没有所谓静止不变、永无分裂的最后统一。从认识论来说，我们要求逻辑概念在辩证发展过程中的矛盾与统一，而反对神秘的、直观的统一。

新实在论哲学家罗素认为哲学命题与数学命题一样，抽象地对于一切可能世界都是真的。哲学也与科学一样抱道德的中立主义。罗素的说法当然是有问题的，目的在掩蔽哲学的社会性和阶级性。事实上罗素自己的哲学也是既不同于数学命题，又不保持道德的中立，而是代表英国资产阶级的思想感情的。新黑格尔主义者鲍桑凯站在同样的资产阶级立场上，不同意罗素的看法。他说："哲学与语言、艺术、诗歌一样，是整个人（或人格）的产物，如果失掉了它的民族性格就会失掉他的某些本质。"[1] 罗素用超民族、超道德来掩盖哲学的阶级性，鲍桑凯用民族性来代替哲学的阶级性，其政治任务是相同的，但是以民族性为构成哲学的本质，在政治上更可以产生倾向于对异民族的侵略与压迫的帝国主义的反动作用。不过我在这里想说明的，就是鲍桑凯不仅要把哲学和艺术、诗歌联系在一起，而且还认为哲学和诗歌一样是表现民族性的，是无所谓阶级性的。

二 新黑格尔主义的政治思想批判

黑格尔的保守主义特别表现在他的政治思想方面。而英国新黑格尔主义便从右边去继承并发展了他的政治思想。英国新黑格尔主义据说是对于资产阶级政治哲学最有贡献的一个学派。例如

---

① 《科学与哲学》，第16页。

格林的《政治义务的原理》、鲍桑凯的《国家的哲学理论》均被资产阶级学者看为"古典著作"。他们的政治思想主要可归结为三点：

（一）公共意志是国家的基础。

（二）国家是一个道德有机体。

（三）社会和政治制度是道德观念的体现。

总的讲来，这三点都是从黑格尔认"国家是伦理实体的体现"发展而来。他们反对任何对国家作自然的、现实的、唯物的解释，而要坚决站在资产阶级右翼的立场，用唯心论观点为国家或社会政治制度寻求道德的基础或精神的基础，其实这是代替君权神授说或政治社会制度是神意的表现的新翻版或改头换面。

他们首先反对天赋人权说。格林说："在自然状态下不参加社会生活而有自然权利（天赋人权）之说，乃是自相矛盾的说法。没有作为社会成员，没有关于公共福利的意识，就不能有权利。"[①] 他认为人的权利是与他实现公共福利相对，因此他提出资产阶级的所谓"公共福利"的招牌来代替人民固有生命、财产、自由等自然权利。

格林本人对于政治义务和公共福利是比较认真的，他反对抽象的"天赋人权说"，在政治理论上，也有一定的根据，他本人也曾被推为当时英国"六个激进者"。而他的学生叫做锐契（Ritchie）的更简单明了地说明了格林这番意思："脱离社会、国家就没有人权和自由。人权和自由都是社会和国家赋予的，作为一分子而取得的。"这就是说，反对资产阶级专政的国家和社会制度的革命人民就没有人权和自由。

"公共意志说"是新黑格尔主义政治哲学的中心观点。这个

---

① 《格林全集》第 2 卷，第 354 页。

观点首先是卢梭提出的。卢梭作出"公共意志"与"全体人的意志"或个别意志的总和的区别，认为前者才是真正的民意，立法者应以前者为准。黑格尔也特别重视这个区别。格林首先提出响亮的唯心主义的口号"国家的基础是意志，不是武力"，①是由卢梭和黑格尔作为其思想来源的。他这里所谓意志就是指道德意志和公共意志。鲍桑凯进一步发挥格林的公共意志说，认为国家的基础和主权都建筑在公共意志上，公共意志就是人民的"真正意志"。他们认为，公意就是代表公共利益的意志，在公意里，自己与自己的真我、自己与他人和谐一致。国家的主权就是公共意志的行使，他们并且抬出公共意志作为压迫人民、镇压反叛的理由，说国家可以用武力迫使违反公共意志的人与公共意志一致。因为他们认为法律制度本身就是公共意志的体现。他们把少数统治阶级的意志说成公共意志。他解释说，公共意志既不同于基于一时欲望、利益的人民的实际意志，也不同于投票表决所表现的多数人的意志，也与人民明白表示的"同意"或"反对"不同。他认为公共意志是整个社会国家的企求公共福利的意志，具体表现在国家的法律和制度里，社会的风俗习惯和传统里，国家的工业、商业、艺术、科学、哲学和宗教里。这种说法一方面表明"公共意志"空泛不可捉摸，缺乏具体内容，因而反动统治者可以对它作任意的解释。另一方面表明公共意志即已成过去了的、体现在典章制度里的东西，亦即布拉德雷要给它作辩护的本能信仰或传统信仰。这就是公共意志说维护传统典章制度、反对变革的保守主义，而失掉了卢梭提出的"公意说"（Volunté général）的启蒙意义。

由于"公共意志"的抽象性和空泛性，因而公共意志的体

---

① 《格林全集》第 1 卷，第 427 页。

现和解释就成为新黑格尔主义政治哲学中一大问题。鲍桑凯提出"要在看得见的景象（指典章制度）的背后去找道德的精神结构"。① 那么就只有少数保守的政治活动家、唯心主义者才会善于在典章制度里去寻找所谓道德的、精神的甚或"理性的"公共意志了。因此只有少数"先知先觉"，亦即寡头的资产阶级统治者才能体会这种公共意志，作为这种公共意志的代言人。鲍桑凯也说，"个人成为公共意志的工具"。结果是公共意志只体现在资产阶级统治者个人身上。锐契在他的《政治的和社会的伦理学研究》一书里，对这个问题说得比较露骨些。他说，"公共意志既非群众的意志，发现公共意志并不容易。只有有经验的、有智慧的、公正的、勇敢的人才能够超出一时的情欲和成见，从长远的眼光看事情，才可以正确解释人民的真正意志。因此国家的事务应操在聪明有能力的人手中，像柏拉图的哲学王那样类型的人，这类人是选举中所不能发现的"。

于是新黑格尔主义者赞成资产阶级专政或少数人独裁，退回到柏拉图的哲学王，反对资产阶级民主的思想就暴露无余了。锐契简直公开地反对普选说："用普选方法被选拔出来的人，常常只是善于辞令的空谈家或善于欺骗并讨好不用思想的群众的奸雄。"他又想用贵族政治来偷换民主政治说："民主制度只要能提供最好的方法以达到真正的贵族政治（亦可译'贤人政治'）或最好人物的政府，那么它才可以站得住脚。"② 因此他进一步说："民主政府可以比一个聪明而仁惠的君主政府更不开明，更不科学，并且有些地方更愚蠢地保守。"③ 资产阶级民主虽在初

---

① 转引自亨勒：《唯心主义哲学》，第293页。
② 哈尔达尔：《新黑格尔主义》，第205页。
③ 锐契：《政治的和社会的伦理学研究》，第46页。

期起过一定的进步作用，固然资产阶级选举制度欺骗性很大，不是真正民主，而是资产阶级统治人民的工具，但是新黑格尔主义者如锐契之流站在资产阶级右翼去反对普选制，反对民主政治那就是公开为资产阶级专政辩护，为少数人的残酷统治作理论的先导。锐契对于资产阶级选举制度的弊端，可能有所察觉，但他不责备统治者操纵选举，转而责备群众"不用思想"，足见他是在诬蔑群众的智慧，替资产阶级统治者说话，甚至连选举的民主形式都取消，干脆主张少数人独裁，退回到贵族统治。

在国内反对民主，主张压制人民，在国际问题上必然主张压制民族独立，伸张殖民主义。锐契公开反对民族独立，主张由大国吞并弱小国家道："我们无法同意某些政治理论家的说法，让世界上许多野蛮民族去（自行发展），形成一大堆小独立国家，是代表人类社会的最高类型。让少数伟大的帝国以自治的联邦形式统治那些较不发达的民族，代表一较高阶段，局势更可稳定，更少战争的危险，并且可以为世界联盟铺平道路。"他正是在为帝国主义侵略、奴役弱小民族的战争作辩护。实际上，照他这种说法，正好表明了"帝国主义就是战争"这一马克思列宁主义原理符合客观现实。他还说："小国没有特别优点。对弱小国家表示同情，单纯由于它的弱小，这种同情是审美的（意谓诗意的、不现实的——笔者），而不是道德的。……把小国吸收（并吞）进某些较强盛、较文明的国家里，从人类进步的观点看是值得鼓励的，不应受谴责的。"① 假借"道德"和"人类进步"的美名来做压制和侵略弱小民族的借口，来美化不列颠联邦式的殖民主义。这种赤裸裸反民族独立，替帝国主义、殖民主义辩护的所谓政治理论都出于新黑格尔主义者之口，足以表明新黑格尔

---

① 哈尔达尔：《新黑格尔主义》，第211页。

主义实在是资产阶级各哲学流派的最右翼。

诚如斯大林在苏共十九次代表大会讲话所说："民族独立与政治民主的旗帜早已为反动的资产阶级所放弃，现在高举着民族独立和政治民主的红旗的乃是工人阶级当政的社会主义国家了。"我们要知道锐契这类思想并不是他一个人的独特思想，而是整个新黑格尔主义的政治立场和哲学观点的必然产物，是新黑格尔学派甚至其他资本主义国家的哲学家所共有或常有的看法。最奇怪的就是印度的哈尔达尔教授，当他于 1927 年出版《新黑格尔主义》一书时，在书中对锐契这种政治思想还表示赞同，予以广泛引证。足见殖民地国家中的资产阶级学者亦受了像锐契这类的政治思想的欺骗蒙蔽，而不能自拔。

我们知道，新黑格尔主义者认国家的主权或基础是道德意志或公共意志，反对政治民主反对民族独立都是以"道德"的名义出发的。他们一贯用道德、伦理的名词来抹杀国家是阶级统治的工具这一客观事实。尤其重要的是，他们提出国家是一个道德有机体这个中心观点，他们认为国家之所以是有机体因为国家有一个统一的精神（即黑格尔所谓伦理精神）和意志（即所谓公共意志）贯穿全体。国家内每一个个人都休戚相关如像有机体的细胞一样。由于国家是一个道德的有机体，因此国家也是一个道德的人格，国家有教育公民的责任，使接受公共意志的指导。这些充满了道德芬香的话，听起来好像把道德与政治结合起来，颇有道理。凡是受过古典儒家"为政以德"的说法和希腊古典唯心论哲学认道德为政治基础的学说影响的人，很难不受其蒙蔽。但只消用阶级观点去分析，就会认识到资本主义国家是资产阶级统治人民、剥削人民的工具，就会知道所有这些道德的说教都是巩固资产阶级专政，麻痹人民的骗局。

他们认国家为道德有机体的另一论证，就在于认为国家的法律制度和专政的机构措施都是道德观念的体现。鲍桑凯说，"国家的机构和制度当然是存在于自然界的外在事实，但又是伦理观念的体现。国家的一个机构或制度包含着许多心灵的目的和情绪，或多或少地是这些心灵的（道德的）目的和情绪的体现"。他又说，"离开了社会精神（即黑格尔的客观精神），政治制度就不是真实的，正如离开了绝对精神宇宙就不是真实的一样"。这就很清楚了：新黑格尔主义直接继承并发挥了黑格尔的唯心论体系，认国家和国家的政治制度是社会精神的体现，宇宙是绝对精神的体现。唯心主义的世界观与政治学说完全是一致的。

从认政治制度不是阶级统治的工具，而是道德观念的体现出发，锐契还说，"观念只有在机构和制度中固定下来才会发挥充分的作用"。但他不知道，观念固定在制度中就变成僵化而束缚人的东西了。锐契又说："人类的进步多半依靠社会的遗产——即通过传统和制度的媒介把（过去的）观念、情绪、行为传递下来。"[1] 当然我们不能割断历史，但教人无批判地模仿和传递传统制度，依靠"社会遗产"，以求进步，这确是骗人的。因为这正是保守、向后看、保持旧传统、反对新事物、反对进步的具体表现。因此足见，新黑格尔主义者既假借道德的美名以反对人民，替统治阶级辩护，又假借进步的美名以坚持向后看的保守主义。

新黑格尔主义的政治哲学既然认国家是道德的有机体，政治制度是道德观念的体现，于是就进一步为他们歌颂崇拜资产阶级政权，宣扬资产阶级爱国主义铺平道路。据鲍桑凯的高脚弟子和忠实信徒亨勒说，"鲍桑凯的政治哲学即是爱国主义哲学"。他

---

[1]　哈尔达尔：《新黑格尔主义》，第199—200页。

说像鲍桑凯这类的人（当然包括亨勒自己在内），"他们相信国家，用热情去分析国家。他们是爱国主义宗教福音之宣教师。事实上唯心主义的国家哲学就是爱国主义哲学。……在唯心主义者看来，国家是一个精神现象，并且作为一个公民是一个伟大的精神经验"。[1] 爱国本身并不是坏事。但从唯心主义观点出发，爱资产阶级的、爱垄断资产阶级的国家，就是替少数统治者服务，就是支持资产阶级剥削本国人民，侵略他国人民，镇压民族独立。亨勒进一步说："他（鲍桑凯）特别歌颂作为一个道德有机体的国家所能给予公民的教训，和真正的自由。'人在国家中所获得的自由就是道德自由，只有道德自由才使得他成为他自己的真正主人。'"[2]

新黑格尔主义者国家学说的反动性，试与另一流派的资产阶级民主哲学家罗素对国家的看法作一比较，就可以看出了。罗素在第一次世界大战期间说："国家是一些低于社会上平均道德水平的年老的绅士们组成的；政府的统治愈是加强，国家就成为一个普遍的监狱，在这个监狱里只有基于良心的反对者才是自由的人。"罗素是从资产阶级自由主义的立场说的，但他却揭穿了资产阶级国家及其统治者不仅不体现什么道德观念，其道德水平反而比一般人还更低，并指出了只有反对资产阶级统治才有自由，服从资产阶级政府加强的统治等于坐监狱。把他的话与新黑格尔主义的歌颂资产阶级国家，和宣扬唯心的爱国主义哲学相比较，就显然见得罗素的政治思想是资产阶级哲学家中的较进步的代表人物的思想了。

从具体的政治主张中我们更可看出新黑格尔主义从道德出发

---

[1] 亨勒：《唯心主义哲学》，第288—289页。
[2] 同上书，第290页。

来谈政治的反动性。就以鲍桑凯而论，不惟在政治上是社会主义的死敌，宣称"社会主义制度唯一令我害怕的东西就是抹杀个人的首创精神"，[①] 实际上他是害怕社会主义妨害资产阶级的个人竞争和剥削人民的自由发展。他甚至于顽固到这样的程度，竟抬出"道德"的名义来反对极其平常的社会改良和社会福利事业。鲍桑凯在 1906 年反对从社会公共基金中提一笔款项出来作付给养老的费用。他的理由是给养老金会使得男人和女人在身体健康和壮年有工作能力的时期不负责任去计划他们的老年生活，这样就不可避免地使他们意志薄弱、眼光短浅，以致使他们的生活更为怠惰和不知节俭。他的资产阶级立场使他看不见劳动人民已被残酷剥削得朝不保夕，当天的生活有时尚不能解决，哪还顾得到计划老年的生活。用不发给养老金的办法以迫使劳动人民不敢"怠惰"、更节俭，尤其表现了资产阶级对付劳动人民的残忍手段。

再如鲍桑凯甚至反对小学免费供给出身贫苦家庭的儿童的膳食。他的理由是，这个政策会使得那些濒于完全道德败坏的家庭（他的意思是说家庭的贫困由于道德败坏）失掉了一个最后有效的刺激，使其能继续努力以尽做父母应尽的责任。从这里，那些认国家是一个道德有机体的新黑格尔主义者的反动面貌暴露无余了。把劳动人民被剥削而穷困的责任从资产阶级头上解除，转而加到穷苦的劳动人民头上，说他们的贫穷是由于道德败坏，懒惰不努力。不供给贫苦儿童膳食，剥夺天真儿童受教育和生活的权利，还要提出"道德"的理由来，说是要给他们的父母一个有力的刺激（亦即教训），促其努力尽父母的责任。因此他还提出一个较一般的原则，说个人应该凭自己的才能智慧，努力奋斗以

---

① 《论文和演讲集》，第 25 页。

解决自己生活中的问题和困难，而不应依靠国家家长式的救济。① 像鲍桑凯这样的新黑格尔主义者，不顾劳动人民的死活，反而诬蔑穷苦的劳动人民家庭的穷苦为由于道德败坏，懒惰不节俭，认剥削阶级的国家为"道德有机体"，认成功的资产阶级统治者或大资本家为有智慧有道德的人。因为"国家是道德有机体"，所以国家只管道德问题，对于劳苦人民大众的生活，不应过问，只须斥责其不道德，以资警戒。

三　新黑格尔主义者形而上学化并神秘化黑格尔的唯心辩证法

新黑格尔主义的特点就是抓住黑格尔的唯心主义体系，丢掉了他的辩证法中的合理成分，加以形而上学化和神秘主义化。

根本放弃辩证法，提出康德式的先验分析法去代替的，是英国新黑格尔派创始人格林。格林只要黑格尔所谓"精神统一"的唯心主义结论，而主张根本丢掉黑格尔的辩证法。格林责备约翰·开尔德在《宗教哲学导论》一书中"过分受黑格尔的方法的支配"。他说："人们拒绝相信，任何抽象理智的辩证法会教导人世界的实在性。"他并且警告说："谁要是想阐述黑格尔的结论，就应该不要像开尔德博士那样，对于辩证法靠得太紧。"② 这表明：第一，格林对于黑格尔的辩证法中对立统一和发展方法根本无知。第二，表明开尔德曾经用抽象理智的，形而上学化的

---

① 以上这些材料都是根据亨勒《唯心主义哲学》第273—274页转述的。亨勒是以赞同并代为辩解的态度叙述他的老师的这些主张的。

② 《格林全集》第3卷，第146页。

接近诡辩的辩证法去论证上帝的存在，如说："不信仰中即包含有信仰，当你说你不相信上帝时，你就已经信仰上帝了"等等，因而引起格林的反感，格林便以为这是过于受黑格尔辩证方法的支配。而格林自己则回到康德，运用形而上学的先验分析法。他不分析自然、经验、知识的内在矛盾和发展过程，而去分析经验中包含的所谓"超经验"的条件或前提；分析出自然中包含的所谓超自然的原则或所谓精神原则。

　　另一个黑格尔主义者布拉德雷以现代西方资产阶级哲学界中的芝诺著称。他惯于用芝诺式的消极辩证法去取消规定，否定对象。譬如他用这样的论证去否定康德的物自体，他说，物自体不是有性质就是没有性质。如果物自体有性质，那么它就与他物有关系，就在时间之内，就是现象。如果物自体没有性质，那么它就是与他物没有关系，没有规定性的空虚的抽象。① 这样他就企图论证物自体或者是现象，或者只是空虚的抽象，从而他就否定了物自体的独立实在性，借以反对唯物主义，建立唯心主义。我们知道，辩证法要超出"非此即彼"的形而上学的思维方式。而布拉德雷的论证就建筑在这种形而上学的"非此即彼"的两难推理上，他在这里并没有具体分析矛盾，没有看见现象与物自体不可分的联系，也没有看见由现象到物自体的认识深化过程。表面上他好像在运用辩证法，在找矛盾、找两难，实际上是反辩证法的，形而上学地割裂了现象与物自体。

　　此外布拉德雷在他的《逻辑原理》一书中试图用唯心辩证法来谈形式逻辑的思维规律和思维形式，但是也同样对辩证法予以形而上学的歪曲。譬如，在谈同一律时，他承认同中有异，异中同，说"毫无差别的同一是没有的"。这是对的。但是他又

---

　　① 参看《现象与实在》，第130页。

认为同一律的真正意义在于肯定真理具有脱离时空条件的永恒性，并说同一律肯定"真理在一切时间都是真的，一旦是真的就永远是真的"。[①] 这显然是对同一律加以形而上学的歪曲。因为"具体的同一"、"异中之同"当然是指结合着不同的时间、空间和历史发展的同一而言。

意大利新黑格尔主义哲学家克罗齐对黑格尔的批评，把黑格尔的辩证法形而上学化，丢掉了黑格尔辩证法中的合理内核，更是大家所熟知的。在《黑格尔哲学中的活东西和死东西》一书中，他只承认黑格尔所谓"相反者的同一"，如有与无、善与恶、美与丑的同一，而否认"相异者的同一"，认为相异的东西如美与善、知与行、科学与道德之间，以及发展的不同阶段之间，都没有矛盾也无所谓矛盾的统一。他这种形而上学的观点根本否认了矛盾的普遍性，也根本不懂得"世界上的每一差异中就已经包含着矛盾，差异就是矛盾"[②] 的唯物主义辩证法的重要原理。因为凡相异的事物之间都存在相互关系，也就存在着矛盾。对于这个矛盾就可予以辩证的分析。克罗齐形而上学地认为相异者之间没有矛盾，当然也就不懂得分析矛盾的辩证方法。他不懂在一物的不同发展阶段之间，也存在着矛盾和统一。因而他所了解的"相反的同一"就成为无斗争、无发展的形而上学的直观的同一，而不是异中之同、多中之一的"具体的同一"了。

以上所举格林、开尔德、布拉德雷和克罗齐都是形而上学地歪曲了辩证法，因而也就是丢掉了黑格尔辩证法中的合理内核的例子。

另外一些新黑格尔主义者则把辩证法加以神秘主义化。

---

① 参看《逻辑原理》，第 5 章第 5 节。
② 《矛盾论》，《毛泽东选集》第 1 卷，人民出版社 1971 年版，第 282 页。

首先，布拉德雷不惟把辩证法加以形而上学的歪曲如上面所陈述，同时另一方面他又把辩证法中"对立统一"这一原理阉割了对立，去寻求没有矛盾的统一。他的体系中的最高实在他叫做"绝对"，而他所谓绝对乃是"不自相矛盾的"、"和谐的全体"，这"绝对"不是黑格尔所谓绝对理念，而是一种神秘境界，他叫做"感性经验"，有时他又称为"绝对经验"。他说："宇宙中的每一个成分：感觉、情感、思想和意志，必定包含在一个无所不包的感性经验（即绝对）之内。"① 这个无所不包的感性经验即他所谓绝对并不是有斗争发展过程的对立统一，也不是旧矛盾的暂时解决和新矛盾的开始，而是可以令人陶醉、安息、欣赏的神秘境界。

鲍桑凯歪曲和神秘主义化辩证法是相当突出的。鲍桑凯强调"绝对是吞噬一切矛盾的全体"。他只是在力求消融一切矛盾，而讳言事物的矛盾发展过程。他常说，"辩证法是爱情的逻辑"。这个说法是远承柏拉图所谓"爱情"的意义而来：爱情是要求与对方合一的渴望。辩证法在鲍桑凯看来就是要求与对方结合起来的一种主观冲动，然而他却把这种冲动叫做逻辑。此外他又把辩证法叫做"全体的精神"（the spirit of the whole）。他说，"逻辑或者全体的精神是达到实在、价值和自由的关键"。② 当然，黑格尔也曾说过，"真理就是全体"（《精神现象学》序）。又说过："概念是自由的原则……概念又是一全体"（《小逻辑》）。类似的话很多。但都是结合着逻辑学、认识论、辩证法的统一而言。而鲍桑凯的意思却是说部分脱离全体就只是现象不是实在，个体脱离全体就绝不会有美、善（价值）和自由。同样的意思

---

① 《现象与实在》，第159页。
② 《价值与个体性的原理》，1913年伦敦版，第23页。

他反复地说："逻辑的精神即部分之自我超越以求被吸收进全体的倾向——是首创性的动力，同时也是安定生存的命脉。"① 在另一个地方，他说："我们与柏拉图和黑格尔一样，把逻辑了解为经验小的最高规律或本性，趋向于统一和贯通的冲动，依据这种冲动或精神每一片断渴求他所归属的全体，每一个自我渴求在绝对中达到自己的完成。"② 根据鲍桑凯对于辩证法或辩证逻辑的说法，可以看出：第一，他所谓逻辑并不是有体系的辩证逻辑或逻辑范畴的系统推演；第二，他所谓辩证法既不是具体分析矛盾的方法，也不是矛盾发展的观点或方法。换句话说，他讲的辩证法已经丢掉了黑格尔辩证法中的合理内核；第三，他所谓辩证法或逻辑乃只是一种个体渴求全体、部分要求归属全体的一种主观的冲动或企望。这种冲动是一种浪漫主义的神秘主义的要求天人合一、人与自然打成一片的泛神论思想，抹杀了个体，把个人消融在全体之中。结合到政治意义来看，他是在替大英帝国主义的资产阶级统治提供理论根据。他的实际意义是在用说教的方式欺骗人说，个人应消融在资产阶级专政的国家的全体（绝对）之中，脱离国家，个人就没有生存、自由的权利；殖民地应投到大英帝国全体（亦即他哲学上所谓"绝对"的具体体现）之中，脱离了帝国全体就会缺乏"首创性"，就会失掉"安定的生存"，就不会"达到自己的完成"。因此新黑格尔主义者所讲的辩证法不惟丢掉了黑格尔辩证法中的合理内核，是神秘主义的一种主观的神秘境界或者是一种主观的渴求、冲动，而且从阶级立场看来，包含有替垄断资本帝国主义服务的政治内容。

此外美国的新黑格尔主义者鲁一士，比较注重黑格尔的

---

① 《价值与个体性的原理》，1913 年伦敦版，第 24 页。
② 同上书，第 340 页。

《精神现象学》一书的阐述，他也试图从唯心主义观点用分析矛盾的方法去分析意识的矛盾，但他否认矛盾分析法可以应用来研究自然界。他是唯一比较约略提到了黑格尔"逻辑的东西与历史的东西统一"的原则的新黑格尔主义者，然而他只称这个原则为"道德与逻辑平行论"和"人生与逻辑平行论"。他最严重的歪曲在于把辩证法说成是"感情的逻辑"。他说："黑格尔所谓辩证法就是我们所谓感情的逻辑，应用在貌似最抽象最缺乏感情成分的概念上面。"① 他又说："他（黑格尔）的哲学上和系统上的大错误，不在于用逻辑以解释感情，而在于误认感情的逻辑为唯一的逻辑；因此我们要想研究黑格尔对于外界自然、科学、数学以及其他与感情生活稍远的题材的学说，总难免失望而不得满足。"② 我们显然可以看见，鲁一士把辩证法说成是"感情的逻辑"与鲍桑凯把辩证法说成是"爱情的逻辑"，同样是把辩证法神秘主义化，他们认为辩证法的根源是主观的冲动、爱情、感情等等，这就是把辩证法放在唯心论的基础上。其次，鲁一士狭隘地把辩证法局限在应用于道德、人生、感情方面，而不能普遍应用辩证法来说明自然现象。这不惟根本全盘否定了黑格尔的《自然哲学》（黑格尔《自然哲学》中有不少合理的辩证法因素），更严重的错误在于形而上学地割裂了自然与人生，认自然中无矛盾，无辩证法，也不应该用辩证方法去研究自然，这也就否认了矛盾的普遍性。这正好表明神秘化辩证法与形而上学化辩证法是有密切联系的。

至于德国在希特勒上台以前，黑格尔复兴运动中的代表人物更是把黑格尔的辩证法直觉化，神秘主义化，甚至反理

---

① 参看鲁一士：《黑格尔学述》，商务印书馆1936年版，第31页。
② 《黑格尔学述》，第40页。

性主义化了。

首先，谈一谈尼可拉·哈特曼。哈特曼自称是新实在论者，与一般新黑格尔主义者有别，但在所著《德国唯心主义》第2卷《黑格尔》（1929）一书中，却很夸张地把黑格尔的辩证法加以神秘化，与德国其他新黑格尔主义者一鼻孔出气。试引证两段如下：

> 辩证法的天才，完全可与艺术家的天才相比较。此种天才是很少有的，且亦不可仿效的，辩证法的规律是没有确定的认识的，但又是具有规律性的、强迫的、不停息的、有必然性的。——一切都像艺术家的创造。辩证法绝不能成为公共财产。它永远是天才者的权利。我们虽可研究它，但是不能模仿它。①

> 无论在任何情形下，我们也不能否认辩证法中有暧昧不明处，神谜莫测处。此显系出于天才，虽可修养，但难于模仿。它实是一种特有的原始的内心洞观，而且是一种高远的洞观，能于事物之不同的方面看出其进展的矛盾的和谐，且于矛盾中又能见到其联系或统一。最显然的就是那辩证法大师自己也不能说明辩证法的秘密。他们常常妙用此法但又不知其所以然。一如艺术家之创造艺术品而不自知其所创造的规律。我们如果要想说明辩证法，分析和理论实无济于事。即勉强说出几条概括的原则，亦绝不会深入完备。但当别的方法穷尽时，则辩证法方显得有神奇的功用。因此之故，辩证法不是一般的科学方法，其可教性亦有限度。②

这一大堆话现在看来虽觉得荒谬可笑，但当我过去沉睡在新

---

① 《黑格尔》，1929年德文本，第18页。
② 《黑格尔》，第159—162页。

黑格尔主义的神秘主义化的辩证法期间，加以曾亲自听过哈特曼在柏林大学讲课，当读到他这些话时，的确曾深受其影响。当我在 1940 年发表《辩证法与辩证观》一文，我不仅长篇引证他的说法，而且还加以引申发挥，用来反对唯物主义辩证法。在多次学习《矛盾论》，破除迷信，深入批判资产阶级世界观的过程中，现在逐渐有了力量和信心可以批判哈特曼对于歪曲辩证法的神秘主义看法了。

他这些话虽然总的气氛是在神秘化黑格尔的辩证法，但实质上却在攻击唯物主义辩证法。首先他说"辩证法的规律是没有确定的认识的"，又说"即勉强说出几条概括的原则，亦决不会深入完备"，很明显这是针对恩格斯所提出的唯物辩证法三大规律而说的。他夸大和强调辩证法的天才创造和艺术性，否认唯物辩证法的科学性，其目的也是为了反对辩证法三大规律。因为黑格尔本人的唯心主义辩证法诚然有很多神秘主义成分，至多只能像列宁所指出那样只是"天才地猜测到了事物的辩证法"，他自己的确也没有给辩证法明确规定几条规律。只有恩格斯科学地掌握并吸收改造黑格尔的唯心辩证法概括成为三大基本规律，这是为了科学普及与传授，为了革命的利益，使无产阶级更好、更确定、更能从本质上掌握辩证法武器。所以哈特曼之反对辩证法规律，矛头是指向革命的唯物辩证法的。

其次，哈特曼强调辩证法是一种天才艺术创造，"绝不能成为公共财产"、"永远是天才者的权利"、"不能模仿"、"可教性有限度"等等，其用意无非只要少数资产阶级"教授"、"学者"垄断辩证法，想反对大众哲学，剥夺工人阶级学习和掌握唯物辩证法的权利。觉醒了的劳动大众，站立起来的、思想解放了的、破除了一切资产阶级学术思想的迷信的中国人民，绝不会受其欺骗，并且已经用实际行动否定了哈特曼的神秘讲法。我们全民学哲学，全民学毛泽东思想，全民学《矛盾论》，用毛主席所阐明的并在千百次革命实践中证明有效的科学的辩证法思想武装自己，作为社会主义革命、建设的武器。同哈特曼正相反，我们认为唯物辩证法是劳动人民的公共财产。唯物辩证法永远是劳动人民的权利，唯物辩证法是可以无限度地学习、教导、模仿和推广的。

这是简单地对于哈特曼神秘化黑格尔辩证法的答复与批判，也是对我自己过去传播并赞扬哈特曼的说法的批判，借以清算神秘的唯心主义辩证法对我的影响。

自称为代表新黑格尔主义的《黑格尔全集》新版的编辑者格洛克纳，也有强烈神秘化黑格尔辩证法的倾向。他把黑格尔与德国大诗人歌德的世界观混同起来讲。他说，"歌德与黑格尔是属于一起的，我们有权利说歌德—黑格尔式的世界观"。[1] 歌德的世界观是从斯宾诺莎的自然的统一性出发的，与黑格尔认自然为理念的外化的唯心主义的绝对理念，有本质的差别。他更进一步说，"黑格尔只须把歌德作为伟大人格所经历过的生活用哲学的方式规定出来"。[2] 又说："歌德的思维和直观实践要求用方法形式来表达；这种方法形式在黑格尔这里找到了。反过来黑格尔辩证法中存在着过重的特殊的逻辑形式主义在与歌德的接触中得到了补正。"[3] 这些话把黑格尔的哲学、辩证方法与伟大诗人歌德的人格和生活实践联系起来讲，虽有一定的合理因素，但切不可把辩证法与神秘化的感情逻辑混为一谈。

另一方面，格洛克纳又与克朗纳共同传播把辩证法反理性主

---

① 格洛克纳：《黑格尔哲学的前提》，第 1929 年版序言，第 19 页。
② 同上书，第 336 页。
③ 同上书，第 20 页。

义化的思想。他认为黑格尔所谓的概念是"理性的与反理性的结合"。他说，"我分析黑格尔的方法，并且发挥他的'理性的与反理性的结合'，这种结合构成概念"。① 他又说，"没有理智的同时进步，就不会有理性的进步"。换句话说，"没有理性的进步也不会有反理性的进步"。② 他这里明白宣称：1. 黑格尔的概念是理性与反理性的结合；2. 把理性等同于反理性。认为理性的进步反而促成反理性的进步，岂非怪事？殊不知理性一进步，则反理性的阴影、迷信就可以扫除。岂有理性进步反会促使反理性进步之理？黑格尔把抽象的理智思维与形而上学的思维等同起来诚有之，但绝少把理智与反理性等同起来。等同理智与反理性其目的在于论证辩证法是理性和反理性的结合。这就是把辩证法反理性主义化、神秘主义化，公开宣扬反理性主义。如果知性、理智是反理性的东西，则理性就成为神秘的、直觉的、蒙昧的东西了。

克朗纳在 30 年代中曾经任国际黑格尔协会的主席，第二次世界大战后即在美国讲学，他同格洛克纳一样，现在尚活着。在他的《从康德到黑格尔》一书中，新黑格尔主义者反理性主义化黑格尔的辩证法的趋势更是达到了顶点。

首先，克朗纳认为黑格尔的思想是理性主义与反理性主义的结合。他说，"黑格尔思想中的理性主义包括一种非理性主义（Inrationalismus，亦可译作反理性主义）在自身内。"又说，"黑格尔的思想既是理性的，也是非理性的、超理性的（überrational）或者反理性的（antirational）"。③ 但显然，非理性

① 格洛克纳：《黑格尔哲学的前提》，第 1929 年版序言，第 11 页。
② 同上书，第 119 页。
③ 《从康德到黑格尔》第 2 卷，1924 年版，第 270—271 页。

主义是被认作主要的一面。下条引文就更可表明。

其次，克朗纳不惟诬蔑黑格尔本人为非理性主义者，甚至诬蔑他是"哲学史上最大的非理性主义者"，借以助长现代非理性主义者的声势。他说："无疑地黑格尔是哲学史上所知道的最大的非理性主义者。在他之前，没有思想家能够像他那样把概念加以非理性主义化、把那最无理性的东西加以概念的说明。"① 黑格尔认为概念既是普遍的，又是具体的，认为概念是普遍与个别及特殊的统一，因此照克朗纳看来，说概念是对立的统一，或说概念包含着它的反面，就是把概念非理性主义化。足见克朗纳所谓"非理性主义"即指"对立统一"，指辩证法。黑格尔企图用概念，用辩证法说明事物的运动、发展、生活、情感、意志、历史、文化、精神等等，足见克朗纳把黑格尔企图用辩证法或概念说明的种种东西，特别是运动、发展、矛盾转化、生活……均认作最无理性的东西。只有死的、形式的、抽象的东西，简言之，形而上学的东西才被他认作理性的东西。

第三，克朗纳进而把辩证法说成是非理性主义的或反理性主义的方法，借以抬高西欧帝国主义时期流行的非理性主义的地位。他说，"黑格尔是非理性主义者，因为他是辩证法家，因为辩证法是变为方法的、成为合理的东西的非理性主义，因为辩证的思维是理性—非理性的思维"。② 这就是说，照克朗纳看来，辩证法家即是非理性主义者，辩证法即是方法化、合理化的非理性主义，辩证思维也即是非理性的思维。因为当他说，"辩证思维是理性—非理性的思维"时，显然非理性是主要的一面。所

---

① 《从康德到黑格尔》第 2 卷，第 271—272 页。
② 同上书，第 272 页。

以他还说什么，黑格尔的"辩证的非理性主义冲破了理性主义的堡垒"。①

　　第四，克朗纳进一步得出他的荒谬的结论，即认凡是辩证法所研究的对象：运动、生活、精神，简言之，矛盾或矛盾发展的东西，都是非理性或反理性的东西。他说："辩证法不是理性的思维，或者不只是理性的思维，而同时是活生生的精神、'精神的纯本质'、'不安息的生活'之自身运动，是'真理的生活'、'概念的特有生活'、'概念的节奏'、'逻辑的生活'。"② 谁都知道，当黑格尔说精神、生活的自身运动，说真理、概念、逻辑的生活或运动过程时，他主要是讲这些东西都有其矛盾进展和否定之否定的过程，丝毫也不意味着那是反理性的思维。要把黑格尔歪曲、装扮成为现代的反理性主义者那是徒劳的。

　　克朗纳还说，"作为辩证的、思维的思维本身就是非理性的、亦即超理智的，因为它是活生生的：它是自身思维着的生活"。③ 这显然表明他把辩证的东西、活生生的东西、生活都看成非理性的东西。克朗纳把辩证的东西、活生生的东西、生活说成是非理性的，归根到底由于他认为矛盾是非理性的，凡是具有矛盾的东西（事实上一切的一切都具有矛盾），他就认为是非理性的东西。辩证法、辩证思维是非理性的，因为它是以分析研究矛盾为对象。他认为黑格尔哲学是非理性主义，或他所谓"辩证的非理性主义"，因为黑格尔哲学以矛盾为研究的对象，或者以具有矛盾的生活、思维、精神为研究的对象。所以他说，"矛盾以合理的方式表现着超理性的、辩证的东西。……这种超理性

---

①　《从康德到黑格尔》第 2 卷，第 312 页。
②　同上书，第 282 页。（凡是有单引号' '的话，都是黑格尔的原话。）
③　同上书，第 282 页。

的东西就是黑格尔哲学的对象"。① 这说明什么呢？这说明克朗纳已经滚入唯心的、所谓生活哲学、浪漫主义、感情逻辑的泥坑，认为生活、情感、精神有了矛盾，因而就是反理性的东西，因而它就变成理性主义的对立面。

首先，克朗纳把黑格尔诬蔑为哲学史上最大的非理性主义者，把黑格尔哲学歪曲为非理性主义哲学是没有任何根据的。黑格尔的错误不在反理性、非理性，而在于绝对化理性，把理性认作"世界的主宰"、"宇宙的实体"，认作自己认识自己、产生万物的"无限力量"和"无限形式"，并且说："理念或理性是真的、永恒的、绝对有力的本质；理性启示其自身于世界内，并且在世界内除了启示理性和理性的尊崇与光荣外，没有别的东西。"② 所以他说"凡是实在的就是合理的，凡是合理的就是实在的"。真正讲来，黑格尔所谓绝对理念即是绝对理性，而他所谓上帝创造世界实即是理性创造世界。我们反对黑格尔绝对化理性，把理性当作第一性的实体的客观唯心主义，我们更反对克朗纳之流的新黑格尔主义者，毫无根据地把黑格尔说成是"哲学史上的最大的非理性主义者"，把黑格尔哲学歪曲为所谓"辩证的非理性主义"。

其次，克朗纳把辩证法说成是非理性的方法，把辩证思维说成是非理性的思维也同样没有根据。黑格尔曾严格区别理性与理智（或知性），他称辩证逻辑为理性的逻辑，称形式逻辑为理智的逻辑，称辩证逻辑中的概念和推理为理性的概念和推理，而称形式逻辑中的抽象概念和形式推论为理智的概念和推理。黑格尔这样注重和推崇辩证法为理性逻辑和理性方法，今妄称辩证法为

---

① 《从康德到黑格尔》第 2 卷，第 285—286 页。
② 均见《历史哲学》绪言。

非理性的方法，正是颠倒黑白。此外黑格尔于谈辩证法时，曾作出辩证的理性与积极的理性或玄思的理性的区别。在《大逻辑》第一版序言中，他指出"理性是辩证的，因为它把理智的规定化解为无"。并且指出理性与理智的统一，"理智的理性或理性的理智"即是"积极的理性"。① 在《小逻辑》第81、82两节内，黑格尔明确把辩证法的运用分为两个阶段：第一为"辩证的阶段"，亦可叫做消极理性的阶段，在这个阶段内，"有限的规定扬弃它们自身，并且过渡到它们的反面"。② 这就是前面所说的，"把理智的规定化解为无"，取消坚执的对立和鸿沟。第二为"玄思的阶段或积极理性的阶段"，在这个阶段里，"在对立的规定中认识到它们的统一，或在对立双方的分解和过渡中，认识到它们所包含的肯定"。③ 由此足见，黑格尔始终把辩证法与理性密切结合着，他从来是把辩证法了解为理性方法，把辩证逻辑了解为理性逻辑的。除了别有用心，想把黑格尔的辩证法反理性主义化以壮大帝国主义没落时期的反理性主义声势外，绝不会说黑格尔的辩证法是非理性主义的。我们只能说，黑格尔的辩证法是唯心主义的辩证法，并且还应该说，他的辩证法不但不是非理性主义的，而且是有合理内核的。

还有一点必须加以批判的，就是黑格尔并不认为矛盾和具有矛盾的东西如情感、生活、思维、精神等是非理性的。不错，黑格尔的确是以矛盾和具有矛盾的东西为研究的对象。但是在他看来矛盾和矛盾的东西绝不是非理性的。黑格尔曾说过："矛盾是推动整个世界的原则，说矛盾不可设想，那是可笑的。"④ 黑格

---

① 参看列宁：《哲学笔记》，《列宁全集》第38卷，第84页。
② 《小逻辑》，第176页。
③ 同上书，第181页。
④ 同上书，第258页。

尔在这里否认矛盾不可设想、不可理解，即是否认矛盾是不合理的东西。他又说，"与矛盾相反的同一只是单纯直接的或僵死的存在的规定性，而矛盾是一切运动和生命的根源，并且任何东西只有当它包含着矛盾时，它才是运动着的，它才有冲动和活动"。① "某种东西只有当它包含矛盾并且是既能理解矛盾又能忍受矛盾的力量时，它才具有生命。"② 这里他明白指出，矛盾是运动和生命的根源，包含矛盾、忍受矛盾、理解矛盾正是有生命有活力的事物的本性，而没有矛盾的同一，却是僵死的存在的特性。从这些话里怎样也得不出矛盾是非理性、反理性的绪论。与此相反，黑格尔一方面说，"上帝是理性"，一方面却说，"矛盾是上帝的力量"，认为当人们说，"一切事物皆命定了免不掉矛盾"③ 这话时，也就意味着一切事物皆逃不出上帝的力量的范围。因此我们可以说，矛盾的力量、理性的力量、上帝的力量，在黑格尔看来是同一的东西。我们反对黑格尔绝对化理性，也反对他把"上帝的力量"等宗教术语用来神秘化辩证法，使之成为唯心辩证法，但我们却没有丝毫根据可以说，矛盾和包含矛盾的生命、精神以及一切事物是非理性或反理性的东西。

克朗纳神秘化、反理性主义化黑格尔的辩证法，其目的是把黑格尔曲解为现代盛行的反动的浪漫主义和存在主义。克朗纳在1946年为英文本《黑格尔的早期神学著作》一书所写的序《黑格尔哲学的发展》一文里，用诡辩的方式，说黑格尔的《精神现象学》是"激烈地反对浪漫主义，但无疑又是一切黑格尔著作中最富于浪漫主义的著作"。④ 他的意思是说，浪漫主义是非

① 《大逻辑》，1929年纽约英文本，第67页。
② 同上书，第68页。
③ 《小逻辑》，第179页。
④ 《黑格尔的早期神学著作》，1946年英文本序言，第43页。

理性主义，因为"它嘲笑思维与生活有严格界限，它有意地混合诗与哲学、想象与现实、行动者与静观者、神与人、理想与现实"。① 黑格尔某些重要著作最注重对立的同一，最富于浪漫主义，因此最是非理性主义。其实黑格尔与浪漫主义的差别很简单，浪漫主义者、神秘主义者要求无矛盾的和谐、混一、同一，而作为客观唯心论者，反对浪漫主义的黑格尔，要求对立的统一、矛盾的统一，要求把主观与客观、自然与精神、思维与存在的统一用辩证法的逻辑方式发挥为体系。说黑格尔扬弃了浪漫主义是可以的，把黑格尔哲学歪曲为浪漫主义和反理性主义是错误的，只是自己暴露其神秘的、反理性的现代资产阶级唯心主义的实质。

克朗纳把黑格尔哲学歪曲为反理性主义的另一表现，就是不顾历史事实和学派体系的主要差别，竟把黑格尔说成是现代流行的资产阶级唯心主义流派"存在主义"的创始人。他说，黑格尔在《精神现象学》一书中"把时间和永恒这两个极端调和了，使得存在与本质一致了，因而对于存在这个观念给予了新鲜的思辨的意义"。因此他断言，"不是基尔凯戈尔，而是他的伟大的老师黑格尔，才是存在主义哲学的创始人"。② 克朗纳只是在表面上，甚或字面上看见黑格尔谈"存在"这一范畴。也谈到存在与本质、时间与永恒的统一，便把他和现代的"存在主义"混为一谈，根本丢掉了黑格尔的辩证法，殊不知存在主义的创始人基尔凯戈尔是黑格尔辩证法的死敌。他注重反理性的"存在"的主观唯心主义，与注重理念的客观唯心主义也有很大差别。在他所著《恐惧的概念》一书中，他曾说过这样的话："黑格尔想

---

① 《黑格尔的早期神学著作》，1946 年英文本序言，第 15 页。
② 同上书，第 46 页。

要用逻辑的方式来解释经验中的飞跃，当然免不了失败。"反对辩证法的主观唯心主义者和神秘主义者基尔凯戈尔与辩证法家、客观唯心主义者黑格尔两人之间有什么亲属关系呢？

由于现代西欧各种流派的资产阶级主观唯心主义，自从狄尔泰的《黑格尔的少年史》一书出版（1907）以来，都有把黑格尔解释成为浪漫主义、神秘主义、反理性主义的趋势，借以进一步反对唯物主义和唯物主义辩证法，这个反理性的潮流在克朗纳身上得到集中的表现（而克朗纳现在还在美国作讲学活动，所以我们不得不予以揭露和批判）。至于黑格尔的辩证法由于受到唯心主义体系的束缚，其中的确也有其神秘主义成分，但究竟其中的合理内核是主要方面。这也又一次证明了，新黑格尔主义丢掉了黑格尔辩证法中的合理内核，而只抓住他的唯心主义体系。同时更足以表明，只有马克思主义哲学，认真批判掉黑格尔的唯心主义体系的架格，才能对他的辩证法予以批判的吸收和改造，并把它的合理内核拯救出来。

为此，我们可以得出一个简短的结论：新黑格尔主义是从右边从反动的方向去"发展"德国古典唯心主义哲学，他们根本配不上也不可能"扩大德国古典唯心主义的基本原则"、"超出康德黑格尔前进一步"，所以走新黑格尔主义的道路，也就抛开历史的东西与逻辑的东西在辩证发展过程中的一致性去研究康德、黑格尔，是没有前途的。我们只有高举马克思主义的批判旗帜，从马克思主义的辩证唯物论和历史唯物论的高度去研究批判康德黑格尔哲学，才是正确而有实效的道路。这也是我们的方向。

（原载《新建设》1960年第7期）

康德、黑格尔哲学在中国的传播

——兼论我对介绍康德黑格尔哲学的回顾

  西洋科学技术和文化哲学传播到中国来，为时实在太晚，这是和中国封建王朝闭关自守、锁国愚民的政策分不开的。直至鸦片战争后，鉴于帝国主义贪得无厌的侵略和中国封建社会的腐朽无能，一些先进的人物才感到需要向西方资本主义先进国家学习科学技术和新文化，发奋图强，追求真理，借以挽救国家民族的危亡。邵作舟曾经描述当时人们学习西方的情形说："道光、咸丰以来，中国再败于泰西，使节四出，交聘于外。士大夫之好时务者，观其号令约束之明，百工杂技之巧，水陆武备之精，贸易转输之盛，反顾报然，自以为贫且弱也。于是西学大兴，人人争言其书。习其法，欲用以变俗。"（"纲纪"，《邵氏危言》卷上）这里所谓"士大夫之好时务者"，大多数是从当时地主阶级分化出来的先进知识分子，他们提倡西学，目的在于"变俗"，即变更中国传统的封建主义旧经济、旧文化，发展资本主义的新经济、新文化。他们首先注意的是西方的船坚炮利、科学技术，颇有实用的目的；以后渐次注意到西方的社会政治学说和哲学文化，试图用西方先进思想来融会发扬自己传统的哲学思想和民族精神。在哲学方面，他们是先从外表、边缘、实用方面着手，先介绍培根、洛克、赫胥黎、穆勒，然后才慢慢注意到康德、黑格尔这些古典哲学家。因此，西学传入中国本来已是太晚，而哲学，特别是康德、黑格尔哲学，就更晚了。至于认真客观地历史地钻研、评述、批判、介绍康德、黑格尔哲学的方法和体系更是近期的事了。

康德、黑格尔哲学在中国的传播一般可分为三个时期。前期即从变法运动到"五四"时期，这是一个启蒙介绍时期，特点是宣扬维新，改良政治，反对传统风俗习惯，而且有的人应用佛学和中国哲学来讲西方哲学，也不免有些牵强附会，一般说只是一种文化批评和观察印象。传播者有康有为、严复、章太炎、梁启超、马君武、王国维、蔡元培等人。中期即从"五四"运动到全国解放时期，这是一个融会传播和草创时期。到这一时期，我国开始有了根据原著进行研究和译著，并进而批评融会和有其哲学上的派系和师承，不过仍是片面主观，不够深入。介绍的侧重点也往往随各人的游历或留学的时地、阅读，接触范围和各人对国内政治问题的态度而不同，多少反映了半封建半殖民地旧社会知识分子的软弱性。这时期的代表人物相当多，主要有张颐、瞿世英、张东荪、张铭鼎、朱光潜、周谷城、郑昕、洪谦、周辅成、郭本道、朱谦之、贺麟等人。后期即中华人民共和国成立之后到现在，这是开始试图运用辩证唯物主义观点来系统研究康德、黑格尔哲学时期，研究成就显著，也培养了一大批后起之秀，加之翻译工作认真系统，为今后深入研究康德、黑格尔哲学提供了广阔的前景。

下面我们仅就前两个时期作一历史的回顾。

一　前期（"戊戌变法"至"五四"运动）

（一）康有为与康德哲学

康有为（1859—1927），又名祖诒，字广厦，广东南海人，是我国近代历史上向西方寻找真理的代表人物之一。早年酷爱周礼，深受儒学熏陶。20 岁后，开始接触西方资产阶级新思想，曾游历过香港，读过《瀛环志略》、《西国近事汇编》等介绍西学的书籍。1889 年于长兴里筑"万木草堂"讲学，弟子有梁启超、谭嗣同、林旭、陈千秋等人，在治国故的同时，兼"涉猎译本西籍"（梁启超语），1895 年发动有名的"公车上书"，并自筹钱办了个《万国公报》，组织学术团体"强学会"，刊译外国书报，宣传新学，变法失败后，逃亡日本，以后的思想就逐渐走向保守，成了尊孔复古守旧派的代表人物。

康有为在逃亡国外之时，曾游欧美，著《欧洲十一国游记》，特别九至柏林，对德国的民情风俗有感性的印象。他自述说："吾游德国久且多，九至柏林，四极其联邦，贯穿其数十都邑。"（《补德国游记》）当别人问他："子历览万国殆尽矣，何国为善也？"他回答说："如言治国乎，则德国第一。"他一气举了十个德国第一的内容："武备第一，文学第一，医术第一，电学第一，工艺第一，商务第一，宫室第一，道路第一，邑野第一，乃至音乐第一。"（同上书）可见，对德国的文化科学技术他是很赞赏的。

康有为是中国第一个介绍康德星云说的人。他有一部著作叫《诸天讲》，这本书据他自己讲，写于 1886 年，1926 年讲授于杭州天游学院。这是一部讲述天体形成发展的很有科学价值的著作。康有为引证了大量西方科学材料，从古希腊的泰利士一直讲

到爱因斯坦，虽然其中有些观点是根本错误的，但从中却能看出
当时康有为曾初步涉猎西方科学史，试图用西方科学成就来解释
自然。从它所述的内容来看，康有为首先介绍了康德的星云说：

> 德之韩图（即康德）、法之立拉士（即拉普拉斯）发星
> 云之说，谓各天体创成以前，是朦胧之瓦斯体，浮游于宇宙
> 之间，其分子互相引集，是谓星云，实则瓦斯之一大块。
> （《诸天讲》卷二）

康有为又进一步根据康德的星云假说，结合中国哲学的形气
学说，主张太阳有成毁，地球有生灭，"星有老少之别"（《诸天
讲·日篇》）的朴素的唯物主义宇宙发展观点，从而主张上帝之
存在"无证验可求也"。他说："康德言之上帝之存在，存在判
断也，存在判断起于后天，起于经验，而吾人于经验之中，无固
不可知有，亦不敢说故在，存在之说无证验可求也。"（《诸天
讲·上帝篇》）。这在当时自然科学不发达，封建迷信神创说统
治下的中国却是一个很大的贡献，使我们最早地接触到了西方科
学的宇宙史观。

但是，康有为在介绍康德的星云说的同时，也授引了康德的
不可知论。他说："然天下之物至不可测，吾人至渺小，吾人之
知识至有限，岂能以肉身之所见闻而尽天下之事理乎？"（《诸天
讲·上帝篇》）这样和康德不一样，康有为在星云说里排除了上
帝，而在不可知论里又请进了上帝。正因为上帝之存在与否，他
不可得而知，所以他说："试问奈端（即牛顿）、拉伯拉斯、达
尔文等能推有形之物质矣，其能预推无形之事物乎？庄子曰：人
之生也有涯，其知也无涯。以奈端、拉伯拉斯、达尔文之知至少
而欲尽知天乎？而可决无上帝乎？多见其不知量也。"（《诸天
讲》卷十一）从而他得出"上帝之必有"这个有神论的结论。
康有为的思想，正如他的政治生涯一样，一直是处于矛盾不求自

拔的境地。他曾经说："吾学三十岁已成，以后不复有进，亦不必求进。"（梁启超《清代学术思想》）正是这种"不必求进"的思想使他终于为急剧发展的时代车轮所淘汰，最后成为尊孔复古的顽固守旧派人物。

（二）严复与康德、黑格尔哲学

严复（1852—1921）字几道，福建侯官人，是 19 世纪末我国向西方寻找真理的代表人物之一。1876 年被清政府派往英国留学，回国后任海军学堂教习。1897 年在天津创办《国闻报》，成为当时宣传资产阶级新文化的一个重要阵地。为了配合当时的维新运动，他系统地介绍了西方资产阶级的社会政治学说、进化论和西方资产阶级哲学。戊戌变法后，他和康有为一样，成了封建复古派的代表人物。

介绍西洋思想最早、影响最大要算严几道了，虽说在严氏之前，明末徐光启、李之藻翻译天文、算学、水利之书，为介绍之始，嗣后上海制造局、京师同文馆以及教会之译述，然所译之内容，皆偏于科技术数，与哲学无关。直至严氏，为之一变。蔡元培先生说得好："五十年来介绍西洋哲学的，要推侯官严复为第一。"从 1896—1908 年间，严复先后翻译了赫胥黎的《天演论》、亚当·斯密的《原富》、约翰·穆勒的《群己权界论》和《名学》、斯宾塞的《群学肄言》、甄克斯的《社会通诠》、孟德斯鸠的《法意》、耶芳斯的《名学浅说》。严复译书的态度可算认真严肃，他尝曰："一名之立，旬月踟蹰。"他自己提出的要求是"信、达、雅"。他每译一书，必有一番用意，并附加纠正或证明的案语，其文典雅，吴挚甫称其可与先秦诸子比美，其译书可以作为我国最早意译的代表。

严复留学英国，他的思想也非常着重经验论和归纳法。他说："本学之所以称逻辑者，以如培根言，是学为一切法之法，一切学之学，明其为体之尊，为因之广。"（《穆勒名学》部甲按语）严复翻译穆勒的《名学》，就是想把培根、洛克以来的英国经济科学方法论介绍到中国来。他说培根、穆勒"皆不可轻非"（同上书篇五），大力提倡培根的"实测内籀（即归纳）之学"，来反对陆、王的先验论。可是他在介绍穆勒的名学时，同时引进了康德的不可知论。"西国物理日辟，教祸日销，深识之士，弃物穷微，明揭天道必不可知之说，以戒世人之笃于信古，勇于自信者。远如希腊之波尔仑尼，近如洛克、休谟、康德诸家，反复推明。"（《天演论》卷下，论佛释）在《天演论》下卷"佛释"、"真幻"、"佛法"诸篇里，严复大量发挥了康德不可知论的观点。他说："人之知识，止于意验相符，如是所为，已足生事，更骛高远，真无当也。"（《天演论》卷下，论九真幻按语）"谈理见极时，乃必至不可思议之一境。既不可谓谬，而理又难知。此则真佛书所谓不可思议矣。"（《天演论》卷下，论十佛法按语）后又在《穆勒名学》里加以补充："窃尝谓万物本体虽不可知，而可知者止于感觉"，"理至见极，必然不可思议。"（《穆勒名学》部甲中篇五）在他看来，认识止于感觉，所以只能认识事物的现象，而事物的本质乃是"不可思议"、"不可以名理论证"的（《天演论》按语）。最有趣的是严复和康德一样，通过不可知论，把造物主、灵魂不灭、生死轮回、涅槃佛性放入不可知的彼岸世界，我们只能"姑存其说"，"存而不论"（《天演论》卷下按语）。"佛所称涅槃，即其不可思议之一，他如理学中不可思议之理，亦多有之，如天地之始、造化真宰、万物本体是已。"这在当时反对封建宗教迷信是有一定进步作用的。但他把康德的不可知和佛学的不可思议等同起来，只满足于实证主义重经验归纳的感性知识，而拒绝从哲学方面来深入研究宇宙根本问题，确是受到他的学识和时代的局限。

严复介绍黑格尔哲学，集中表现在 1906 年（丙午）他写的一篇名叫"述黑格尔唯心论"的文章中，该文发表在 1916 年《寰球学生报》季刊上。据他自述，黑氏哲学"其论至深广"，该文试图要"发黑氏之蕴"。这篇文章本来是想解释和发挥黑格尔《精神哲学》里的主观心（主观精神）、客观心（客观精神）和无对待心（绝对精神），可惜直到最后，他只谈了前两种心，"尚有无对待心者，则未暇及也"。

这篇文章是我国最早介绍和研究黑格尔哲学思想的论文，在历史上是有价值的。在文章最后按语里，严复简述了德国哲学发展过程以及黑格尔哲学的根本性质。他说："欧洲之言心性，至笛卡儿而一变，至康德而再变。自是以降，若费希特，若黑格尔，若叔本华，皆推大康德之所发明者也。然亦人有增进；足以补前哲之所未逮者，而黑氏、叔氏二子，所得尤多，故能各有所立，而德意志之哲学，遂与古之希腊，后先竞爽矣。"严复当时能这样把德国古典哲学来龙去脉综述介绍，并认为德国古典哲学"后先竞爽"，高度评价德国哲学实属可贵。他对于黑格尔哲学的介绍和评价是"黑格尔本于此说（即康德学说）故唯心之论兴焉。古之言化也，以在内者为神明，以在外者为形气，二者不相谋而相绝者也。而黑氏则以谓一切唯心，持主客二观异耳，此会康德、笛卡儿二家之说以为说者也，由是而推古今历史之现象，起伏变灭，皆客观心理想之所为，然而其中有秩序焉，则化之进而业趋于无对待之心境，此鄙人所译为'皇极'（即 Absolute，该字《天演论》里又译为'太极'）是已"。这里既阐明了黑格尔哲学师承关系及其独创的贡献，又指出黑格尔哲学关于主客观辩证的有逻辑规律的发展，而达到尤对待的"皇极"或绝对理念的思想。在文中，严复特别强调黑格尔否定性的辩证发展思想。他说："道常新，故国常新，至诚无息，相与趋于皇极而已矣。虽然皇极无对待，无偏倚者也，无对待，无偏倚，故不可指一境以为存，举始终，统全量，庶几而见之。是故国家进化，于何而极，虽圣者莫能言也。……故无不亡之国，无不败之家。"他也赞赏了黑格尔"公道之报复"的思想，他说："故诛罚之行于法典，非弼教也，非改良也，乃公道之报复。报复，事之终也，鹄也。"黑格尔此处所谓"公道之报复"系指希腊神话中的"复仇之女神"（nemesis），既指"历史的正义"、"历史的公道"，亦指"理性的机巧"、"历史的辩证法"，含有自作自受、自己受惩罚、自己否定自己的命运和天道的意思。严复当时能抓住并发挥黑格尔哲学这些宝贵的思想，诚为不易，其在中国最早传播黑格尔哲学的功劳不能不载入史册。

（三）章炳麟与康德、黑格尔哲学

章炳麟（1967—1936）字太炎，浙江余杭人。少受学于俞樾，后不服其孔孟之教，遂写"谢本师"，与师道决裂。1899年到1906年间，章太炎三次东渡日本，结交孙中山，担任同盟会机关报《民报》主编，广泛宣传西方资产阶级哲学和政治学说，曾为邹容《革命军》作序，发表"驳康有为论革命书"，在当时起了很大的革命鼓动作用。晚年思想倾向保守，鲁迅先生曾说："太炎先生生前也以革命家献身，后来却退居于宁静的学者，用自己所手造的和别人所帮造的墙，和时代隔绝了。"（"关于太炎先生二三事"）

章太炎1906年在《民报》上发表了"无神论"一文，这篇文章以大无畏的革命精神向西方基督教发起猛烈进攻，文中极高地赞扬了斯宾诺莎的泛神论。他说："近世斯宾诺莎所立泛神之说，以为万物皆有本质，本质即神。其发见于外者，一为思想，一为面积，凡有思想者，无不具有面积，凡有面积者，无不具有思想，是故世界流转，非神之使为流转。"此一学说，"若其不立一神，而以神为寓于万物，发暮叫旦，如鸡后鸣，瞻顾东方，渐有精神矣"。短短几句话，把斯宾诺莎的哲学真髓概述出来，可见章氏学识之深。继后，他从"物者五官所感觉，我者自由所证知"（"无神论"），这一经验论立场批评了康德以不可知论作为上帝存在的论据。他说："夫有神之说，其无根据如此，而精如康德犹曰：'神之有无，超越认识范围之外，故不得执神为有，亦不得拔神为无'。可谓千虑一失矣。"（引自"无神论"）"千虑一失"这一句可以算得中国对康德哲学的不可知论和存而不论的学说的一次批判，以往不论康有为，还是严复、梁启超均是随同康德的不可知论，强调上帝"姑且存疑"之说，不置肯定或否定，而章太炎一反过去，认此说是千虑一失，实有别开生面之历史进步意义。

章太炎和康有为一样，也介绍过康德的星云说，他在"五元论"里写道："世界初成，溟濛一气，液质固形，皆如烟聚，佛谓之金臧云，康德谓之星云，今人谓之瓦斯气，儒者则以太素目之，尔后渐渐凝成体若熟乳，久之坚硬则地球，于是定位次，是乃有众生滋。"（《章氏丛书》，《别录》三，"五元论"）虽然他自己并没有接受这个学说，但把它先介绍到中国来，自是有一定意义的。

章太炎比较集中地介绍康德哲学的是在他的一篇名叫"建立宗教论"的文章里。这篇文章发表在 1906 年的《民报》上，这篇文章是章太炎从早期唯物论的经验论（以"訄书"为代表）转向主观唯心主义唯识论，从无神论转向宗教论的著作。在这篇著作里他宣称"舍阿赖耶识而外，更无他物"，一切事物和知识都是"由阿赖耶识原型观念而生",因此他接受了康德的十二范畴说和时空说,批判了康德的"物自体",认为那种"以我为空,或以十二范畴为空,或以空间时间为空,独于五尘则不敢毅然谓之为空,故以为有本体名曰物如"的学说,乃是"不知五尘同时是相分,此诸相分同是依识而起",从而从佛学唯心论观点批评了康德。他说:

> 又如康德既拔空间时间为绝无,其于神之有无,亦不欲遽定为有,存其说于纯粹理性批判矣,逮作实践理性批判,则谓自由界与天然界范围各异,以修德之期成圣而要求来生之存在,则时间不可直拔为无,以善业之期福果,而要求生宰之存在,则神明亦可信其为有,夫使此天然界者固一成而不易,则要求亦何所用,知其无得而要幸于可得者,非愚则诬。康德固不若是之愚,亦不若是之诬,而又未能自完其说。(《别录》三,"建立宗教论")

章太炎在这里是从印度佛学立场误解了康德的时空说,实际上康德并未说时空是绝无,而是说它们是先验的感性形式,人们凭这些感性形式才能纳事物于时空加以认识。章太炎这里的批判,只是从佛学唯识论来批评他所不甚清楚的康德学说。

关于黑格尔,章太炎在他早期还是唯物论的经验论者时,曾也作了批判。他说:"最下有唯理论师以无体之名为实,独据遍计所执性,以为固然……犹依空以置器,而空不实有。黑格尔以有无成为万物本、笛卡儿以数名为实体,此皆无体之名。"(《国故论衡·辨性下》)在他看来,黑格尔哲学"犹依空以置器",而这种空并不实有,他从经验论的立场批判了唯理论的虚幻。但他对黑格尔是缺乏了解的,他的批评也是不中要害的,我们找不到他对黑格尔哲学有更多的介绍和批判。

（四）梁启超与康德哲学

梁启超（1873—1929），字卓如，号任公，广东新会人。年轻时，在广州万木草堂听康有为讲学，深受陆、王心学的影响，甲午战争后，跟随康有为参加"戊戌"变法运动。失败后逃亡日本，创办《新民丛报》，涉及的范围相当广：中外历史、文学、哲学、人物传记等等，传播了一些新知识和启蒙思想，当时影响颇大。不过梁启超对于国内外的文化学术思想很敏感，同情介绍，且易受其影响，但也常因此自责。他曾自述自己是"不惮以今日之我与昨日之我战"。彼尝有诗题其女云："吾学病爱博，是用浅且芜，尤病在无恒，有获旋失诸，百凡可效我，此二无我如。"（《清代学术概论》）梁启超在日本还写了一首诗自述其博而无成："我生太不幸，弱冠窃时名，诸学涉其樊，至竟无一成。"（《梁任公诗稿手迹》）晚年深感遗憾："启超若能永远绝意政治，且裁敛其学问欲，专精于一二点，则于将来之思想界当更有所贡献。"（《清代学术概论》）知识分子像他这样大胆，自我反省的人确实不多。

他在日本期间，从 1901—1903 年写了不少介绍西学的文章，宣传西方资产阶级的哲学、社会政治学说和经济学说。他曾发表了一部《西儒学案》，分别介绍培根、霍布斯、笛卡儿、斯宾诺莎、卢梭、孟德斯鸠、边沁以及康德等哲学家的生平及其思想。这在当时可以说是一个创举，其意义有如给中国人提供一部西方近代哲学简史。当然由于初次尝试，难免"稗贩、破碎、笼统、肤浅、错误诸弊"（《清代学术概论》）。他自己承认："启超务广而荒，每一学稍涉其樊，便加论列，故其所述者，多模糊影响笼统之谈，甚者纯然错误。"（《清代学术概论》）他也曾写了一篇"费希特人生天职论述评"，第一次在我国评述了费希特的哲学和政治思想。他强调费希特注重自我，是以"杨朱之为我为出发点，而以墨翟的兼爱为归宿点"。其论虽未必准确，也有一定道理。

梁启超是康德哲学在中国最早的传播者和鼓吹者。他把康德哲学与中国佛学、王阳明心学糅合一起，"相互印证"，"共相发明"。

"近世第一大哲康德之学说"是1903年发表在《新民丛报》第25、26、28、46—48诸期上的，这是我国第一篇系统介绍康德生活及其思想的文章。在文中，他宣称康德哲学"以良知说本性，以义务说伦理，然后砥柱狂澜、使万众知所趋向"。这两句话尚还扼要。他尊崇康德为"百世之师"、"暗黑时代之救世主"。"康德者，非德国人，而世界之人也；非18世纪之人，而百世之人也。"

他首先把康德哲学和佛学糅合一起，宣称"康氏哲学大近佛学"。他认为康德以研究认识的能力、性质及其界限为首要课题的批判哲学是与"佛教唯识之义相印证者也。佛氏穷一切理，必先以本识为根柢，即是此意"。康德讲人的智慧"为自然立法"，他认为这就是佛教所说的"一切唯识所现"。他说，康德讲"一切之物皆随眼镜之色以为转移"，"及佛典所恒言也。《楞严经》云：'譬彼病目，见空中华，空实无华，由目病故，是故云有。'即其义也"。他介绍康德哲学道："是故当知我之接物，由我五官及我智慧两相结构，而生知觉，非我随物，乃物随我也。"继后，他又根据康德的现象和本质不可逾越的鸿沟，强调"若夫事物之本相，其实如是与不如是，是终不可得知"（以上皆引自"近世第一大哲康德之学说"）。

梁启超利用佛学传播康德思想同时，又以王阳明的主观唯心论的心学加以渗透。在他看来，康德哲学和王阳明之学说"桴鼓相应，若合符也"（《新民说·论私德》）。他说"阳明之良知，即康德之真我，其学说之基础全同"，都是"以良知为命令，以服从良知为道德的责任也"。因而他认为"东海西海有圣人，此心同，此理同"（《新民说·论私德》）。在他看来，康德的伦理道德学说"实兼佛教之真如说，王阳明之良知说，而会通之者也"，是"单纯千古之识，而其有功于人道者亦莫此为巨也"。他说康德曰，人之生命盖有两种，一是五官肉体之下等生命"与空间时间相倚"，属于现象，受必然法则支配"而不能自肆"；一是本质的高等生命，即"真我"，"此真我者常超然立于时间空间之外，为自由活泼之一物，而非他之所能牵缚"，因此，本质之生命不像肉体之生命受制于自然界必然规律，"人各皆凭借此超越空时之自由权，以自造其道德性质"，此即为意志自由。善恶"皆由我所自择"，肉体即服从其命令，道德的责任就是绝对服从良知。梁启超认为康德这一道德学说，"以自由为一切学术人道之本，以此言自由；而知其与所谓不自由者并行不悖，实华严圆教之上乘也。呜呼圣矣！""康德所以能挽功利主义之狂澜，单然为万世师者，以此而已。"根据康德这一理论，梁启超进而主张："自由必与服从为缘，国民不服从主权，必将丧失夫主权所赋予我之自由。人而不服从良心，则是我所固有之绝对无上的命令不能行于我，此正我丧我之自由也。故尊重自由者不可不尊重良心之自由。若小人无忌惮之自由，良心为人欲所制，真我为躯壳之我所制，则是天囚也。"（以上皆引之"近世第一大哲康德之学说"）可见梁启超能在当时极力把西洋哲学传播到中国来，特别是把康德哲学着重介绍过来，这不可不说他有一些筚路蓝缕之功。

（五）王国维与康德哲学

王国维（1877—1927）字静安，晚号观堂，浙江海宁人。青年时期有志于新学，认为"今日之最亟在援引世界最进步之学问"（"近年来的学术界"），特别在日本积极学习西洋哲学，他曾自述他在日本学习康德哲学的经过是：

> 次年始读汗德（即康德）之（纯理批评），至先天分析论几全不可解。更辍不读，而读叔本华之《意志及表象之世界》一书。叔氏之书，思精而笔锐，是岁前后读二过。……尤以其《意志及表象之世界》中，汗德哲学之批评一篇为通汗德哲学关键。至二十九岁更返而读汗德之书，则非复前日之窒碍矣。嗣于汗德之纯理批评外，兼及其伦理及美学。至今年从事第四次之研究，则窒碍更少。而觉其窒碍之处，大抵其说之不可持处而已。（"自序"）

可见其钻研康德哲学之艰难。可是至此之后，他并没有发表任何介绍康德哲学的文章。后来他又从哲学转入文学，他曾经自述这段哲学移于文学的经过：

> 余疲于哲学有日矣。哲学上之说，大都可爱者不可信，可信者不可爱。余知真理，而余又甚爱谬误伟大之形而上学，尊严之伦理学与纯粹之美学。此吾人所酷嗜也。然求其可信者，则宁在知识上之实证论，伦理学上之快乐论，与美学上之经验论。知其可信而不能爱，觉其可爱而不能信，此近二三年最大之烦闷，而近日之嗜好，所以渐由哲学而移于文学。（"自序二"）

晚年他又从文学转而治史学。王国维在文学方面有相当的造诣，其《人间词话》、《红楼梦评论》更是脍炙人口。他在学术上要求相当严谨，观点一立不可再变，即使献身而心甘情愿。当

1927 年王国维自己最后自沉于颐和园，其具体情况虽很复杂，我们同意陈寅恪的观点，即根本的原因是为了忠于他所托命的祖国学术文化。

在 1903 年，王国维写了一首《康德象赞》："观外于空，观内于时；诸果粲然，厥因之随，凡此数者，知物之式；存在能知，不存在物。"他认为康德哲学的精华在于时空因果这些范畴，皆是知物之式，我们凭藉这些式而认识事物，但我们能认识的只是事物之现象，而物自体却是不能认识的。王国维理解康德哲学正如他所自述的，是通叔本华哲学为中介的，在他看来，叔本华哲学虽然出自康德，然而是"青出于蓝而胜于蓝"，远超过康德哲学的，他说："汗德（即康德）之学说仅破坏的，而非建议的，彼憬然于形而上学之不可能，而欲以知识论易形而上学，故其说仅可谓之哲学之批评，未可谓之真正之哲学也。叔氏始由汗德之知识论出而建设形而上学，复与美学、伦理学以完全之系统。然则视叔氏为汗德之后继者，宁视汗德为叔氏之前驱者为妥也。"（《静庵文集》，"叔本华之哲学及其教育学说"）这种提高叔本华贬低康德的说法表明王国维对康德哲学的认识是不够的，正因为这，最后他走上了叔本华的悲观主义道路。

王国维认为，叔本华哲学与康德哲学最大的区别，就在于叔氏强调直观（直觉）能体验物自体，因而超出了康德的不可知论。王国维最后的美学思想完全是接受叔本华的直观说的，他强调"静中观我"为艺术的最高境界。康德对于王国维来说只是一个阶梯而已，这并不全由于他缺乏哲学的根器，而是由于中国当时的思想界尚未成熟到可以接受康德的学说。但王国维在研究叔本华、尼采哲学方面却是深的，也是最早的，特别是应用叔本华的悲观主义解释《红楼梦》在当时影响颇大，正是蔡元培先生所说："五十年来介绍西洋学的第二人则推王国维。"（"五十年来中国之哲学")

(六) 蔡元培与康德哲学

蔡元培 (1868—1940)，字鹤卿，号孑民，浙江绍兴人，早年参加同盟会，发表《释满仇》，后来到德国学哲学，回国后曾担任教育总长和北京大学校长。他支持新文化运动，提倡科学和民主。他是我国近代的思想家、教育家和革命民主主义者，是一位在我国教育战线上颇有影响的人物。蔡元培主张大学应当兼容并包，博揽人才。他说："大学者，囊括大典，网罗众家之学府也。《礼记》、《中庸》曰：'万物并育而不相害，道并行而不相悖'，足以形容之，如人身然官体有左右也，呼吸之有出入也，骨肉之有刚柔也，若相反而实相成。"（"北京大学月刊发刊词"）北京大学自由民主的校风颇受此说的影响。

1923 年，蔡元培写了"五十年来中国之哲学"一文，说最近 50 年，虽然渐渐输入欧洲的哲学，但是还没有独创的哲学。所以严格地讲来，"五十年来中国之哲学'一语'，实在不成立"。此话倒真是反映当时的实际情况。

蔡元培曾经介绍过康德的哲学和美学思想。在 1919 年写的"哲学科学"一文中，他介绍说："康德作《纯粹理性批评》，别人之认识为先天后天二类：先天者，出于固有，后天者，本于经验；前者为感觉，而后者为分析法；前者构成玄学（即哲学），而后者构成科学。于是哲学与科学，始有画然之界限"（《蔡元培选集》）。在他看来，康德的现象界和本体界的区分在于"前者相对，而后者绝对。前者范围于因果律，而后者超轶乎因果律。前者与空间时间有不可离之关系，而后者无空间时间之可言，前者可以经验，而后者全恃直观"（"对于教育方针之意见"，《蔡元培选集》第 11 页）。因而以直观直觉为其方法的应属于哲学，而以经验分析为其方法的则应属于科学，哲学和科学应当界限分明，不能混同。这种观点在当时反对儒学，提倡科学，摆脱宋明理学的束缚，是有一定进步意义的。

他还介绍康德哲学说："康德的哲学，是批评论。他著《纯粹理性批评》，评定人类知识的性质。又著《实践理性批评》，评定人类意志的性质。前者说现象界的必然性，后者说本体界的自由性。这两种性质怎么能调和呢？依康德见解，人类的理性是有普遍的自由性，有结合纯粹理性与实践理性的作用。由快不快的感情起美不美的判断，所以他又著《判断力批评》一书。"（《美学的进化》）蔡元培先生认为康德的美学是其哲学精华，能综合纯粹理性批判和实践理性批判的要点，达到最高的统一精神境界。他曾提出："以美育代宗教"说，认为人受美感的熏陶，就能"提起一种超越利害的兴趣，融合一种划分人我的偏见，保持一种永久和平的心境"（"文化运动不要忘了美育"）。他曾经综合和融会康德的三大批判，提出了艺术、科学和道德三者的内在联系及其作用的几句名言，是值得我们传诵深思的："艺术所以表现本体界之现象，而提醒其觉性。科学所以扫除现象界之魔障，而引致于光明。道德之超乎功利者，伴乎情感，恃有艺术之作用。道德之关于功利者，伴乎理智，恃有科学之作用。"蔡先生提倡艺术而反对宗教，与当时提倡科学而反对玄学的趋势，都是代表"五四"运动前后特有的风气，这都反映了蔡元培先生的资产阶级民主主义和人道主义的思想。

（七）马君武与黑格尔思想

马君武（1882—1939），名和，字贵公，广西桂林人。初留学日本，参加同盟会，后去德国，习冶金。晚年任广西大学校长，爱好文学，曾用歌行体翻译拜伦、席勒等人作品。

马君武在 1903 年于《新民丛报》第 27 期发表了一篇文章名为"唯心派巨子黑智儿学说"，这与严复论黑格尔的文章同是我国最早介绍黑格尔哲学的论文。文章共分五节，第一节是"黑智儿之生活"，第二节是"黑智儿之学风"，第三节是"黑智儿之绝对唯心论"，第四节是"黑智儿之论理学"（即逻辑学），第五节是"黑智儿之历史哲学"。

这篇文章与同年《新民丛报》上发表的梁启超的"近世第一大哲康德之学说"比较起来，虽然都是我国 1903 年介绍这两大哲学家的专论文章，然而学术旨意迥然不同。梁启超那文章正如我们上面分析的那样，不是客观介绍康德，而是和他所了解的佛学唯识论任意加以比较，康德在他那里不免被佛学、王阳明良知说有所附会甚或曲解，可以说不是德国的康德，而是中国化了的康德，而马君武先生这篇文章，我认为基本上是根据有关黑格尔的外文材料，做了比较客观的学术介绍，虽然文中对黑格尔的理解有很多是不正确不全面的，因此，这篇文章在我国介绍黑格尔哲学的历史是有一定学术价值的。马君武在文中对黑格尔的评价是很高的："至黑格尔出，而哲学之面目一变，扫除旧说之误，而以规制证明之，以论理法救正谢林之失，脱谢林之范围，而自标新义，以宇宙之实象证真理。呜呼！黑格尔之大名，雷轰于哲学界，放大异彩，固自有真价值在焉，非偶然也。"在他看来，黑格尔哲学使"世人之心目为之一新"的根本观点在于"黑氏以为主观与客观无差别，故心思与事物亦无差别。究而论之，心之与物一而已，内界外界皆真实，而自相等。""黑格尔之哲学大原理，即谓主观与客观相同，而无所别异是也。"在第四节里，他举了很多例子和常识来证明黑格尔的所谓"相反者相同"这一命题，如同《老子》书中阐述的观点一样。其实，他并未真正弄清黑格尔和谢林的区别。文中没有一处谈到辩证法，可见马先生的了解还是不够深入的。这也难怪他，因为他是在中国介绍黑格尔的最早的人物之一。

上面基本上就是我国从变法运动到"五四"运动这一时期介绍康德和黑格尔哲学的情况。从上所述可以得知，这时期的介绍工作是相当少的。虽有时有一些概括的印象，基本上可以说是杂乱的无选择的稗贩阶段。除了梁启超的"近世第一大哲康德之学说"（1903）、马君武的"唯心派巨子黑智儿"（1903）、严复的"述黑格尔唯心论"（1906 年写，1916 年发表）三篇专论文章外，其他都是在一些文章中引到的，并非专门介绍他们的学说。而且，由于刚接触西方哲学，中国传统的观念，科学知识的水平以及语言上的困难，特别是有政治上的牵连，这些介绍是相当不成熟的，甚至有些是错误的。王国维曾遗憾地说："西洋之思想之不能骤输入我中国，亦自然之势"，也有一定道理。但不管怎样，总是介绍过来了，我们也可以说，如果没有这一时期的介绍，我们也不会进入第二时期，它是第二时期的准备和基础，如同种子的萌芽阶段一样，以后我们就会看到这个最初贫弱的种子上愈来愈结成丰厚的果实。

二　中期（"五四"运动至中华人民共和国成立）

"五四"运动后，中国的革命已从旧民主主义革命进入到新民主主义革命时期了，西洋哲学的介绍和传播工作也随之进入了一个新的阶段。这时，我们研究西洋哲学基本上已超出杂乱的无选择的稗贩阶段，进而能做比较有系统的原原本本地介绍了，并且已能由了解西洋哲学进而批评、融会和自创哲学系统，介绍西洋哲学的人数也随之增加，这是前一时期进一步发展的结果。

这时期有几个重要的哲学事件需要在这里先说一下。自从

1923 年，张颐先生回国主持北京大学哲学系，讲授康德和黑格尔的哲学时，西方古典哲学才开始真正进入了中国近代大学的哲学系。自从 1927 年，张东荪、瞿菊农、黄子通等创刊《哲学评论》后，中国才开始有专门性质的哲学刊物；自从 1935 年 4 月中国哲学会成立，举行第一届年会起，中国哲学界才开始有组织地从事哲学理论和中西哲学史的研究；自从 1941 年，中国哲学会西洋名著编译委员会成立后，我们对于西洋哲学，才有严格认真、有系统、有计划的译述和介绍的机构。

下面我们对康德哲学和黑格尔哲学的传播情况分别作一介绍。

（一）　康德哲学的传播概况

首先需提一下德国哲学家杜里舒（H. Driesch），他继杜威、罗素之后，在 1922 年来中国讲学。杜里舒是唯心主义生机论者（Vitalist）。他到中国后，在张东荪和张君劢的支持下，大量贩卖柏格森以来的进化论和生机论学说。1923 年，他在北京曾经做了一次"康德以前之认识论及康德之学术"为题的讲演，当口译者是张君劢。他在这次讲演中，共讲了四个部分：（一）康德以前之哲学，（二）康德哲学，（三）康德后继之哲学，（四）现代哲学潮流。演讲稿曾发表在《文哲学报》第三期、第四期上。他这次讲演对康德在中国传播是有一定影响的。1924 年，也就是他讲演后一年，《学艺》杂志六卷五期出了康德专刊，收录十五篇论述康德的文章，如张铭鼎的"康德学说的渊源与影响"，范寿康的"康德知识哲学概说"，罗鸿诏的"康德伦理说略评"等。1925 年，《民铎》杂志又借康德诞生二百周年纪念，出版了"康德号"（《民铎》六卷四期），大力鼓吹"康德哲学是康德以前的哲学的归着点，康德以后的哲学的出发点"（见《民铎》"康德号"出版启事）。在这期《康德号》里，有胡嘉的"康德传"，吴致觉的"康德哲学的批评"，杨人梗的"康德理性批评梗概"，张铭鼎的"康德批判哲学之形式说"，以及"康德年谱"、"康德之著述及关于康德研究之参考书"共十五篇译著文章。这两期康德专刊是当时中国宣传鼓吹康德哲学的高潮，看来声势浩大，气氛很浓。但究其内容，大多数仍很平乏，都是根据一般哲学史做一些通俗的介绍，很少有对康德原著做深湛的研究，只能说引起了一些人对康德哲学的注意和兴趣。

张铭鼎恐怕要算这一时期最初搞康德哲学的人物了。张铭鼎先生1924年于《学艺》杂志六卷五期上发表了一篇"康德学说的渊源与影响"，继后第二年又在《民铎》"康德号"上发表了"康德批判哲学之形式说"，对康德哲学做了一个比较系统的介绍。他认为康德三大批判的中心思想"就是康氏所拳拳致意的理性主义。他要根据着理性主义，将从前一切学说加以评价，以便从科学、道德、艺术三大文化领域中，得建设出一个确实的基础而完成其批判的精神"。这种强调康德的理性主义，是代表中国"五四"时期要求科学和民主的精神，这可以说是当时讲述康德的时代趋势。张先生也是我国最早从事康德和黑格尔原著翻译的人，他翻译了《黑格尔之历史哲学》（1933年出版）和康德的《实践理性批判》（上海商务，1936年版）两书。遗憾的是，以后很少看见他有什么哲学著作出版。

1928年，《哲学评论》二卷二期上刊登了瞿菊农的一篇文章"康德的《纯粹理性批导》"。瞿又名瞿世英，曾留学于美国哈佛大学学教育，受教于美国新黑格尔主义者霍金（Hocking）教授，翻译了霍金的《哲学大纲》和顾西曼的《西方哲学史》，在我国二三十年代介绍康德和黑格尔哲学的工作中，瞿菊农起了一定的组织宣传作用。他曾经主持《哲学评论》，经常用聚餐方式组织写稿，进行哲学讨论。在他那篇论康德的文章里，他提出康德批导哲学的要点有四："（一）康德确认心灵的活动，在知识行历上，能知是自动的，不是被动的；（二）心灵的活动，在知识行历上，是有他的固有的形式或原则（时空与范畴）；（三）经验是知识的材料，经心灵的综合始成为知识；（四）我们所知的是现象，不是本体。"他认为《纯粹理性批导》就是替这些话做"注脚"。在当时，能这样简明扼要地把康德哲学的中心问题提出来，非对康德哲学下一段苦功夫是办不到的。可惜的是瞿先生的爱好太杂，使他不能够倾注某一个哲学家做深邃的研究，因而他只能做一般介绍和组织的工作。当然这种工作也是不可缺少的。

真正在这方面较有深邃的研究，并能融会自创体系的，要算是张东荪（1886—1978）了。张本是上海《时事新报》的主笔，半路出家搞哲学。他最早是柏格森的信徒，翻译了柏格森的《创化论》和《物质与记忆》，后来又译了柏拉图的《五大对话录》，他自己的著作有：《道德哲学》、《新哲学论丛》和《多元的认识论》。他自称是折中派、杂家，举凡实用主义、新实在论、批评的实在论、层创论、新唯心论等他都有所介绍，当时有人讥讽他的著作是"并非新创，任何断片都取自外国，举凡古代近代欧美的大哲学家，他都本其涉猎之广，抄起来了，所以他的哲学恰恰是外国哲学家的纂集"（见郭湛波《近五十年中国思想史》，北平人文书店，1936 年版，第 184 页）。但他主要的观点仍是康德的认识论，在其《多元的认识论》（1934 年出版）一书中，他自述道："我的认识多元论大体上可说是循康德的这条轨道。"（《多元的认识论》第 45 页）他认为知识之所以可能，是由于感相及其背后的条理、格式、设准、概念等所构成。他介绍康德主要是介绍康德的认识论和伦理学，他认为康德"本体界之有发现于现象者在知识方面为先验的格式；在行为方面为自律的意志（即实践理性）。然而先验的格式必有所对，换言之，即必有待于后天的材料，故其发现为有限制；而自律的意志则无所待而自足，故其发现乃较能发挥自如也……是前者止为'必然'而无不然；后者虽应然而尚能不然"（《道德哲学》，中华书局，1933年版，第318页）。他认为这样就能把握康德哲学的两大批判，即《纯粹理性批判》和《实践理性批判》的精华，这在当时是起了一定的影响的。

周辅成先生在1932年写的"康德的审美哲学"（《大陆杂志》一卷六期）和吕澂先生的"康德之美学思想"（《民铎》六卷四期），是两篇讲述康德美学思想的文章。周辅成先生是研究西方伦理学的，吕澂先生是专搞西方美学的，他们共同都感到有必要把康德的美学思想介绍到中国来。周先生曾"很惋惜中国尚不曾有介绍康德的美学的文字"，自告奋勇写了这一篇文章。周先生的介绍相当详细，全文共分两大部分，一是判断力与悟性和理性的关系，一是审美判断之批导。这是我国对康德美学思想最早较有研究水平的文章。

当时介绍康德自然哲学的文章有郑贞文的"康德之天体论"（1924年《学艺》六卷五期），周昌寿的"康德的运动论"（同上），张水淇的"康德与自然科学"（同上）。这些作者本身都是自然科学家，他们都是从自然科学方面来讲康德，而从哲学方面来讲康德的可能要算洪谦的"康德的先天论与时代科学"（1947年《学原》一卷六期）一文。

洪谦先生是维也纳学派在中国著名的代表，他曾亲炙于石里克（M. Schlick）氏最久，几以宣扬和介绍维也纳学派的逻辑实证主义为其主要职责。他的一本著作是《维也纳学派哲学》（商务，1945年）。"康德的先天论与现代科学"这篇文章是洪谦先生从维也纳学派观点出来批判康德的时空、因果和物自体的学说。他最后得出结论说："康德的先天论与现代科学，无论从理论原则上和思想方法上而言，都是很不相容的。所以现代科学在发展上的意义，在理论方面可以说是恰好证明经验论的哲学观念在科学上的作用，以及对于一切非经验直观的玄学的理论原则的排弃。所以现代科学的精神与意义，自然与古典科学的根本不同了。这一点不仅是康德的先天论在现代科学失去了他的过去的地位之原因，同时也是一切其他非科学的玄学的哲学学派与康德的批判哲学具有同样的命运的原因了。……我们认为维也纳学派是代表现代科学精神的哲学，康德或新康德派的先天论则不能的理由，也在于此了。"这里把康德的先验知识论和逻辑实证论对比得相当清楚。

我国第一个对康德哲学做了比较专门研究并有专著的要算郑昕先生了。郑昕撰有《康德学述》（商务，1946年）一书，这可能是当时中国惟一的一本专论康德哲学的著作。他是从新康德主义观点来理解康德的。他于发挥康德哲学独到的地方，约有三点：第一，着重康德先天自我之为一切知识可能的逻辑条件或逻辑主体。第二，他指出康德的"物如"或物自体，不是绝对独立的外物，亦不是抽出了一切性质关系所残余的离心独立的渣滓或基质，他明白解释康德的物如为"理念"。理念是关于事物认识之主观的统一，有别于柏拉图的理念。第三，他坚持"心外无理"的原则以发挥康德"可能经验的条件，同时即是可能经验的对象的条件"的根本观点，认为经验中的一切事物或实在，皆受逻辑主体之法则的厘定。

郑先生在康德哲学研究里，着重的是把康德哲学的物自体首先理解为理念。他说："康德之以物如为理念，实为他在哲学上的丰功伟绩，是哲学上的'哥白尼式的革命'。"继而，他又把理念解释为"吾心之所赋予者"、"理不在外，心外无理"、心灵与理性的统一。他说："所谓悟性或先验主体，不外是自同一之我。有自同一之我，方有对象之认识。有自同一之我，方有同一之物。有同一之物，方有自同一之对象，拿自同一之我，去'逼出'自同一之对象。空间、时间、范畴，均是'逼'的方法、形式。他正借着'逼'的作为：认识、推理等等，才悟到自同一的我。其始：我与物均是蒙混的。其终：我清明，物也清明，有我之清明，才识出物的清时，由物之清明，才察出我之清明。——是之谓'大彻大悟'，也许近乎'物我同一'、'物我两忘——而化'之境。"他用"逼出"二字来形容主观推出客观，更形象地说明了由主观推演出客观、由范畴推出对象的逻辑必然性。这本书还附带批评了当时流行的宣扬"抽象共相"的《新理学》，说它"满坑满谷，死无对证之理，与人无裨，与事亦无裨"。郑先生从1956年起担任北京大学哲学系系主任，做了一定的工作。为了响应党当时提的"百家争鸣"的号召，他曾发表了"开放唯心论"，引起了哲学界的注意和讨论。

最后我们还要提一下杨昌济先生，大家知道他是毛泽东的岳父，他在"五四"以前曾根据德国康德主义者泡尔生的《伦理学体系》一书写了一本《伦理学原理》，这是阐发康德伦理思想的书，在当时影响颇大，我们知道，毛泽东青年时期受康德的影响就是从这本书而来的，毛泽东曾经在这本书里作了许多的评注。

这时期康德原著的翻译有：胡仁源译的《纯粹理性批判》（1933年，商务万有文库版），张铭鼎译的《实践理性批判》（1936年，上海商务）和唐钺译的《道德形而上学探本》（1939年，商务）。这里顺便提一下蓝公武先生自1933年就开始翻译康德的《纯粹理性批判》一书，1935年全部译完。可是当时并未出版，直至 1957 年才由商务印书馆出版。蓝先生一面翻译，一面研究，在翻译过程中也给当时北大哲学系齐良骥等几位同学讲述过康德哲学。

上述就是解放前我国介绍康德哲学的概况。我们可以看到，康德哲学虽然在"戊戌变法"运动时期就传入中国了，但它的高潮是在 1924 年到 1925 年间。这情况大概是和"五四"运动开创的民主和科学精神相联系的，因为康德的知识论是和科学有关的，要讲科学的认识论，就要涉及康德的知识论。另外康德讲意志自由，讲实践理论，这就必然同民主自由相关联，因此，这时期传播和介绍康德哲学是学术理论界的中心内容。其次我们也可以看到，这时期介绍康德都是从新康德主义观点出发，往往把康德哲学和新康德派哲学混为一谈，强调了康德主观唯心的一面，这是和半封建半殖民地旧中国知识分子政治上的软弱，文化上缺乏基础相联系的。因此，传播康德哲学虽然在 20 年代盛行，但成效不大，以致最后谈康德的仅有学术界为数极少的几个人，研究的深度也是不够的。这里我们可以引用杨东莼先生在 1929 年于《民铎》杂志十卷四号里发表的"思想界之方向转变"一文的话："自张之洞辈的'中学为体西学为用'，而严复的'迻译时代'，而民国八九年的胡适辈的'实用主义'，其间思想之进展之各阶段，都明示随社会的转变而转变之一系列的痕迹。没有社会的转变，便没有思想的转变。任凭康德哲学怎样伟大，都得不到反响，这并非由于中国人对于思想不关怀、不接受，而是伟大的康德哲学在中国之社会的存在中没有这些哲学之存在的根据。"

（二）黑格尔哲学传播概况

和康德哲学比较起来，黑格尔哲学在我国传播的时间却缓慢得多，在 20 年代几乎很少有人知道黑格尔。张颐先生曾回忆当时的情况时说："1924 年春，余自欧洲归抵沪上时，所遇友朋皆侈谈康德，不及黑格尔，竞言认识论，蔑视形而上学。"（"读克洛那张君劢、瞿菊农、贺麟诸先生黑格尔逝世百年纪念论文"）因此，瞿菊农先生在 1921 年写了一篇"黑格尔"发表在《时事新报》上，在当时"只知有康不知有黑"的环境里真可说是"一花独放"，也正因为是一花独放，也就遭到冷落，整个 20 年代杂志上几乎没有一篇讲述黑格尔的文章来唱和。瞿先生在这篇文章里，把黑格尔哲学的基本要义概括如下："存在即是转化，即是发展。存在中的矛盾为发展的动力。存在与自我扩大、自我集中构成历程中的不变的程度、数量、度量；本质现象、本体性、因果与互易行为；主观性、客观性与绝对性皆为存在的次序。"可惜这些范畴，瞿先生自己也讲不清楚，可见当时介绍黑格尔哲学实在不容易。在瞿先生的创导下，1931 年举办了一个纪念黑格尔逝世一百周年纪念论文集刊，后发表在《哲学评论》五卷一期《黑格尔号》上，其中收录了张君劢、瞿菊农、贺麟、朱光潜、姚宝贤等人论述黑格尔文章数篇，这是中国最早集中介绍黑格尔的期刊，虽然介绍还是粗浅的，然而有影响，至少在中国引起注意黑格尔。因为黑格尔哲学不像康德知识论伦理学那样容易引人注意，他的晦涩的逻辑和笨拙的语言，最初多从日本译文转译过来，读起来有困难，所以很少有人问津，现在做这一番集中介绍工作，可以造一些声势，鼓励大家进一步钻研，所以我认为，《哲学评论》杂志这一期在我国传播黑格尔历史上是有贡献的。

张颐（1887—1970）先生是这一时期最早研究黑格尔哲学首屈一指的人物。他是四川永宁人，字真如，1912 年出国留学十载，他先在美国密西根大学选习哲学，对康德和黑格尔哲学最感兴趣，1919 年撰写了《黑格尔的伦理学》博士论文一书，在美国获得博士学位。后来到英国牛津大学学习，受教于开尔德（B. Caird）、约阿钦（Joachim）和斯密士（J. A. Smith）诸教授，1921 年赴德国亲临黑格尔故乡学习黑格尔哲学，会晤了德国有名的黑格尔专家拉松博士。1924 年回国后曾任北京大学哲学系主任，讲授西方哲学史、康德哲学和黑格尔哲学。他的那本《黑格尔的伦理学》是用英文写成的，书名是《黑格尔伦理学说的发展、意义及其局限》。在他回国后，即 1925 年由商务印书馆刊行，次年再版一次。斯密士教授曾为之作序，斯氏在序中说："特别有趣的是张教授讨论了黑格尔关于家庭及家庭和国家的观点。在这里，他以他的批评超过了黑格尔，消除了一般西方思想和制度所根据的偏见。他在这方面的思想是中庸之道，应当予以注意。"1926 年，美国芝加哥的《国际伦理杂志》发表英国墨铿惹（J. S. Mckenzie）教授的书评。1927 年，德国习尔熙（E. Hirsch）教授也发表了书评。1928 年，德国著名黑格尔专家拉松博士在柏林的《康德研究》三十三卷里也对此书发表了评论，认为该书对于黑格尔，较许多德国人作者尤为公允。可见这书在国外是有不小影响的。可惜张颐先生回国后，除了讲课外，很少再有这方面的论著发表，致使国人很少了解他的哲学见解。在1931 年，张颐先生曾就黑格尔哲学名词译法同张君劢发生了一次较大的争执，两人在《大公报》、《北平晨报》上展开了辩论，辩论的内容虽然并不是什么大问题，然而由于辩论，也吸引了一些人对黑格尔哲学的注视。张颐先生对黑格尔哲学独创的看法，可以从他对黑格尔《逻辑学》中范畴关系的解释看出。他说："据余所见，各范畴（指 Hegel 范畴）有简单与繁多、抽象与充实之等差，而无时间先后之区别，故其最高范畴，在推演上虽最后出现，而在实际上则最为根本。黑氏有言曰：'最初者乃最末，最末者乃最初'，此之谓也。"可惜的是张颐先生直到去世，尚未出版一本论述黑格尔的著作。他生前除了那本英文写成的《黑格尔的伦理学》外，还有一部就是未出版的《六十自述》手稿。

朱谦之（1901—1971）也是一位解放前介绍黑格尔哲学的人物。在1933年出版了他的《黑格尔主义与孔德主义》一书，该书除有他自己写的"黑格尔的百年祭"、"黑格尔主义与孔德主义"、"黑格尔的辩证法"等文章外，还翻译了日人介绍黑格尔生活思想的七八篇文章。在"黑格尔的百年祭"中，朱谦之先生自述他"对于黑格尔哲学是持批判的态度"，既不同于辩证唯物论的立场，又不同于德国左右派黑格尔立场，他说："我是有自己哲学的立场，即'生命辩证法'的立场。……在历史哲学上将黑格尔与孔德结合，在生活哲学上将黑格尔与柏格森结合。所以在这一点，我应该公开承认我不是一个 Hegelian（黑格尔主义）旗下的人，我只是一个抱自己主张的'Half—Hegelist'（半黑格尔主义者）。"在朱先生看来，黑格尔是形而上学的代表，孔德是实证科学的代表，前者是辩证法，后者是归纳法。他主张黑格尔主义是"破坏的智慧"，孔德主义是"建设的智慧"。根据朱先生的分析，辩证法在历史上经历了五个阶段，即古代希腊辩证法；神学辩证法；唯心论辩证法；唯物论辩证法和生命辩证法。在他看来，以哈特曼、柏格森、狄尔泰为代表的生命辩证法是辩证法的最高阶段。朱先生实在是根本不了解马克思的唯物方法，他所谈的马克思的唯物论实际上是机械唯物论和庸俗唯物论。朱先生之所以这样讲，只能表明他所代表的只是当时在中国很流行的柏格森一派的直觉主义、生机主义的反理性主义看法罢了。解放后在北京，我曾同朱先生有过接触，承他赠送我一油印小册子《五十自述》，并出示他在抗日战争末期，蒋政权垮台的

前夕，在物质环境、政治迫害都很艰苦险恶期间所愤发写成的
《庄子哲学》和《黑格尔哲学》。前一本书，朱先生用以表示自
己"与天地精神往来，与造物者游"这种超世的、隐遁的、沉
默的、他所谓"消极革命"。后一本书里，他认为黑格尔哲学是
积极的、稳健的革命哲学。他说黑格尔1831年的最后著作《英
国宪政改革论》为普鲁士政府所畏惧，黑格尔是"启蒙运动及
法国革命精神之较深刻较有力的宣示者"（《五十自述》）。《庄
子哲学》和《黑格尔哲学》每一稿本约有30万字，朱先生自称
他"发表欲"是最强的，不知怎么这两本书至今未见出版。

郭本道1934年出版了他的一本《黑格尔》（世界书局版），
此书是值得注意的。我们可以说，在中国全面系统阐述黑格尔整
个哲学全书内容的，本书是最早、较好的一本。在该书序言中，
郭先生写道："在近代思潮中，黑格尔哲学实占一重要地位，无
论信仰他的或反对他的，皆不能否认其价值。因近代经济政治的
趋势，我国思想界，亦渐渐的对于黑格尔哲学有了兴趣，然在出
版界中，对于黑格尔哲学尚无系统之介绍。本书的目的在将黑格
尔哲学的整个系统及其逻辑推演的历程详细述明。"（该书序言）
全书可分四编。第一编概论，讲黑格尔哲学渊源及黑格尔传；第
二编论黑格尔的逻辑学，基本上按照《小逻辑》范畴体系系统
讲解；第三编论自然哲学；第四编论黑格尔的精神哲学。全书十
万余字。这本书在解释黑格尔方面是有独到通俗的价值，有些解
释直到现在还可以引为参考。这里我录一段作者解释黑格尔如何
解决康德、费希特和谢林的问题的，就可见一斑："以黑格尔看
来，绝对者并不是超出乎自我与非自我，它乃是自我与非自我打
成一片的。绝对者并不是静止不变的一个实体，它也不是心与物
之共同原则。心与物也并不是它的两方面。心与物乃是绝对者自
己展示自己历程中的一种阶段。这种历程乃是绝对者的自身。谢

林以为一切现象，都是从绝对者而来的，所以他的绝对者是在一切现象以外的一个东西，黑格尔以为绝对者是一切进化历程的本身，他并不仅是产生心、产生物的一个源头。心与物乃是它活动进展的一种表现。简言之，绝对者是一种进化的历程，这种向前演进是有目的的，是循一定的律例的，但这种目的，这种律例并不是绝对者以外的东西，它仍是绝对者自身。"（该书第41—42页）他把黑格尔的绝对理念不是看做在心物之外存在的东西，而是看做心物展示历程本身，这可以说抓住了黑格尔哲学的根本精神。另外他也讲到"最抽象的概念，为黑格尔逻辑学之出发点。最具体的概念，则为黑格尔逻辑学之最终点。因最抽象者为出发点，其所推演出之以下的概念，必为较具体者，愈向前推演出之范畴，则亦必愈具体，至其推演之极端，则必为具体之概念，黑格尔名之曰'意典'（当时有不少人译 Idea 为意典）乃最具体最完备之解说"（该书第67页）。他这种对黑格尔抽象到具体的解释是相当正确的。最后他对黑格尔整个哲学系统作了如下阐述："哲学的出发乃是自逻辑学中的意典起，到了绝对精神界中的哲学为止。意典本身是空的，抽象的，当其将自己放在外界时，则成为自然界，当其由自然界返回本身时，则成为绝对精神。绝对精神乃是意典对自然界做了一次旅行，又回到老家来，精神界演到哲学这个范围之中，乃是自己返回老家来了。……黑格尔的整个哲学系统乃是理性自己的推演，乃是绝对者自己对于自己的展示。"（该书第260—261页）这些看法都有可取之处。最突出的是郭先生讲到黑格尔晚年之所以推崇普鲁士政府，"盖以其山河之破碎，国家之灭亡，痛心疾首，故倡是说以造成一强而有力之政府，非故意逢迎其政府。观其以后所著之《法理学》一书，因其不肯牺牲自己之意见，以致触怒皇室，可为证明"（该书第7页）。这样一种讲法是有一定的道理，很值得我们今天注意。我认为这本书在我国传播黑格尔哲学的历史上是值得记一笔账的。郭先生同年还在《行健月刊》四卷五期上发表了一篇名为"对于黑格尔辩证法的几点意见"的文章。他认为："不了解黑格尔辩证法，即不了解黑格尔的整个哲学系统。欲了解黑格尔哲学精华之所在，必须研究黑格尔的辩证法。"他首先从纯粹哲学立场，近代政治潮流趋势，近代经济学立场三方面分析研究黑格尔辩证法之必要，继而谈到黑格尔辩证法的渊源、意义及其特点等问题，选题恰当，立意平稳，抓住黑格尔哲学的本质和要害，这也是一篇很有学术价值的论文。

周谷城先生是湖南益阳人，1898 年生。1921 年起即与毛泽东在长沙湖南省立第一师范学校共事。他教书，毛泽东在一师附小任主事。当时周先生从日本邮购英文和德文的马克思《资本论》各一部。毛泽东看见他读《资本论》很高兴，半庄半谐地对周先生说："你看这些书，不怕惹麻烦吗？"周先生说："该不会惹什么麻烦吧！"两人经常促膝谈心，对学术文化国家民族生死存亡大事，无所不谈，结成了真挚的友谊。

周先生在"五四"运动时期，对各种思想如共产主义、无政府主义、民主主义等，都曾考虑进行研究；对各家哲学如柏格森、罗素、詹姆士、杜威等的著作，也曾作了钻研。他说："总以为多读些书，由博返约，总有一天可以自树体系，成一家之言。事情真有些凑巧的地方，我这样做，居然组成了一个体系，后来商务印书馆于 1924 年把我的书印出来，书名叫做《生活系统》。"此书的目的是要说明生活进展所必经过的几种很明显的阶段，亦即指人类社会历史演进中一些普遍的原理。这些思想代表他以后理论工作的哲学泉源。

周先生是著名的历史学家，对美学思想亦有不少新的见解，有很多著作，这里仅就他关于黑格尔的译著简略介绍。1930 年，他到中山大学任教，并兼社会学系主任。这时他阅读了很多黑格尔的书，并将哈里士的英译本《黑格尔逻辑大纲》译成中文，又翻译瓦拉士的英文本《黑格尔逻辑》。1933 年，他到上海暨南大学任教授，并兼史社系主任，他一方面编写《中国通史》，另一方面进一步钻研黑格尔哲学尤其是黑格尔逻辑。他翻译《小逻辑》约十二万字，曾托《思维月刊》分期发表，只因《思维月刊》被当局压迫停刊，译稿随着遗失。

他早年写过两篇论述黑格尔的文章，一篇是 1933 年发表的"黑格尔逻辑引论"（《新中华》杂志，一卷十八期），一篇是 1934 年发表的"黑格尔逻辑中之'质量'论"（《时代公论》，三卷八期）。前一篇文章主要是根据瓦拉士译的《小逻辑》，阐发黑格尔逻辑实体在发展过程中必经的三个阶段。后一篇文章主要论述黑格尔《小逻辑》第一篇"存在论"的质、量、尺度三环节。这两篇文章对于理解黑格尔《小逻辑》是很有帮助的。周先生在 1934 年翻译出版了黑格尔的《逻辑大纲》（《正理报社》，1934 年版，1952 年商务印书馆重印）。这是我国翻译黑格尔《逻辑学》较早的一本。

谷城先生于 1955 年在《新建设》第三期上发表一篇"实用主义批判"的文章。在当时全国批判实用主义或胡适思想的高潮中，周先生运用阶级观点和毛泽东的实践论。他说："资本主义一入帝国主义阶段，于是以意志、行动为重心的实用主义应运而生。英国罗素曾谓美国杜威的哲学是一种势力哲学，是与帝国主义、产业势力、汽车文化等相同而至的，是应资本主义世界之需要而产生的。杜威便反唇相讥曰：'罗素先生惯喜把实用主义的认识论与美国产业势力的黑暗面联系起来。很像我想把他的哲学与英国地主贵族的利益联系起来一样。'"

继此，谷城先生"把实用主义的远祖及近亲找出来"进行批判。他提出实用主义的学者有"三个巨头，即英国的席勒、美国的詹姆士及杜威是也。这三个人中又以詹姆士（1842—1910）为中心。他的著作中有一本叫做《实用主义》。其次是杜威（1859—1952），他称他自己的哲学叫工具主义，有时又叫实验主义。因为他著有《实验逻辑论丛》。再其次是英国的席勒（1864—1937），他著了一本叫做《人本主义》的书。实用主义的远祖是公元五世纪的智者派，名字叫普罗泰戈拉，他认为人是万物之权衡。实用主义的近亲是德国的尼采、法国的柏格森，他们都可以叫做反理性主义或以意志为重心的同一流派"。

谷城先生最后引证毛泽东的《实践论》说，"认识从实践始，经过实践得到了理论的认识，还须再回到实践中去"。"实用主义者恰恰与此相反：他们把应付环境的实践本身当作真理，美其名曰动的真理。其实是取消真理，否定真理。"

我读到《新建设》1956年第二期上刊载的周谷城先生所写的"形式逻辑与辩证法"一文，可以说是抓住了当时学术界一个重要的问题，并提出自己的看法。

他主张形式逻辑要为辩证法服务。例如，"凡存在的事物是发展变化的"。可以依据形式逻辑推出："凡存在的事物是发展变化的"，"中国社会是存在的事物"，"故中国社会是发展变化的"。

他进一步说："形式逻辑既不可与形而上学混同，又不可与辩证法并列。其关系可以一言蔽之曰，是帮助思维的东西。它与文法学、修辞学相近，但不可与辩证并列。辩证法所已了解的事物，形式逻辑则对它做各种推论，使了解更正确。了解事物须与事物做斗争，须有感觉经验等，根据已有的了解作推论，则不与事物发生直接关系也可以办到。"再则辩证法指挥我们获得，形式逻辑则帮助我们进行推论。前者可以创获关于宇宙的新知，后者可以纠正关于认识的前后矛盾，创新与正误，都是认识所不可少的。也可以说，辩证法是主，形式逻辑是从。但辩证法离开了实践，不与实际相结合，也不能发挥作用。要救此弊，只有诉诸实践。毛泽东在《实践论》中说："无论何人要认识什么事物，除了同那个事物接触，即生活于（实践于）那个事物的环境中，是没有法子解决的。"

现在通观谷城先生关于形式逻辑与辩证法的全部思想，比较两者相异的地方。他明确指出，辩证法能够创获新知，形式逻辑可以纠正认识的矛盾错误，这是正确而无可非议的。又谈到辩证法与形式逻辑虽有主从的分别，但两者不能分离，必须与实际结合，归到实践论的根本思想，我认为是正确的。

朱光潜先生（1897—1986）在1933年于《哲学评论》上发表了一篇"黑格尔哲学的基本原理"的文章。这篇文章主要是阐述"黑格尔怎样比柏拉图和康德走进一步"这个问题。他的答复是"他（指黑格尔）采取柏拉图的'客观的共相'之说和康德的'非感官的共相'之说，把他们的'物质'或事物本身打消，然后把心物证成同一的，把宇宙证为'非感官的'共相产品，把诸'非感官的'共相证为一气贯串的，从而是绝对的唯心主义，绝对的一元主义。"朱先生是研究美学的，他的《谈美》一书是雅俗共赏的名著，他主要致力于介绍发挥康德与黑格尔的美学思想。1948年出版了他的《克罗齐哲学评述》（正中书局）一书。在他看来，欧洲近代哲学的主要成就是康德、黑格尔以来的那一线相承的唯心派哲学，而克罗齐是这一派的集大成者，所以他要介绍克罗齐的哲学。他自述："我因为要研究克罗齐的美学，于是被牵引到他的全部哲学，又因为要研究他的全部哲学，于是不得不对康德以来的唯心主义做一个总检讨。"（见该书序言）这本书可喜的地方是朱先生自己对待唯心论的态度，他说："作者自己一向醉心于唯心派哲学，经过这一番检讨，发现唯心主义打破心物二元论的英雄的企图是一个惨败，而康德以来许多哲学家都在一个迷径里使力绕圈子，心里深深感觉到惋惜与怅惘，犹如发现一位多年的好友终于不可靠一样。"这里揭示了朱光潜先生内心世界的矛盾，一方面眷恋唯心论，对康德、黑格尔唯心论有深厚的感情，另一方面又感到唯心论并未彻底解决心物问题，除非走到"万法唯我一心"的死胡同里，摆脱不了自相矛盾。但在最后他还是认为："克罗齐的哲学系统，虽有许多漏洞，而他对于美学、伦理学和历史学的见解仍极可宝贵。"

朱先生虽集中研究美学，但他早年著有《悲剧心理学》、《文艺心理学》、《变态心理学派别》等作为心理科学的基础。至于他晚年所发表的一些论文以及《谈美书简》、《美学拾穗集》等专著，更是炉火纯青，把马克思主义与他自己的创获的美学思想融贯为一了。朱先生通晓英语、德语、法语、俄语四种语文，他曾经费了很多精力来翻译西方哲学和美学著作，最主要的著作有：柏拉图的《文艺对话集》，莱辛的《拉奥孔》，爱克曼的《歌德谈话录》，黑格尔的《美学》三卷本，维柯的《新科学》等。而维柯的《新科学》是他的绝笔，且表示他从前对克罗齐唯心论思想有不同的看法。

总计朱先生共有七百多万字的论著和翻译，对中国文化增加了珍贵的财富，使他在中国文学、哲学史和美学发展史上享有重要的地位。

还有几个人需要在这里提一下，这就是谢幼伟、施友忠、唐君毅几位。谢幼伟在美国哈佛大学和康乃尔大学学习哲学多年，抗战后到解放前曾担任浙江大学哲学系主任和教授。最初由研究英美的新实在论出发，而转移到英美的新黑格尔学派，特别服膺布拉得雷（Bradly）与鲁一士之说，他译了鲁一士《忠的哲学》和布拉得雷《伦理学研究》，并撰有《现代哲学名著述评》一书（正中书局，1947 年版）。熊十力先生称谢幼伟这书"思睿而识卓，学博而量宏……脚踏实地，虚怀以读中西哲学之书，不为苟同，不妄立异。其评论行书，皆有精鉴"。（见熊序）谢幼伟书中导论三篇谈中国哲学的特征及现代西洋哲学的背景，确实表现他读书很多，议论平正，尤其是他打破中国月亮不如外国月亮圆的半殖民主义的成见，他认为"中国哲学已在进步途中"，"一方面因能发扬中国哲学之传统精神，一方面亦能纠正中国哲学之传统缺陷"。他评述了熊十力的《新唯识论》、贺麟的《近代唯心论简释》及章士钊《逻辑指要》诸书，有介绍，有评论，以致引起三本书的作者都各写信给他，赞扬他客观论述，回答他所提出的问题，使得他这书增添了新材料。对东方哲学家，他还评述了印度泰戈尔《人的宗教》一书。此外，对于西方哲学家他批判了杜威、布赖斯、爱耶尔、怀特海、克罗齐、亚历山大等人的哲学思想。在当时应该说是较有哲学水平的一本著作，广泛阅读中外哲学家的著作，而能加以虚心客观的评述。

施友忠先生刊行了一册《形而上学序论》，又名《说心》（金陵大学 1943 年）。他这书黑格尔气味相当浓厚，当时就有人说他这册《形而上学序论》实际上是黑格尔哲学序论，他是从新黑格尔主义布拉得雷和鲍桑凯观点来阐发，"心是本体，经验是现象"，"就吾人认识范围以内言，心不离境，境不离心，心依境而造境，境随心而限心"，都是宣扬新黑格尔主义的一些言论。

唐君毅先生写了一部《人生之路》，这是他根据黑格尔的《精神现象学》的方法来写的一部唯心论著作。但对我们理解黑格尔哲学有一定帮助，例如他说，"所谓绝对真理即存于相对真理之和谐贯通间。相对真理之融化，相对真理之彼此互为根据即绝对真理之内容"。唐君毅是香港、台湾、扬名海外的伟大之哲学家，著作等身，门下弟子很多，传继其学派。可惜已于1978年逝世。他最重要，也是他集大成的著作为《生命存在与心灵境界》，是二千多页的两巨册。我曾写了一篇"唐君毅先生的早期思想"作为他廿八卷本的"读后感言"，并曾于1984年在香港报纸上发表过。

在讲黑格尔哲学在中国的传播概况时，也不能忽视另一面，即在我国学术界介绍黑格尔哲学的同时，也出现了一股反马克思主义的政治潮流。由于马克思的唯物辩证法是继承、批判和改造黑格尔辩证法而发展的，所以研究黑格尔辩证法也往往涉及马克思主义唯物辩证法。这样，一些反马克思主义的文人就借研究黑格尔辩证法来攻击马克思主义的唯物辩证法。最早反对辩证法的，是胡适。胡适曾经说过："从前陈独秀先生曾说实验主义和辩证法的唯物史观是近代两个重要的思想方法，他希望这两种方法能合作一条联合战线。这个希望是错误的。辩证法出于黑格尔的哲学，是生物进化论成立以前的玄学方法，实验主义是生物进化论出来以后的科学方法，这两种方法所以根本不相容，只是因为中间隔了一层达尔文主义。"（《胡适文选》第3页）在以实验主义为标榜的胡适看来，辩证法只是非科学的玄学方法。

继胡适之后的，可能算张东荪、张君劢了。在1934年，张东荪、张君劢组织了一批反马克思主义的文人编汇了一册名为《唯物辩证法论战》的书，张东荪亲自为该书题了柯亨（M. Cohen）的"如有人要我在共产主义与法西斯主义二者中选择其一，我就会觉得这无异于选择枪毙与绞刑"这段话。他在该书中明确说："本篇目的不在于要批评黑格尔……但以上所说的黑格尔的错误却于以后都遗传给马克思了。换言之，凡黑格尔的毛病马克思无一不具，而黑格尔的比较上说得通的地方，马克思却一概删除。所以马克思的辩证法其不通乃甚于黑格尔。不过有些确是沿袭黑格尔而来的，因此我们批评马克思，更不能不批评黑格尔。"还有一个叫张佛泉的人，也写了不少借黑格尔辩证法攻击马克思唯物辩证法的文章。他在1932年写了一篇"黑格尔之对演法与马克思之对演法"的文章，副标题是"黑格尔能讲对演法，马克思不能讲对演法"。他认为马克思对于对演法本身并无兴趣，而是别有政治意图。他这篇文章正如当时人们所说的"气盛、理弱、语激越、意卑鄙"，当时有不少人群起而攻之（见《大公报》，《现代思潮》，1932年三十三期）。

这个时期黑格尔原著的翻译情况是，1932年王灵皋译了《黑格尔历史哲学纲要》（上海神州国光社），1933年张铭鼎译了《黑格尔之历史哲学》（上海民智书局），1936年王造时、谢诒征译了《历史哲学》（上海商务）。

上述是这一时期在我国介绍传播黑格尔哲学的概况。由此可以看到，黑格尔哲学的传播是后于马克思主义的传播。过去研究黑格尔哲学的人由于很少接触到马克思主义，对马克思主义缺乏理解，因此只能从新黑格尔主义来理解黑格尔哲学。

解放后，由于斯大林曾经说过："德国古典唯心主义哲学是对法国革命的贵族反动"，另外，苏联专家克列在人民大学讲授西方哲学史时，公开宣称"黑格尔是马克思主义的最凶恶的敌人"，这些错误的言论对我们哲学界正确理解黑格尔哲学是起了不小的阻碍作用的。在这种错误观点的笼罩下，又在大量有关德国古典唯心论哲学著作的苏联书籍和论文在我国广泛流行下，使我们不能正确评价马克思主义三大来源之一的德国古典哲学。

（三）我介绍康德黑格尔哲学的回顾

我从小深受儒学熏陶，特别感兴趣的是宋明理学，我认为治哲学应以义理之学为本，词章经济之学为用，哲学应当与文化陶养、生活体验结合。1919 年秋，"五四"运动之后我进了清华学校（1925 年以后的清华大学的前身），我先后听过梁启超几门中国哲学史的课程，对学术研究浓厚的感情和兴趣引起我很大的共鸣。在我快毕业的时候，我选了吴宓的"翻译"课，在他的鼓舞下，我翻译了一些英文诗和散文并对照原文阅读几种严复所译的著作，于 1925 年冬在《东方杂志》上发表了"论严复的翻译"一文。从这时起，我就想步吴宓先生介绍西方古典文学的后尘，以介绍和传播西方古典哲学为自己终身的"志业"。1926 年我出国留学。在美国留学时代，我最感兴趣的是英国的新黑格尔主义者格林（T. H. Green，1836—1882）和美国的新黑格尔主义者鲁一士（J. Royce，1855—1916），特别是鲁一士《近代哲学之精神》和《近代理想主义演讲》这两本书对我启发甚大。我在美国当时就着手翻译其中的几篇论述黑格尔《精神现象学》的文章，以求把黑格尔哲学的精神早日传播到中国来。我之所以钻研黑格尔哲学，与其说是个人的兴趣，还毋宁说是基于时代的认识，我当时曾说过："我之所以译述黑格尔，其实，时代的兴趣居多。我们所处的时代与黑格尔的时代——都是：政治方面，正当强邻压境，国内四分五裂，人心涣散颓丧的时代；学术方面，正当启蒙运动之后；文艺方面，正当浪漫文艺运动之后——因此很有些相同，黑格尔的学说于解答时代问题，实有足资我们借鉴的地方。而黑格尔之有内容、有生命、有历史感的逻辑——分析矛盾，调解矛盾，征服冲突的逻辑，及其重民族历史文化，重有求超越有限的精神生活的思想，实足振聋起顽，唤醒对于民族精神的自觉与鼓舞，对于民族性与民族文化的发展，使吾人既不舍己骛外，亦不故步自封，但知依一定之理则，以自求超拔，自求发展，而臻于理想之域。"（见拙译《黑格尔学述》后序）也正是在这种时代精神鼓舞下，我在"九一八"事变后在《大公报》陆续发表了关于"德国三大哲人歌德、黑格尔、费希特处国难时之态度"一文，后来又由北京大学出版社出版。

为了进一步学习黑格尔哲学，1930 年我从美国到德国，这时我才感到要把握黑格尔哲学，非先要研究斯宾诺莎和康德不可，斯宾诺莎和康德是通向黑格尔的两条路线，我在国外写了一篇论述斯宾诺莎身心平行说的文章，曾得到斯宾诺莎全集拉丁文及德文版编辑者犹太人格布哈特的赞赏，他约我在福兰克府附近他的"金溪村舍"做客，并向我讲学，陪我游览。他还介绍我参加了国际斯宾诺莎学会。但因为那时希特勒反犹太人运动已经开始，格布哈特先生不久就被迫害致死，以致斯宾诺莎协会及其编印年刊等活动，至今还没有恢复工作的消息。从这时起，我就着手翻译了斯宾诺莎的《伦理学》。1931 年回国后在北京大学任教，并在清华哲学系兼课，讲授西方现代哲学、西方哲学史和黑格尔哲学等课程。

我的第一篇论述黑格尔的文章是"朱熹与黑格尔太极说之比较观"，在 1930 年《大公报》文学副刊第一四九期上发表。我是想从对勘比较朱熹的太极和黑格尔的绝对理念的异同，来阐发两家的学说。这篇文章表现了我的一个研究方向或特点，就是要走中西哲学比较参证、融会贯通的道路，在文中我强调了"太极"（Absolute 亦可译绝对）是古今中外客观唯心论哲学家最基本的范畴，有的哲学家强调太极是心，有的则强调太极是理，而我认为朱熹、黑格尔却是强调"心与理一"，而且他们认为，要达到心与理一的最高境界，非要经过千辛万苦、长途跋涉、辩证发展的过程才能完成。我认为，从周敦颐到朱熹，从康德到黑格尔，是中外客观唯心论发展的两个典型阶段。

我有一个基本想法，就是要想把西方哲学真正地传播到中国来，郑重订正译名是首务之急。我早年所写的那篇"论严复的翻译"的文章，认为对于译名的不苟，应当采取严复的"一名之立，旬月踟蹰"的态度。我曾经主张"译名第一要有文字学基础，第二要有哲学史的基础，第三，不得已时方可自铸新名以译西名，但须极审慎，且须详细说明其理由，诠释其意义，第四，对于日本名词，须取慎重态度，不可随便采纳"（见拙译《黑格尔学述》译序）。为了实践这一看法，我对康德和黑格尔的哲学名词中文翻译曾下了一番功夫。在1936年我写了"康德名词的解释和学说的大旨"一文，发表在《东方杂志》上。例如，其中对康德"a priori"（先天的，在先的）一词的解释，我是这样说的："'在先'亦有逻辑的在先与时间的在先之别，哲学中的先验逻辑或先天学大都是指逻辑的在先而言。又凡理论上在先之物，为构成经验之先决条件（即范畴）。因此'在先'或'先天'实具有普遍性、必然性、内发性三特点。康德的先天哲学就是要指出吾人的经验和知识之所以形成的先天的或先验的逻辑基础。"正因为这样，我认为 a priori knowledge 与 transcendental knowledge 的区别，不是先天知识与先验知识的区别，而是先天知识与先天学知识的区别，犹如"社会的"与"社会学知识"的区别一样，又如 transcendental ego 先验自我就是指逻辑的自我或逻辑的主体，而非经验中的实际的我。据我当时的理解，先天与先天学或先验学知识虽有区别，但在逻辑上并不矛盾。

当时也的确出现一批质量较高的译著，例如陈康译的《巴曼尼德斯篇》，注释就占原文的九倍，是一部很有研究水平的译著。其次如谢幼伟译的《忠的哲学》、樊星南译的《近代哲学的精神》，都是比较好的译本。我译的斯宾诺莎的《致知篇》也是本着翻译和研究相结合的原则，前面有一长序"斯宾诺莎的生平及其学说大旨"，后面有附录，题为"斯宾诺莎的逻辑思想"。

我讲述康德的文章，除"康德名词的解释和学说的大旨"外，还有"时空与超时空"（见《近代唯心论简释》）、"逻辑方法的性质——斯宾诺莎的逻辑思想"（见《致知篇》），在前一篇文章里，我强调了康德的时空观乃是"康德的先天直观学之不朽的伟大发现"。我说"用康德自己的话来说：时空是心中的先天型式，是先于一切经验而为规定一切经验对象的纯直观，是使人类一切感官知识可能的主观条件"。当时我认为康德所谓时空之主观性约有三层意思："第一，时空的主观性即等于时空的理想性，认时空非离意识而独立存在的实物或物自身。第二，时空的主观性是指时空是属于主体方面的认识功能或理性原则，而非属于客观对象方面的性质或关系。第三，所谓时空的主观性的学说正是要时空在经验方面之所以是必然普遍而有效准的原则奠立基础，而不是认时空为个人主观的无常的意见或幻想。"后一篇文章，我强调了康德的"依原则而认知"的认识方法。我说："康德的道德哲学说，一言以蔽之曰，'本通则以行为'；康德的逻辑学说，一言以蔽之曰，'依原理而求知'。行的方面，以个人应当奉行的无上律令为准则，使自己的意志遵守自己制定的律令，而形成纯义务的道德。知的方面，依知性的纯概念或先天原则以规定感官经验，使经验遵循先天的范畴，而形成科学知识。"

康德哲学在我看来是通向黑格尔哲学的源泉。要理解黑格尔哲学，非先从康德哲学出发不可，治黑格尔哲学的人，没有不先治康德哲学的，但康德哲学最后逻辑地必然要发展到黑格尔哲学上来。当然，我当时由于认识的局限，还看不见经过费尔巴哈的过渡批判发展到马克思主义哲学的必然性和革命性。

我自己翻译黑格尔的著作除鲁一士的《黑格尔学述》（1936年，商务版）外，还有一本是开尔德的《黑格尔》（1936年，商务版）。我译述黑格尔是从新黑格尔学派着手，我当时以为不只是避免黑格尔原著的艰深晦涩，还可以介绍英美化的比较有自由民主的黑格尔思想，而避免介绍黑格尔本人老年保守专断的思想。

这一时期我在黑格尔哲学的研究和介绍方面，主要着重下列几点：

一、强调黑格尔的逻辑与历史一致的原则，也就是他思维方式的巨大历史感。我曾经在《黑格尔学述》译序中说："黑格尔哲学就是以历史为基础的系统。他认为哲学就是世界历史所给予吾人的教训。因此他的见解和他的方法实有足资吾人借鉴之处。太史公所谓'究天人之际，通古今之变，成一事之言'，几乎可以说是描写黑格尔的哲学最好最切当不过的话。"（见《黑格尔学述》第 4 页）我曾引用鲁一士的说法，把黑格尔这种观点称之为"逻辑与历史或逻辑上的矛盾进展与人文进化的平行论"，"盖因黑格尔的事实是具有逻辑的必然性的，而他的逻辑是符合于人类文化变迁演化的事实的"（《论道德进化》，见《近代唯心论简释》第 239 页）。

二、我认为黑格尔哲学最大的特点就是他那彻始彻终贯注全系统紧严精确的哲学方法——这就是他的矛盾法（dialectical-method 现在译为 "辩证法"，同上书，第 5 页）。我曾经从三方面来分析黑格尔的矛盾法：第一，黑格尔的矛盾法可以说是一种矛盾的实在观。"黑格尔以为凡是实在皆经过正反合的矛盾历程以达到合理的有机统一体"（同上书，第 5 页）；第二，黑格尔的矛盾法又是一种矛盾的真理观。在黑格尔看来，"真理是包含有相反的两面的全体，须用反正相映的方式才能表达出来"（同上书，第 6 页）；第三，"黑格尔的矛盾法又是一种矛盾的辩难法，其实际妙用乃在于分析意识经验人生宇宙之矛盾所在，而指出其共同之归宿点"（同上书，第 7 页）。我曾经对勘比照了黑格尔的辩证法和柏拉图的辩证法，指出黑格尔辩证法的地方有："（一）柏拉图尚未确立正反合三连的辩证格式，而在黑格尔的系统里，正反合的架格几成为骨骼经脉。（二）柏拉图注重主观辩证法，而黑格尔则认为矛盾即客观地存在于事物之本身，是之谓内在矛盾或自相矛盾，而且事物自身亦在不断地自己陷于矛盾、自己解除矛盾的动的过程中。换言之，自己否定自己的原则，乃是黑格尔辩证法中的新成分。（三）柏拉图的辩证法与文化历史无甚关系，而黑格尔的辩证法乃是文化历史发展的命脉"（见《近代唯心论简释》，第 146—147 页）。

三、我强调黑格尔历史观中"理性的机巧"这一观点，我认为黑格尔历史观就是以理性为主宰的历史观，整个历史是一理性自身实现的过程。历史公道的发展借个别情欲与个别情欲斗争，在斗争中互有得失，互有损害，而普遍的理性并未牵涉其中。世界上伟大的英雄都是世界精神的工具，当其使命完成时，英雄就被理性舍弃了。故理性的机巧也可以说是假欲济理，假恶济善，假私济公。我曾经用黑格尔这种观点来分析我国哲学家王船山（1619—1692）的看法，认为在黑格尔以前一百多年，王船山就提出了类似这种理性机巧的辩证的历史观，我说："船山于提示理性的机巧一观念时，都是举出秦皇、汉武、武则天、宋太祖一类黑格尔所谓具有大欲或权力意志的英雄，以做例证……他认为历史上的重大事迹如统一开边等，皆由于'天之所启'及时已至气已动，人只能'效之'，而'非人之力也'。而且皆由于天之'假手于时君及才智之士以启其渐'，换言之，伟大的英雄不过是天假借来完成历史使命和理性目的的工具。这与黑格尔对于英雄在历史上的地位的看法，简直如合符节。"（"王船山的历史哲学"，见《文化与人生》第 124 页，上海商务 1947 年版）

　　我研究黑格尔哲学正如上述是从《精神现象学》入手的。在 1935—1936 年，我曾在北大讲过《精神现象学》的课。此后十余年我是一直从事研究译述《小逻辑》。边研究，边翻译，边讲课。愈研究，我对黑格尔哲学愈感兴趣。关于黑格尔哲学的第一篇较系统著作是"黑格尔理则学简述"，1948 年发表在《国立北京大学五十周年纪念论文集》里。在这文里，我首先关于黑格尔哲学体系提出了自己的看法，我认为，黑格尔哲学体系如果仅以《哲学全书》为根据，分逻辑学、自然哲学和精神哲学三大部分，则忽视了《精神现象学》在黑格尔哲学体系里的独特地位，另外也不能把黑格尔所有著作概括进去，因此我认为黑格尔哲学体系，应以《精神现象学》为全系统的导言，为第一环；以《逻辑学》（包括《大逻辑》、《小逻辑》）为全系统的中坚，为第二环；以《精神哲学》（也包括《自然哲学》、《历史哲学》、《艺术哲学》、《法哲学》等全部应用逻辑学）为全系统的发挥，为第三环。我当时说："《精神现象学》的特点是活泼创新，代表黑格尔早年自由创进的精神。《逻辑学》的长处是精深谨严，代表他中期的专门艰深的纯哲学系统。《精神哲学》、《自然哲学》等是应用逻辑学，其长处是博大兼备，代表他晚年系统的全体大用，枝叶扶疏。"（《黑格尔理则学简述》，北京大学出版部 1948 年版，第 2 页）

　　其次，在这篇著作里，我论述了黑格尔关于"异"概念发展的三阶段理论，即：（一）纷歧（Verseniedenheit，亦译杂多），此即当下直接之异，是外在之异。（二）对立（Gegensatz），此即内在之异，即一物与其反面不同。（三）矛盾（Widerspruch），是本身的不同，是自身的不同，矛盾永远是自相矛盾。我说："莱布尼兹提出不同律，以为一切事物皆彼此不同。天地间没有两个完全相同毫无区别的事物。以树叶为例，天下就无两片完全同一的树叶。黑格尔则以为不但事物间彼此不同，即事物本身也自己与自己不同。比较此树叶与彼树叶之不同是外在的。自己与自己的不同，则是内在的，此即万物毕同毕异的说法。"（《黑格尔理则学简述》，北京大学 1948 年，第 18 页）在我看来，黑格尔所谓矛盾就是事物自身内部的矛盾，惟有事物自身内部的矛盾，才推动事物向前发展。

在《小逻辑》讨论推论那一章里，一般人认为黑格尔讨论判断时，谈了概念式的判断，但讨论推论时，却没有谈概念式的推论。而我当时认为，黑格尔所谓概念的推论就是本体论证明，我认为本体论的证明是黑格尔的中心思想。本来是神学家所提出的问题，现在变成了唯心哲学的中心论证。我说："本体论证明的关键是说'凡理性的就是实在的'。这思想包含思有合一，本质与存在合一，体用合一。因为体用合一，所以有一方面，就有另一方面。用对上帝信仰之真诚以证明上帝之存在。推而广之，也可说由主观之'诚'，以证明客观之'物'。"（《黑格尔理则学简述》第 38 页）所以本体论证明的根本要义就是从观念证存在，从本质证存在，从理性证存在，一句话就是从思证有。黑格尔谈本体论证明，就是谈思有合一，思维和存在的同一。而这，我认为是黑格尔哲学的核心问题。在这里，我也说明对康德关于本体证明的态度，提出了自己的看法。我认为康德在讨论二律背反时，是反对本体论证明的。他举例说，我头脑里 100 元观念并不等于我实际有 100 元钱，以反对从思证有的观点。但康德从道德信仰证明上帝存在，且以知识可能的条件，即知识对象可能的条件即证明思有合一，这也是本体论证明的一种方式。所以我说："康德在《行理论衡》中及在《纯理论衡》中，都证明思有合一，所以根本上，康德对于本体论证明是有贡献的。"（同上书，第 37 页）

关于黑格尔的理念，在这篇著作里，我提出了"理念是整个矛盾进展的表现，又是主客互相转化的过程"（同上书，第 44 页）。这种看法，我认为理念是主客合一的，凡是理性的就是实在的，理念又是理想和现实合一的，无限和有限合一的，"理念永远藉外物而独照自己，藉对象而发挥自己，所以理念是实现在客观事物中的概念，不是一个静止的合一体，不是一个抽象的同一，不是已经圆满的，不待努力的，但也不是一个永远达不到的'应当'。理念在过程中实现出来，理念本身亦是一个过程，主体的过程"（同上书，第 45 页）。黑格尔这些看法，当时我认为是正确合理的辩证思想，我们应当在黑格尔的著作中去探究这种有主观能动性的思想，把死东西变成活的东西。

我在解放前是赞同"心为物之体，物为心之用"、"心即是理"的唯心观点的，所以我是从新黑格尔主义观点来讲黑格尔，而且往往参证了程朱陆王的理学和心学。当时我不懂得马克思的唯物辩证法和黑格尔的唯心证法的根本对立，错误地把他们两人的辩证法看成是"根本认识实相同，不过其所应用的范围稍异而已。就好像同是一把刀，老师用来解剖病人的脏腑以医内症，而学生便用来割疮去瘤以治外伤，只有精粗内外之别，并无根本不同之点"（见《黑格尔学述》）。这种讲法一方面表明我对马克思主义缺乏了解，因为马克思主义哲学还包括许多人文科学如历史、艺术、文化等等极其重要的内容，绝不只是医治外伤的；另一方面我对黑格尔哲学的认识也是很不足的，因为黑格尔也重视孟德斯鸠、亚当·斯密的政治经济学，有其贯穿着辩证法的自然哲学，并不全是所谓医治内症的。这说明对于哲学没有深入全面的研究就轻于下判断是容易陷于错误的。

自 1941 年起，我就开始翻译黑格尔的《小逻辑》，因为杂事干扰，翻译工作进行得较慢，直到 1949 年 10 月 1 日国庆时才翻译完毕，作为对新中国的诞生的献礼，1950 年由三联书店出版，这算是新的时代的产物。

解放后，我的研究介绍工作进入了新的阶段，但是还是做得很不够。

三　几点结论

根据上述康德、黑格尔哲学在中国的传播及其影响的历史回顾，我们可以得出下列几点结论：

1. 康德、黑格尔哲学在中国的传播是相当晚的。就《大逻辑》来说，据我们所知，英国早在 1865 年就有斯体尔林（J. H. Stirling）的《黑格尔的秘密》一书出版，这两卷本是介绍黑格尔生活思想以及翻译并讲解《大逻辑》部分章节的巨著，在当时就引起很多人的重视，美国的文学家爱默生，英国的文学家卡莱尔都曾写信表示赞赏。马克思曾嘲笑斯体尔林胆敢自吹要揭发黑格尔的秘密，好像失之狂妄。恩格斯在"费尔巴哈论"中谈到英国人和斯堪的那维亚半岛有人传播黑格尔的思想时，也感到高兴。在 1878 年，瓦拉士（Wallace）译的《小逻辑》出版，1892 年再版了一次。法国在 1859 年至 1867 年就有魏拉（A. Vela）的黑格尔《小逻辑》、《自然哲学》和《精神哲学》的法译本。美国以 W. T. Harris 为首的圣路易斯学派，自 1857 年起创办的《玄思哲学杂志》刊载了关于黑格尔逻辑学的许多论文以及黑格尔著作和主要篇章的译义。我国《小逻辑》中译本是在 1950 年才初版。这样讲来，我国要落后英、美、法国约七八十年。苏联从 1929 年开始，到 1958 年已据格洛克纳本《黑格尔全集》二十卷全部译完出齐，我国直至现在尚差几种未曾译出。这就对我们的研究工作敲了警钟，我们需奋起直追，才能赶上国外的研究和译述水平。

2. 旧中国的封建统治阶级抱残守缺，夜郎自大，故步自封，自命为"天朝上国"以及旧中国的资产阶级在政治上，经济上及在文化上的软弱和无能，这是造成康德哲学，黑格尔哲学在我国传播晚的社会原因。解放前，康德、黑格尔的研究上是摭拾新康德主义、新黑格尔主义的鳞爪，贩卖主观唯心论的货色，即使原著的翻译，也是少得可怜。

3. 在中国，康德哲学的传播早于黑格尔哲学的传播，正如恩格斯所说："德国哲学从康德到黑格尔的发展是连贯的、合乎逻辑的。"可以说黑格尔到哪个国家早，就对哪个国家早有帮助，哪个国家的文化就会早兴盛。一个发奋图强的人民绝不会把黑格尔当成死狗对待的。从实际历史上看，在德、法、英、美等国，都曾是这样，因为辩证法是在自然和精神中一种转弱为强，转失败为胜利的内在动力。否则，"不懂得辩证法是要受惩罚的。"（恩格斯语）我自己也深有体会，当"形而上学猖獗"和思想僵化时，必然会"唯心主义横行"，未有不引起某种灾难的。

4. 解放后，我们用马列主义观点来研究康德、黑格尔哲学，并不是无意义的工作。我们要扩大我们的研究队伍，我们要把我们的研究工作赶上和超过外国的研究水平，才能适应四个现代化的要求。这里让我最后引一段恩格斯的话作为结束："我们党应该证明：从康德到黑格尔，德国哲学思想的全部成果，不是毫无裨益，就是比毫无裨益更坏，再不然，这种努力的最终结果就是共产主义；德国人要不抛弃使本民族感到骄傲的那些伟大的哲学家，就得接受共产主义。"（"大陆上社会改革运动的进展"，见《马克思恩格斯全集》第一卷，第591页）

　　本文题目原名"东渐记"系来自美籍中国学者容闳（1828—1912）所著《西学东渐记》一书，此书记载西方科学技术和中国派遣留学生到西方留学传播西学的经过。又如李心传所著《道南录》记载二程之道，由伊洛传播到中国南方闽浙一带。这表明伟大的哲学体系和潮流总会向世界各地传播的，这也不是随个人意志为转移的。甚至反对、批判也是传播的一种方式。

　　　　（本文原名《康德黑格尔哲学东渐记》，发表于《中国哲学》
　　　　第二辑，后改今名，收入《五十年来的中国哲学》作为附录。）

作者著译要录

著　作

《德国三大哲人处国难时之态度》　大学出版社 1934 年出版。

《近代唯心论简释》　独立出版社 1942 年出版。

《当代中国哲学》　胜利出版公司 1945 年出版。

《文化与人生》　商务印书馆 1947 年出版。

《黑格尔关于辩证逻辑与形式逻辑的关系的理论》（合著）　上海人民出版社 1956 年出版。

《现代西方哲学讲演集》　上海人民出版社 1984 年出版。

《黑格尔哲学讲演集》　上海人民出版社 1986 年出版。

《五十年来的中国哲学》　辽宁教育出版社 1989 年出版。

《德国三大哲人歌德、黑格尔、费希特的爱国主义》　商务印书馆 1989 年出版。

《哲学与哲学史论文集》　商务印书馆 1990 年出版。

译　作

E. 开尔德：《黑格尔》　商务印书馆 1936 年出版。

鲁一士：《黑格尔学述》　商务印书馆 1936 年出版。

斯宾诺莎：《致知篇》　商务
印书馆 1943 年出版。

斯宾诺莎：《知性改进论》
商务印书馆 1960 年出版。

斯宾诺莎：《伦理学》　商务
印书馆 1958 年出版。

黑格尔：《小逻辑》　商务印
书馆 1950 年出版。

黑格尔：《哲学史讲演录》（合
译）　三联书店 1956 年出版。

黑格尔：《精神现象学》（合

译）　商务印书馆 1979 年出版。

黑格尔：《黑格尔早期神学著
作》　商务印书馆 1988 年出版。

黑格尔：《黑格尔早期著作集》
（合译）　商务印书馆 1997 年出
版。

马克思：《黑格尔辩证法和哲
学一般的批判》　人民出版社 1955
年出版。

马克思：《博士论文》　人民
出版社 1961 年出版。

作 者 年 表

1902 年

9 月 20 日出生于四川金堂县五凤乡。

1916 年

毕业于金堂县立小学。

1917—1919 年

考入四川省立联中（后改为石室中学）。

1919 年

考入清华学校（清华大学前身）。在清华受梁启超、吴宓两位国学大师的影响最深。

1925 年

选修清华国学研究所主任吴宓的翻译课。

1926 年

7 月，毕业于清华学校高等科。8 月，留学美国，插入奥柏林大学哲学系三年级。

1928 年

2 月，在奥柏林大学毕业，获得学士学位。3 月转入芝加哥大学。因不满于芝加哥大学那种在课上空谈经验的实用主义，为了进一步学习古典哲学家的哲学，离开芝加哥大学。

1928 年 9 月—1930 年 6 月

转入哈佛大学研究院学习。

1929 年

毕业于哈佛大学，获哲学硕士学位。

编者注：原稿篇幅较长，收入本集时做了删节。

1930 年

随着深入研读黑格尔哲学，对黑格尔哲学的兴趣越来越浓厚，决心去德国研究真实的、第一手的黑格尔资料。9 月，去柏林大学。

1931 年

在德国受到国际知名的斯宾诺莎专家格希哈特的重视，经其介绍加入国际斯宾诺莎学会。8 月中旬，与吴宓结伴离开柏林，经西伯利亚铁路于 8 月底回到北平。9 月受聘于北京大学，讲授西方哲学史、现代西方哲学、黑格尔哲学等课程。同时在清华大学兼课，讲授哲学概论、斯宾诺莎哲学。

1932 年

在北京大学升为副教授。

1934 年

4 月，在北平成立中国哲学会，举行第一届年会，当选为第一届理事会理事兼秘书。7 月，《德国三大哲人处国难时之态度》由大学出版社出版。

1936 年

由副教授升为教授。中国哲学会第二届年会当选为学会理事。3 月，贺译开尔德著《黑格尔》由商务印书馆出版。9 月，贺译鲁一士著《黑格尔学述》由商务印书馆出版。本书附有长篇译序和后记。

1937 年

中国哲学会举行第三届年会，当选为学会常务理事。抗日战争爆发，北京大学、清华大学、南开大学迁往长沙，组成临时大学，随北大文学院迁至南岳。

1938 年

2 月，临时大学南迁，4 月到达昆明，改名为"西南联合大学"。随文学院迁至云南蒙自。半年后文学院迁至昆明。

1940 年

中国哲学会举行第四届年会，当选为学会常务理事。

1941 年

中国哲学会在昆明成立西洋哲学名著编译委员会，被推选为主任委员。在抗战时期的困难条件下，在委员会诸位同事共同努力下，翻译出版了许多高质量的哲学名著，并为我国的哲学翻译事业，培养了大批人才。

1942—1944 年

在此期间，撰写并翻译了许多著述出版，如《近代唯心论简释》，译斯宾诺莎著《致知篇》等。此外还有多篇文章如《读书与思想》、

《观念与行动》等，大部分文章收入《文化与人生》一书中。

1945 年

《当代中国哲学》一书由胜利出版公司出版。

1946 年

抗战胜利后，三校回迁，成立联大三校联合迁移委员会，被推选为该会委员。7 月，闻一多在昆明遭暗杀，联大成立"闻一多丧葬抚恤委员会"，被推选为该会委员。10 月，北京大学迁回北平原址并开学。仍教授西方哲学史、黑格尔哲学、现代西方哲学等课程。

1947 年

9 月，代理北大训导长。11 月，《文化与人生》一书由商务印书馆出版。此书是在西南联大任教时所著的论文，选择其中四十余篇汇集而成。

1948 年

《黑格尔理则学简述》作为北京大学五十周年纪念论文集之一，由北京大学出版社出版。拒绝胡适邀请去台湾的三封电报，毅然留在北平，迎接解放。

1949 年

全部译完黑格尔《小逻辑》一书。该书于 1950 年 10 月由上海商务印书馆出版。

1950 年

随北大土改参观团去陕西长安县参观土改。1951 年又去江西泰和县参加土改，经过实际锻炼之后，思想感情有了显著的变化。

1951 年

4 月 2 日在《光明日报》发表《参加土改改变了我的思想——启发了我对辩证唯物论的新理解和对唯心论的批判》。表明他对辩证唯物论和唯心论的立场和态度的初步转变。

1952 年

全国院系调整之后，他仍留在北大哲学系任教，讲授西方哲学史、现代西方哲学、黑格尔哲学课程。

1954 年

1 月 29 日，在《人民日报》发表《两点批判，一点反省》一文，此文既批判了胡适的实用主义，也反省自己的唯心主义，受到各方面人士的关注和鼓励。11 月，译马克思著《黑格尔辩证法和哲学一般的批判》一书，由人民出版社出版。

1955 年

7 月由北京大学调至中国科学院哲学研究所，任西方哲学史组组长、研究室主任、研究员。

1956年

4月，与方书春、王太庆合译黑格尔著《哲学史讲演录》第一卷，由三联书店出版。

1957年

2月，随中国哲学代表团访问苏联。4月11日，与周谷城、胡绳、冯友兰、金岳霖、费孝通、郑昕等十二位学者，在中南海丰泽园受到毛主席的接见。

1958年

9月，贺译斯宾诺莎著《伦理学》由商务印书馆出版。

1959年

9月，《小逻辑》由商务印书馆再版。12月，《哲学史讲演录》第三卷由商务印书馆出版。

1960年

2月，斯宾诺莎的《致知篇》改名为《知性改进论》，对原译著作了修订并加《译者序言》，由商务印书馆出版。

1961年

11月，贺译马克思著《博士论文》一书由人民出版社出版，收入《马克思恩格斯全集》。

1964年

当选为政协第四届全国委员会委员，后连续当选为第五、第六届全国政协委员。

1966年

十年浩劫中，受到严重迫害，身心受到摧残。但他靠着对共产党赤诚之心，以一个哲人的态度，冷静地经受了这一切苦难。

1975年

9月30日接到周总理签署的国宴请柬，参加了国务院国庆招待会。

1978年

12月，《哲学史讲演录》第四卷由商务印书馆出版。

1979年

4月，与王玖兴合译黑格尔《精神现象学》下卷由商务印书馆出版。6月，作为中国社会科学院学术访问团成员，访问了日本关西大学、京都大学、东京大学、金泽大学。8—9月，应邀去南斯拉夫贝尔格莱德大学举行的国际黑格尔协会第十三届年会，贺任中国代表团团长。

1981年

6月，中华全国外国哲学史学会成立，被选为名誉会长。10月，《黑格尔全集》编译委员会在北京成立，贺被选为名誉主任委员；国务院学位委员会下达第一批博士和硕士学位授权学科专业名单，贺麟为中国社会科学院研究生院外国哲学史专业博士生导师。

1982 年

与王玖兴合译的《精神现象学》（上、下卷）荣获中国社会科学院一等奖。加入中国共产党。

1983 年

10—11 月，应香港中文大学的邀请，赴香港讲学一个月。

1984 年

3 月，被聘为《西方著名哲学家评传》学术顾问。所撰《黑格尔》载入《西方著名哲学家评传》丛书第 6 卷。

1985 年

5 月，应邀去四川大学哲学系、西南师范学院、武汉大学哲学系讲学。

1986 年

4 月，被聘为《康德与黑格尔研究》顾问。10 月 10—13 日，为纪念贺麟从事教学研究工作 55 周年，中国社会科学院哲学所、北大哲学系、民盟中央、中华全国外国哲学史学会联合召开"贺麟学术思想讨论会"，到会专家学者近二百名。

1987 年

12 月，由江苏省社会科学院、江苏省哲学史研究所等五单位在南京召开纪念《精神现象学》出版180 周年学术讨论会，贺麟本拟赴会作专题讲演，后因健康等原因不能成行，但他委托两位博士生专程赴会，将《我学习〈精神现象学〉的经过》一文带至会上交流，并向大会寄去贺信。

1988 年

7 月，《黑格尔全集》编译委员会在北京召开讨论会。贺麟参加了这次会议，对翻译工作提出一些宝贵意见。12 月，译著《黑格尔早期神学著作》一书由商务印书馆出版。

1989 年

3 月，《五十年来的中国哲学》（原《当代中国哲学》）一书由辽宁教育出版社出版。此书获光明杯优秀哲学社会科学著作荣誉奖。

1990 年

7 月，获国务院颁发的政府特殊津贴。

1992 年

9 月 23 日在京逝世，享年 90 岁。